Reinildis Hartmann · Barbara Maurmann

TRITTFEST

BARFUSS ODER BESCHUHT UNTERWEGS IN DER WELT DER LITERATUR

hell**blau.**

Vorwort

Trittfest soll sie erschlossen werden, die Bedeutung beschuhter und barfüßiger Existenz in der Welt der Literatur. Damit Leserinnen und Leser nicht schon ob der Lektüre von Inhaltsverzeichnis und Einführung ins Straucheln geraten, sei ihnen der Lese-Weg mit einigen Vorbemerkungen gesichert.

Denn, das lässt sich schnell feststellen und könnte zu Leselust hemmenden Irritationen führen: Dieses Buch enthält zwei Inhaltsverzeichnisse, zwei Einführungen, irgendwann dann auch zwei Anmerkungs-Register, zwei Literaturverzeichnisse. Hätten sich die Autorinnen nicht einigen können?

Doch da gibt es, jeder Leserin, jedem Leser bekannt, eine umgangssprachliche Redewendung, gerne genutzt, wenn davor gewarnt wird, vorschnell Dinge miteinander zu vergleichen: *Das sind doch zwei verschiedene Paar Schuhe*! Nun, Vergleiche sind hier durchaus angebracht, zumal Querverweise in den einzelnen Textpartien sogar dazu auffordern. Wenn wir aber die beliebte Redensart etwas variieren, ist davon auszugehen, dass auch zwei Schuhe, desgleichen zwei Füße ihr Eigenleben führen, zumindest in einem begrenzten Wirkungskreis. Wenn auch über Jahrhunderte die Schuhmacher vor der Links-Rechts-Differenzierung zurückscheuten, den rechten und den linken Fuß gab es immer schon – und wehe, *man stand mit dem falschen auf*! Rechts und links kann man eben doch nicht verwechseln, die eindeutig vorgegebenen Richtungen zu negieren bringt Un- und Umfälle ein, und dann ist es vorbei mit den schlanken Füßen und den schmucken Schuhen. Andererseits ist es dem Fuß-Paar wie dem Schuh-Paar auferlegt, sich zu einigen, der Aktionsradius für den selbstbestimmten Schritt, für den selbstgewählten Schick ist natürlicherweise beschränkt.

Für die sich anschließenden Ausführungen heißt das, dass der eine Fuß, sagen wir: der linke, erst einmal die Bedeutung der Schuhe in der Geschichte, in Religion und Kunst, in der Sprache, vorzugsweise in den einschlägigen Redewendungen abtastet, bevor er den literarischen Sektor betritt, während der andere, der rechte also, sogleich die weite Welt der Literatur durchmisst. Berührungspunkte sind dann nicht nur möglich, sondern geradezu unvermeidlich. Weil aber jeder, um wiederum eine unverwüstliche Redewendung zu gebrauchen, *den Schuh anzieht, der ihm passt,* besteht unser Buch aus zwei Teilen. Aber sie gehören zueinander wie zwei Füße, wie ein Paar Schuhe.

REINILDIS HARTMANN   BARBARA MAURMANN

Inhalt Teil I

Einführung I 10

'Mit Siebenmeilenstiefeln'
durch die Geschichte der Schuhe 16

Von 'Ankle Boots' bis 'Zauberfrau' –
Über die Namen von Schuhen und
Schuhgeschäften 26

„Zieh deine Schuhe aus ..." –
Fuß und Schuh in der religiösen Symbolik 42

„Mit dem Schuh verehrt man sich ..." –
Schuhe in der Kunst 54

'Wo drückt der Schuh?' –
Redensarten um Fuß und Schuh 64
'Auf tönernen Füßen' – Redensarten aus der Bibel 65
'Mit dem linken Fuß aufgestanden?' –
Redensarten aus Volks- und Aberglauben 67
'Das hat Hand und Fuß' –
Redensarten aus dem Rechtsbrauch 72
'Auf großem Fuß' – Redensarten mit Geschichte 75
'Auf Schusters Rappen' –
Redensarten auf handwerklicher Basis 77
'Fuß gefasst' – Formelhafte Redensarten 80
'... das muss man in den Füßen haben' –
Lehren für ein fußläufiges Leben 83
'Gestiefelt und pantoffelt' –
Redensarten zu speziellem Schuhwerk 86

Vokabular 90

„Zwischen Stiefeln und Pantinen" –
Schuhe der Macht und der Ohnmacht
in der NS-Zeit 93
„Lauf, Junge, lauf!" – Vom Wettlauf mit dem Tod 95
„die alten schwarzen Schuhe von der Wohlfahrt" –
Rationierung, Arisierung vor Kriegsbeginn 98
„Riesen mit pechschwarzen Stiefeln" –
Machthaber mit glänzendem Schuhwerk 105
„Der Schuh ist der Tod" – Vom Elend der Besitzlosen 113
„Bis zum völligen Verschleiß" –
Schuhprüfstrecke im KZ Sachsenhausen 121
„Schuppen voller Schuhe" –
Deportation, Zwangsarbeit, KZ-Tod 126
„1 Paar Winterschuhe à 3,00 Gulden" –
Träume vom Schuh 140
„Neue Schuhe an meinen Füßen" –
Wege in die Freiheit 144

Anmerkungen und Literaturverzeichnis 155

Inhalt Teil II

Einführung II ... 164

Schuhe im Alltag – tragbare Schuhe
aus feinem Leder und weichem Textil ... 168

Kleine Menschen – starke Sohle ... 188

Alles Geschmacksache –
kleine Füße, große Füße ... 197

Heiratsbedingung
... schnelle Füße ... 202
... schöne Füße ... 205
... passende Schuhe ... 207

Schuhe zur Mutter-Tochter-Identifikation 213

Zauberschuhe – Glück gehabt? 217

Himmlische Schuhe
... für heilige und göttliche Füße 241
... für den Weg in die Ewigkeit 248

**Schuster – handwerkliches Können
und philosophische Einsichten** 253

Schuhputzer und andere Schuhprofis 275

Unter den Schuh geraten 279

Beine und Füße als Pars pro toto 292

Lahme Füße und kranke Beine 301

Fehlende Beine und Füße 314

Barfuß unterwegs 320

Anmerkungen und Literaturverzeichnis 334

Reinildis Hartmann **Teil I**

Einführung I

*„Zeigt her eure Füße,
zeigt her eure Schuh!"*

heißt es in einem alten Kinderlied. Füße, besser noch Schuhe, geben nämlich mit hoher Trefferquote zu erkennen, ob es sich bei ihrem Besitzer um König oder Bettelmann, Lehrer oder Landarbeiter, Angler oder Astronaut, Reiter oder Fußballer, Diakon oder Dirne handelt, sie erlauben zeitliche und lokale Zuordnungen. Im Schuhschrank der Geschichte finden sich römische Militärsandale, mittelalterlicher Schnabelschuh, Harnischstiefel und Brokatpantoffel, von fernen Ländern erzählen Eskimostiefel und arabische Zehenpflocksandale, Schüchen für chinesische Lotusfüße, Mokassins für nordamerikanische Indianer. Schuhe sind Indikator für die soziale Stellung, für Lebensbedingungen, für individuelles Selbstverständnis, sie reflektieren Epochen, Kulturen, Umweltbedingungen. Sie sind Standeszeichen, spiegeln gesellschaftliche Veränderungen, Glauben und Aberglauben, sie demonstrieren Biederkeit und Erotik und immer wieder und immer mehr die Persönlichkeit ihres Trägers.

Längst vergangen: die Zeiten, da die Schuhe das Vorrecht des freien Mannes waren. Der antike Sklave lief barfuß, auf griechisch-römischen Pflastersteinen sicher eine besondere Herausforderung. Bloße Füße dienen aber auch als Zeichen einer außerordentlichen Berufung, so werden Engel, Propheten, Apostel im traditionellen Bildwerk über die Sphäre alltäglicher Schuhträger hinausgehoben. Wer im Mittelalter vor dem Gottesurteil bestehen wollte, musste sich mit bloßen Füßen über glühenden Kohlen unversehrt bewegen, was in aller Regel kläglich misslang. Barfüßerorden geben noch heute ein Beispiel demütiger Nacktheit. Im Kontrast dazu machen die Lotusschuhe chinesischer Damen das Gehen wohl unmöglich, lenken aber die Aufmerksamkeit auf die Erotik der kleinen Füße. Die spezifische Bedeutung des Brautschuhs verweist auf orientalische Hochzeitsbräuche und die internationale Märchenliteratur. Dass der Schuh auch als Fruchtbarkeitssymbol fungierte, lässt sich noch an der alljährlich wiederkehrenden Popularität des Nikolausschuhs ermessen. Daneben tauchen die Trinkstiefel der Schuhmacherzünfte, die Schuhe als Glücksbringer – früher Grabbeigabe, heute Babyschuhe an der Windschutzscheibe – auf. Wer jemandem *auf die Füße tritt* und sei es auch nur redensartlich, nutzt das alte Machtsymbol der Besitzergreifung, wer *unter dem Pantoffel steht*, hat sich der Herrschaft eines anderen (eher einer anderen!) unterworfen. Und weil Schuhe ein elementares Lebensmittel sind, entscheiden sie über Macht und Ohnmacht, Leben und Überleben, im wirklichen Leben und in der Literatur. Zwischen dem Schuh als notwendigem Fußschutz und dem Modeartikel Schuh existiert eine Bandbreite unendlich vieler Erscheinungsweisen.

Die Sinnhaftigkeit der Schuhe bedarf keiner Diskussion, die symbolische Funktion *fußt* auf uralten Erkenntnissen und Traditionen. Der Mensch ist in Bewegung, jede raumzeitliche Aktion beschreibt einen Weg. Dabei sind die Füße nun einmal die der Mutter Erde am engsten verbundenen Körperteile, vor allem auch die Organe der Fortbewegung, und wenn dann hinzukommt, dass seit biblischen Zeiten der mit den Füßen beschrittene Weg über die realiter vollzogene Distanz hinaus den Lebensweg meint, sind der Zeichenhaftigkeit *weitläufige* Möglichkeiten eröffnet. Bestätigt werden sie durch die Sprachgeschichte. Ahd./mhd. *wec* ist von idg. **uegh*, d. i. sich bewegen, abgeleitet, ahd. *(bi)wegan* ist wiederum verwandt mit Weg, Wagen, Woge, dem Verb *bewegen* korrespondiert das Verb *wägen*, d. i. einschätzen, im Kopf bewegen. Des Menschen Fortbewegung findet also auch im Kopf statt, eine vom Willen gelenkte geistige Aktion, die in Wortprägungen wie *Fort-* und *Rückschritt* ihre *Spuren hinterlassen* hat. Auch im Sitzen lässt sich ein *bewegtes* Leben führen, wer es beendet, wird *den Weg alles Irdischen* gehen. Dazwischen liegt der *Lebenslauf*. „Dann lernst du laufen und dann lernst du leben, / und was daraus entsteht, heißt Lebenslauf", formuliert Erich Kästner im *Brief an* (s)*einen Sohn*[1].

Wenn Isaac Deutscher die zweitausend Jahre umfassende jüdische Geschichte in der Diaspora in die Formel fasst „Bäume haben Wurzeln, Juden haben Beine", umgreift die Wandermetapher Migration als globale Erfahrung. Wobei hinzuzufügen ist, dass das letztgenannte Nomen aus mhd. *ervarn*, d. i. reisend erkunden, gebildet ist. Goethes Faust rühmt

beim Osterspaziergang die Fußgänger: „Sie feiern die Auferstehung des Herrn, / Denn sie sind selber auferstanden", haben sich aus ihren alltäglichen Bindungen befreit und sind erneut auf *die Füße gekommen*.² Der Zeitgenosse Johann Gottfried Seume, ambitionierter Wanderer, der weite Strecken seiner Reise aus dem sächsischen Grimma nach Sizilien und zurück über Paris zu Fuß bewältigte, schreibt weniger poetisch, doch umso überzeugender:

*„Wer geht, sieht im Durchschnitt anthropologisch und kosmisch mehr, als wer fährt. Überfeine und unfeine Leute mögen ihre Glossen darüber machen nach Belieben; es ist mir ziemlich gleichgültig. Ich halte den Gang für das Ehrenvollste und Selbständigste in dem Manne und bin der Meinung, daß alles besser gehen würde, wenn man mehr ginge. Man kann fast überall bloß deswegen nicht recht auf die Beine kommen und auf den Beinen bleiben, weil man zuviel fährt. Wer zuviel in dem Wagen sitzt, mit dem kann es nicht ordentlich gehen ... Wo alles zuviel fährt, geht alles sehr schlecht, man sehe sich nur um! Sowie man im Wagen sitzt, hat man sich sogleich einige Grade von der ursprünglichen Humanität entfernt. Man kann niemand mehr fest und rein ins Angesicht sehen, wie man soll, man tut notwendig zuviel oder zuwenig. Fahren zeigt Ohnmacht, Gehen Kraft."*³

Wahrhaft prophetische Aussagen von jemandem, der nicht einmal erahnen konnte, wie sich die Beliebtheit des Fahrens, technisch begünstigt, in der Folgezeit entwickeln würde. Wer also auf die Frage „Wie läuft's denn so?" wie üblich „Es geht ..." antwortet, sollte sich der Worte Seumes erinnern und schnellstmöglich die Wanderschuhe überstreifen.

Womit sich auch die Gelegenheit ergibt, des Fußes beziehungsweise des Schuhs als einer natürlichen Maßeinheit zu gedenken, die späteren Ausführungen geben dazu keinen Anlass mehr. Von Platon überliefert, soll Protagoras (ca. 490-411) behauptet haben, der Mensch sei das Maß aller Dinge. Wie weit man diese These auch fassen darf, zumindest hat der Mensch, solange es keine objektiven Maßeinheiten und Messinstrumente gab, die eigenen Körperdimensionen für ein anschauliches, überdies jederzeit verfügbares Maßsystem genutzt. Die mutmaßlichen Durchschnittsmaße prangten an öffentlichen Gebäuden und sind dort häufig erhalten. „Der stat schuch, der stat öln und der stat klafter" präsentieren sich beispielsweise am Regensburger Rathaus. „Schuh" oder auch „Fuß" – als englische Maßeinheiten *foot / feet* bis in die Gegenwart gültig – ist eine nachvollziehbare Einheit, „Elle" bezieht sich auf die Länge des Unterarms, „Klafter" auf die Strecke zwischen den ausgebreiteten Armen.

Ellenlang meint heute im übertragenen Sinne eine übermäßige Ausdehnung, *fußbreit* eine schmale Strecke, dass man dennoch *auf großem Fuß* leben kann, erschließt einen völlig anderen Sachverhalt. Früh bekannt war hingegen die Verschiedenheit der Fußmaße, nicht nur der individuellen, sondern auch der im jeweiligen Marktbereich gültigen. Vor der Einführung des metrischen Systems konkurrierten in Deutschland über hundert verschiedene Fußmaße zwischen 25 und 34 cm Länge.[4] In England machte 1320 Edward II. seinen Fuß zur verbindlichen Maßeinheit in seinem Reich. Dazu fügte er 36 Gerstenkörner zusammen, von denen jedes ein Drittel eines Inch betrug, auf diese Weise maß der königliche Fuß zwölf Inches (d. i. 12 x 2,54 cm > 30,48 cm), und das Chaos hatte ein Ende, mit erstaunlich nachhaltiger Wirkung.

Eine solche Wirkung, sogar über Jahrtausende, ist auch dem Versfuß beschieden. Im Gegensatz zum Längenmaß handelt es sich hierbei um ein Zeitmaß, eine metrische Einheit, die seit der Antike die Poesie in die richtigen „Schuhe" zwingt. Einstmals entsprachen Jamben und Daktylen der Schrittweise des griechischen Chores, für die deutsche Sprache entwickelte sich aus der Abfolge von Länge und Kürze der geregelte Wechsel betonter und unbetonter Silben. Wenn dann auch eigentlich von „Füßen" nicht mehr die Rede sein kann, blieb der Terminus doch erhalten, und Andreas Gryphius begegnet einem kritischen Einwand zu seiner Lyrik mit entsprechender Rechtfertigung: „der vers hat schrecklich viele füsse. – so kann er desto besser gehen."[5] *Wem der Schuh passt, der muss ihn sich eben anziehen!*

Bereits im 9. Jahrhundert begründet der Mönch Otfried von Weißenburg die Wahl der deutschen Sprache für seine Bibeldichtung. Griechen und Römer sind ihm in Prosa und Poesie mit gutem Beispiel vorangegangen: „Sie duent iz filu suazi, / joh mezent sie thie fuazi, / thie lengi joh thie kurti, / theiz gilustlichaz wurti."[6] Sie messen also die Versfüße ab, lange und kurze Silben, damit das Werk angenehm werde, sehen sich, so heißt es weiter, vor, dass keine Silbe abhandenkommt, und konzentrieren sich mit Sorgfalt auf die Füße. Auch in der fränkischen, also der deutschen Sprache, argumentiert Otfried, gebe es Versfüße und metrische Einheiten von solch großer Schönheit, dass sie selbst zu „Gottes Predigt" werden können. Der Befolgung der metrischen Gesetze korrespondiert dann sogar die Beachtung der himmlischen Weisung, nach guter alter Schuhmachertradition wird somit *umgekehrt ein Schuh daraus*. „In gotes gibotes suazi / laz gangan thine fuazi", empfiehlt der wortgewandte Gottesmann weiter: Wenn die Füße, und hier sind gleichermaßen Versfüße wie menschliche Füße gemeint, den göttlichen Geboten folgen, werden die Verse und mit ihnen der Lebensweg wohl gelingen, durch die irdische Zeit hindurch, bis der Lohn des Paradieses erreicht ist. Kein Wunder, dass sich die nachfolgend besprochene Literatur der Füße – und der zugehörigen Schuhe – angenommen hat, und das bisweilen sogar in Versfüßen. Und da es in der Regel in schriftlicher Fixierung geschah, sind auch Fußnoten und Gänsefüßchen nicht auszuschließen.

'Mit Siebenmeilenstiefeln' durch die Geschichte der Schuhe

Schuhe sind Symbole, in denen man sich fortbewegen kann: Das ist eine Behauptung, die sich durch die Geschichte der Schuhe, ihrer Träger und ihrer Produzenten ohne jede Schwierigkeit erweisen lässt. Natürlich geht es auch darum, den Fuß zu schützen, wenn die Umwelt mit Felsgestein, Glätte und Regen und vielen anderen Unwägbarkeiten das Gehen erschwert. So entwickelten die Saharabewohner Sandalen und die Eskimos ihre wasserdichten Seehundstiefel, jeweils aber in differenzierten Ausführungen für Alltags- und Festtagstracht, für den König und den Untertan.

„Erst durch den Schuh wurde der Mensch zum Menschen."[1] Der aufrechte Gang war ihnen bereits gegeben, nun konnten Sandalen- und Stiefelträger erhobenen Hauptes durch die Welt schreiten, weil sie nicht ständig die Unebenheiten des Bodens in den Blick zu nehmen brauchten. Mit diesem neuen „Haus, das sie überall mit hinnehmen konnten"[2], hatte sich das Leben, ungeachtet dessen, dass es sich vielleicht nur um ein Stück Leder, geschickt um den Fuß gewickelt, handelte, erheblich gebessert. Dafür steht das älteste bislang gefundene Schuhwerk: Mit Bundschuhen aus Leder, strohgefüttert, kämpfte sich vor rund 5300 Jahren „Ötzi" durch Schnee und Eis des Ötztaler Gletschers, einigermaßen erfolgreich durchaus[3]; bis zu den heutigen High-Tech-Bergstiefeln erstreckte sich jedoch noch ein langer Weg.

Immerhin: „Eine Menschheit, die in Schuhen herumzulaufen gelernt hat, hat ihr Denken anders orientiert, als sie es getan hätte, wenn sie barfuß geblieben wäre."[4] Mutiger wurde sie, schneller, risikofreudig und kreativ. Sie machte den Schuh, zunächst ein Vorrecht der Götter und ihrer irdischen Statthalter, zum Alltagsgegenstand. Dass dieser wie kein anderes Bekleidungsstück Epoche, Kultur und Umweltbedingungen reflektiert, als Standeszeichen funktioniert, von Macht und Ohnmacht, erotischen Phantasien und modischem Diktat zeugt, rückt die vielfältigen Beziehungen von Schuh und Träger, Träger und Schuh in den Fokus. Menschen machen Schuhe, aber mehr noch: Schuhe machen Leute, prägen und spiegeln Facetten ihrer Persönlichkeit. Unzweifelhaft geht es um „(d)ie Macht des Schuhs. Mehr als jedes andere Kleidungsstück vermittelt er dem Menschen erst das Gefühl, ‚jemand' zu sein."[5]

Das beginnt bereits im ägyptischen Altertum. Um 3000 v. Chr. zeigt ein Flachrelief den König bei kultischen Handlungen barfuß, umgeben von Würdenträgern, darunter auch ein Sandalenträger. Die **Sandale** ist also zunächst einmal ein Hoheitszeichen, bevor sie, Jahrhunderte später, zum Bekleidungsstück wird, als Sohle mit T- oder Y-Bindung aus Leder, zumeist mit Rechts-Links-Unterscheidung. Letzteres gilt auch für die Sandalen der griechischen Antike. Der Götterbote Hermes trägt sie mit flügelartigem Riemenwerk, desgleichen Perseus und die Götterbotin Iris. Auf der Theaterbühne bevorzugen die Schauspieler den **Kothurn** mit den hohen Plateausohlen: Wer solche Schuhe trägt, wird besser gesehen.

In Rom ist die Sandale (**Solea**) dem Hausgebrauch vorbehalten. Die Entwicklung ist vorangeschritten, so dass, während die Sklaven barfuß laufen, der vornehme Römer seine Fußbekleidung dem Anlass entsprechend wählt. Senatoren und Patrizier bevorzugen den **Calceus**, einen knöchelhohen Schuh aus Riemenwerk, dessen Farbe den Rang des Trägers zu erkennen gibt: Den Patriziern gehört die rote, den Senatoren die schwarze Variante. Der Halbstiefel **Caliga** mit genagelter Sohle lässt sich auch für das Militär verwenden. Die vornehmen Damen streifen den **Calceolus** über. Erstmalig werden modische Marotten offenkundig: Caligula, eigentlich Gaius Julius Caesar (37-41 n. Chr.), geht als „Stiefelchen" in die Geschichte ein, weil er als Kind unbedingt Soldatenstiefel tragen wollte und sie natürlich auch bekam, herangewachsen gibt er dem griechischen Kothurn den Vorzug und stolziert bisweilen in Damenschuhen umher, was ihm, dem ohnehin glücklosen Regenten, offene Kritik einträgt. Gut hundert Jahre später untersagt Kaiser Aurelius (270-275 n. Chr.) den Männern, farbige Schuhe zu tragen. Bei unstandesgemäßem Schuhwerk reagieren Römer nun mal empfindlich, das ist heute kaum anders.

Seit dem 2. Jahrhundert nimmt Rom Einfluss auf die europäische Kleidung. In der Oberschicht greift man zum **Soccus**, einem wadenlangen, strumpfartigen Schuh, während das Volk sich mit dem **Bundschuh** begnügt, also Fell- und Lederstücke einfach, aber wirkungsvoll über dem Knöchel zusammenbindet. In den folgenden Jahrhunderten konstruiert man die **Opanke**, fertigt Sohle und Oberleder aus einem Stück und verbindet durch Riemen die Seitenteile auf dem Fußrücken.⁶ Feineres Schuhwerk, auch als Zeremonialschuh, ist den weltlichen und geistlichen Würdenträgern vorbehalten. Karl der Große, für seinen einfachen Lebensstil bekannt, erlässt 808 eine Kleiderordnung, der zufolge rote Schuhe dem Adel vorbehalten sind. Wer fortan „die Purpurschuhe anlegt", sieht in adäquater Bekleidung der Kaiserkrönung entgegen. Irgendwann in weiter Zukunft wird die herrscherliche Farbe Rot in den erotischen Sektor wechseln, *tempora mutantur et nos in illis*. Im 12. Jahrhundert entsteht erst einmal der **Schlupfschuh**, indem man das zusammengenähte Lederstück wendet und zum Schuh formt.⁷ In den großen Städten machen sich bereits die Schuhmacher um die Konstruktion aus Sohle und Oberleder verdient. Sie arbeiten vorrangig auf Bestellung, wecken aber auch auf Märkten mit ihrem Vorrat die Kauflust der Bürger.

Die Handwerker genießen im Mittelalter den Schutz der Stadt und den wirtschaftlichen Vorteil ihrer Märkte. Dafür unterstellen sie sich gerne der Kirche, die sich ihrerseits bemüht, die einzelnen Berufsgruppen nach Bruderschaften zu sondern und ihnen Regeln für eine ehrenvolle Berufsausübung zu erteilen. Die kirchliche Bindung führt zur Wahl von Schutzheiligen, im Fall der Schuhmacher bieten sich die Heiligen Krispin und Krispianus an, Brüder aus vornehmer römischer Familie, die zu Beginn des 4. Jahrhunderts vor der diokletianischen Verfolgung flohen, in der Verbannung das Schuhmacherhandwerk erlernten und fortan die Armen mit Schuhen beschenkten, gleichzeitig aber viele Menschen zum Christentum bekehrten, was ihnen den frühen Märtyrertod eintrug. Die Bruderschaf-

ten entwickeln sich zu Zünften, die in der Folgezeit über Ausbildung im Besonderen, Sitte und Moral im Allgemeinen entscheiden. In den Städten erhalten die Handwerke ihre Straßen zugewiesen; Namen wie „Schuhhagen", „Schustergasse" oder „Klompenwinkel" – dort wurden die Holzschuhe angefertigt und verkauft – haben sich bis heute erhalten.[8] Bei festlichen Zusammenkünften dient der Trinkschuh als Zunftpokal. Eine wichtige Position besetzt der Meister. Prominentes Beispiel ist Hans Sachs, „Schuh- / macher und Poet dazu", Sohn eines Schneiders, Absolvent der Lateinschule, nach der Schuhmacherlehre, wie vorgeschrieben, auf Wanderschaft, danach in Nürnberg ansässig, wo er 1517 als Meister des Handwerks und bald auch als Experte des Meistersangs antritt. Über seine handwerklichen Fähigkeiten ist wenig bekannt, die Verdienste für den Knittelvers sind hingegen unbestritten, vor allem nachdem Goethe sie 1776 rühmte und Richard Wagner 1867 mit den „Meistersingern" ein musikalisches Denkmal schuf.

Zurück zur Arbeit am Schuh, für die mit dem ausgehenden Mittelalter vielfältige Aufgaben anstehen. Bescheidenheit war gestern, jetzt darf auch einmal geprotzt werden. Der **Schnabelschuh** übernimmt die Funktion des Rangabzeichens; je länger der Schnabel, desto höher der soziale Status – wer auf sich hält, lebt auf großem Fuß[9]. Die zugehörige **Trippe**[10] mit Holzstegen und Lederschlaufe schützt das edle Gebilde vor dem Straßenschmutz und mogelt schnell noch ein paar Zentimeter hinzu. Die ärmere Bevölkerung begnügt sich mit **Holzschuhen**, für die Bauern über Jahrhunderte die typische Fußbekleidung und zugleich bisweilen ein Mittel

> *Setz dir Perücken auf von hundert Locken,*
> *Setz deinen Fuß auf ellenhohe Socken,*
> *Du bleibst doch immer, was du bist.*
>
> JOHANN WOLFGANG GOETHE,
> FAUST. 1. TEIL, V. 1807-1809. HG. VON ERICH TRUNZ. JUBILÄUMSAUSG. MÜNCHEN 1999, S. 60

des Widerstands: Dem deutschen *Holzschuh* entsprechen die niederländischen *Klompen*, aber auch die französischen *Sabots*, und von ihnen leitet sich das Wort ‚Sabotage' ab. Mit Holzschuhen lassen sich, wenn die Wut regiert, die Felder besser zertrampeln als mit zierlichen Seidenschuhen. Schuhe sind eben nicht nur ein Symbol der Macht. Auch der gute alte Bundschuh ist seit der Mitte des 15. Jahrhunderts Feldzeichen von Bauernaufständen, der Ruf „Bundschuh" wird zum Schrecken der Obrigkeit.

Den Schnabelschuh löst – *variatio delectat* – im frühen 16. Jahrhundert der **Kuhmaulschuh** mit stumpfer Kappe und breitem Ausschnitt ab. Letzterer erschwert das Gehen, also setzt sich der **Schlupfschuh** durch, der als Überschuh noch lange in Gebrauch sein wird.[11] Die Damen tragen **Chopinen**, gestelzte Schuhe (frz. *Chopine*, it. *Zoccolo*), und wenn sie darauf laufen wollen, bedürfen sie der Stützung durch Dienerinnen oder, besser noch, liebenswürdige Kavaliere. Für das venezianische Aqua alta mag diese Mode noch sinnvoll erscheinen, sofern man davon ausgehen darf, dass die vornehme Bevölkerung bei Hochwasser überhaupt das Haus verließ. Zweifellos handelt sich eher um einen modischen als um einen praktisch motivierten Balanceakt. Die Ehemänner unterstützen ihn sogar, da sie die des freien Gehens unfähigen Frauen vor erotischen Abenteuern geschützt glauben. Um 1600 erzwingt der **Absatzschuh** eine neue Haltung. Erfunden wurde der Absatz für den Reitstiefel, der so im Steigbügel festen Halt bekommt. Dann geht er in die höfische Mode über und erlebt in den folgenden Jahrhunderten eine Karriere ohnegleichen. Der spätere Begriff „Stöckelschuh" lässt erkennen,

'MIT SIEBENMEILENSTIEFELN' DURCH DIE GESCHICHTE DER SCHUHE

dass die möglicherweise gefährliche Höhe einen Stock erforderlich macht. Am Hofe Ludwigs XIV. stellen auch die Männer für einen attraktiven Absatzschuh gerne ihre derben **Stiefel** in die Ecke. Diese hatten sich besonders für Soldaten und Reiter etabliert, eine robuste Alternative auch bei Wind und Wetter. Ein Schnallenschuh mit hohem Absatz jedoch putzt ganz ungemein, vor allem wenn sein Träger nicht gerade über ein Gardemaß verfügt. Dem ziemlich kurz geratenen Ludwig XIV. verhelfen die Schuhe jedenfalls zu imposanter Größe.[12] Voller Stolz lässt er die Absätze mit rotem Leder überziehen und präsentiert sich fortan seinen Porträtmalern mit dem Tanzmeisterschritt, der den

vollen Blick auf das Schuhwerk vergönnt. Der Adel in ganz Europa lässt sich nur zu gern inspirieren. So ein Absatz erhebt eben nicht nur über den Straßenschmutz, sondern mehr noch über das gemeine Volk.[13]

Im häuslichen Bereich beginnt der **Pantoffel** seine Erfolgsgeschichte. Aus Persien ist er über Italien (als *pantofilia*) nach Frankreich (*babouches*) und Deutschland gelangt, wo bald niemand mehr auf seine „Schlappen" verzichten mag.

Die Schuhmacher der Barockzeit und des Rokoko betreiben elegante Ateliers, in denen, wie auf vielen zeitgenössischen Abbildungen erkennbar, die Schuhanprobe zum galanten Spiel wird. Dem Liebhaber die Füße zu zeigen, gilt immer noch als frivoler Liebesbeweis. Die Handwerker verstehen sich nun als Künstler, versehen ihre Werke mit je spezifischer Zier, von der sie hoffen, dass sie die Konkurrenz erblassen lässt. Für Schleifen und Schnallen, Stickerei und Perlenbesatz begeistern sich Damen und Herren gleichermaßen. Gegen Ende des 18. Jahrhunderts gerät dann der kleine, feine Schuh in Mode, die Verbreitung des Aschenputtel-Märchens wird daran wohl nicht ganz schuldlos sein.[14] Königliche Karriere über einen zierlichen Schuh: Wer wäre da nicht angerührt? Die Nachahmerinnen fügen sich klaglos in ihr Schicksal. Immerhin hat es ihnen die Lotusschuhe chinesischer Adelsdamen erspart, die dem erotisch wirksamen Symbol Gesundheit und Freiheit opfern. Dass der Schuh einen kleinen, feinen, zierlichen Fuß macht, gehört jedenfalls noch heute zu den Prioritäten, die „frau" beim Schuhkauf walten lässt.

Mit der Französischen Revolution brechen von Kopf bis Fuß neue Zeiten an. Schwindel erregende Lockengebilde und gepuderte Perücken weichen braven Zopffrisuren, die hohen Absätze und die kostbaren Schnallen landen auf dem Müll der Geschichte. Die Holzpantoffeln der Revolutionäre können sich nicht so recht durchsetzen, die schmucklosen Schuhe aber bahnen den Weg für **Escarpin** und **Stiefelette**, und erst im Biedermeier entfaltet sich ein neuer Trend für Farben und Rüschen. Die Herren greifen zum korrekten geknöpften Halbstiefel, der **Bottine**, die sich für viele Situationen des Lebens verwenden lässt, die Damen erfreuen sich, zumal der Rocksaum erstmals um einige Zentimeter hochrückt, wieder am Absatzschuh, allerdings an einer Variante, die ein ungezwungenes Laufen erlaubt. So kann man bequem der Moderne entgegengehen.

Zunächst noch werden die Lederstücke für den rechten und den linken Fuß über nur einen Leisten geschlagen[15]. Wer es sich leisten kann und über entsprechendes Hauspersonal verfügt, gibt ihm die nagelneuen Schuhe, damit Dienerinnen und Diener das Einlaufen übernehmen. *By the way*: Am englischen Königshof werden der Queen immer noch die Pumps eingelaufen, obwohl sie natürlich für den rechten bzw. linken Fuß gefertigt sind. Die Schuhmacher des 19. Jahrhunderts aber bekommen nun Konkurrenz durch große Handwerksbetriebe, die mit Heimarbeitern die wachsenden Anforderungen zu befriedigen suchen. Die soeben erfundenen Nähmaschinen für Schaftherstellung und Sohlenbefestigung sind dabei behilflich. Ganze Regionen werden zu Zentren der Schuhfabrikation.

Mit dem Reichtum der Gründerzeit gewinnen die Modeimpulse aus Frankreich immer mehr an Bedeutung. Die Röcke werden kürzer, endlich ist die Zeit des **Pumps**, ursprünglich für Herren entworfen, angebrochen. Mit der „Haute Couture" entwickelt sich auch die Schuhindustrie und stellt den Kunden eine bald unüberschaubare Fülle an Formen und Materialien zu erschwinglichen Preisen zur Verfügung. Da unterschiedliche Sohlenzuschnitte zunächst nur begrenzt möglich sind, besitzt die „Qual der Wahl" noch einen schmerzhaften Doppelsinn. Aber auch daran lässt sich arbeiten …

Die industrielle Entwicklung schreitet voran, Maschinen übernehmen einen Großteil der nun endlich auch fußgerechten Verfertigung. Darunter leidet das Handwerk und entwickelt notgedrungen neue Aufgabenfelder, Reparatur und die Herstellung orthopädischen Schuhwerks zum Beispiel benötigen weiterhin die Handarbeit. Der zahlungskräftigen Kundschaft bleiben Manufakturen und Couture-Schuhmacher ohnedies erhalten. 1865 eröffnet das erste Schuh-Fachgeschäft seine Pforten. Die Einzelhändler verkaufen die Produkte der Schuhfabrikanten, deren Bemühungen führen zu stetiger Verbesserung der Qualität. Und wenn auch schon lange zwischen Tanzschuh und Reitstiefel unterschieden wurde, wird nun das Spektrum unterschiedlicher Verwendungszwecke beträchtlich erweitert, vor allem für den beruflichen Alltag und die sportlichen Aktivitäten der Freizeit. Darüber hinaus darf nicht vergessen werden: Jetzt sind es die Modeschöpfer, die den Ton angeben, Christian Dior, Roger Vivier, Charles Jourdan und all ihre kreativen Kollegen.

Die Symbolkraft hat der Schuh deshalb nicht eingebüßt. Der Cowboystiefel verspricht Freiheit und Abenteuer, der Joggingschuh zeugt von jugendlicher Vitalität. Der Begriff „Turnschuhgeneration" etikettiert eine ganze Generation von Menschen nach den von ihr bevorzugten Schuhen. 1985 lösten sie allerdings noch einen Skandal aus, als ein deutscher Minister in Turnschuhen zur Vereidigung antrat. Das Deutsche Schuhmuseum in Offenbach bewahrt diese sportiven Treter, in denen Joschka Fischer seinen Amtseid als Umweltminister von Hessen ablegte. Inzwischen bekennen sich auch Menschen sehr bewusst zu den sportiven Alternativen, die sich zuvor nur in elegantem Schuhwerk sehen ließen: „Vermutlich wirke ich auch dynamisch mit meinen Turnschuhen, aber ich komme mir nicht so vor. Ich nehme zwei Stufen auf einmal. Ich laufe Straßenbahnen hinterher, wozu ich früher zu fein war. Also ziehe ich immer dann Turnschuhe an, wenn ich es eilig habe … Manchmal ziehe ich sie auch zum Schreiben an, ich kann dann flotter formulieren."[16] Wie schön, wenn die passenden Schuhe sogar dem Schriftsteller dienstbar werden, die geistig-körperliche Ausstattung reicht offenbar *von Kopf bis Fuß*!

Bewährt hat sich auch der DocMartens, ein Lederhalbstiefel mit Schnürung durch 16 Ösen und Luftpolstersohle, erfunden von dem deutschen Arzt Dr. Klaus Maertens, nachdem ihm ein Skiunfall eine Fußverletzung eingetragen hatte. Der ursprünglich orthopädische Schuh, zunächst in geringen Stückzahlen, dann in Großbritannien in großem Stil produziert, mutierte in den 1970er Jahren mit seinem paramilitärischen Aussehen zum In-Schuh für Rockmusiker, Punks und andere Subkulturen. Inzwischen haben ihm Farb-, Form- und Materialvielfalt ein neues Image verpasst; man muss nicht einmal mehr protestieren, wenn man ihn trägt.

Andererseits erfreuen sich, allen Bedenken von Medizinerseite zum Trotz, die Stöckelschuhe bleibender Beliebtheit. Den Namen „Stiletto" (it. Wort für Stichwaffe) tragen sie nicht zu Unrecht, wie Zeitungsnachrichten gelegentlich bekunden. Der hohe Absatz verändert die Körperhaltung, wenn die aufreizende rote Farbe hinzukommt, *folgt* die erotische Ausstrahlung *auf dem Fuße*. Dann lässt sich darüber hinwegsehen, dass so ein Schuh weder gegen kalte Füße hilft noch seiner Trägerin unbeschwertes Laufen oder Tanzen ermöglicht, dass er eigentlich eher Hemmschuh als Fortbewegungsmittel ist. Für die Herren kommt möglicherweise hinzu, was schon die Liebhaber der Chopinen bewegte: „Ich liebe hohe Absätze", bekundet einer von ihnen. „Ich weiß, das klingt jetzt chauvinistisch, aber es bedeutet, dass mir die Mädchen nicht mehr davonlaufen können."[17]

Vom Mokassin bis zum Moonboot, vom allgegenwärtigen Pumps bis zur Birkenstock-Sandale, vom Brautschuh bis zum Overknee-Stiefel: Die Palette der unbegrenzten, bisweilen unbegreiflichen Möglichkeiten kann hier nur annähernd angedeutet werden.[18] Aus den Holzschuhen, typisch bäuerlichen Arbeitsschuhen, wurden die sportiven Clogs, aus den ägyptischen Sandalen, damals noch Luxusartikel, die der Sklave dem Herrn nachtrug, die Flip-Flops, Badelatschen mit Kult-Status.[19] Vieles hat sich verändert, geblieben ist die Symbiose von praktischer und signifikanter Wertigkeit: „Unter ein Gemisch aus Mode, Fantasie und Notwendigkeit setzen sie (die Schuhe) gewissermaßen einen verbindlichen Schlußpunkt."[20]

Von 'Ankle Boots' bis 'Zauberfrau' – Über die Namen von Schuhen und Schuhgeschäften

Im Anfang war das Wort ... Kaum zu glauben, *umgekehrt wird ein Schuh daraus!*

Sobald es Schuhe gab, bestand auch die Notwendigkeit, die entsprechenden Wörter zu erfinden, und mit wachsender Vielfalt des Schuhwerks entfaltete sich ein breites Vokabular. Beide Entwicklungen halten hübsche Überraschungen bereit.

Dabei fängt es ganz bescheiden an. Da gibt es die Grundformen – Schuh, Sandale, Pantoffel, Stiefel – mit den zugehörigen Bezeichnungen, die mit dem Wort die gemeinte Fußbekleidung einordnen. Vorstellung und Lautbild bilden eine Einheit, das Ding hat seinen Namen, der die Anschauung ersetzt, wenn das Objekt gerade nicht verfügbar ist. Wer von „Schlappen" hört oder von „High Heels", assoziiert das benannte Schuhwerk, erlebt das Kino im Kopf sogar als Tonfilm. Dazu muss er nicht unbedingt wissen, dass ersteres von ndt. *schlappen* 'lose sitzen', letzteres aus der englischen Sprache ('hohe Absätze') abgeleitet ist; es schadet aber auch nicht.

Der 'Schuh', Ober- und Allgemeinbegriff für sämtliche Fußbekleidung, entstammt der indogermanischen Sprachwelt, wo sich das Verb *skeu* 'bedecken' nachweisen lässt. Im Althochdeutschen tritt uns schon das Nomen *scuoh* entgegen, im Mittelhochdeutschen als *schuoh* bereits mit dem vertrauten Dental-Anlaut versehen; für die englische Sprache liegt bei gleichem Lautbild lediglich die schriftliche Variante *shoe* vor. Mitte des 19. Jahrhunderts halten die Brüder Grimm fest: „der verbreitung des worts über alle germanischen dialecte gemäsz ist das damit bezeichnete kleidungsstück als altgermanisch, nicht von einem anderen culturvolk entlehnt anzusehen."[1] Die sprachliche Herkunft des 'Stiefels' ist umstritten, zumal die Herkunftswörter, ahd. *stival* und it. *aestivale*, in zwei unterschiedlichen Sprachbereichen, dem germanischen und dem romanischen, auftreten. Allerdings macht die Wortverwandtschaft mit lat. *aestas* (Sommer) darauf aufmerksam, dass es sich bei den Stiefeln ursprünglich um Sommerschuhe handelte. Sie wurden den Benediktinermönchen für die sommerliche Gartenarbeit anstelle der sonst angesagten Sandalen genehmigt. Der 'Pantoffel' hingegen stammt eindeutig von it. *pantofola* bzw. frz. *pantoufle* ab und damit aus Regionen, in denen man für den häuslichen Bereich gerne die bequeme Alternative zu hochhackigen Schuhen wählte.[2] Älter noch ist freilich die 'Sandale', lat. *sandalia* (pl.), gr. *sandalion*, benannt nach dem Schuh des lydischen Gottes *Sandal*.

Mit den Schuhen kamen die Namen, mit ihnen geraten, wenn die Mode es will, auch die Wörter in Vergessenheit und fristen nicht einmal mehr im Duden ein bescheidenes Dasein. Vergessen ist die 'Chopine', der Stelzschuh des 16. Jahrhunderts, ebenso der gleichzeitig getragene 'Hornschuh' mit den ausgestopften seitlichen Spitzen. Vergessen sind die 'Patten', die hölzernen Unterschuhe, die den Träger und vor allem seine Schuhe vor dem Straßenschmutz bewahrten, während die 'Trippen' als stylische Treter inzwischen fröhliche Urständ feierten[3], im Duden aber ungenannt bleiben. Erwähnt sind hingegen die 'Galoschen' – die gallischen Schlechtwetterschuhe, mlat. *galochia*, it. *galoscia*, frz. *galoche* –, eigentlich Überschuhe ohne Stelzen, nun umgangssprachlich als „ausgetretene Schuhe" erwähnenswert. Überschuhe wirken nun mal nicht besonders sexy, und das Wort macht es keineswegs besser. Dass es in „Das kleine Glossar des Verschwindens"[4] gehört, überrascht deshalb nicht wirklich.

Dafür wartet das Schuh-Angebot der Gegenwart mit einer unendlichen Fülle von Begriffen auf. Sie beziehen sich beispielsweise auf die spezielle Verwendung, da gibt es 'Arbeitsschuhe', 'Hütten-' und 'Hausschuhe', 'Wander-' und 'Sportschuhe', 'Braut-' und 'Tanzschuhe'. Der 'Trotteur' empfiehlt sich für den Spaziergang, der 'Businessschnürer' – was für ein Wort! – für das Büro. Wenn die deutsche Sprache an ihre Grenzen stößt, lassen sich Begriffe auch aus den Herkunftsländern der entsprechenden Schuhe gewinnen, womit vor allem der angloamerikanische Sprachbereich die lexikalische Auflistung bereichert. Mitte der 1960er Jahre rufen die legendären 'Beatle-Boots' – schwarzfarbig, spitze Kappe, hoher Absatz, Gummizug an der Seite – zur gefälligen Übernahme auf, schnell unterscheidet der Markt zwischen 'Soft Boots', 'Hard Boots' und natürlich 'Biker-Boots'. Wer sie trägt, muss aber nicht unbedingt mit dem Motorrad vorfahren. Auch die 'Ballerinas' sind schon lange nicht mehr den Damen vom Ballett vorbehalten, und für den 'Collegeschuh', auch 'Loafer' genannt, ersetzt modisches Know-how die akademische Bildung. Für die 'Moonboots' stand nach der Eroberung des Mondes eine Erweiterung der Kundschaft an, notwendigerweise auch eine Entwicklung zugunsten der Alltagstauglichkeit, die ersten Mondgänger hatten nämlich auf passende Größe und Rechts-Links-Differenzierung verzichten müssen. Der 'Cowboystiefel' wahrt auch ohne Pferd das Image urwüchsiger Männlichkeit. Der schräge hohe Absatz, für den Steigbügel konzipiert, verleiht seinem Träger einen besonderen Gang, und so legt er die Stiefel auch im Haus nicht ab, um auf keinen Fall zum *Pantoffelhelden* zu mutieren.

Andere Namen geben eine Vorstellung der Form. Wer das Wort 'Kuhmaulschuh' hört, assoziiert sofort einen dergestalt geformten Schuh, auch wenn er realiter längst nicht mehr existiert. 'Schnallenschuhe', 'Spangenschuhe', 'Schnürschuhe', 'Hackenschuhe' und 'Keilschuhe' stehen hingegen immer

noch in den Regalen, nebenan die 'Nagelstiefel'. Der 'Mokassin', traditionelle Fußbekleidung der nordamerikanischen Indianer, wahrt trotz aller Modernisierungsversuche seine Form. Sobald er, zum Stiefel umgestaltet, jugendliche Coolness verströmt, firmiert er unter dem Namen 'Desertboot' und gehört in die 'Casualwear', bleibt sich ansonsten aber treu. Ungebrochen auch die Karriere der 'Stöckelschuhe', denen aber auch attraktivere Namen zukommen. Der 'Pfennigabsatz' schreckt die Besitzer edler Parkettböden, wenn von 'High Heels' und 'Stilettos' die Rede ist, konnotiert man eher erfreuliche Bilder. Wer allerdings die italienische Sprache beherrscht oder das Stilett aus der Lektüre klassischer Dramen kennt, wird ins Grübeln geraten ob der Vorstellung, was Frauen und Schuhe in extremen Situationen zu leisten imstande sind. Populärer ist in der Modewelt immer die englische Sprache. 'Slipper' führen ihren Namen auf engl. *to slip* 'hineinschlüpfen' zurück, 'Wedges' besitzen einen Keil (engl. *wedge*), 'Ankle Boots' reichen bis zum Knöchel, 'Peeptoes'[5] geben die Zehen frei.

Manche Schuhe beziehen ihren Namen von dem Geräusch, das sie beim Gehen verursachen. Das gilt so für die allgegenwärtigen 'Pumps'[6], mehr noch und immer nachvollziehbar für die 'Flip Flops'[7].

Der Duden verweist für diesen Fall auf die elektronische Kippschaltung, klangliche Ähnlichkeiten bestehen da ganz offensichtlich. In den Umkreis gehört auch der 'Sneaker' (von engl. *to sneak* 'schleichen'), der sich *auf leisen Sohlen* in die Schuh-Szene eingeschlichen hat.

Ach ja, die leisen Sohlen ... 'Mules' heißen die hochhackigen Sandalen ohne Fersenteil, Nachfahren der eleganten Pantöffelchen, die die Rokokodamen für ihr kokettes Spiel mit den Füßen anlegten. Als sehr viel bequemere Alternative setzten sich in den 1950er Jahren die 'Espadrilles' durch, die leichten Slipper, deren Sohlen spanische Bauern aus den Halmen des Espartograses angefertigt hatten. Nahezu gleichzeitig drängten sich die 'Hush Puppies' auf. Ihren Namen verdanken sie den gebratenen Maisplätzchen, die man in Amerika den jungen Hunden zuwirft, um sie bei Laune zu halten. Wenn man berücksichtigt, dass *barking dogs* wund gelaufene Füße meinen, sind *hushed puppies* eben die beruhigten Welpen – eine absolut hoffnungsfrohe Einstimmung auf die behaglichen Treter.

Für Schuhe mit Personen- und Ortsnamen sind kulturhistorische Kenntnisse durchaus von Nutzen. Der erst im 20. Jahrhundert hergestellte Gummistiefel namens 'Wellington' erinnert an die Heldentat des Herzogs von Wellington, der 1815 vor der Schlacht von Waterloo seinen Soldaten angemessenes Schuhwerk verordnete, der Erfolg gab ihm Recht. Um beim robusten Schuh zu bleiben: Die 'Clarks' führen ihren Namen nach den Besitzern einer englischen Schuhfirma, die um 1835 mit dem Versprechen antraten, sie wollten Schuhe produzieren, deren Träger garantiert keine Hühneraugen entwickeln würden. Knapp hundert Jahre später nahm der Amerikaner Leon Leonwood Beau, seines Zeichens passionierter Jäger, Gummigaloschen und versah sie mit einem Lederschaft. Damit war der 'Beau' geboren, der heute noch, wasserdicht wie eh und je, seinen Besitzern die Pirsch durch Regen und Wind erlaubt. Für die beliebten 'Doc Martens' trägt, wie schon erwähnt, ursächlich der deutsche Arzt Dr. Klaus Maertens die Verantwortung, der nach einem Skiunfall für sich ein Paar orthopädischer Stiefel zusammenbastelte, die bald darauf in englischen Fabriken als *Working Shoes* ihre Erfolgsgeschichte begannen. Die 'Chucks' hießen einmal 'Chuck Taylor All Stars', eindeutig eine zu lange Bezeichnung für flotte Basketballschuhe. Sie verdanken ihren Namen dem Basketballspieler Chuck Taylor, der seinerseits gerne für Werbekampagnen antrat. Ebenso sportlich, wenn auch fürs Skateboarden ersonnen: die 'Vans' mit der Namenspartikel ihres Erfinders Paul van Doren.

Eleganter wird's mit dem 'Budapester', erkennbar am dekorativen Lochmuster und feinster ungarischer Lederarbeit verpflichtet, und dem 'Oxford', den die abgesteppte Zehenkappe ziert. Für die Damen empfehlen sich die 'Balmorals', Schnürstiefeletten, die Queen Victoria auf ihrem schottischen Schloss Balmoral in die Schuh-Szene einführte. Zuvor hatte sie schon die Gattin von William IV. mit den 'Adelaides' bereichert, Stiefelchen mit Lederkappen, die der rauen Welt außerhalb des Palastes standhielten. Mit den 'Mary Janes' erfolgt die Rückkehr auf den Boden der weniger aristokratischen Tatsachen. Die Riemchenschuhe, von kleinen wie von großen Mädchen gleichermaßen favorisiert, führen den Namen der Schwester von Buster Brown, einer Comicfigur von Ricard Felton Outcault, und haben längst den Comic und seinen Schöpfer an Berühmtheit übertroffen. Das spricht für die Langlebigkeit mancher Trends, trotz aller Wechselhaftigkeit der Moden.

Soweit die Schuhe. Und wenn sie über originelle Namen verfügen, steht das den Geschäften, die sie vertreiben, wohl auch zu. Sie *treten*, sofern sich diese Phrase hier anwenden lässt, *in die Fußstapfen* der Friseursalons. Friseure nämlich geben schon länger ihr Bestes, das ihnen verfügbare sprachliche Repertoire mindestens ebenso geschickt wie Kamm und Schere zu handhaben. Allerdings drängen sich die deutschsprachigen Wortfelder um Haar, Kopf und Schnitt für den „kre-haar-tiven" Umgang geradezu auf, und darüber hinaus verlangt die Vielzahl der Betriebe nach fantasievollen Namen: Schließlich muss man sich doch von der Konkurrenz absetzen. Der fundierten Entscheidung der Kunden bieten sich also 'Haarsträubend', 'Kopfsalat', 'Schnittig' an, verstärkt durch die 'Haartempel' des fremdsprachlichen Bereichs.[8] Fachgeschäfte für Fußbekleidung stehen nicht unbedingt unter dem Druck solcher 'Kopfarbeit'. Zum einen ist ihre Anzahl in Relation zu der der Friseurbetriebe deutlich geringer, zum anderen firmieren viele von ihnen mit dem guten Namen der Besitzer, die möglicherweise schon seit Generationen die Kundschaft beglücken. Des Weiteren lebt der Markt von populären Marken, die überregional die Aufmerksamkeit einfordern. Das ist jedem bewusst, der durch die Shoppingmeilen schlendert und sich immer wieder mit den üblichen Verdächtigen konfrontiert sieht. Umso erfreulicher nehmen sich da 'Tausendfüßler' und 'Puschenalarm' aus. Doch, es gibt sie wirklich, solch schöne Namen von Schuhgeschäften, die den Passanten schon anlocken, bevor er noch insgeheim das Einkaufsbudget berechnen könnte.[9]

Dass im Namen von Schuhgeschäften das Nomen 'Schuh' auftaucht, wird niemanden überraschen. Die Kombination 'Schuhe - Shoes' klingt bescheiden genug, doch bereits die Doppelnennung 'Schuh-Schuh' assoziiert das paarige Auftreten des Schuhwerks: Das ist eigentlich keiner Überlegung wert, erfreut hier aber doch, da sich der Laden ausgerechnet in der Marburger Barfüßerstraße befindet. Komposita mit dem Bestimmungswort 'Schuh-' addieren sich des Weiteren zu einer ansehnlichen Auswahl von Namen, die 'Der kleine Schuhladen' eröffnen soll. Dem Understatement beugt der 'Schuh-

salon' vor, gefolgt vom 'Schuh-Palazzo', dieser wiederum vom 'Schuhparadies'. Die 'Schuhpalette' reicht von der 'Schuhbar' über den 'Schuhstall', der übrigens feinste italienische Schuhe offeriert, zur 'Schuh-Oase' und zum 'Schuhpark'. Wer im 'Schuhschrank' einkauft, erhält gleich die Anregung, wie sich die Beute einsortieren lässt. 'Schuhbox' und 'Schuhpaket' machen Lust auf mehr, zu finden in der 'Schuhwelt'. 'Schuhgeiz' kommt nicht in Frage. Hauenstein, Heimat der industriellen Schuhfabrikation, verfügt über eine ganze 'Schuhmeile' mit 24 Geschäften, wo doch jeder fündig werden sollte. Ansonsten hilft der Besuch der 'Schuh-Schmiede'. Beste Beratung versprechen die Berliner 'Schuhtanten', 'Schuhengel', ebenfalls in Berlin, und 'Schuhteufel' in Leipzig provozieren eine echte Entscheidung zwischen Himmel und Hölle, in irdischen Notfällen kommt der 'Schuhtick' zum Zug. Hoffentlich führt das nicht zum 'Schuhskandal'. Dann vermittelt der 'Herr der Schuhe'.

Der 'Schuhanzieher' bietet freundlicherweise die Überleitung zu einer Reihe von Namen, die sich ausdrücklich auf die Ware Schuh und die mit ihr verbundenen Implikationen bezieht. 'Der Schuh' steht über einer Bremer Ladentür, 'Lust auf Schuh' heißt es in Hamburg, in beiden Fällen schließt der Singular den Trend zum Zweitschuh nicht aus. Dem 'Schuhwerk' wird vielfältige Spezifikation zuteil. Neben der Frankfurter 'Galosche' existieren die 'Flip Flops' in Münster, die 'Strandsandale' in Berlin tritt neben dem 'Meilenstiefel' in Hamburg an, nicht zu vergessen die Dortmunder 'Pömps'. Was dem Einen sein 'Sneakerking', ist dem Anderen der 'Stiefelkönig', und für die Abendstunden am Kamin findet sich im 'Pantoffel-Eck' das Passende.

Die Inhaber von 'Gut zu Fuß', 'Sieben Meilen' und 'Schusters Rappen' greifen bekannte Redensarten auf, und wer in des Wortes reinster Bedeutung 'Auf großem Fuß' lebt, wird in einem Kieler Geschäft für Übergrößen gut bedient. 'progangart' heißt in Heidelberg die Devise, und schon öffnen sich die Pforten für 'Grashüpfer', 'Waldläufer' und 'Draufgänger'. Anderswo bevorzugt man den 'Langlauf' oder stellt sich mit 'Gehen - Sitzen - Liegen' auf alle Wechselfälle des Lebens ein.

Da 'fuß & schuh' ursächlich mit der Bewegung verbunden sind, ergeben sich weitere Möglichkeiten für eine plakative Geschäftsbezeichnung. Vorab ist die Doppelformel 'Schritt und Tritt' zu nennen, variiert zu 'Schritt für Schritt'. Mit den passenden Schuhen vergeht nicht nur die Zeit im 'Sauseschritt', dazu verhilft 'Der Schrittmacher'. 'Besser gehen', und das auch mit 'Fußgold': Dafür garantiert man in Hamburg. 'Trittfest' und 'Standfest' lauten die verheißungsvollen Namen zweier Berliner Betriebe, und vom 'Auftritt' führen 'Neue Wege' zum 'Laufsteg' und zur 'Tribüne', wo sich die 'Titelhelden' präsentieren. 'Absatz' und 'Kesse Sohle' berücksichtigen Teile des Schuhs und lassen doch viel mehr mitschwingen als ein bisschen Werkstoffanalyse.

Die braucht es aber auch, vor allem wenn das Handwerk im Fokus steht. 'die schuhmacher' fertigen selbst, dann sind sie sogar 'Handmacher', etwas verwirrend vielleicht, aber nicht nur sprachlich überzeugend. 'Der Einlagenbauer', 'Der Rahmengenähte Schuh', die 'Rechts-Links-Schuhmanufaktur' punkten mit den guten alten Qualitätsmerkmalen, während die Hausschuhfabrikanten 'Puschenalarm' die Sache eher volkstümlich angehen. Sprache lässt viele Varianten zu. So darf sich ein Essener Schuhmacher mit Fug und Recht, wenn

auch ohne Rigorosum, 'Der Schuhdoktor' nennen, während der sicherlich ebenso ambitionierte Frankfurter Kollege als 'Schlappeflicker' sympathisches Understatement betreibt.

Apropos Frankfurt: Der Lokalpatriot trägt 'mainschuh' und baut auf 'Nordendglück'. In Hamburg freut man sich über den 'Alster-Schuh'; ob auch die Düsseldorfer 'SchuhWalküre' heimatliche Gefilde ansteuert, konnte nicht eindeutig geklärt werden. 'Rheingold' wirkt in Hannover allerdings geographisch etwas deplatziert.

Klarheit hingegen herrscht über 'Fräulein Schumacher'. Angesichts des Hamburger Geschäfts stellt sich die Frage, ob im Ladenschild ein -h- vergessen wurde. Keineswegs, bot doch in diesem Haus einstmals Fräulein Marie Schumacher ihre Dienste als Vermittlerin für die „Gesindevermiethung" an. Die Inhaber des jetzigen Schuhgeschäfts nutzen die lautliche Identität und informieren gerne über die Herkunft des Geschäftsnamens. Ansonsten weist 'Frau Fräulein' auf die angeworbene weibliche Kundschaft hin und 'Männersache' ist

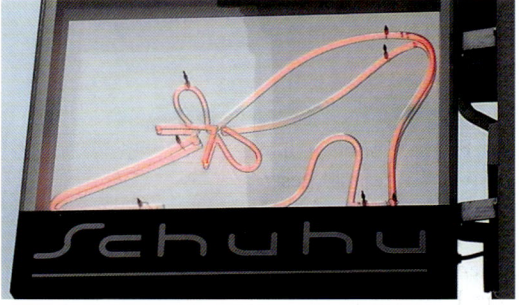

eben Männersache! In Berlin geht es um die 'Zauberfrau', in Düsseldorf beliefert der 'Ombudsman' harte Burschen mit Westernboots. Der 'Ganzkörperschuh', eine echte Herausforderung für die Fantasie, verspricht gesunde Schuhe, die dem ganzen Körper guttun. Das gilt sicherlich auch für 'Himmlische Schuhe'. Ihnen stehen als Konkurrenz wiederum 'Mephisto' und 'Malefiz' entgegen. Sobald sich aber ein Schuhgeschäft, wie in Hamburg, als 'Freudenhaus' versteht, in dem vielleicht sogar die 'Chocofeh' das Regiment versieht, wecken die Läden mit ihren schönen Namen die schönsten Gefühle und das verteilt über die ganze Republik: 'Glückselig' in Berlin, 'Großartig' in Essen, 'Angenehm' in Dresden, 'Explosiv' in Passau, 'Okay' in Rheine. Da sind kaum noch Steigerungen vorstellbar, es sei denn, dass 'Blickfang' in Nürnberg zu 'Herzklopfen' in Bonn Anlass gibt. Umgreifend deshalb die Namensgebung 'Stadt - Land - Fluss'. Pia B. in München hat ihr Geschäft unter das Motto 'Pia rennt!' gestellt, um ihrer Kundschaft von vornherein zu signalisieren, dass sie sich für sie die Hacken abläuft, immer auf der Suche nach neuen Angeboten. Für Menschen, die ab und zu eine Pause benötigen, stellt das 'Schuhcaffè' in Hannover neben italienischen Lederwaren Espresso und Cappuccino bereit, und Frankfurts 'Conmoto' präsentiert, allerdings erst ab dem späten Nachmittag und dann bis in die Nacht hinein, Schuhe und Cocktails in einer absolut Glück verheißenden Atmosphäre. Da räumt so mancher sein 'Lieblingsstück' ab.

Indem die Inhaber von Schuhgeschäften sich auf eine besondere Klientel spezialisieren und dieser auch in angemessener Form Ausdruck verleihen, laufen sie den wortgewandten Friseuren geradezu den Rang ab. Es handelt sich um die kleinen Kunden, die mit Kaffee und Cocktails noch nichts im Sinn haben und lieber am Lutscher saugen. Für den 'Little Foot' bietet sich folgerichtig das 'Lollipop' an. Namengebungen wie 'Tip Tip' und 'Tippeltappel', beide in Leipzig, stellen sich auf den ebenso klein- wie schnellfüßigen Nachwuchs ein, heißa, da nahen die 'Tausendfüßler', jedes ein 'Lieblingskind' und dann ein 'Schönes Kind' mit dem Anrecht auf die altersgerechten 'Sohletti'. Wenn ein Laden sich mit fünf Buchstaben begnügt, die das Wort 'Passt' formen, schwingt die Erleichterung gestresster Mütter und Verkäuferinnen deutlich mit: Endlich ist 'Der kleine Knurrhahn' zufrieden, er bekommt seinen Lolli, Mama ihren Kaffee und alles, alles ist gut. Aber Kinderfüße wachsen ja so schnell ... Etliche Läden für die 'Bambini' werben mit Vornamen: 'Hänsel & Gretel' und 'Kleiner August' in Bonn, 'Ullala' in Düsseldorf, 'Anna und Paul' in

Köln, 'Stinchen' in Recklinghausen, 'Leo Luna' in Hamburg. Den 'Willibald' gibt es sowohl in Hamburg als auch in München, letzterer, am Willibaldplatz gelegen, bezieht seinen Namen wohl vom Standort. 'Mingshou Pänz' nimmt sich auf den ersten Blick ziemlich chinesisch aus, mundartkundigen Kölnern ist hingegen sofort klar, dass hier die lieben Kleinen, auf Kölsch Pänz genannt, mit Schuhen versorgt werden. 'Herzilein' in Wien bedient sich dafür eines Ausdrucks, Diminutiv inklusive, der jeden Kaufwiderstand im Keim erstickt.

Großformatige Namen über der Ladentür bilden eben einen besonderen Reiz, selbst wenn es sich nur um Vor- oder Nachnamen handelt. 'By Anna' in Hannover und 'Liesl' in Wien verströmen Lokalkolorit, 'Frieda & Dieter' in Krefeld Solidität, 'Graziella' in Lübeck, 'Da Vinci', 'Toscanini', beide in Berlin, den Hauch der weiten Welt.

In diese weite Welt führen vor allem die englischsprachigen Geschäftsnamen, sie setzen den *modern style* gegen das Althergebrachte, öffnen speziell der Jugend den Zugang zum globalen Sprach- und Modemarkt und lassen auch die Älteren nicht wortlos zurück. Die englische Sprache ist nun mal „mit ihrer Fähigkeit zu knappen, griffigen, oftmals witzig klingenden Wörtern befähigt, komplexe Zusammenhänge auf den berühmten Punkt zu bringen"[10]: Warum sollten da die Inhaber von Schuhläden zurückstehen?

Das kommt doch gar nicht in Frage, im Gegenteil: 'Shoes for me' finden sich in Kassel, dazu gesellt sich der 'Shoe 4 you' in Wiesbaden, von der 'shoe factory' bis zur 'Shoe Town' reicht das Angebot. Es umfasst 'Easy Shoes', 'Happy Shoes', 'Love Shoes' und 'Magic Shoes'. Eine 'Shoepassion' ohne Ende. Von den 'Fresh Shoes' führt der Weg ohne Umschweife zu den 'Peppermint Shoes', die einen in Stuttgart, die anderen in Soest beheimatet, offensichtlich eine längere Strecke. Aber: 'Follow me' heißt es Köln, sozusagen als Aufmunterung, dann eröffnet sich der 'Easy Way' und für auftretende Fußprobleme bieten 'Foot Solutions', 'feet Energy' und 'Motioncheck' ihre Hilfe an. Für den 'Shoedeal' stehen die 'Agents of Shoes' bereit. Größere Anpassungsschwierigkeiten, beim Schuhwerk wie bei der Sprache, dürfte es eigentlich nicht geben. *By the way*, ein Kuriosum am Rande: Auf der Insel Jersey, wo man sich gemeinhin der englischen Sprache bedient, und auch im britischen „Mutterland" wurden Läden gesichtet, an denen die Aufschrift 'Schuh' prangt; die sprachliche, in Sonderheit lautliche Verwandtschaft lässt solche gegenseitigen Beziehungen gerne zu.

'Look!' und 'Think!' buhlen, nun wieder auf dem deutschen Festland, allerorts um Aufmerksamkeit, auch der 'Runner's Point' ist vielfach vertreten. Neben 'Steps', 'Sidestep' und 'step by step' zeugt 'Crazy Walk' von größerer Originalität. Sollte man für einen verrückten Spaziergang Stiefel bevorzugen, lässt sich zwischen 'Love boots', 'Salon Boots' und 'Navy boot' die Auswahl treffen, alle, wie es ein Münchner Geschäft formuliert, 'Outdoor'-geeignet. Wem der 'Sneaker King' zu sportlich wirkt, wird 'Dance Affairs' ansteuern, die richtige Adresse für feine Tanzschuhe. In Leipzig empfiehlt sich die 'World of High Heels', je höher, desto besser. Anschließend geht es in Hamburg auf den 'Catwalk', ebenfalls in der Hansestadt hört ein Schuhladen auf 'Sophie the Cat'.

Dagegen nimmt sich Nürnbergs 'British Empire' geradezu vornehm-gediegen aus. Weiter südlich vermittelt in München 'The Upper Club' das Lebensgefühl der *upper class*, und, wenn der Kunde dann wieder nördlichere Gefilde ansteuert, erinnert der 'Seventy Seven Sunset Strip' in Hannover an einen amerikanischen Serienklassiker, in dem coole Geheimagenten in ebenso coolem Schuhwerk erfolgreich ihren Dienst versahen. Weniger populär und doch durch ein Berliner Schuhgeschäft vor dem Vergessen bewahrt, ist der 'Clockwork orange', ein Roman von Anthony Burgess, Anfang der 1970er Jahre von Stanley Kubrick verfilmt. Der Brite kennt die Phrase *as queer as a clockwork orange* als Redewendung für etwas Seltsames, vielleicht darf man solche Erwartungen auch an das Schuhangebot richten.

Ebenfalls ein wenig aus dem Rahmen schlichterer englischsprachiger Ausdrücke fallen Namen wie 'Red Fox', 'Blue Moon', 'Red Wing' oder 'White Dragon', die erst die Fantasie des Kunden strapazieren, bevor es ans Probieren, Wählen und Bezahlen geht. Auch auf Dresdens 'Dark Side' darf man gespannt sein. 'Odds and ends' lässt sich als Krimskrams übersetzen, ein Hinweis auf das Warenangebot möglicherweise. Dafür setzt der Dresdner Laden 'Lace up!' zwar gehobene Sprachkenntnisse voraus, bleibt aber mit dem Appell zum Zuschnüren ganz dem Schuh und seinen Merkmalen verpflichtet. *Isn't it marvellous? Indeed!*

Neben den englischen Namen treten, deutlich seltener und darum umso auffälliger, italienische auf. Die unbestrittene Qualität italienischer Manufakturen lässt sich eben nicht verleugnen. Da müssen die Geschäftsinhaber nicht über einen italienischen Pass, auch nicht über detaillierte Sprachkenntnisse verfügen; wenn sie mit 'Linea Italiana' und 'Stile Italiano' werben, wecken sie die schönsten Hoffnungen. 'La donna' wird sie realisieren, soviel ist sicher. Wenn in Verdis *Rigoletto* der Tenor die Arie *La donna è mobile* schmettert, kritisiert die deutsche Übersetzung in der Regel, auch kontextkonform, die „trügerischen Frauenherzen". Was das Schuhgeschäft angeht, sollte die wortgetreue Übertragung der „beweglichen Dame" gelten. Um den Kunden nicht zu überfordern, steht auch mal 'Casa dei Schuhe' über der Ladentür, ansonsten rechnet man aber damit, dass es bei 'La Scarpa' und allen möglichen Nebenformen keine Verständnisschwierigkeiten gibt: Die Präsentation im Schaufenster beseitigt sowieso alle Probleme. 'Allegria', 'Andante', 'Grandezza', 'Furore', 'Scandalo': Das sind Wörter, die Assoziationen freisetzen, genährt vielleicht durch den letzten Urlaub oder den Opernbesuch. 'Bella Vista' verheißt die gute Aussicht – auf die Schuhe, versteht sich –, 'Valleverde' führt die Fantasie in ein grünes Tal, 'Via Roma' und 'Venezia' sprechen für sich und die berauschenden Einkaufsstraßen, die man aus eben diesen Städten kennt. Dass in Bremens 'Zimbella' der Lockvogel die Geschäftsleitung übernommen hat und in Kölns 'Piccionaia' die Kundschaft wie im Taubenschlag herumflattert, offenbart möglicherweise das Geschehen vor Ort, ansonsten frage man den benachbarten Pizzabäcker. Und wenn 'Ultimo' schon wie eine Drohung anmutet, hilft es nur, mit *den Füßen* die Schuhe *in die Hand* zu *nehmen*: 'Avanti'!

Liebhaber der spanischen Schuhmode bekennen sich zu 'Mi pasion', wobei die Leidenschaft in diesem Fall dem Tanz und der dazu benötigten Fußbekleidung gilt. 'Chicas', die Mädchen also, kaufen ihre Schuhe im gleichnamigen Frankfurter Laden ein. 'Zapatos' gibt es in Hamburg; wer sich des Spanischen bedient, muss darauf achten, dass er *zapato* nicht mit *zapata* verwechselt, dann wird aus dem eleganten Schuh durch Austausch eines einzigen Vokals ganz schnell und ungewollt der klobige Bremsklotz.

Und dann die französischen Namen, *olàlà*. Etwas Sprachkenntnis kann nicht schaden, eine Vergewisserung im *Dictionnaire* und schon kommt Freude auf. *Allons enfants*, auf geht's in die Läden mit den charmanten Bezeichnungen: 'Les chaussures' – die Schuhe, was sonst, 'La Cordonnerie' – die Schuhmacherei, Erfolg verheißt 'La succès', Luxus verspricht 'De luxe', vom Korpsgeist, dem Wir-Gefühl einer Gemeinschaft, hier wohl der Schuh-Liebhaber, kündet der 'Esprit de Corps'. 'Petit fours', hm, sind das nicht diese süßen kleinen Köstlichkeiten, nun, hier handelt es sich um Schuhe, was deutlicher wird, wenn ein Laden namens 'Pan Toufle' mit handgefertigten Palast-Pantoffeln auch mal der Bequemlichkeit Tribut zollt und mit der Schreibung – poln. *pan* d. i. Herr – zugleich suggeriert, es handele sich um eine Namensnennung. Dafür steht die 'Boutique Mirabeau' ein. Der Denker der Aufklärer fungiert wohl eher aus klanglichen denn aus historischen Gründen als Patenonkel: Mirabeau, Mirabelle, *très jolie*. 'L'autre chose', das ist dann wieder etwas anderes, und 'Cirque de Vanité', als Zirkus der Eitelkeiten korrekt zu übersetzen, macht seinem Namen sicherlich alle Ehre. In Frankfurt wendet sich das Schuhgeschäft 'Venezy-voir'[11] mit direktem Appell an die potentiellen Kunden: Kommt und schaut mal her – wer kann da schon widerstehen!

Wo Französisch, Italienisch, Spanisch sich behaupten, darf die Mutter aller romanischen Sprachen, das Lateinische, nicht fehlen. Seit Jahrhunderten totgesagt, gebärdet sie sich immer wieder durchaus quicklebendig, sogar in der Nomenklatur der Schuhgeschäfte. Angesichts der Tatsache, dass die Römer die ersten Spezialschuhe kreierten und mit inzwischen leider vergessenen Namen – sieht man mal vom *soccus* ab, dem Schlupfschuh, der zur Socke wurde – versahen, hält sich die Überraschung in Grenzen. *pes* der Fuß gehört zu den ersten Vokabeln des Lateinunterrichts, auf deren

Kenntnis *fußen* die Geschäfte 'pes' in Berlin und 'Per Pedes' in Krefeld. 'Sanitas' in Aachen widmet sich der Gesundheit der Füße, für 'Classica' bedarf es keiner Übersetzung, während die 'Insomnia Shoes' in Frankfurt ganz offensichtlich Schlaflosigkeit versprechen, warum das so ist, muss der Kunde selbst herausfinden. Das Schuhgeschäft 'Via Sal' liegt in Freiburgs Salzstraße: *Nomen est omen*, wie der Lateiner gerne sagt. In den lateinisch inspirierten Kontext würden sich bayerische Schuhhäuser namens 'Sutor' (*sutor* der Schuster) wunderbar einfügen, wenn es hier nicht ganz einfach um einen Familiennamen handelte. Aber vielleicht geht der Name doch irgendwie auf lateinische Urgründe zurück, schließlich ist es von Passau bis Rom nicht allzu weit – den Weg könnte man doch locker *per pedes* schaffen.

Das Beste kommt zum Schluss: Manche der Namen von Schuhgeschäften sind einfach so klug gewählt, dass sie einer eigenen Erwähnung bedürfen. Das Spiel mit der Sprache führt zu Ergebnissen voller Zwei- und Mehrdeutigkeiten, der Verzicht auf die korrekte Schreibweise zu überraschenden Wendungen. Zu letzteren zählen 'an-"geh"-nehm' und 'Das gute Gehfühl', beide in Berlin. Die Hauptstadt verpflichtet wohl zur Originalität. Das lässt auch 'Schuhbidu' spüren, ein Name, der mit dem zentralen Begriff eine gesungene Silbenfolge aus Jazz- und Pop-Musik aufnimmt. In Pirmasens ist er zu 'Schuh-Bi-Du' variiert, in Magdeburg zum anglophilen 'Shoe.bee.doe'. Solch ein Name prägt sich dem Gedächtnis ein wie einstmals die pfiffige kleine Notenfolge. Ähnlich verhält es sich mit 'Schuhu' in Moers und 'Shubaloo' in Kassel, für die tierischen Implikationen die Erinnerung sichern, einmal, durch die Lautmalerei begünstigt, der Uhu, zum zweiten der Bär Baloo, als Hauptfigur in Rudyard Kiplings Dschungelbuch (1894/95) hinlänglich bekannt. Beide wurden mit Schuhen noch nicht gesehen, stehen nicht einmal als Lederlieferanten zur Disposition, geben aber S(c)huh(u)-geschäften ein wichtiges Identifikationsmerkmal. Wenn die Orthografie sich zugunsten der Kreativität mit einer untergeordneten Rolle begnügt, überzeugt auch 'Shoeting': Der des Englischen kundige Interessent konnotiert sofort ein *shooting*, einen Filmdreh mit ihm nebst neuen Schuhen in der Hauptrolle.

Während 'Hand und Fuß' und 'Von Kopf bis Fuß' weitreichende Verschönerungsmaßnahmen zusagen, sprachlich aber eher, mit dem Rückgriff auf Redensarten, beim schon Gewohnten verharren, versetzt 'Confuß' in Nürnberg den Passanten in Erstaunen. Der Aha-Effekt nach Wahrnehmung des gewollten Schreibfehlers mit entsprechenden Konnotationen setzt gute Laune frei, danach *folgt der Schuhkauf auf dem Fuße*. Ähnlich doppelsinnig, wenn auch im Duden konformen Schreibmodus verharrend, kommen der 'Schuhanzieher' in Köln und der 'Stiefelknecht' in Berlin daher: Beide Namen assoziiert man sofort mit hilfreichen Gerätschaften beziehungsweise Menschen beim Anziehen des Schuhwerks, kann sich freilich sicher sein, dass sich nun die Läden und ihre Betreiber unter den etwas antiquierten Bezeichnungen empfehlen. 'Der Schrittmacher' bietet in München seine Dienste an, ausnahmsweise mal nicht fürs Herz. Nach vollzogenem Schuhkauf lautet die Diagnose 'Happy Schuh und Du', so ist ein Geschäft in Passau überschrieben.

Mit 'Fußnote' wirbt die Konkurrenz in Kassel. Fußnoten, sind das nicht diese lästigen kleingedruckten Anmerkungen am Ende einer Textseite? Jetzt erhalten sie in angemessener Größe die längst verdiente Aufwertung. Selbiges geschieht auch dem 'Frauenschuh'. Das Berliner Geschäft darf sich allerdings darauf verlassen, dass der Name einer kostbaren Orchidee[12] seiner Werbung Glanz verleiht – wenn man sie, die Orchidee, denn kennt. Sofern der Schuhhändler mit doppelbödigem Sprachwitz arbeitet, muss er sich darauf verlassen, dass der Kunde ihn auch versteht. Das ist für 'Sohle Mio' und die Adaption eines in die Jahre gekommenen Schlagers kein Problem.

An der Spitze der Hitliste beziehungsreicher Geschäftsnamen könnte 'Pellegrini' stehen. Der kultivierte Passant verbindet lat. *peregrini* d. i. Pilger mit it. *pelle* d. i. Leder und betritt, stolz auf die reorganisierte Schulbildung, den Mannheimer Laden. Dort muss er allerdings zur Kenntnis nehmen, dass die Betreiber, aus Italien gebürtig, schon seit Generationen über diesen klangvollen Familiennamen verfügen. Trösten wir uns mit der zu Beginn bereits zitierten Redensart: *Umgekehrt wird ein Schuh-(laden) daraus*, und zwar ein guter!

„Zieh deine Schuhe aus ..." – Fuß und Schuh in der religiösen Symbolik

„Nun ruhen alle Wälder, / Vieh, Menschen, Städt' und Felder, / Es schläft die ganze Welt."[1] So beginnt das *Abendlied* von Paul Gerhardt, 1647 und damit ein Jahr vor dem Ende des Dreißigjährigen Krieges verfasst. In einem Zeitalter täglicher Mühsal und ständiger Bedrohung von Leib und Seele reflektiert der Autor das abendliche Ende der Arbeit und vergleicht ihm hoffnungsvoll die himmlische Erlösung von allen irdischen Strapazen.

„Der Leib eilt nun zur Ruhe,
Legt ab das Kleid und Schuhe,
Das Bild der Sterblichkeit,
Die ich auszieh. Dargegen
Wird Christus mir anlegen
Den Rock der Ehr und Herrlichkeit."

Im lyrischen Kontext wird der Schuh zu einer **religiösen Metapher**, zu einem „Bild der Sterblichkeit". Jesus, so weiß der gläubige Christ, wird dem Menschen die alten Kleider abnehmen und ihn in neue Gewänder hüllen: „Herz, freu dich, du sollst werden / Vom Elend dieser Erden / Und von der Sünden Arbeit frei." Die Sünden-Schuhe sind gegen gottgefälliges Schuhwerk ausgetauscht[2], ein neues Leben kann beginnen.

Gut zweihundert Jahre später findet sich das Motiv des religiös motivierten Schuhwechsels bei Wilhelm Busch wieder, weniger ernsthaft, parodistisch fast, aber doch noch eindrucksvoll genug. *Die fromme Helene* entledigt sich reuevoll ihrer „falschgesinnten Zöpfe", wirft Mieder und Schminktöpfe in die Glut und: „Fort vor allem mit dem Übel / Dieser Lust- und Sündenstiebel!" Die eleganten hochhackigen Schuhe verschwinden im Feuer und werden flugs durch biedere Treter ersetzt: „O wie lieblich sind die Schuhe / Demutsvoller Seelenruhe!"[3] Ruhe, wenn auch noch nicht die des Paradieses, ist also auch hier der Lohn.

Der Schuh als religiöses Motiv besitzt eine lange Tradition. Die ältesten „Schuh-Spuren", die davon zeugen, sind Grabbeigaben, Gefäße in der Form von Schuhen und Stiefeln, geopfert in dem Vertrauen, die Gottheiten des Himmels und der Erde sollten mit ihrem Schutz den Verstorbenen in das neue Dasein geleiten. Von prähistorischen Schuhamuletten bis zu Lampen in Schuhform aus christlichen Katakomben reichen die Funde, ergänzt durch die den Toten mitgegebenen Sandalen, die im Übrigen auch ein Bild damaliger Schuhmoden vermitteln.

Was die **biblische Überlieferung** angeht, sind „Fuß" und „Schuh" gleichermaßen signifikant. Sobald das menschliche Leben als Weg verstanden wird, geraten die Füße, die ihn vollziehen, in den Blick. „Fast wären meine Füße gestrauchelt, / beinahe wäre ich gefallen", bekennt der Psalmist (Ps 73,2)[4] im Bewusstsein seiner sittlichen Verfehlung, weiß aber auch von den Engeln des Herrn: „Sie tragen dich auf ihren Händen, / damit dein Fuß nicht an einen Stein stößt." (Ps 91,12) Der Unschuldige bewegt sich „auf festem Grund" (Ps 26,12). Dessen ist sich auch der vom Unglück verfolgte Hiob bewusst: „Mein Fuß hielt fest an seiner Spur, / seinen Weg hielt ich ein und bog nicht ab." (Ijob 23,11) Wenn er auch gerade *den Boden unter den Füßen zu verlieren* droht, kennt er doch die Zusage Gottes an den Menschen: „Du hast ihn als Herrscher eingesetzt über das Werk deiner Hände, / hast ihm alles zu Füßen gelegt." (Ps 8,7) Das gilt selbst für den Triumph über die Feinde: „So spricht der Herr zu meinem Herrn: / Setze dich mir zur Rechten, / und ich lege dir deine Feinde als Schemel unter die Füße." (Ps 110,1) Damit greift David auf tradierte Rechtssymbolik zurück – der Sieger setzt seinen Fuß auf den Nacken des Unterworfenen (s. auch Jos 10,24). In den Paulinischen Briefen wird dieses Motiv variiert: „Der Gott des Friedens wird den

Satan bald zertreten und unter eure Füße legen." (Röm 16,20) Apropos Satan: Auch der „Koloss auf tönernen Füßen" weckt negative Assoziationen. Ein riesiges Standbild, das Haupt aus Gold, Brust und Arme aus Silber, Körper und Hüften aus Erz, die Füße jedoch teils aus Eisen, teils aus Ton, fällt, von einem Stein getroffen, kraftlos in sich zusammen und wird zu Staub. (Dan 2,31-45) Die Traumvorstellung verheißt den Untergang eines Reiches, dessen Uneinheitlichkeit dem künftigen messianischen Reich nicht gewachsen ist.

Der Fußfall ist Bittgebärde (Mk 5,22) oder Zeichen der Anbetung (Off 22,8), der Verzicht auf Schuhe geschieht aus Demut und Ehrerbietung. Gott befiehlt dem Mose am brennenden Dornbusch: „Komm nicht näher heran! Leg deine Schuhe ab; denn der Ort, wo du stehst, ist heiliger Boden." (Ex 3,5) Diese Worte haben sich für die abrahamitischen Religionen als außerordentlich nachhaltig erwiesen. Bereits Stephanus zitiert sie vor seinem Märtyrertod (Apg 7,33), ihre Aktualität haben sie nie verloren. Fast 2000 Jahre später formuliert die englische Dichterin Elizabeth Barrett Browning: „Die Erde ist mit Himmel vollgepackt, / und jeder gewöhnliche Busch brennt mit Gott. / Aber nur der, der es sieht, zieht die Schuhe aus. / Die anderen sitzen herum und pflücken Brombeeren."[5]

Die Evangelien erwähnen die Barfüßigkeit im Zusammenhang einer besonderen Berufung. „Nehmt keine Vorratstaschen mit auf den Weg, kein zweites Hemd, keine Schuhe, keinen Wanderstab", sagt Jesus zu den Aposteln (Mt 10,10; auch Lk 10,4)[6], die sich, frei von irdischen Habseligkeiten, zu den Menschen begeben sollen, und: „Wenn man euch aber in einem Haus oder in einer Stadt nicht aufnimmt und eure Worte nicht hören will, dann geht weg und schüttelt den Staub von euren Füßen." (ebd. v.14)

Demgegenüber erinnert das Tragen von Schuhen an das Vorrecht der freien Menschen (Ex 12,11); der Schuh symbolisiert Besitzergreifung, sogar Unterjochung: „Auf Edom werfe ich meinen Schuh, / ich triumphiere über das Land der Ägypter", sagt Gott (Ps 60,10), und über die Vollstrecker seines Zorns heißt es: „Bei keinem löst sich der Gürtel von den Hüften, / noch reißt ein Schuhriemen ab." (Jes 5,27) Jesaja verwendet, die Geburt des göttlichen Kindes verheißend, ein machtvolles Bild: „Jeder Stiefel, der dröhnend daherstampft, ... wird verbrannt, wird ein Fraß des Feuers. Denn uns ist ein Kind geboren, ein Sohn ist uns geschenkt." (Jes 9,4f.) Die Vision umgreift, besonders beachtenswert, ein Schuhwerk, das der Prophet aus eigener Anschauung gar nicht kennen konnte.

In den Erzählungen der Evangelien ist die Realitätsnähe dagegen offenkundig. Wenn der Täufer Johannes demütig bekennt, er sei nicht würdig, Jesus „die Schuhe aufzuschnüren" (Mk 1,7; Joh 1,27), ist daran zu denken, dass Diener und Sklaven beim Ablegen der Schuhe behilflich waren. Im Haus trug man keine Schuhe, weshalb die Sünderin Jesu nackte Füße mit Öl salbt (Lk 7,38). Wenn der verlorene Sohn nach seiner Rückkehr Kleidung und Schuhe erhält, bedeutet das, dass er wieder in seine alten Rechte eingesetzt wird (Lk 15,22). Die Weisung schließlich, die Paulus an die Epheser richtet, verknüpft Realitäts- und Symbolebene: „Seid also standhaft: Gürtet euch mit Wahrheit, zieht als Panzer die Gerechtigkeit an und als Schuhe die Bereitschaft, für das Evangelium zu kämpfen." (Eph 6,14)

Die mittelalterliche **Exegese** *fußt* auf dem Verständnis des menschlichen Lebens als eines Wegs in die himmlische Heimat. „Thes selben pades suazi / suachit reine fuazi", reimt im 9. Jahrhundert der Mönch Otfried von Weißenburg, damit lateinischer Allegorese verpflichtet. In seiner Bibeldeutung konkretisiert er die Füße, die den Lebensweg abschreiten, als die Gedanken und Werke, die sich meditierend und in aktiver Nachahmung mit der durch die Kirchenlehrer vermittelten Anschauung beschäftigen.[7] Auch die Dimensionen des Kreuzes geben Anlass zu interessanter Auslegung, insofern die Füße des Gekreuzigten auf den Erdboden weisen und demzufolge die Herrschaft über den irdischen Bereich anzeigen. Der Engel am Fußende des Grabes (Joh 20,12) wiederum bezeugt die Menschheit Jesu, während jener am Kopfende auf das göttliche Wesen aufmerksam macht. Die Schuhe der heiligen Schriften unterliegen im frühen Mittelalter vielfacher Deutung. Ambrosius erschließt lange vor Otfried in der zweiten Hälfte des 4. Jahrhunderts aus der Aufforderung, die Schuhe auszuziehen (Ex 3,5), die Mahnung, fleischliche Begierden hintanzustellen, und macht die Bewunderung der königlichen Braut des Hohenliedes – „Wie schön sind deine Schritte in den Sandalen" (Hld 7,2) – zum Vorbild des Voranschreitens von Mensch und Kirche zu einer gottgewollten Zukunft. Solche Ausführungen erwecken allenfalls fachwissenschaftliches Interesse, besitzen aber für die Lebenspraxis kaum noch Relevanz.

Gottlob nichts ausnahmslos. „Wenn er seine Schuhe anlegt, soll er sagen: Gelobt sei, der mir alles schafft, was ich bedarf", heißt es im Talmud[8], der auf die vielen Fragen nach dem rechten Lebensvollzug immer noch die passenden Antworten weiß. Für das **Judentum** bewahrt er die alten Vorschriften und Gebete, deren Gültigkeit auch nach über tausend Jahren nicht in Zweifel steht. Weniger nachvollziehbar als die Anleitung zu den täglichen Verrichtungen ist dagegen heute die Chalitzka, ein Gebot der Thora, die Schwagerehe betreffend (Deut 25,5-10). Eine kinderlose Witwe soll den Bruder des verstorbenen Mannes heiraten, damit ein aus dieser Ehe hervorgehender Sohn den Namen des Verstorbenen weiterführe: „So soll dessen Name in Israel nicht erlöschen." Der Schwager kann die Eheschließung verweigern, muss aber dann akzeptieren, dass die Schwägerin „vor den Augen der Ältesten zu ihm hintreten, ihm den Schuh vom Fuß ziehen, ihm ins Gesicht spucken" wird. Fortan kennzeichnet ihn, der seine Pflicht zum Erhalt der Großfamilie bewusst missachtete, der Name „Barfüßerhaus". Der Ritus basiert auf altem Recht: „Früher bestand in Israel folgender Brauch: Um ein Löse- oder Tauschgeschäft rechtskräftig zu machen, zog man den Schuh aus und gab ihn seinem Partner. Das galt in Israel als Bestätigung." (Rut 4,7) Wenn also die Witwe dem Schwager den Schuh auszieht, entzieht sie ihm damit das Recht auf den Besitz des Bruders, der sonst an ihn gefallen wäre. Möglicherweise handelt es sich um den rechten Schuh: „Es ist bekannt, was es bedeutet, den Fuß auf etwas zu setzen ... Der rechte Fuß, natürlich mit einem Schuh, verkörpert den Menschen und seine Macht. Wo immer er seinen Schuh hinsetzt oder auch nur wirft, das so Gekennzeichnete gehört ihm."[9]

Im Rückbezug auf Ex 3,5 wird der göttliche Befehl am Dornbusch auch in nachbiblischer Zeit wirksam. Die rabbinische Literatur erweitert ihn für den Tempelberg (Berochot 62b), und der Midrasch erklärt darüber hinaus, dass es an jedem Ort, der die Herrlichkeit Gottes offenbare, notwendig sei, sich der Schuhe zu entledigen. Mystische Erläuterungen späterer Jahrhunderte deuten, der Lehre mittelalterlicher christlicher Theologen nicht unähnlich, das Ausziehen der Schuhe als eine Befreiung von materiellen Dingen.

Ganz anders ist der Verzicht auf Schuhe an besonderen Feier- und Gedenktagen begründet. Schuhe, speziell die aus Leder gefertigten, zu tragen, galt früher als Luxus, den sich nur wenige leisten konnten. An Jom Kippur, dem Tag der Versöhnung, sind deshalb Lederschuhe ab- und Filzpantoffeln anzulegen. Letztere machen auf die Ausnahmesituation aufmerksam, sind sie doch „eine Fußbekleidung, die sich nicht mit dem herrschenden, gebieterischen Menschen verträgt und die er deshalb auch nicht anzieht". An einem Tag, der zu strenger Enthaltsamkeit aufruft, „tritt man weder gestiefelt noch gespornt auf".[10] Auch in der ersten Trauerphase sind

Lederschuhe abzulegen. Die Trauernden setzen sich während der Schiwa auf den Boden oder auf einen niedrigen Hocker, ziehen die Schuhe aus und begnügen sich eine Woche lang mit Pantoffeln aus Filz oder Stoff. Der Schmerz über den Tod verpflichtet zu bewusster Unbequemlichkeit. Für die Dauer des Sabbat allerdings ist die Trauer aufgehoben, die Trauernden nehmen wieder normale Stühle ein und tragen ihre gewöhnlichen Lederschuhe. Strenggläubige Juden fügen sich auch heute der Tradition, die für den Gedenktag der Tempelzerstörung einen ähnlichen Ritus vorsieht.

Im **Christentum** finden sich nur noch Spuren – Fuß- und Schuhspuren – alter Traditionen. Das Ablegen der Fußbekleidung als Ausdruck der Ehrfurcht, wie es Ex 3,5 vorschreibt, war lange für die Kreuzverehrung am Karfreitag Teil der Liturgie. Die gregorianisch-armenische Liturgie hat den Ritus für den feierlichen Gottesdienst bewahrt: Um sich auf das eucharistische Gebet vorzubereiten, legt der Zelebrant seine Pantoffeln ab.[11] Die Fußwaschung, die Jesus zum Zeichen der Demut und Liebe an seinen Jüngern vornahm (Joh 13,3-17), eigentlich ein Sklavendienst, ist hingegen weiterhin Bestand der Feier am Gründonnerstag, getreu den Worten „Ich habe euch ein Beispiel gegeben, damit auch ihr so handelt, wie ich an euch gehandelt habe." (v. 15) Wenn alle Jahre wieder die Zeitungen berichten, wem der Papst die Füße gewaschen hat, weckt die über Jahrtausende tradierte signifikante Gebärde zumindest kurzzeitig die öffentliche Aufmerksamkeit.

2014 zeigten die Medien Papst Franziskus, wie er am Gründonnerstag inhaftierten Jugendlichen die Füße küsste, eine symbolreiche Umkehrung des Fußkusses, der über Jahrhunderte dem Papst galt. Die alttestamentarische Demutsgebärde (Jes 49,23) geht in die Evangelienberichte ein, als eine Sünderin sich weinend Jesus nähert, mit ihren Tränen seine Füße benetzt, sie anschließend mit ihrem Haar trocknet, sie küsst und mit Öl salbt. Die Geste findet die Anerkennung Jesu, er vergibt der Frau ihre Sünden und erläutert den argwöhnischen Zuschauern das Geschehen als Beispiel tätiger Liebe (Lk 36,36-50). Vom Orient über den Mittelmeerraum verbreitet, in römischer Zeit den Kaisern erwiesen, im Hofzeremoniell der byzantinischen Herrscher lange bewahrt, wurde der Fußkuss durch Gregor VII. 1075 zum alleinigen Vorrecht der Päpste deklariert, vor denen die weltlichen Regenten in tiefster Unterwerfung zu Boden sanken. Der Ritus sah den Kuss auf das Kreuz des rechten Pontifikalschuhs vor, danach folgten Erhebung und Friedenskuss. Seit Pius XI. verzichteten die Päpste bei Audienzen auf den Fußkuss, Johannes XXIII. schaffte ihn endgültig ab. Den Päpsten der Moderne stand das Apsis-Mosaik in St. Paul vor den Mauern (S. Paolo fuori le Mura, Rom) mahnend vor Augen: Es zeigt den segnenden Christus und zu seinen Füßen die winzige Gestalt von Honorius III. (1216-1227), der ehrfürchtig die nackten Zehen des Gottessohns mit seinen Lippen berührt. Nun gebührt der Fußkuss nur noch der Statue des ersten Papstes Petrus in der römischen Petruskirche (San Pietro). Da die Pilger dem rechten Fuß deutlich zugesetzt haben, wird ihnen inzwischen demütige Distanz auferlegt.

Als Gegenstand der Verehrung zeigt die Abtei Prüm in der Eifel die Sandalen Jesu. Papst Zacharias schenkte sie 752 dem Kloster, nachdem er Pippin III., Vater Karls des Großen, den fränkischen Königstitel zuerkannt hatte, nicht ganz uneigennützig, da der Vatikan sich auf diese Weise verlässliche Hilfe gegen die Langobarden sicherte. Die Reliquien verkörperten also die Legitimation des Königs durch die Kirche, als Gegenleistung erfolgte vier Jahre später mit der Pippinschen Schenkung die Gründung des Kirchenstaates. Jahrhunderte später büßt die Reliquie ihre Popularität ein, die Pilgerströme wenden sich nun dem Heiligen Rock zu, einstmals durch die Kaiserinmutter Helena nach Trier gelangt, wo die Bistumsleitung die Wiederentdeckung für propagandistische Zwecke nutzte. 1524 findet die erste große Wallfahrt zum Heiligen Rock statt, 1574 verliert die Abtei Prüm ihre Selbständigkeit an Trier. Macht ist im Spiel, aber auch der Aspekt der Historizität. Das Gewand Jesu ist immerhin durch die Passionsgeschichte (Joh 19,23f.) biblisch bezogen, während für die Sandalen keine eindeutigen Hinweise vorliegen: Die Aussage des Täufers Johannes – „Ich bin es nicht wert, ihm die Schuhe aufzuschnüren" (Joh 1,27) – sollte wohl eher metaphorisch zu begreifen sein, die religiöse Bedeutung bleibt davon unberührt.[12] Die Prümer Sandalen präsentieren sich als reich verzierte karolingische Krönungsschuhe, unter den Goldauflagen Überreste uralten Leders, vermischt mit Bestandteilen, die auf die Wüstengegend um Jerusalem zurückweisen. Wissenschaftliche Untersuchungen bestätigen biblisches Alter und Herkunft, alles Weitere bleibt dem frommen Glauben vorbehalten. Der wollte auch, zumindest literarisch, der Gottesmutter zu würdigem Schuhwerk verhelfen. Heinrich Bode stattete 1621 die Himmelskönigin mit der Sonne als Kleid, dem Mond als Schuhen, den Sternen als Krone aus. Bereits im 14. Jahrhundert hatte der Karthäuserbruder Philipp gereimt: „ouch phlac Marjâ, diu süeze, / schuoche zu legen an ir vüeze, / als sie inder welde wolde gên, / daz niemen blôz ir vüeze sê."¹³ Maler und Bildhauer statten Engel und Heilige mit passenden, häufig der Mode ihrer Zeit entsprechendem Schuhwerk aus, verpassen der klugen Jungfrau biedere, der törichten (Mt 25,1-12) reizvolle, wenn nicht gar aufreizende Fußbekleidung.

Aber auch Barfüßigkeit ist ein wichtiges Zeichen. In der Antike besaß der freie Mann Schuhe, der Sklave lief barfuß. So demonstrieren Mönchsorden, beispielsweise die unbeschuhten Karmeliter, wenn sie sich, unabhängig von jeglicher Witterung, mit Sandalen begnügen, den demütigen Verzicht auf irdischen Besitz. Über Jahrhunderte liefen Pilger und Teilnehmer an Bußprozessionen barfuß oder, auch eine probate Alternative, mit harten Erbsen im Schuh, geradezu sprichwörtlich ist die Echternacher Springprozession – drei Schritte vorwärts, zwei zurück – dem kollektiven Gedächtnis verhaftet geblieben.

Demgegenüber ist immer wieder die Verweiskraft der Schuhe zu bedenken. Bis ins 18. Jahrhundert hinein gehörten Pontifikalschuhe zum unerlässlichen Outfit der Zelebranten beim Festgottesdienst. Erkennbar sind sie am Dekor, am Kreuz oder an sonstigen eindeutig christlichen Symbolen. Dazu erforderte die Liturgie die Wahl bestimmter Farben, so dass im Schuhschrank kirchlicher Würdenträger weiße, rote, grüne, violette Schuhe auf ihren Einsatz warteten. Die kirchlichen Reformen haben ihn längst auf- und ausgeräumt. Allerdings griff Papst Benedikt XVI., ansonsten von bescheidenem Auftreten, in seinem Pontifikat (2005-2013) auf die dem Amt vorbehaltenen roten Schuhe zurück, während der Nachfolger Franziskus seinen erprobten alten „Tretern" treu bleibt und damit auch den Armutsregeln seines Namenspatrons. Inzwischen hat der emeritierte Benedikt seine roten Schuhe zugunsten eines Sozialprojekts dem Kolpingwerk gespendet; so kommt zusammen, was zusammengehört, schließlich war der Sozialreformer und Theologe Adolph Kolping (1813-1865) gelernter Schuhmacher. Ob rot, ob schwarz, ob Kalbs- oder Rindsleder, Päpste in der Nachfolge Petri bewegen sich in jedem Fall „in den Schuhen des Fischers"[14].

Erwähnenswert ist der Schuh als Attribut eines Heiligen. Seit Jahrhunderten überliefert, sind Kleidung und Gegenstände Teil der je spezifischen Geschichte des Heiligen, aber auch von überindividueller Symbolkraft. Crispinus und Crispianus (4. Jh.), aus vornehmer römischer Familie stammend, flohen vor der diokletianischen Verfolgung nach Frankreich und erlernten dort das Schuhmacherhandwerk. Getreu ihren christlichen Idealen verteilten sie die handgefertigten Schuhe an die Armen, machten sich aber auch um die Bekehrung der Ortsansässigen verdient. Das führte zu neuerlicher Bedrängnis; im Martyrium wurden ihnen Ahlen unter die Fingernägel gesteckt, weiteren Folterungen folgte schließlich die Enthauptung. 1657 notierte Johann Amos Comenius: „Zu Rom ist zwar ein schöne kirch, denen hh. Crispo und Crispiniano gewidmet, welche heilige schuhmacher gewest, die von ihnen verfertigte schuh unter die armen ausgetheilet (haben)."[15] Bereits im späten Mittelalter avancieren die beiden Heiligen zu Zunftpatronen der Schuhmachergilde, was ihnen zahlreiche Abbildungen einträgt. Auf Stichen und Gemälden, in Reliefs und Plastiken treten sie zumeist paarweise auf, in bürgerlicher Kleidung oder mit Lederschurz, erkennbar aber immer an den Attributen, Schuhen und Werkzeugen. Gelegentlich wird auch einer von ihnen bei der Arbeit gezeigt: Auf diese Weise veranschaulicht das Kunstwerk die reale handwerkliche Tätigkeit der Entstehungszeit. Von der heiligen Kümmernis, mit eigentlichem Namen Wilgefortis, Tochter eines heidnischen Fürsten, der sie martern und kreuzigen ließ, überliefert die so genannte Geigerlegende, dass ein Spielmann zu Füßen der Gekreuzigten musizierte und zum Lohn ihre goldenen Schuhe erhielt. Eine andere fromme Erzählung nimmt sich der Schuhe der heiligen Genofeva an, eine Frau, die sie stehlen wollte, erblindete, als sie sie nur berührte. Bekannter ist, auch als Person der Geschichte, Hedwig von Schlesien

Scowomes ouh thanne: wara druhtin gange,
wir unsih imo io nahen, thaz wir ni missifahen.
Ni si uns wiht mera thanne thiu sin lera;
ni minno wiht so suazo io so spor thero fuazo!

Betrachten lasst uns dann, wohin der Herr gegangen ist,
ihm müssen wir stets nahe sein, damit wir nicht in die Irre gehen.
Nie sei uns etwas wertvoller als seine Lehre,
niemals liebe etwas gleichermaßen innig wie die Spur seiner Füße.

OTFRIDS EVANGELIENBUCH, HG. VON OSKAR ERDMANN. TÜBINGEN 5. AUFL. 1965, S. 110F. (III 7,9-12)

(1174-1243). Viele Abbildungen zeigen sie mit Schuhen in der Hand, da sie, wiewohl Gattin des Landesfürsten, selbst im Winter barfuß zu gehen pflegte, die Schuhe auf Anraten ihres Beichtvaters aber stets zur Hand hatte, um bei Hof keinen Anstoß zu erregen. So konnte sie sich zwischen selbstverordneter Askese und fremdgesteuerter Schicklichkeit sicher bewegen. Wer um Willen christlicher Demut und Barmherzigkeit *in ihre Fußstapfen tritt*, ahnt wohl kaum, dass er sich einer biblisch tradierten Phrase bedient.[16] Mehr als Riten, Bräuche und Legenden haben sich die sprachlichen Bilder erhalten und stapfen in den Sandalen der Redensarten munter in die Zukunft.

Judentum und Christentum als eine weitere abrahamitische Religion verbunden, wirkt auch im **Islam** die Verweiskraft der göttlichen Worte am Horeb fort. Der Barfüßigkeit als Zeichen der Ehrfurcht wird ein noch höherer Wert beigemessen, da im Vorderen Orient, auch in Absehung religiöser Kontexte, Schuhe generell als schmutzig gelten.[17] An ihnen haftet der Straßendreck, den man niemandem ins Haus trägt. Auch in Regionen, in denen die Gehwege einen sauberen Eindruck machen, pflegt man die Schuhe auszuziehen, bevor man eine Wohnung betritt, das verlangt das Gebot der Höflichkeit. Möglicherweise hat dies den Siegeszug des Pantoffels als einer im Orient vorherrschenden Schuhform begünstigt. Und wenn schon in der Antike der höfische Kodex verlangte, sich dem Höhergestellten nur ohne Schuhe zu nähern, gilt das erst recht für die Begegnung mit Gott. Also legen Muslime, bevor sie die Moschee betreten, ihre Schuhe ab und säubern nach Möglichkeit auch die Füße. Desgleichen ist für Gebetsübungen in anderen Räumlichkeiten Barfüßigkeit vorgeschrieben, Ausnahmen, dann mit absolut makellosen Schuhen, werden je nach Situation zugelassen. Präzise Richtlinien schreiben außerdem vor, dass beim Ausziehen der Schuhe mit dem linken, beim Anziehen mit dem rechten Fuß zu beginnen sei; auf diese Weise sei der rechte beschuhte Fuß zu Recht begünstigt.[18]

Auch in Indien besitzen Schuhe eine eher untergeordnete Bedeutung. Höfliche Menschen entledigen sich ihrer Schuhe, sobald sie über die Schwelle eines Hauses treten.[19] Einige religiöse Gemeinschaften kommen ganz ohne Schuhe aus, buddhistische Mönche tragen allenfalls Sandalen mit dünnen Sohlen, um jegliches Leben zu schützen, auch das der kleinsten Tiere auf dem Erdboden, die unter den Tritten fester Schuhe keine Chance hätten. Die hinduistische Religion unterscheidet Kasten mit differenter Wertschätzung – folgerichtig besitzen niedrige Kastenangehörige einfache Schuhe, während die höheren über elegante, mit Schmuck verzierte Gehwerkzeuge verfügen. Hinduistische Mönche, denen die Religion das Rindsleder verbietet, fallen durch einen klappernden Gang auf: Den verursachen ihre Zehenpflocksandalen aus Holz oder Metall mit kurzen Stelzen an Zehenpartie und Ferse. Die Sandalen mit nicht-elastischer Sohle und dem Pflock zwischen den Zehen als einzigem Halt sind vor allem in gebirgigen Gegenden außerordentlich unpraktisch. Deshalb verwundert es nicht, dass die Bevölkerung den Mönchen diese Schuhe neidlos zugesteht und im Bedarfsfall lieber mit der Barfüßigkeit vorliebnimmt.

Abschließend noch ein paar Worte zum *Schuh des Empedokles*. Sein Besitzer, um 490-430 v. Chr. auf

Sizilien beheimatet, vertrat die mystisch-religiöse Lehre von der Seelenwanderung und gehört damit durchaus in den Dunstkreis religiös agierender Schuhträger. Nach einem Trinkgelage soll er sich, des Lebens überdrüssig, in den Krater des Ätna geworfen haben. Der Vulkan spuckte die Sandalen wieder aus, womit die Legendenbildung ihren Anfang nahm. Bertolt Brecht hat die griechischen Quellen frei ausgestaltet und erzählt, wie der hoch verehrte, sogar im Ruf der Göttlichkeit stehende Empedokles sich auf seinen Tod vorbereitet. „Da er aber / Einige liebe, von denen er wieder geliebt ward / Wollte er nicht zunichte werden vor ihnen, sondern / Lieber zu Nichts." (v. 6-9) So ersteigt Empedokles mit seinen Schülern den Ätna und entfernt sich langsam von ihnen, „das Sterben hatte begonnen" (v. 29).

„Als er am Krater stand
Abgewandten Gesichts, nicht wissen wollend das Weitere
Das ihn nicht mehr betraf, bückte der Alte sich langsam
Löste sorglich den Schuh vom Fuß und warf ihn lächelnd
Ein paar Schritte seitwärts, so daß er nicht allzu bald
Gefunden würd, aber doch rechtzeitig, nämlich
Bevor er verfault wär. Dann erst
Ging er zum Krater. Als seine Freunde
Ohne ihn und ihn suchend zurückgekehrt waren
Fing durch die nächsten Wochen und Monate mählich
Jetzt sein Absterben an, so wie er's gewünscht hatte."
(v. 30-40)

Die Schüler warten lange auf den geliebten Lehrer und suchen nach einer Lösung für sein Verschwinden: „Er sei nicht gestorben, da er nicht sterblich gewesen sei, hieß es." (v. 50) Schließlich erfolgt die von Empedokles intendierte Wende.

„Aber zu dieser Zeit wurde dann sein Schuh gefunden, der aus Leder
Der greifbare, abgetragene, der irdische! Hinterlegt für jene, die
Wenn sie nicht sehen, sogleich mit dem Glauben beginnen.
Seiner Tage Ende
War so wieder natürlich. Er war wie ein anderer gestorben." (v. 54-59)[20]

So führt der Schuh, das „Bild der Sterblichkeit", wie Paul Gerhardt formulierte, aus der göttlichen Sphäre in die Niederungen des menschlichen Lebens zurück. Der Relevanz religiöser Schuh-Symbolik tut dies natürlich, Gott sei Dank, keinen Abbruch.

„Mit dem Schuh verehrt man sich ..." – Schuhe in der Kunst

Da stehen sie, in vornehmer Robe, die Hände ineinandergelegt, ein Brautpaar des 15. Jahrhunderts, Michele Arnolfini und seine junge Frau Elisabeth, von **Jan van Eyck** 1434 im flämischen Brügge porträtiert. Man bewohnt, aus Italien der Finanzgeschäfte wegen zugezogen, eine bürgerliche Wohnung mit orientalischen Teppichen, mit Kronleuchter, Spiegel und verglasten Fenstern, auf der Kommode steht ein Teller mit Apfelsinen, für die Zeit zweifellos ein besonderer Luxus. Alles wirkt, wie es sich für die Zeremonie gehört, gut aufgeräumt – wenn da nicht die Pantoffeln und Trippen wären, erstere einigermaßen diskret im Hintergrund postiert, letztere jedoch auffällig genug. Sie befinden sich direkt im Vordergrund, in der linken unteren Bildecke, die linke Trippe wie zufällig vom Bildrand abgeschnitten, das helle Holz leuchtet vor dem dunklen Hintergrund, der kaum erkennen lässt, welche Fußbekleidung der Bräutigam nun trägt, nachdem er die Überschuhe achtlos zur Seite stellte.

Hier drängt sie sich wieder auf, die ewig gültige Frage: Was will der Künstler uns damit sagen? Niemand wird sich vorstellen können, dass es Menschen, die Stunden damit zugebracht hatten, ihre Kleidung sorgfältig zu drapieren, nunmehr an der Zeit fehlte, um die abgelegten Schuhe ordentlich zu postieren, wenn sie schon bei der Eheschließung herumstehen mussten. Zunächst einmal geben die Überschuhe einen diskreten Hinweis auf Stand und Profession ihres Besitzers: Arnolfini gehörte zu den wohlhabenden Bankiers, die in Brügge erfolgreich mit Geld und Waren handelten, nicht aber zur Aristokratie. Die hohen Herren ließen sich in Sänften durch die Straßen tragen, während die Kaufleute zu Fuß unterwegs waren und sich der Trippen bedienten, um mit den dünnen Lederschuhen nicht im Schmutz zu waten. Entscheidender ist aber die Symbolik, die van Eycks Zeitgenossen ohne große Hilfe verstanden hätten. Sie hätten sich der Worte Gottes an Moses erinnert: „Leg deine Schuhe ab; denn der Ort, wo du stehst, ist heiliger Boden." (Ex 3,5) Wenn Brautleute sich das Sakrament der Ehe spenden, im privaten Gemach, wie damals üblich, werden eben auch schlichte Dielen zum „heiligen Boden". Der vermeintliche Zufall erweist sich als Kalkül. Für das Bild, in dem zwar der Bräutigam die rechte Hand zum Schwur erhebt, die einzige brennende Kerze auf dem Lüster die Anwesenheit Christi bezeugt und die Trauzeugen wenigstens im Spiegelbild erscheinen, dokumentieren die sichtbar abgelegten Schuhe das Zeremoniell einer christlichen und legalen Eheschließung. Und so hat dann alles seine Ordnung, gerade weil die Schuhe so unordentlich in der Ecke liegen.

Über Jahrhunderte, wenn nicht gar Jahrtausende verraten Bilder und Skulpturen, wie es mit der Schuhmode der jeweiligen Zeit bestellt ist. Je bewusster Künstler, häufig aus politischen Gründen, ein Porträt inszenieren, desto mehr schenken sie auch dem Schuhwerk Beachtung, bilden Könige mit rotbesohlten Tanzschuhen und Revolutionäre mit klobigen Holzschuhen ab. In der christlichen Bildwelt des Mittelalters besaß die Arbeit des Schuhmachers nur dann Relevanz, wenn die Schutzpatrone in den Abbildungen erschienen. Erst im 16. Jahrhundert widmen sich Holzschnitte der Darstellung von Berufen, in der Genremalerei des 16. und 17. Jahrhunderts gewinnt sie immer mehr an Bedeutung und entfaltet ständig neue Facetten. Die Bilder zeigen den Schuhmachermeister bei der Arbeit in seiner eleganten Werkstatt, aber auch den Flickschuster, der im Verschlag werkelt, sie entwickeln sich zur galanten Szene und zur Karikatur. Einzelne Schuhe tauchen zunächst nur als Zunftzeichen auf, bis um 1810 der englische Lithograf J. Bryant seine schweren Reitstiefel in Gesellschaft der Reitpeitsche auf einer Wiese porträtiert. Danach dauert es nicht mehr lange, bis van Gogh seine Schuhe und Pantinen in den Blick rückt.

Vincent van Gogh hat mehrere, ganz unterschiedliche Schuh-Bilder hinterlassen, das berühmteste von ihnen, das abgelatschte Halbstiefel mit Schnürsenkeln zeigt, entstand im zweiten Halbjahr 1886 in Paris. Zuvor hatte er in Nuenen 1884 und 1885 Holzschuhe mit Töpfen und Flaschen zu Stillleben geformt. Im Dezember 1886 malte van Gogh drei Paar Schuhe, die deutlicher noch Spuren unermüdlichen Gebrauchs aufweisen: Abgewetztes Leder, zerschlissene Sohlen, umgestülptes Oberteil, aufgedrehte Vorderkappe zeugen von weiten, mühsamen Wegen und ebenso von akribischer Gegenstandstreue. Die berühmte philosophische Interpretation von Martin Heidegger spricht dem Bild seine gleichnishafte Bedeutung zu: „Aus der dunklen Öffnung des ausgetretenen Inwendigen des Schuhzeuges starrt die Mühsal der Arbeitsschritte. In der derbgediegenen Schwere des Schuhzeuges ist aufgestaut die Zähigkeit des langsamen Ganges durch die weithin gestreckten und immer gleichen Furchen des Ackers, über dem ein rauher Wind steht. Auf dem Leder liegt das Feuchte und Satte des Bodens. Unter den Sohlen schiebt sich hin die Einsamkeit des Feldweges durch den sinkenden Abend … Durch dieses Zeug zieht das klaglose Bangen um die Sicherheit des Brotes, die wortlose Freude des Wiederüberstehens der Not, das Beben in der Ankunft der Geburt und das Zittern in der Umdrohung des Todes …"[1]

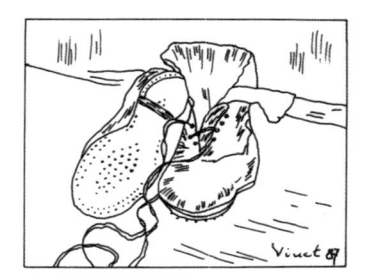

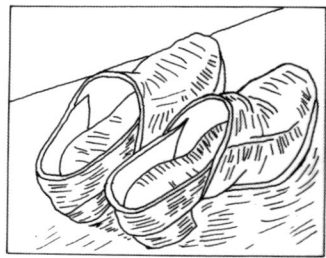

Ein weiteres Schuh-Bild, ebenfalls in Paris Anfang 1887 entstanden, antwortet auf die bisherigen erdtonigen Werke mit freundlichen Orangetönen. Weiße Tupfer geben den Beschlag der Sohle zu erkennen, gewinnen aber unübersehbar an malerischem Selbstwert, ebenso die wirren Linien der Schnürbänder, die ein dekoratives Eigenleben zu führen beginnen. Darüber hinaus fallen Signatur und Datierung auf. Der Maler erkennt offenbar den Wert seiner nunmehr individuellen Pinselführung; diese Schuhe bedeuten ihm mehr als eine Objektanalyse, die ihm mit ihren emotionalen Akzenten unversehens zur Metapher geriet, welche den Betrachter auch nach über hundert Jahren noch zu berühren vermag. Für den Künstler hingegen steht fest, dass er neue Schritte vollzogen hat, hin zu einer eigenen Malweise, so ein Bild verdient dann auch den Namenszug. Als van Gogh im März 1888 in Arles ein Paar Holzschuhe gestaltet, geht er bereits souverän mit Komposition, Farbgebung, Pinselduktus um und wahrt doch den Bezug zur Wirklichkeit – die Pantinen gehören wie Stühle, Bücher und Zwiebeln zu den außerordentlich geduldigen und preiswerten Modellen, ein Panorama der sichtbaren Dinge, das dank der dynamischen Linienführung seine Lebendigkeit wahrt.

Als dreißig Jahre später auf den Expressionismus die Neue Sachlichkeit folgt, ist plötzlich wieder die Nüchternheit des Blicks gefragt. Die Intention, ein absolut realistisches Bild der Welt zu formen, gilt auch und vor allem der Großstadt mit den bislang schamhaft verschwiegenen Marotten und Motiven. Auf den Bildern von **Rudolf Schlichter** finden sich immer wieder Frauen in engen, hochhackigen Stiefeln. Der Maler, bekennender Schuhfetischist, fand vorzugsweise in seiner Frau ein williges „Opfer". In seinem autobiografischen Roman „Zwischenwelt – Ein Intermezzo" erinnert er sich: „Mit bebender Stimme richtete er in einer Gesprächspause die Frage an sie, ob sie eventuell geneigt wäre, auch heute noch, trotz der Ausgefallenheit der Mode, seiner Lust und Qual zuliebe, solche hochschäftigen Knopfstiefel mit zierlich dünnem Pompadourabsatz zu tragen." Zu seiner großen Erschütterung will sie „am nächsten Tag diese wichtige Sache sofort in Angriff nehmen".[2]

Variatio delectat – eben noch Realismus, jetzt Sur-Realismus. Traum und Wirklichkeit, Realität und Irrealität verschmelzen zu einer „Über-Wirklichkeit", einer *sur-réalité*. Die Dinge behaupten ihr Eigenleben und geleiten den Menschen in eine bislang verschlossene Erfahrungsebene, offenbaren sich ihm in magischen und absurden Bildern, konfrontieren ihn mit den Gesetzen des Unbewussten. **Salvador Dalí** postuliert den Wert des Unnützen und kreiert 1930 „Galas Schuhe" als „Skatologisches Objekt mit symbolischer Funktion", eine fast 50 cm hohe Assemblage, deren Beschreibung *en detail* die Anschauung zu ersetzen vermag.

„In einem Damenschuh, mitten in einer weichgeformten, exkrementfarbenen Masse, steht ein Glas lauer Milch. Der Mechanismus besteht darin, ein Stück Zucker, auf welches man einen Schuh gemalt hat, in die Milch zu tauchen, um die Auflösung des Zuckers und damit auch des Schuhbildes zu beobachten. Verschiedene Zutaten (Schamhaare, die an einem Stück Zucker kleben, kleines erotisches Foto) vervollständigen das Objekt, das von einer Dose mit Ersatzzuckern sekundiert ist und einem Speziallöffel, der dazu dient, Schrotkörner im Inneren des Schuhs aufzurühren." [3]

Für Dalí ist der Schuh „ein Gegenstand, höchst befrachtet mit realistischen Kräften"[4]. 1941 gestaltet er, weniger umständlich und doch rätselhaft genug, in seinem Bild „Sündenfall" das Martyrium des Schuhetragens: Um Unterschenkel und Ferse eines nackten männlichen Beins windet sich, einem Band ähnlich, eine Schlange, Verursacherin der Ausweisung aus dem Paradies. Daneben warten überproportional große Schuhe, in dunklem Schwarz dem hellen Untergrund kontrastierend, auf ihren Einsatz. Der Sündenfall hat Adam in eine Welt geworfen, in der er zum Tragen von Schuhen verdammt ist. Die setzen dem freien Spiel der Zehen ein Ende und begünstigen den Beginn irdischer Herrschaftssysteme. Fortan wird es möglich sein, anderen *etwas in die Schuhe zu schieben, unter dem Pantoffel zu stehen* oder martialisch *mit dem Stiefel aufzustampfen*.

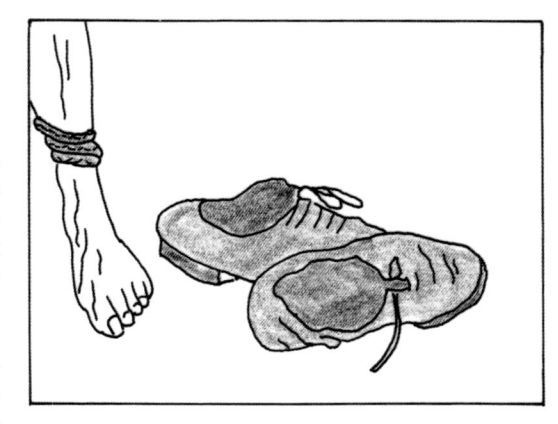

René Magritte geht 1935 von einer ähnlichen Vorstellung aus. „Das Problem der Schuhe zeigt, wie leicht die fürchterlichsten Dinge durch die Macht der Unachtsamkeit als gänzlich harmlos gelten. Dank des ‚modèle rouge' spürt man, daß die Vereinigung des menschlichen Fußes und eines Schuhs in Wirklichkeit auf einen monströsen Brauch zurückgeht."⁵ Vor einer Bretterwand steht auf steinigem Erdboden ein Paar Schnürstiefel, grob gestaltet, von schwärzlicher Farbe, das Leder geht in fleischlich ausgebildete Zehen über.⁶ Die Konstellation wirkt hart und schmerzhaft, verweist auf die Vergänglichkeit der leiblichen Existenz, die übergroße Bretterwand unterbindet jegliche Bewegungsfreiheit. „Das rote Modell stößt einen Warnruf aus", kommentierte Magrittes Freund Paul Nougé, es gehe darum, die Zerstörung menschlicher Beziehungen durch den gesellschaftlichen Zwang zu reflektieren. Der gelte so auch für die „gewöhnlichen Alltagsdinge", „von denen wir annehmen, sie stünden uns zu Diensten, die aber in Wirklichkeit, insgeheim und unheilverkündend, uns beherrschen: daß es die Macht von Schuhen über Menschen gibt. Magritte selbst erklärte, der tägliche Kontakt eines Lederschuhs mit dem menschlichen Fuß sei eine barbarische und abscheuliche Angelegenheit."⁷ Ein späteres Bild von 1947 variiert das Motiv zu weiblichen Fuß-Schuhen mit hohen Absätzen. Diesmal stehen sie auf einem Tisch und vor der Bretterwand befindet sich eine Stange mit einem Bügel, daran ein rüschenbesetztes Kleid, dieses wiederum mit durchgeformten weiblichen Brüsten – der beziehungsreiche Titel „La philosophie dans le boudoir" zitiert einen Text des Marquis de Sade (1795).

Ein Jahr nach der Entstehung von Magrittes „Rotem Modell" skizziert **Meret Oppenheim** eine Sandale „mit Pelz, vorne offen", aus dem Pelz lugen Zehen mit lackierten Nägeln hervor. Im Gegensatz zu den gleichzeitig entworfenen „Pelzhandschuhen mit Holzfingern" wurden die Sandalen nicht ausgeführt. Ungleich bekannter ist ohnedies die „Pelztasse", mit der die junge Künstlerin sich ebenso überraschend wie nachhaltig ihren Platz in der Kunstwelt eroberte; ihre Schönheit machte sie zudem zum Idealbild der *femme surréaliste*. Ihre Zeichnungen versieht sie mit spontan hingeworfenen Notizen, so zeigt es das Blatt „Warum ich meine Schuhe liebe" bereits 1934. Die lyrischen Versuche führen wie die Bilder in eine Traumwelt voller Assoziationen.

„Von Beeren nährt man sich
Mit dem Schuh verehrt man sich
Husch, husch, der schönste Vokal entleert sich."
(1934)[8]

Manchmal heißt es, von Illusionen Abschied zu nehmen: „Gib deinem Ich einen Tritt deinem Es seinen Lohn / und was von dir übrig bleibt brate wie Fischlein in Öl / du kannst deine Schuhe abstreifen."[9] Der Pelzsandale folgt das Objekt „Ma gouvernante": Auf einem Silbertablett liegt, mit diesem durch Bindfäden fest verbunden, ein Paar weiße Damenschuhe. Deren Absätze sind mit weißen Papiermanschetten besteckt – und schon assoziiert der Betrachter die ähnliche Präsentation gebratenen Geflügels. Was sagt mir das über das Kindermädchen aus?, wird er sich fragen, war es ebenso gebunden, durch Konventionen festgezurrt, mit

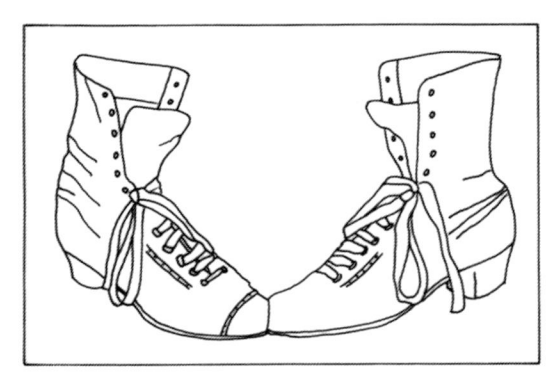

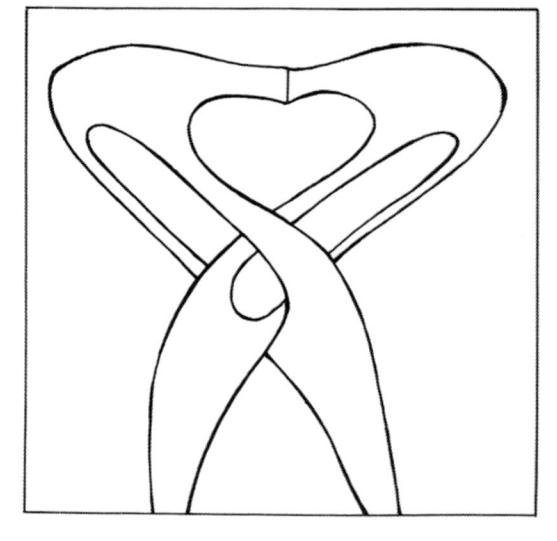

Häubchen und Schürze artig uniformiert? Das würde zu einem gutsituierten Arzthaushalt, wie ihm die Künstlerin entstammt, einigermaßen passen.[10]

In ihrer neo-surrealistischen Phase greift **Meret Oppenheim** das Schuh-Motiv wieder auf. Als „Objekt aus alten Schuhen" entsteht 1956 „Das Paar". Die Kappen zweier altmodischer Damenschnürstiefel sind zu einer Paarung mit ekstatisch aufgelösten Schnürsenkeln so fest verbunden, dass der Titel sich unmittelbar erschließt. Die Künstlerin war immer auch eine Liebhaberin zwei- und mehrdeutiger Wortspiele. „Das Paar" bezieht sich sicherlich ebenso auf ein Liebespaar wie auf das Gefüge zweier Schuhe. Dass dergleichen auf der Hand, bestimmt auch auf dem Fuß liegt, demonstrieren die etwas später entstandenen Arbeiten von Konrad Klapheck. Salvador Dalí hingegen fügt 1965 „Les souliers Gala" („Galas Schuhe") zu einer Herzform zusammen. Für Oppenheimers Objekt kam nur ein deutschsprachiger Titel in Frage, weil in der französischen Sprache zwei Schuhe *une paire*, zwei Liebende *une couple* bilden und der verbale Doppelsinn sich so nicht fassen lässt.

Die Sprache der bildenden Kunst jedoch ist international, ihre Vokabeln besitzen ein eigenes Leben, auch Weiterleben. **Kurt Seligmann** schuf 1938 „Das Ultramöbel", in dem die Stuhlbeine, einmal wörtlich genommen, Frauenbeine, mit Seidenstrümpfen und Pumps bekleidet, verkörpern, vermutlich hatten sie ein Vorleben als Requisiten im Strumpfgeschäft geführt. Nun ergeben je zwei Beinpaare ein Sitzmöbel, die rockartige textile Draperie der Sitzfläche verhüllt nur einen kleinen Teil des Oberschenkels – erotische Assoziationen nicht ausgeschlossen. 1969 geht der Pop-Artist **Allan Jones** härter zur Sache, steigert erotische Reize zum Sex-Appeal-Fetischismus, indem er üppige Schaufensterpuppen, nur mit Slips und hochhackigen Stiefeln bekleidet, als Hutständer, Tisch und Stuhl agieren lässt. Wenn Bistro-Tische das Motiv zitieren, reagiert das Publikum allenfalls mit amüsierten Blicken, mit öffentlichem Ärgernis ist nicht mehr zu rechnen.

Auch **Andy Warhol** macht sich durch Schuh-Bilder einen Namen. Er dekoriert zuerst Schaufenster mit Pumps und Stiefeln und entwirft Werbeanzeigen für Schuhe. Diese steigern seinen Bekanntheitsgrad, so dass er bald zu einer fulminanten Karriere ansetzt, immer die Welt der Waren und der Werbung im Blick. Eine überzeugende Allegorie jedoch gelingt **Robin Page**, der 1968 die „Artist's Boots" auf eine Plinthe setzt, den rechten Schuh an einen Stein gekettet, den linken mit dem Federflügel versehen, wie ihn der Sage zufolge Merkur und Hermes trugen: Der Künstler zwischen Alltagsverpflichtungen und kreativem Höhenflug: So ein Objekt sagt, so banal es auch klingt, eben mehr als tausend Worte!

Aber Künstler lassen sich trotz aller Erdverhaftung den Aufschwung nicht nehmen. Hunderte, Tausende von Schuh-Bildern und Objekten könnten davon ein beredtes Zeugnis geben – und den Rahmen dieser Ausführungen sprengen. Sie sollen und müssen exemplarisch bleiben: für die zahllosen Kunstwerke, Grafiken, Wettbewerbs- und Schülerarbeiten, Werbeanzeigen und – *last but not least* – die Schuhe selbst, deren ästhetische Qualität häufig den Nutzwert übersteigt, und nicht nur deshalb, weil die Höhe eines Stilettos die Gangbarkeit einfach nicht mehr zulässt.

Den Arbeiten von **Konrad Klapheck** gebühren die abschließenden Anmerkungen. Der junge Kunststudent nimmt sich 1955 vor, „ein Bild zu malen, das sich von dem gerade in Mode gekommenen Tachismus aufs Schärfste abheben sollte". Also setzt er „der lyrischen Abstraktion eine prosaische Supergegenständlichkeit" entgegen.[11] Er beginnt Gegenstände zu malen und stellt völlig überrascht fest, dass die Bildobjekte ein Porträt seiner selbst gestalten. Die Analogie zwischen Maschine und menschlichem Sein wird für Jahrzehnte zu seinem großen Thema. Der Betrachter bewundert die häufig großformatige analytische Darstellung, die kühl distanzierte Formensprache, den präzisen Realismus; der Maler aber weiß, dass seine persönlichen Erfahrungen, seine Emotionen die kalten Gegenstände in lebende Organismen verwandelten. Mit der Zeit wählt Klapheck Titel, die zu Assoziationen und Inspirationen anregen, und stellt systematisch symbolische Verknüpfungen zwischen Ding und

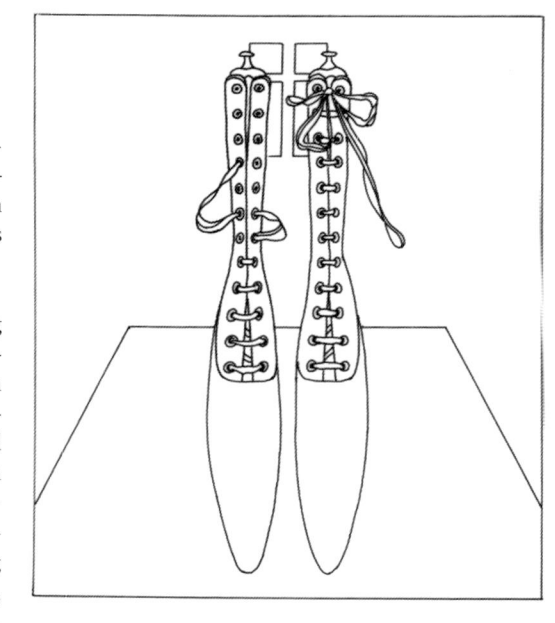

Bedeutung her. Äußere Erscheinung und immanente Funktion befähigen die Gegenstände, auf menschliche Eigenheiten zu verweisen: „Dem Glätten und Strecken dient auch der Schuhspanner, wie das Bügeleisen ein Pfleger des Besitzes. Zur selben Gruppe rechnen Schuhe aller Art, Stiefel, Sandalen, Spikes und Rollschuhe mit mannigfaltigen Schnürsenkeln."[12] Dabei gehört zu Schuhen wie Schuhspannern ursächlich das Auftreten in Paaren. So geschieht es, dass „die Schuhspanner durch ihre Zweiheit die Freuden und Misslichkeiten der Ehe beschwören".[13] Sobald einer der Spanner sich in seine Einzelteile auflöst, die Einheit zerfällt, handelt es sich um ein „Grämliches Paar" (1956). „Die Schönen der Nacht" (1967) aber sind zwei Schnürstiefel, elegant und schmal, der eine mit einem hellroten, der andere mit einem zartblauen Band versehen. Noch mit Spannern bestückt, die Schnürung bereits gelockert, bereitet sich das Paar auf das nächtliche Abenteuer vor. Dazu gehört das dunkle Zimmer, dessen Fenstersilhouette auf die helle, lebendige Nacht einstimmt. Und dann „Die charmante Chaotin" (1990), wiederum ein eleganter schmaler Schnürstiefel – aber eben ohne die Ergänzung zum Paar –, dessen Schnürband salopp gerafft ist, als habe die Besitzerin den Schuh gerade ausgezogen und ihn zur Seite gestellt, ohne die Schnürung ordentlich einzuziehen. Die warmen Rottöne gleichen mitsamt dem Titel-Adjektiv die Liederlichkeit zur sympathischen Tugend aus. All das können Schuhe: Sie werden zur Metapher für ein ganzes Menschenbild, zum Spiegel seelischer Verfassung, zum Hinweis auf gültige Regeln. In der bildenden Kunst wie im wirklichen Leben. Ganz offensichtlich sind sie nun einmal „das Symbol des Menschen".

Das Symbol des Lebens

„Zeig mir", sprach zu mir ein Dämon,
„zeig mir das Symbol des Menschen,
und ich will dich ziehen lassen."
Ich darauf, mir meine schwarzen
Stiefel von den Zehen ziehend,
sprach: „Dies, Dämon, ist des Menschen
schauerlich Symbol; ein Fuß aus
grobem Leder, nicht Natur mehr,
doch auch noch nicht Geist geworden;
eine Wanderform vom Tierfuß
zu Merkurs geflügelter Sohle."
Als ein Bildnis des Gelächters
stand ich da, ein neuer Heiliger.
Doch der Dämon, unbestimmbar
seufzend, bückte sich und schrieb mit
seinem Finger auf die Erde.

CHRISTIAN MORGENSTERN, IN: DIE STILLEN DINGE. HG. VON WERNER FELITZ. BERN, MÜNCHEN, WIEN O. J., S. 45

'Wo drückt der Schuh?' – Redensarten um Fuß und Schuh

So kann's gehen: Eben noch fit wie ein Turnschuh und dann aus den Latschen – wahlweise Pantinen, Puschen, Socken o. ä. – gekippt. Dergleichen anzuschauen zieht einem doch glatt die Schuhe aus. Bevor wir kalte Füße bekommen, versuchen wir schnell, jemandem die Schuld, naja, die Verantwortung in die Schuhe zu schieben. Aber solange wir uns hier noch auf freiem Fuß befinden, sollten wir schleunigst auf dem Absatz kehrtmachen. Auf leisen Sohlen geht's dahin. Wird schon gut gehen, schließlich sind wir doch immer auf die Füße gefallen. Wie, wir hätten helfen sollen? Den Schuh ziehen wir uns nicht an. Und überhaupt: Wer so leichtsinnig ist, steht doch immer mit einem Fuß im Gefängnis, wenn nicht gar im Grab.

„Redewendungen sind wie Brücken in die Vergangenheit"[1], und wie Brücken nun mal so sind, schlagen sie ihre Bögen in die Gegenwart, vielleicht sogar in die Zukunft. Seit Jahrhunderten stehen sie zur Verfügung; Religion, juristische Praxis, Geschichte und Brauchtum haben ihre Spuren hinterlassen, häufig über Landes- und Sprachgrenzen hinweg. Ohne Schwierigkeiten werden sie auch heute noch verstanden, wenngleich ihre Herkunft nur noch selten bekannt ist, die Bedeutung bisweilen variiert.[2] So lagern sie „wie kleine Inseln im breiten Fluss der Geschichte"[3], ragen aus anderen, längst vergangenen Zeiten in die moderne Sprache hinein und bieten sich zum Gebrauch an: *Da kann jeder den Schuh anziehen, der ihm passt*. Passen muss allerdings auch die Redensart, in den Kontext nämlich. Wenn sie einen Vorgang oder eine Situation durch ein sprachliches Bild verdeutlicht, ist der Zusammenhang keineswegs beliebig, dafür steht die Verwendungsgeschichte, mehr oder weniger bewusst, ein. Im Gegensatz zum Sprichwort vermittelt die Redensart – *das sind eben zwei verschiedene Paar Stiefel* – keine allgemeingültigen Lebensweisheiten. Für sich allein hat sie keinen Bestand, sie benötigt den Halt im syntaktischen wie auch im situativ-narrativen Zusammenhang. So zeigt es das Eingangsbeispiel, so demonstrieren es die weiteren Ausführungen, die freilich nur eine Auswahl bieten können. Redensarten sind nämlich auch wie Schuhe, eine Zeitlang heiß geliebt und immer wieder blank geputzt, dann aber auch mal in die Ecke gestellt und vergessen. Im Schuhregal der Redensarten bieten sich wahre Schätze zur Nutzung an. Niemand fühle sich aber *auf den Fuß getreten*, wenn gerade seine Lieblingsformel fehlt.

'Auf tönernen Füßen' – Redensarten aus der Bibel

In Zeiten, in denen die Bibel für die meisten Menschen die einzige Lektüre war, hatten ihre Aussagen eine große Wirkkraft, die über den religiösen Bereich hinausging. Zitate, aus denen Redewendungen wurden, verselbständigten sich, der biblische Ursprung geriet nicht selten in Vergessenheit. Dass man 'in jemandes Fußstapfen tritt', ist zur bewährten Phrase geworden. Sie geht auf den Brief des Apostels Paulus an die Römer (Röm 4,12) zurück. Thematisiert ist hier nichts Geringeres als die Beschneidung, ihre Notwendigkeit war für die Mitglieder der neuen Glaubensgemeinschaft der Christen zum Problem geworden. Paulus ringt sich in einer wahrhaft salomonischen Entscheidung zum Verzicht durch, denn auch die Unbeschnittenen – und das waren zu seiner Zeit die zum Glauben gelangten Heiden – „gehen in den Fußstapfen des Glaubens, den unser Vater Abraham hatte, als er noch nicht beschnitten war". Ebenfalls in einem Brief (1 Petr 2,21) mahnt Petrus die Adressaten, Christus habe „euch ein Beispiel gegeben, damit ihr seinen Spuren folgt". Im säkularen Bereich finden sich andere Vor-läufer. Eine alte Frau erinnert sich ihrer Jugendliebe: „Adam war der begehrteste Junge an unserer Schule. Mir genügte es, in seiner Nähe zu sein, ich holte ihn ein, lief hinter ihm her, versuchte nur, in seiner Fußspur zu bleiben, mehr wollte ich doch nicht, ich habe manchmal Riesenschritte unternommen oder bin kreuz und quer gelaufen, nur um in der Spur zu bleiben, die er gerade verlassen hatte. Alle um mich herum haben versucht, mich auf die falsche Fährte zu locken ... Ich aber habe mich auf mein Gefühl verlassen und die richtige Spur vom Adam gefunden, jedenfalls glaube ich das bis zum heutigen Tag."[4]

In der Folgezeit der Apostelgeschichte bewegten sich geistliche Würdenträger „in den Schuhen des Fischers" und lebenslustige Alltagsmenschen „in den Schuhen meiner Schwester"[5], immer mit dem unangenehmen Gefühl, dass die hinterlassenen Schuhe und Fußstapfen eigentlich viel zu groß waren. So steht es auch mit *Großmutters Schuhe*(n) in einem Roman von Renate Welsh.[6] Für die verstorbene Ditta, über Jahrzehnte das Familienoberhaupt, gibt es trotz großer Familie keinen adäquaten Nachfolger. Die jüngere Tochter spricht ihrem Ehemann die notwendige Qualifikation ab: „... das schaffst du nicht, selbst wenn du dich noch so aufplusterst, diese Schuhe sind nichts für dich. Komisch, dass Größe 39 zu groß ist, wenn man Größe 43 trägt." Die ältere Tochter hingegen beansprucht den Posten als Familienälteste ungeachtet eingestandener Defizite: „... ob mir deine Schuhe zu groß sind, liebe Mutter, danach fragt keiner, danach hat keiner zu fragen, und wenn ich auf die Nase falle, weil ich darin zu gehen versuche, dann falle ich eben auf die Nase ..." „Was ist es, das uns daran hindert, in deine Fußstapfen zu treten?", fragt sich schließlich der Schwiegersohn und versinkt in selbstkritische Reflexionen.

Beachtenswert: Die Redensart von den Fußstapfen, variiert durch die Weitergabe von Schuhen, bildet das Leitmotiv eines Romans[7], ohne dass die Herleitung aus biblischem Gedankengut an irgendeiner Stelle fassbar wäre. Sie hat sich aus dem ursprünglichen Kontext befreit, hat sich bereichert, schließlich ist das Bildelement, dass Fußstapfen wie Schuhe durch ihre Größe der Nachfolge zum Problem werden, keineswegs biblischen Ursprungs.

Eindeutig biblisch ist hingegen die Unterwerfungsgeste, die in der Redensart fortlebt. 'Jemandem zu Füßen fallen' (Gen 27,29), 'seinen Fuß auf den Nacken des Besiegten setzen' (Deut 33,29; Jos 10,24), 'mit Füßen treten' (Ps 41,10) sind als Ausdrücke der Verehrung und der Verachtung auch dann eindeutig zu verstehen, wenn die eigentliche Aktion ausbleibt. Schließlich beinhalten bereits die biblischen Erwähnungen eher Vorstellung denn Faktum. Der Koloss auf tönernen Füßen ist auch eine Vision, eine riesige Traumgestalt mit dem Kopf aus Gold, der Brust aus Silber, den Schenkeln aus Eisen, den Füßen teilweise aus Eisen und teilweise eben aus Ton; seine Schwäche kündet vom Untergang Babylons. Überlebt hat hingegen die Redewendung: Wenn etwas 'auf tönernen Füßen' steht, wird es kaum von Bestand sein. Schütteln wir also 'den Staub von den Füßen', dem biblischen Wort gehorchend (Mt 12,14), und begeben uns in eine weitere Kategorie *leichtfüßiger* Redensarten.

'Mit dem linken Fuß aufgestanden?' – Redensarten aus Volks- und Aberglauben

Vor einigen Jahren schauten Passanten verdutzt in die Höhe, oben in den Bäumen, zunächst in den USA, dann allüberall auf dem Erdenrund, hingen zahlreiche Schuhe und schienen die Betrachter vor die Sinnfrage stellen zu wollen. Das Mysterium der hängenden Schuhe zu lösen, bieten sich zahlreiche Theorien an, Abwehr- und Liebeszauber gehören dazu. Schuh-Bäume in Irland und Schottland stehen offenbar mit Vorzug in der Nähe von Quellen, denen man Heilkraft nachsagt. Mit dem weltweit verbreiteten Phänomen der „Shoefiti" wären Fuß und Schuh wieder dort angekommen, wo sie einst *festen Stand* hatten und doch nicht *auf der Stelle traten*: im Jahrhunderte alten Volksglauben.

Dass sich die Füße aus dem Mutterschoß der Erde erheben, hat ihnen vor langer Zeit die Wertschätzung eingetragen, Sitz der Lebenskraft zu sein. So wurden die Füße der Zwerge, Dämonen, Geister und Teufel – der Pferdefuß – besonders bedeutsam, desgleichen, wenn sie darüber verfügten, die Schuhe. Doch auch wenn menschliche Füße ins Strauchein kamen, wenn sie sich außergewöhnlich formierten, glaubte man daraus Hinweise auf die Zukunft ermitteln zu können. Das gilt besonders nachhaltig für die Dimensionen von rechts und links.

Noch heute verheißt es nicht Gutes, beim Aufstehen 'den linken Fuß als ersten' aufgestellt zu haben. Der Aberglaube ist international verbreitet, über alle religiösen und kulturellen Grenzen hinweg.[8] Während der Römer formulierte *Sinistro pede profectus est*, verwendet der Franzose die Formel *se lever du pied gauche*. Mutmaßlich liegt die alltägliche Erfahrung des Menschen mit seinen Händen zugrunde. Weil die überwiegende Mehrheit vorzugsweise die rechte Hand nutzt, galt sie lange als die richtige, die linke hingegen als die ungeschickte, falsche. Die etymologischen Verwandtschaften rechts / richtig und links / linkisch unterstrichen die Auffassung, die religiösen Statements[9] kamen erschwerend hinzu.

Während heutzutage niemand mehr auf dem „schönen Händchen" beharrt, haben rechter bzw. linker Fuß ihren Ruf erhalten, zumindest auf dem Sektor der Redensarten. Dass, wie es in früheren Jahrhunderten geschah, der Firmling seinen Fuß auf den rechten Schuh des Paten stellte, um sich damit der geistigen Fähigkeiten des Älteren zu versichern, ist derzeit freilich ohne Relevanz. Auch das Orakel, demzufolge eine Schwangere, wenn sie zuerst mit dem linken Fuß aus dem Bett aufstand, ein Mädchen, beim rechten Fuß einen Jungen zur Welt bringen würde, ist längst der vergleichsweise sicheren Ultraschalluntersuchung gewichen. Sonst wäre so manche Mutter 'auf dem falschen Fuß erwischt'.

Wie der Fuß ist der Schuh ein Sinnbild von Macht, Recht und Besitz. Paarigkeit, Stoff und Farbe, vor allem die rote, sind wichtig, mit besonderen Größen statten sich Zwerge und Riesen aus, in Sagen und Märchen kommen Zauberschuhe vor, Sieben-Meilen-Stiefel überwinden weite Strecken, der Ewige Jude trägt Schuhe von riesigen Ausmaßen, Totenschuhe haben eiserne Sohlen. Schon im Altertum demonstrierten Fuß und Schuh sexuelle Fruchtbarkeit, der Fuß als Penis, der Schuh als Vulva. Entsprechende Ableitungen überraschen deshalb nicht. Das Verlieren der Schuhe wurde dem Verlust der Jungfräulichkeit verglichen; stand am ersten Mai der Sprung über das Feuer an, mussten die Mädchen darauf achten, dass ihnen die Schuhe nicht vom Fuß rutschten. Menstruierende Mädchen 'kamen in die Schuhe', da sie, sonst barfuß unterwegs, während der monatlichen Periode Schuhe tragen mussten, diese wurden folgerichtig 'der rote Schuster' genannt. 'Schuhe anmessen' bedeutete die richtige Frau zu finden, 'zwei Füße in einem Schuh haben' war der diskrete Hinweis auf eine Schwangerschaft. Man solle 'die Füße nicht in fremde Schuhe stecken', lautete hingegen die War-

Wenn alle Brünnlein fließen, so muß man trinken,
wenn ich mein'n Schatz nicht rufen darf, tu ich ihm winken.
Ja, winken mit den Äugelein und treten auf den Fuß,
's ist eine in der Stube drin, die meine werden muß.

GROSSES DEUTSCHES LIEDERBUCH. KÖLN 1984, S. 119

nung vor dem Ehebruch; wer ihn begangen hatte, trug 'ausgelatschte Schuhe'.

Bevor es so weit kommt, greift erst einmal der Liebeszauber. Schuh- und Stiefelgeschenke wecken und erhalten die Liebe, die Übernahme der Schuhe einer heimlich geliebten Person verhilft zur Erfüllung des Liebeswunsches. Und wer seiner Liebsten vierblättrigen Klee in die Schuhe legt, dem läuft sie nach ... Wenn dann beim Stiefelputzen die Bürste oft aus der Hand fällt, steht die Heirat bevor. Der Bräutigam schenkt, dies auch ein bekanntes Märchenmotiv, der Braut die Hochzeitsschuhe. Nach der Verheiratung dürfen diese nicht verschenkt werden, weil dann die Liebe wegläuft. Sie werden aufbewahrt, allenfalls gelegentlich an heiratswillige Freundinnen ausgeliehen. Am Hochzeitstag ist natürlich zuerst der rechte Schuh anzuziehen, sollte der Bräutigam sich irren, wird die junge Frau in der Ehe die Herrschaft übernehmen. Konzentration ist deshalb das Gebot der Stunde. Dann zieht der junge Mann programmgemäß der Angetrauten die Schuhe aus, möglicherweise sind sie zuvor entwendet und wieder eingelöst worden. Von alldem hat sich lange der Brauch erhalten, die Brautschuhe mit Pfennigen, wahlweise Cents zu zahlen, und zwar aus der Börse der Braut, um dem Bräutigam Sparsamkeit zu demonstrieren und künftigem Reichtum 'auf die Füße zu helfen'. Ach ja, und das 'Füßeln'! Was auf Französisch *faire du pied à quelqu'un* heißt, hat seinen Reiz nie verloren.

Auch mit Skulpturen lässt sich trefflich 'füßeln'; den Abbildern bekannter Persönlichkeiten mal eben über den Fuß oder den Schuh zu greifen, könnte bestenfalls Glück bringen, schaden wird es

nie und die verehrte Person, ob es sich nun um Till Eulenspiegel, die Liebenden von Ascona oder einen würdigen Bischof handelt, kommen auf jeden Fall glanzvoll davon. Im Umgang mit Schuhen lässt sich einiges bewerkstelligen. Zur Abwehr böser Nachtgeister werden Sandalen und Pantoffeln so vors Bett gestellt, dass die Spitzen zur Tür zeigen. Auch das Vertauschen von rechts und links, vorne und hinten verunsichert Gespenster. Wer vor dem Anziehen in die Schuhe spuckt, schützt sich vor bösen Mächten, ebenso Erfolg versprechend ist die Einlagerung von Kräutern. Nur Pferdestaub sollte man lieber nicht nehmen, dann bleiben die Mädchen beim Tanz sitzen. Mehr Glück verspricht das Werfen von Schuhen[10]: Wenn Neuvermählten ein Paar alter Schuhe nachgeworfen wird, ist mit ehelicher Fruchtbarkeit zu rechnen. Als Liebes- und Eheorakel ist der Schuhwurf ebenfalls erprobt. Bleibt ein Schuh, in einen Baum geschleudert, in den Ästen hängen, steht eine Hochzeit an. Von solch erfreulichen Aussichten zeugen bis heute die eingangs erwähnten Schuh-Bäume. In der Vorbereitungsphase wirft das Mädchen die Schuhe in Richtung der Zimmertür: Zeigen die Spitzen türwärts, wird sie das Haus bald als Braut verlassen, bei Gegenrichtung wird der Bräutigam zur Tür hereinkommen. Auf jeden Fall wird alles gut.

Aber das Leben mit und in den Schuhen weist weitere Höhepunkte auf. Stiefel beim Beischlaf verhelfen zur Geburt eines Jungen. Schwangere Frauen wechseln wöchentlich ihre Schuhe, um die bösen Geister von ihrer Spur abzubringen. Bei der Geburt sollten die Pantoffeln des Mannes zu Füßen der Gebärenden stehen. Ist das Kind geboren, bekommt die Wöchnerin neue Schuhe, die gleichzeitig die erfolgreichen Gehversuche des Nachwuchses garantieren. Die ersten Schuhe des Kindes sollten bereits getragen, vor allem aber bezahlt sein und sind nach Gebrauch unbedingt aufzubewahren: So baumeln sie heutzutage noch in den Autos der stolzen Eltern. Wer die 'Kinderschuhe auszieht', hat dann den Status des Erwachsenen erreicht.

Auch dem Lebensende weisen die Schuhe voraus. Wirft der Bräutigam in der Hochzeitsnacht die Schuhe aus dem Bett und sie zeigen mit der Spitze gegen die Wand, stirbt er zuerst, weisen sie zum Bett zurück, wird ihm die Frau im Tod vorangehen. Den Toten werden, damit die Reise ins Jenseits gelinge, die Schuhe ins Grab gelegt. Keineswegs dürfen sie an Lebende weitergegeben werden, sonst folgen diese möglicherweise vor der Zeit dem Vorbesitzer. Sterben bedeutet redensartlich 'die alten Schuhe verwerfen'. Wer 'in den Schuhen stirbt', erleidet einen plötzlichen Tod. Konnte noch der Priester mit dem Salböl gerufen werden, hat sich der Sterbende 'die Stiefel zur letzten Reise schmieren lassen'. Die Redensart 'Man hat ihm die Füße abgespült' weist auf ein Seebegräbnis hin. Aber das hat mit dem Volksglauben schon nichts mehr zu tun, sondern ist redensartliche Fixierung eines faktischen Vorgangs.

'Das hat Hand und Fuß' – Redensarten aus dem Rechtsbrauch

'Schuster und Juristen gehören in eine Zunft, jene dehnen das Leder, diese die Vernunft.'[11] Dieser Ludwig XII. von Frankreich zugeschriebene Vers vergleicht die Schuster, die ihr Material nach Belieben weiten, den Juristen, die so lange an den Gesetzen herumfeilen, bis sie zu ihren Absichten passen. Mutmaßlich eine ungerechte Beurteilung beider Berufsgruppen, zu Streiks und Anklagen hat sie aber nie geführt.

Rechtsbräuche aus vergangenen Jahrhunderten haben redensartliche Spuren hinterlassen. Sie überlebten, während die gesetzlichen Grundlagen in Vergessenheit gerieten. Dass etwas 'Hand und Fuß' hat, also nach gängiger Auffassung vollkommen in Ordnung ist, geht auf eine altdeutsche Rechtsformel zurück. Wenn ein Ritter mindestens über die rechte Hand, unverzichtbar zur Schwertführung, und den linken Fuß, wichtig für den Tritt in den Steigbügel, verfügte, galt er als kriegstüchtig. „Was aber förmlich geschicht, das hat hände und füsse", hält das Grimm'sche Wörterbuch fest[12], und Schillers *Wallenstein* lobt: „Der Brief hat Händ und Füß. Es ist ein klug, / Verständig Haupt, dem Ihr dienet." Der Mohr des *Fiesco* verwendet die hübsche Formel „Meine Füße haben alle Hände voll zu tun" für etwas, was man heute sehr prosaisch „Stress" nennt.[13] Ähnliche ganzheitliche Aussagen, allerdings ohne rechtskundliche Basis, erfassen den Menschen 'von Kopf bis Fuß' oder 'vom Scheitel bis zur Sohle'. „es lege sich dein haar in zierliche Frisur, / doch zieh die Stiefeln aus", empfiehlt Just Friedrich Wilhelm Zachariä einer Rat suchenden Dame, denn: „Ist Kopf und fuoz galant, so siegt die miene leicht im mäszigen gewand."[14]

Eindeutig aus dem mittelalterlichen Rechtsleben stammt hingegen die Wendung 'auf freiem Fuß sein'. Ursprünglich bezog sie sich auf die Befreiung eines Gefangenen von seinen Fußfesseln, seit dem 15. Jahrhundert ist sie in übertragener Bedeutung belegt. Die 'Freiersfüße' eines Mannes auf Brautschau haben damit wenig zu tun, es sei denn, man wolle über seine zukünftige Freiheit befinden. 'Stehenden Fußes', lat. *stante pede*, lässt sich dergleichen nicht entscheiden. Wer aber in alten Zeiten sein Urteil nicht anerkennen wollte, musste es auf der Stelle anfechten, hatte er sich bereits von den Schranken des Gerichts entfernt, war es rechtskräftig. Davon wusste offenbar auch Friedrich Schiller. Sein *Don Carlos* erfährt den Vater als einen fürchterlichen Despoten: „Es war / An einem Morgen, wo er stehnden Fußes / Vier Bluturteile unterschrieb."[15] Und wenn dem *Wallenstein* empfohlen wird „Reis hin nach Wien zum Kaiser stehndes Fußes"[16], klingt die Formel einigermaßen paradox, wird aber doch nicht missverstanden, weil inzwischen 'schnellfüßiger' Abgang, Spontaneität im Allgemeinen assoziiert wird.

Von großer Bedeutung für die Rechtspraxis war einmal der Fußtritt. Wer seinen Fuß auf ein Stück Land setzte, erwarb es damit rechtskräftig. Dass dergleichen auch unter Menschen funktionierte, mutet schon eher merkwürdig an. Das 'auf die Füße treten' etwa diente zur Besiegelung eines Lehnsvertrags, indem der Lehnsherr seinen Fuß auf die Zehen des Vasallen setzte. Auch die am Altar stehenden Brautleute traten nach dem priesterlichen Segen einander auf den Fuß. Wernher der Gaertenaere hat im 13. Jahrhundert dazu den literarischen Beleg erbracht: *Meier Helmbrecht* tritt der ihm soeben angetrauten Gotelind auf den Fuß und bezeugt damit vor der Öffentlichkeit, dass er der Herr im Haus zu sein gedenkt. Der Ausdruck der Besitzergreifung ist inzwischen zu einer ironischen Bekundung der Beleidigung minimiert. 'Das Recht mit Füßen treten' klingt auch heute noch nach einem schweren Vergehen. Nach mittelalterlichem Strafbrauch mussten Diebe und Ehebrecher an drei aufeinander folgenden Sonntagen barfuß in die Kirche gehen. Dann legten sie sich auf den Boden und man trat auf sie, um so symbolisch das verletzte Recht zu sühnen. Verwenden Franzosen die Formel *casser les pieds à quelqu'un*, besagt das vermeintlich martialische 'jemandem die Füße zerbrechen' nur noch, dass man jemandem auf die Nerven geht, im Einzelfall emotional schmerzhaft genug, doch weder rechtsgültig noch lebensbedrohlich.

Die Redensart 'jemandem etwas in die Schuhe schieben' erfreut sich nach wie vor großer Beliebtheit. Es ist eben so menschlich, die Schuld dem Anderen zu geben, um selbst mit weißer Weste(!) dazustehen. Meister auf diesem Gebiet waren wohl die wandernden Handwerksgesellen. Wenn sie einen Diebstahl begangen hatten – wofür sich auch die Redensart 'Etwas hat Füße bekommen' anwenden lässt – und die Obrigkeit das Quartier durchsuchte, schob man das *corpus delicti* schnell dem Bettnachbarn in die Schuhe. Dem drohten dann, wurde er 'auf frischem Fuß ertappt', womöglich die 'spanischen Stiefel', ein Folterinstrument, dessen hölzerne Schienen dem Delinquenten an die Beine gelegt und festgeschraubt wurden. Der teuflische Mephistopheles weiß, dass die übertragene Bedeutung ebenso unangenehm sein kann, wenn er dem Schüler zum Studium der Logik rät: „Da wird der Geist Euch wohl dressiert, / In spanische Stiefeln eingeschnürt."[17] Übeltäter stehen 'mit einem Fuß im Gefängnis'. Nur wenn es ihnen früh genug 'unter den Füßen brennt', können sie sich 'mit dampfenden Socken' der gerechten Strafe noch entziehen.

So geschieht es auch dem Jungen, der in einer Kurzgeschichte von Langston Hughes[18] versucht, einer Frau die Handtasche zu stehlen. Ausgerechnet blaue Wildlederschuhe hatten es ihm angetan, Geld besaß er nicht, also blieb nur der illegale Weg sie zu beschaffen. Der Versuch scheitert, aber die Frau, die fast zum Opfer geworden wäre, zeigt Verständnis, gibt ihm zu essen und zu trinken und entlässt ihn mit einem Rat: Nie wieder solle er sich an fremdem Eigentum vergreifen, „weil einem nämlich Schuhe, die man auf teuflische Art bekommen hat, die Füße verbrennen". Gehen wir davon aus, dass der Junge das verstanden hat. Manchmal hilft eine Lebensweisheit mehr als juristische Paragraphen.

Was du nicht willst, daß man dir tu,
Das schieb dem Nächsten in die Schuh.

MASCHA KALÉKO, SPRICHWÖRTER UND REDENSUNARTEN. IN:
DIE PAAR LEUCHTENDEN JAHRE. HG. VON GISELA ZOCH-WESTPHAL. MÜNCHEN 7. AUFL. 2008, S. 50

Etwas drückt mich vorne am großen Zeh –
wahrscheinlich hat mir
wieder einfach einer
die Schuld in die Schuhe geschoben.

ANGELIKA EHRET, IN: HANS-JOACHIM GELBERG, WAS FÜR EIN GLÜCK. WEINHEIM, BASEL 1993, S. 43

'Auf großem Fuß' – Redensarten mit Geschichte

Die Herkunft der meisten Redensarten lässt sich nicht mehr klären, einige hingegen verfügen über eine eigene Geschichte. Die besorgte Frage 'Wo drückt der Schuh?' geht beispielsweise auf Plutarch zurück, der in den *Eheregeln* (*Coniugalia praecepta*) erzählt, der römische Senator Paulus Aemilius habe sich nach längerer Ehe von seiner Gattin Poppaea, einer schönen Frau von untadeligem Ruf, getrennt. Seine Freunde, höchst verdutzt, befragen ihn, worauf er auf seine Schuhe weist und antwortet: „Auch dieser Schuh ist schön und neu, aber nur ich weiß, wo er mich drückt." (lat. *Nemo scit praeter me ubi me soccus premat.*)[19] Noch etwas älter ist die Anekdote vom Schuster, der den griechischen Maler Apelles tadelt, weil einem gemalten Schuh eine Öse fehlt. Der Maler bessert nach, kontert aber, als der Schuster nun auch am Bein herummäkelt, mit dem seither bekannten Ausspruch 'Schuster, bleib bei deinem Leisten!' (lat. *Ne sutor supra crepidam*) Jahrhunderte später soll sich ein Schuhmacher in Siena so über die Redewendung geärgert haben, dass er von seinem beachtlichen Vermögen ein Hospital stiftete und über dem Eingang seine Büste anbringen ließ, zusammen mit dem Spruch *Sutor ultra crepidam*, d. i. Der Schuster übertrumpft den Leisten.[20] Es geht eben nichts über Handwerkerehre!

Wer 'auf großem Fuß lebt', damit auch 'eine große Schuhnummer hat', führt sein Leben anders, prunkt und prahlt mit seiner Habe. Die Redensart – frz. *vivre sur un grand pied* – wird gemeinhin auf modische Marotten des 12. Jahrhunderts zurückgeführt. Geoffrey Plantagenet, Graf von Anjou (1129-1151), ließ sich Schuhe mit langer Spitze fertigen, um eine Geschwulst darin zu verbergen. Weil man ihm besondere Eleganz nachsagte, fand die auffällige Fußbekleidung als *dernier cri* sofort Nachahmer, die ihrerseits mit den Schnabelschuhen, den *chaussures à la poulaine*, heftigst übertrieben. Im 14. Jahrhundert wurde das Schuhwerk zum Maßstab für soziales Ansehen: Der einfache Bürger trug Schuhe von Fußlänge, der Ritter kam auf 1,5 Fuß, der Baron auf 2 Fuß, der Fürst gar auf 2,5 Fuß. Die Männer von Rang, die miteinander 'auf gleichem Fuß verkehrten', mussten bald zu allerhand Tricks greifen, um sich nicht gegenseitig auf die Schuhspitzen zu treten. Das Zürcher Kleidermandat von 1371 entschied: „Auch soll niemand, weder Mann noch Frau, einen Schuh mehr tragen, an dem sich eine Spitze befindet, darin man etwas hineinschieben kann ..."[21] Als die Mode unter Karl V. ihr Ende fand, mag das auch Erleichterung hervorgerufen haben. Das betraf auch die Absatzhöhe,

Menschen von edler Gesinnung hatten es immer schon gewusst: 'Hohe Absätze machen wohl die Schuhe hoch, aber nicht den Menschen.' Doch wer trennt sich schon gern von lieben Gewohnheiten? „wer wil immerzu höher seyn als ein weib?", schimpft im 17. Jahrhundert, mutmaßlich zu Recht, Johann David Frisch. „der teuffel hat ihnen unten und oben, das ist bey füszen und kopf, müssen zusetzen, damit sie nur höher seynd, bei den füszen durch die hohe schuh, beim kopf durch die hohe hauben."[22] Mit dem Sprichwort 'Hohe Absätze machen keine Edelleute' wurden die blaublütigen Absatzträger auf den rauen Boden der Tatsachen zurückgeholt. „Von welchem Stande? Von einem auf zwei Füßen, wie ihr seht", antwortet Kleists kluger Sosias auf die Frage nach seiner Standeszugehörigkeit.[23] 'Schuhe machen den Soldaten', hieß es Jahrhunderte später, da Napoleon I. bei Musterungen zuerst auf die Stiefel seiner Truppe schaute. Da waren Schuhmode und Phrase in die Realität zurückgekehrt.

Auch die Redensart 'mit den Füßen abstimmen' entstammt der Lebenswirklichkeit. Zugeschrieben wird sie Wladimir Iljitsch Lenin, der sich zeitweilig in die Schweiz zurückzog und damit gegen Zar Alexander III. Stellung bezog. Seinem Beispiel folgen Menschen immer dann, wenn die Menschenwürde 'mit Füßen getreten' wurde – Republikflüchtlinge, die unter Einsatz ihres Lebens die DDR verließen, Menschen in aller Welt und zu allen Zeiten, die Sicherheit gegen Freiheit tauschen. Teilnehmer an den Montagsdemonstrationen hinterließen im Oktober 1989 an der Leipziger Nicolaikirche ihre Spuren. Sie hatten sich mutig zum friedlichen Protest gegen das Regime zusammengefunden. Im alltäglichen Bereich, wenn die Worte beispielsweise das Kaufverhalten betreffen, greift eine deutlich harmlosere Verwendung.

'Auf Schusters Rappen' – Redensarten auf handwerklicher Basis

'Die besten Schuhe sind, die passen.' Gegen so einen Satz erhebt sich naturgemäß kein Widerspruch. Ein Schuh muss sitzen, damit sein Nutzer darin stehen und gehen kann. 'Wie der Fuß, so der Schuh', lautet deshalb die Devise. Er wolle sein Bett gemäß der Körperlänge und „den schuoch ze wît noch zenge", überlegt im 13. Jahrhundert Thomasin von Zenclaere, ein enger Schuh zwänge den Fuß ein, ein weiter bringe den Träger zum Straucheln, so rät er für alle Angelegenheiten in der Welt zum rechten Maß.[24] Vor allem in Zeiten, als Schuhmacher nur bedingt zu passgenauer Fertigung fähig waren, werden schmerzhafte Erfahrungen zahlreiche Redensarten angeregt haben, die sich nun vielfach verwenden lassen: 'Wem der Schuh passt, der zieht ihn sich an.'

'Der Schuh muss nicht größer sein wollen als der Fuß', lautet die Empfehlung für den, der sich gerne selbst überschätzt, variiert zu 'Der Schuh soll sich nach dem Fuß richten, nicht der Fuß nach dem Schuh'. 'Allerlei Schuhe kann man nicht an einen Fuß ziehen': Eine solche Erfahrung mahnt zu Bescheidenheit, und sie lässt sich sogar umkehren: 'Es passen nicht alle Füße in einen Schuh.' Als diese Redensarten entstanden, besaßen Menschen eine feste soziale Rolle, die zu ihnen gehörte wie ihr Schuh, beides in der Regel lebenslang. 'Nicht jeder Fuß kann samtene Schuhe tragen', heißt es deshalb, und da rote Schuhe häufig auf hohe Abkunft und Würde verweisen, 'ziemt es nicht allen Füßen, rote Schuhe zu tragen'. 'Der Schuh sei, wie er wolle, hat man ihn angezogen, so muss man ihn tragen' – das gilt für eingegangene Verpflichtungen. Grimmelshausens *Simplizissimus* vertraut seinem Freund Springinsfeld (!) an, er wolle sein Leben mit einer Ehefrau führen. „,o bruder', erwidert der darauf, ,dieser schuch ist meinem fusz nicht gerecht.' "[25] Gut, wenn man seinen Lebensplan kennt, man kann doch nicht 'den Fuß in jedermanns Schuhen haben'.

Nicht viel anders steht es mit kranken Füßen. 'Wer einen schlimmen Fuß hat, dem bleibt kein Schuh gerade' oder auch 'dem sind Pantoffeln lieber als Schuhe'. Und dann ist es immer noch 'besser, keine Schuhe als keine Füße zu haben'. Bescheidenheit macht klug: 'Verliert man die Schuhe, so behält man doch die Füße.' Jeder weiß aber auch, dass die Dinge sich nie so entwickeln, wie man sich das vorgestellt hat: 'Sind einem die Schuhe zu weit, so fällt einer drüber, sind sie zu eng, so drücken sie einen.'

Apropos drückende Schuhe, zu allen Zeiten und nicht nur für römische Senatoren unangenehm genug. 'Die eigenen Schuhe drücken am meisten', dasselbe wird 'neuen Schuhen' nachgesagt. 'Der Schuh drückt die meisten Menschen an demselben Fleck.' Dagegen gibt es nur ein probates Mittel: 'Den drückt kein Schuh, der barfuß geht.' Hübsch und sicher von Lebenserfahrung geprägt: 'Neue Schuhe und neue Beamte liegen härter an als die alten.' Manchmal haben Schuh- und Obrigkeitswechsel aber auch ihr Gutes: 'Neue Schuhe und Fürsten hat man lieber als die alten.' Der reimende Schuhmachermeister Hans Sachs hat seine eigenen Erkenntnisse in Verse gefasst: „niemand druckt der schuch / dem der jn an dem fuoz versuch."[26]

Damit richtet sich die Aufmerksamkeit auf den Aspekt der Vergänglichkeit. Alles hat seine Zeit, auch mit Schuhen ist das so. 'Auch der schönste Schuh wird zuletzt zum Latschen.' Die Trauer darüber hält sich in Grenzen, denn 'Auf alten Schuhen geht man am besten'. Sparsame Menschen wissen gar: 'Aus alten Schuhen lassen sich schon ein paar Pantoffeln machen.' Das ist bestenfalls Recycling vergangener Zeiten, derzeit weniger angesehen. Doch auch früher hat man sich von seinen ausgelatschten Tretern getrennt, möglicherweise zu bereitwillig. 'Alte Schuhe soll man nicht hinwerfen, man hätte denn neue.' Dass der erhobene Zeigefinger nicht nur auf besagte Treter weist, muss eigentlich nicht mehr eigens erwähnt werden. Wenn es aber heißt 'Ein schöner Schuh wird nie zum hässlichen Pantoffel', durchaus im Widerspruch zur bereits zitierten Redensart, sei doch vorsichtshalber gesagt, dass hier ein wortgewaltiger Charmeur der in die Jahre gekommenen Herzensdame Tribut zollt.

Nun ja, Menschen wissen um ihre gegenseitigen Stärken und Schwächen: 'Der Schuh weiß, wo der Strumpf Löcher hat.' Generell ist es sinnvoll, sich zu seinen Fehlern zu bekehren, daher sind 'zerrissene Schuhe besser als geflickte'.

Womit wir endgültig in der Schusterwerkstatt angekommen wären. 'Die andern Schuhe machen, haben oft selber keine Sohlen.' – 'Die Schuster haben oft die schlechtesten Schuhe.' – 'Alle Schuster gehen barfuß.' Schuster besaßen eine deutlich geringere Wertschätzung als Schuhmacher, sie verdienten nicht viel. Die Behauptung 'Schuster und Schneider lügen gern', sollte man aber für übertrieben ansehen. Oder doch nicht? 'Was im Schuh ist, wissen nur Gott und der Schuster.' Diese Redensart ist vielsagend genug, eine andere ruft zur Selbsthilfe auf: 'Wer seine Schuhe kann selber flicken, der darf sie nicht zum Schuster schicken.' Aber auch 'umgekehrt wird ein Schuh daraus': 'Wer gute Schuhe machen kann, ist auch ein ehrlicher Mann.' Deshalb fällt die Entscheidung letztlich zu seinen Gunsten aus: 'Besser dem Schuhmacher als dem Apotheker.' Man sollte eben doch klug unterscheiden, auch wenn die Schuhmacher 'alle Schuhe über einen Leisten schlagen'. Diese Wendung entspringt dem beruflichen Alltag, als die Handwerker Holzstücken die Gestalt eines Fußes gaben und das Leder um diesen Holzkern herumschlugen und so in Form brachten. Das Verfahren hat sich bewährt, ist jedoch im Laufe der Zeit beträchtlich ausdifferenziert worden. Dass jemand 'im Laufen die Schuhe besohlt', gleicht dagegen übler Nachrede, es sei denn, man denke an den modernen Schuh-Service, der Sandalen und Stiefeln in atemberaubender Eile Gewalt antut.

Aberglaube wie Redensart legen übrigens Wert auf die Bezahlung. 'Besser auf bezahlten Schuhen als in einer geborgten Kutsche.' Zur Not kommt man auch 'auf Schusters Rappen' voran, unterstützt eventuell durch ein passendes Wanderlied: "Da ich kein geld im seckel hett, / zu fussen must ich reiten."[27]

Noch einmal ein Rückgriff auf das Handwerk des 12. Jahrhunderts und eine bereits zitierte Redensart. Dem mittelalterlichen Schuhmacher war die Fabrikation von Sohlen noch nicht möglich, er begnügte sich damit, das Leder zu einem fußgerechten Beutel zu formen. Damit die Nähte nicht zu sehen waren, wendete er das fertige Stück, und umgekehrt wurde ein Schuh daraus. Die Redensart, nun präsentisch gefasst, ist seit 1745 belegt. Luther wusste freilich über zweihundert Jahre früher über die Evangelisten: „(Sie) kehren aber den schuch umb, und kehren uns das gesetz nach dem evangelio, und den zorn nach der gnade."[28] In Theodor Fontanes Roman sieht Der Stechlin der ersten Begegnung mit der Schwiegertochter beklommen entgegen. Als sie mit ihrer Schwester aus dem Schlitten steigt, „wollte Armgard dem Alten die Hand küssen. Aber das gab diesem seinen Ton und seine gute Laune wieder. ‚Umgekehrt wird ein Schuh draus.' ‚Und zuletzt ein Pantoffel', lachte Melusine."[29] Zweifellos ein redensartlicher Schlagabtausch von höchster Qualität, das berühmt-berüchtigte Zitat, mit dem die Schwester der Braut kontert, wird noch angemessene Beachtung finden.

'Fuß gefasst' – Formelhafte Redensarten

'Auf eigenen Füßen stehen': Das ist eine Phrase, die über buchstäbliches Verständnis hinausreicht. Schon das Kleinkind steht, wenngleich noch etwas wackelig, ohne 'Gängelband' auf eigenen Füßen; um der übertragenen Bedeutung teilhaftig zu werden, braucht es aber noch ein gutes Maß an Lebenserfahrung, Bildung und Ausbildung, die Befähigung, den Lebensunterhalt selbständig zu erwirtschaften.

Die Sprache kennt eine Fülle fester Wortgruppen, die, über Generationen tradiert, regelmäßige Verwendung finden. Als Redensart wird die Phrase, selbst syntaktisch unvollständig, in einen Satz eingefügt, um dort ihre spezifische Bedeutung zu entfalten.

Manchmal reicht sogar ein Wort. Menschen sind 'erfahren', 'bewandert', 'standhaft', Wörter, die darauf zurückweisen, dass ein fester Stand in jedem Fall eine sichere Basis verleiht, dass Fahren und Wandern den geistigen Horizont weiten. 'Weiterkommen' und 'auf der Stelle treten', 'bodenständig' und 'umtriebig' fixieren Gegensätze, im wörtlichen wie im übertragenen Sinn. Von je besonderer Lebensart zeugt ein 'leichter' und ein 'schwerer', ein 'rüstiger', 'frecher', 'geiler', 'lahmer Fuß', in menschlichen Beziehungen lebt man mal auf 'freundschaftlichem' und 'vertrautem', mal auf 'gespanntem Fuß'. Die Wortverbindung 'leicht zu Fuß', das Adjektiv 'leichtfüßig' und das Nomen 'Leichtfuß' beinhalten trotz enger sprachlicher Verwandtschaft signifikante Unterschiede, umgreifen Grazie und Unbesonnenheit. Eine redensartliche Novität des 20. Jahrhunderts ist der emsig Vollgas gebende 'Bleifuß', zugleich ein Beweis dafür, dass, wenn die Sprache lebt, sie jederzeit Neubildungen zu kreieren vermag.

Satzwertige Gefüge aus Adverbial und Verb führen zu weiteren Wendungen, die sich nach wie vor regelmäßiger Verwendung erfreuen. Dem eingangs erwähnten 'auf eigenen Füßen stehen' kontrastiert ein 'auf schwachen Füßen stehen', des Weiteren zu nennen sind 'auf dem Fuße folgen', 'auf die Füße helfen', 'auf die Füße kommen', 'auf die Füße fallen'. Weniger bekannt sind 'unter die Füße legen', d. i. vergessen, und 'unter die Füße treten', d. i. verachten. In Objektverbindungen stehen 'festen Fuß fassen', 'sich die Füße ablaufen', 'einen breiten Fuß bei jemandem haben'. Und immer wieder beliebt, da positiv überzeugend, die Aussage, dass jemand 'mit beiden Füßen auf dem Boden steht'. Dann ist es nicht so einfach, ihm 'den Boden unter den Füßen wegzuziehen'.

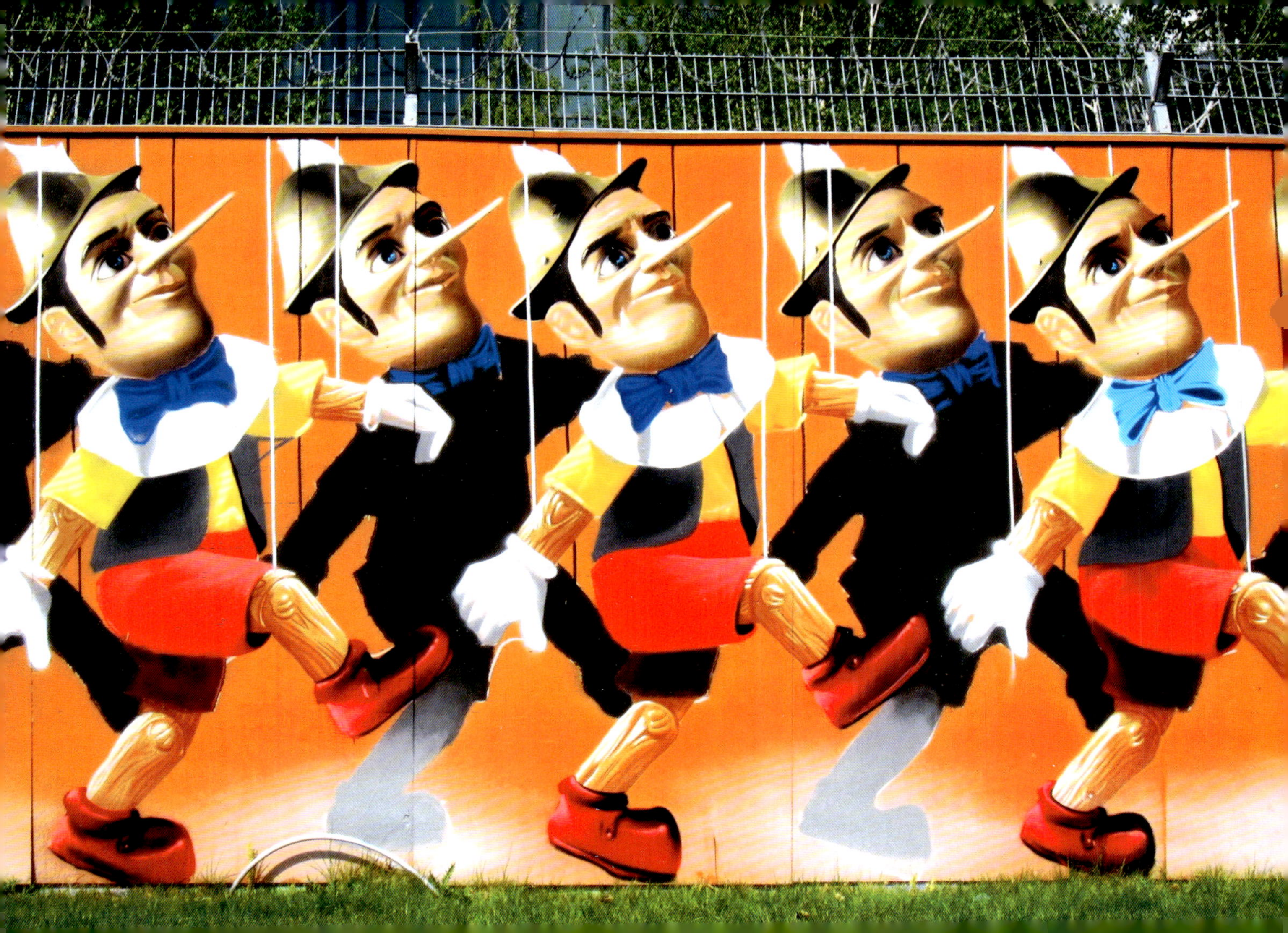

wenn ich den armen bettler vor meiner thür betrachte der oft froher und gesunder ist als ich, so versetz ich mich an seine stelle und versuche, wie meine seele in seinen schuhen gehen würde.

JOHANN JOACHIM CHRISTOPH BODE (18. JH.). ZIT. IN:
DEUTSCHES WÖRTERBUCH VON JACOB UND WILHELM GRIMM. BD. 15, SP. 1847

'So weit die Füße tragen' lässt sich auch als Zitat nach dem gleichnamigen Roman von Josef Martin Bauer (1955) verwenden. In jedem Fall ist es günstig, 'gut zu Fuß' zu sein. 'Einem Füße machen' ist die etwas gewalttätige Nachhilfe dazu, die französische Variante *faire aller quelqu'un plus vite que le pas* lässt das anklingen. Wer sich 'die Schuhsohlen nach etwas abläuft', zeigt Einsatz, was sich von dem, der 'neben den Schuhen steht', gerade nicht behaupten lässt: Das sind eben 'zwei verschiedene Paar Schuhe'.

Letzteres gilt auch für die Wendungen 'fest in den Schuhen stehen' versus 'aus den Schuhen kippen'. Kürzer und anschaulicher kann man eine Lebenssituation kaum in Worte fassen. Dem Ängstlichen 'fällt das Herz in die Schuhe', der Karrierist 'hat den Fuß im Amt', wer 'in die alten Schuhe tritt', nimmt sein vormaliges Leben wieder auf. Wer 'in eines anderen Schuhen geht', macht sich mit ihm gemein, wer aber 'den Fuß in jedermanns Schuhen hat', will überall dabei sein; wenn er sich dann auch 'den Schuh anzieht', zeigt er nicht nur Präsenz, sondern Verantwortung. Aus naheliegenden Gründen kennt man die Phrase eher in der verneinenden Form, dafür mit Inbrunst ausgerufen: 'Den Schuh zieh ich mir doch nicht an!'

Möglicherweise liegt das daran, dass da jemand 'kalte Füße bekommen' hat. Die populäre Herleitung der Phrase verweist auf die Kälte in abgelegenen Räumen, wo Menschen dem illegalen Glücksspiel frönten und die frostigen Füße bei schlechten Karten als gute Ausrede dienten. *to get cold feet* lautet die Vorlage aus dem Land des Pokers, die flugs in andere Sprachen und andere Verwendungszusammenhänge übertragen wurde. Ratsam ist es, 'die Beine in die Hand zu nehmen', wenn die Flucht aus misslicher Lage gelingen soll. In Frankreich verfährt man noch radikaler und hängt sie sich um den Hals – *prendre ses jambes à son cou* –, auf diese Weise geht es flott voran.

'... das muss man in den Füßen haben' – Lehren für ein fußläufiges Leben

So eine Situation ist jedem, vom biologischen Alter unabhängig, bekannt: Mit viel Gepäck geht es zum Parkplatz, um dort festzustellen, dass der Autoschlüssel zu Hause blieb. Wenn wenigstens der Hausschlüssel zur Verfügung steht, hält sich der Schaden in Grenzen. Spätestens auf dem Rückweg stellt sich die geläufige (!) sprichwörtliche Redensart dann ein: 'Was man nicht im Kopf hat, das muss man in den Füßen haben.' Sprichwort und Redensart haben, ob man es will oder nicht, immer Recht, seit Jahrhunderten ist das so.

Wenn die Redensart, sprachwissenschaftlich unter dem Begriff Phraseologismus geführt, ein idiomatischer Ausdruck ist, der mit und ohne Satzgliedwert, aber auch satzwertig auftreten kann, stellt sich das Sprichwort als eine feste Konstruktion dar, sozusagen ein syntaktisch selbständiger Mikrotext mit lehrhafter Tendenz. Beide gehören zum festen lexikalischen Bestand einer Sprache, reproduzierbar die Redensart, zitierfähig das Sprichwort; die Übergänge sind fließend.[30]

Wie geht's?

Es geht eben, wie es Füsse hat.
Lass es gehen, wie geht, es will doch seinen Gang haben.

Er geht, als wenn auf Eiern ginge.
Er geht, als hätte er einen Degen verschluckt.
Er geht, als ob ihm der Arsch brennt.
Er geht, als ob ihm jeder Schritt einen Dukaten kostet.
Er geht, als wenn's durchs Feuer ginge.

Er geht wie ein Tanzmeister.
Er geht wie ein Bauer auf Saffianschuhen.
Er geht wie ein wormdittscher Schuster.
Er geht wie eine Schnecke über die Brache.
Er geht wie eine Spitaluhr.

ZUSAMMENSTELLUNG NACH: KARL FRIEDRICH WILHELM WANDER (HG.), DEUTSCHES SPRICHWÖRTER-LEXIKON. BD. 1, SP. 1422FF.

Dass sich Sprichwort und Redensart auf das praktische Leben beziehen, demonstrieren vor allem Phrasen, die auf menschliche Lebensstationen verweisen. Zuerst 'steckt man in den Kinderschuhen', dann 'mit einem Fuß im Grab', dazwischen liegt eine ganze Biografie. 'Schritt für Schritt' geht man meilenweit und 'läuft sich die Füße ab'. Bisweilen entwickelt sich der Mensch etwas schneller, dann 'hat er einen großen Schritt getan', da er aber noch einiges vor sich hat, lässt sich auch sagen, 'er werde noch manchen Schritt machen'. Wer 'schon viele Schuhe zerrissen hat', hat an Erfahrung gewonnen. Der alte Mensch 'wird nicht mehr viele Schuhe zerreißen', 'seine letzten Schuhe sind besohlt'.

'Jeder Schritt bringt uns dem Kirchhof näher': Sofern das Leben als Weg zum Tode begriffen wird, liegt eine solch lakonische Aussage nahe. Für den Vollzug einer Wegstrecke sind Schuhe existenziell wichtig – dies schlägt sich vor allem in sprachlichen Redensarten nieder, die sich auf das Lebensende konzentrieren. 'Es kommt nicht auf ein Paar Schuhe mehr oder weniger an, wir müssen alle dran.' Der gereimte Zweizeiler mahnt zur Bescheidenheit, ebenso die Aussage 'Es geht nicht mit Schuhen und Strümpfen zum Himmel hinein'. Wer 'auf den letzten Füßen geht', sich 'das Gras unter den Füßen wachsen lässt', schickt sich zum Sterben an. In diesem Zusammenhang ist Anlass gegeben, vor einer Hochzeit im hohen Alter zu warnen: 'Es ist nicht schön, einen Fuß im Grab zu haben und den andern im Hochzeitshaus.' Die Lebensweisheit der Vorfahren hat deutliche Sentenzen nicht gescheut: 'Wer einen Fuß im Frauenhaus hat, der hat den andern im Spital.' Und: 'Die Krankheiten kommen zu Pferd und mit der Post, gehen aber zu Fuß und mit Schneckenschritten wieder fort.' Leider lässt sich nicht behaupten, dass eine solche Sentenz längst überholt sei.

Doch zurück in das aktive Leben, in dem sich Schuhe auch für vergnügliches Treiben empfehlen. 'Ein leichter Schuh macht Lust zum Tanzen', heißt es da, und 'In engen Schuhen ist nicht gut tanzen', zwei Sätze, die sich wörtlich wie übertragen verstehen lassen. Wer 'eine kesse Sohle aufs Parkett legt', so die modernere Redensart, muss Regeln beachten. 'Es gehört mehr zum Tanz als ein Paar rote Schuh', lautet die eine, von der anderen singt ein Studentenlied: „ ... denn schöne kleider und spitze schuh, / die kommen keiner dienstmagd zu."[31] Die Warnung vor der Übertretung (!) gesellschaftlicher Normen hat frühere Generationen beeindruckt und Sprichwörter entstehen lassen, die auch heute noch von bedenkenswerter Sinnhaftigkeit sind. 'Mit Samtschuhen steigt man gut', das könnte die

Empfehlung für einen Karrieresprung sein. Die russische Variante formuliert 'Mit Silberschuhen kommt man bis ins Zimmer der Zarin, und mit goldenen Strümpfen steigt man in ihr Bett', während es in Abessinien heißt: 'Wer auf goldenen Schuhen geht, kann bis ans Ende der Welt gelangen.'[32] Aber es geht auch schlichter und dennoch wahrhaftig genug: 'Sind die Schuhe zerrissen, dann geht's mit bloßen Füßen, sagte die Maid und tanzte fort.' Ebenso hübsch, wenn auch weniger leicht auf die metaphorische Ebene zu bringen: 'So schon man die Schuhe, sagte der Bauer, als er einen Seiltänzer auf den Händen stehen sah.'

Jemand, der 'den rechten Fuß in den Schuh, den linken in ein Becken stellt', möchte seine Tauglichkeit für jedwede Situation unter Beweis stellen, was in aller Regel vom Scheitern bedroht ist. Deshalb sollte man 'die Schuhe nicht an die Hände legen, noch die Handschuh an die Füße ziehen'. Niemand kann zwei Herren dienen, was schon die Bibel betont (Mt 6,24; Lk 16,13) und das Fuß-Schuh-Idiom entsprechend abwandelt: 'Einen Fuß kann man nicht in zwei Schuhe stecken.' Die Möglichkeiten des Menschen sind eben begrenzt: 'Zwei Füße gehen nicht in einen Schuh und zwei Köpfe nicht unter einen Hut.' Die Entstehung vieler sprichwörtlicher Redensarten ist allerdings dem Umstand zu verdanken, dass Menschen unvernünftig agieren und 'sich den Fuß vertreten, um den Schuh zu schonen'. Zum guten Schluss noch zwei besonders gelungene Volksweisheiten, zur Beachtung empfohlen:

'Die Füße gab ihm Gott,
nun jammert er,
dass er keine Schuhe hat.'

und:

'Wer von Schuhen und Weibern sich lässt drücken,
den soll man ins Narrenhaus schicken.'

'Gestiefelt und pantoffelt' – Redensarten zu speziellem Schuhwerk

'Der steht aber unter dem Pantoffel!' Die populäre Redewendung, der man selbst in der Schriftform den süffisanten Ton anmerkt, besagt nichts Gutes: Ein Ehemann ist in die Abhängigkeit von seiner dominanten Gattin geraten, der Stiefelträger ist zum 'Pantoffelhelden' mutiert. So etwas darf nicht sein, deshalb der aufmunternde Zuruf eines echten Mannes an die Geschlechtsgenossen: „ihr herren! / einer nur kann meine stiefel haben: / der sol es seyn, der mir beweisen kann, / ihm sey sein weib vollkommen untertan!"[33]

Als die Redensart entstand, gehörten Stiefel und Pferd zur Ausrüstung des Mannes. Zwar trug er im späten Mittelalter den absatzlosen Schnabelschuh, der nach 1500 als weibisch verspottet und durch alltagstaugliches Schuhwerk ersetzt wurde. Die Pantoffeln, nach Form und Material dem häuslichen Umfeld vorbehalten, galten seitdem, vergleichbar der Schürze, als typisch weibliches Kleidungsstück. Zeitgenössische Abbildungen, auch spätere Karikaturen zeigen Ehefrauen, die kampfbereit den Pantoffel schwingen; in der niederländischen Genremalerei fungieren auch die hölzernen Pantoffeln, die Klompen, als Waffen. Der offensichtliche Verstoß gegen die Regeln, die nur dem Mann das Recht der körperlichen Züchtigung in der Ehe zugestanden, versetzt die Frau in die Rolle der Autoritätsperson. Die Verbform 'pantoffeln'[34] fasst sowohl den schmerzlichen Schlag als das Regiment im Haus. So entscheidet sich, wer in der Ehe die Hosen anhat[35]. 'Der Pantoffel hurt mit dem Stiefelknecht', heißt es, wenn sich der Dorfklatsch einer delikaten Situation widmet.

'Unter dem Pantoffel' finden sich nicht nur hasenfüßige (!) Ehemänner. In Schillers *Räubern* räsoniert Karl Moor, es seien „in der Tat sehr lobenswerte Anstalten, die Narren im Respekt und den Pöbel unter dem Pantoffel zu halten, damit die Gescheiten es desto bequemer haben". Und er fährt fort, sich der Schuh-Metapher nach allen Regeln der Dichtkunst bedienend: „Es ist itzo die Mode, Schnallen an den Beinkleidern zu tragen, womit man sie nach Belieben weiter und enger schnürt. Wir wollen uns ein Gewissen nach der neuesten Facon anmessen lassen, um es hübsch weiter zu schnallen, wie wir zulegen."[36] Eine Aussage von jederzeitlicher Aktualität!

Vergleichsweise harmlos die Wendung 'Wer geschwollene Füße hat, dem sind Pantoffeln lieber als Schuhe.' Für solch gepeinigte Menschen empfiehlt sich das abendliche 'Pantoffelkino', der häusliche Fernseher erspart lange Wege und Fußweh. Vielleicht ist der gewählte Film von der Art, dass er einen 'aus den Pantinen haut'. Im niederdeutschen Sprachbereich stehen dazu wahlweise die 'Puschen', im niederländischen die 'Klompen' zur Verfügung. Die Holzschuhe, bis ins 20. Jahrhundert hinein vor allem in ländlichen Bezirken das funktionale Schuhwerk für Arbeit und Schule, besitzen ihre eigene Geschichte, in küstennahen Regionen florierte die Klompenherstellung mit eigenen Handwerkergilden, vielfachen Formen und millionenfacher Kundschaft im In- und Ausland. Vom einstigen Stellenwert des rustikalen Fußschutzes zeugen auch heute noch die Redensarten. Holländer 'hängen die Klompen an die Weiden', wenn sie mit einer Arbeit aufhören, 'spüren etwas in den Klompen', wenn sich Selbstverständliches aufdrängt, und schwingen sich bei Überraschungen zu dem Ausruf 'Jetzt brechen meine Klompen' auf.

Erwähnenswert sind auch die Gamaschen. Die längst vergessenen sohlenfreien Überschuhe, einstmals unverzichtbares Accessoire des Kavaliers, bringen sich in Erinnerung, wenn man 'vor etwas Gamaschen hat'. Die Redensart lässt sich dadurch erklären, dass das Merkmal des gehobenen Standes zum „Symbol der Furchtsamkeit vor revolutionären Veränderungen einer gesicherten Existenz"[37] wurde.

Symbole der Furchtlosigkeit sind hingegen die Stiefel. Wer 'den Stiefel anhat' – frz. *porter les bottes* –, besitzt die Herrschaft im Haus; das kann, sofern der Gatte sich dem 'Pantoffelregiment' fügt, auch die Hausfrau sein. Im wörtlichen Verständnis ist der Stiefel ein ausgewiesen männliches Kleidungsstück. Jäger und Reiter, Kuriere und Soldaten trugen ihn, bis in die Gegenwart hinein. Angewiesen auf zuverlässiges Schuhwerk waren sie es möglicherweise, die die sprichwörtliche Redensart prägten 'Ein Schuster, der schlechte Stiefeln macht, kommt in die Hölle'. Die Zeit spielte manch tapferem Mann übel mit. In Goethes *Götz von Berlichingen* bedauert Georg, des Ritters Gefolgsmann: „Das sind wir aus braven Reitern geworden. Aus Stiefeln machen sich leicht Pantoffeln."[38]

Die alliterierende Formel 'gestiefelt und gespornt' kennzeichnete den vollständig ausgerüsteten Waffenträger, in Friedenszeiten gilt sie dem, der reisefertig vor der Haustür steht. Kommt es zur negativierten Form 'weder Stiefel noch Sporen haben', ist eine solch mustergültige Vorbereitung noch nicht gegeben. „Es sollte völliger sein, es hat weder Stiefeln noch Sporn, es reitet nur in Socken." Diese Kritik Martin Luthers trifft ausgerechnet das alttestamentarische Buch der Weisheit.[39] Ein autoritätsgläubiger 'Stiefellecker' war der Reformator gewisslich nicht.

Die Redensart 'einen (guten, tüchtigen) Stiefel vertragen' kennzeichnet bewundernswürdigen Alkoholkonsum. 'Wer keinen Stiefel vertragen kann, der ist kein braver Mann.' Nicht auszuschließen ist, dass im Mittelalter lederne Stiefel als Trinkgefäße dienten, gesichert sind jedenfalls Zunftpokale in Stiefelform, die bei Festivitäten die Runde machten, zuerst mit Wein und seit dem Beginn des 18. Jahrhunderts ausschließlich mit Bier gefüllt. Die Stiefel-Brauerei im münsterländischen Beckum serviert traditionsbewusst den Gerstensaft in gläsernen Stiefeln. Im 19. Jahrhundert war sie die Gaststätte der örtlichen Schuhmacher, die anlässlich ihrer Versammlungen den Stiefel vor die Tür hängten.[40]

Von Betrunkenen sagt man zwar, dass sie die Wahrheit aussprechen, bei realistischer Betrachtung dürfte es sich aber eher um ziemlichen Unsinn handeln. Dazu passt die Redensart 'einen Stiefel zusammenreden'. 'Einen Stiefel arbeiten' (u. ä.) etikettiert die mangelhafte Leistung, wer darauf auch noch stolz ist, 'bildet sich einen gehörigen Stiefel ein'. 'Das zieht einem die Stiefel aus', könnte daraufhin die berechtigte Kritik lauten. Großes Lob verdient hingegen die wohl kürzeste Charakterisierung der dramatischen Gattungen, in literarwissenschaftlichen Werken leider nicht belegt: Gotthold Ephraim Lessing unterschied „die tragischen Stiefel und die komische Socke"[41].

Last but not least: 'Stiefel muss sterben' ist eine Redewendung, die auf ein historisches Ereignis zurückgeht[42]. 1533 überrascht ein Pfarrer namens Michael Stifel Martin Luther mit der Nachricht vom unmittelbar bevorstehenden Weltende, durch Berechnungen habe er dies untrüglich ermitteln können. Luther wiegelt standhaft (!) ab, die Bauern hingegen lassen sich überzeugen und verprassen noch schnell ihre Habe. Als der Weltuntergang ausbleibt, ergreifen sie den Pfarrer und verlangen wutentbrannt seine Bestrafung, die Anwendung 'spanischer Stiefel' wäre ihnen gerade recht gewesen. Erhalten ist ein Studentenlied, das dem längst vergessenen Ereignis eine Strophe widmet, die als Kinder- und Scherzlied immer noch in einschlägigen Sammlungen auftaucht: „Stiefel muss sterben, ist noch so jung, jung, jung! / Wenn das der Absatz wüsst, dass Stiefel sterben müsst, / möcht er sich kränken bis in den Tod, o weh!" Studentische Verbindungen zelebrieren das Lied passenderweise vor dem Stiefeltrunk.

Pfarrer Stifel hat den peinlichen Vorfall wohl überlebt, ist aber natürlich schon lang tot. Geblieben ist die Redewendung. Wie viele andere Redensarten repräsentiert sie die häufig unbewusste Präsenz von Geschichte. Das ist doch ein Schuh, *der passt und gar nicht drückt*, den können *wir uns ruhig anziehen*!

Vokabular

Fuß-

- -*abstreifer*
- -*abtreter*
- -abteilung | Wehrdienst zu Fuß
- -anbetung
- -angel
- -arbeit
- -artillerie
- -bad
- -balken | Balken auf der Grundmauer
- -ball
- -band
- -bank
- -batterie
- -baum | Brückenschwelle
- -becken
- -bedeckung
- -begleiter
- -bekleidung
- -belle | Verletzung durch Fehltritt
- -bett
- -beuge
- -biege
- -binde
- -blatt | unterer Fußteil; auch Pflanze *podophyllum pellatum*
- -block
- -boden
- -boje | Fessel

- -bote
- -breit
- -deich
- -diele
- -diener | folgt dem Herrn auf dem Fuß
- -dienst
- -eisen | Falle
- -ende
- -enkel | Knöchel
- -fähnlein | kleine Fußtruppe
- -fall
- -*fehler*
- -fessel
- -flasche | Wärmflasche
- -flur
- -folger
- -gänger
- -garde
- -geburt
- -*geher*
- -geld | Fersengeld
- -gepäck
- -geschmeide | Fessel
- -gesims | unterer Teil der Säule
- -gestell | Träger eines Bildes
- -glas | Glas mit Fuß
- -größe
- -hacke | Ferse

- -hader | Putzlappen
- -hafen | Gefäß für das Fußbad
- -haken
- -hammer | für Gold- und Silberarbeiten
- -harnisch
- -heer
- -hoch
- -horn | Schnecke *murex femorale*
- -kampf
- -kette
- -kissen
- -knecht
- -knöchel
- -krieger
- -kuss
- -lage | bei der Geburt
- -lang
- -lappen
- -lumpen
- -mann | Soldat
- -*matte*
- -mauer | Grundmauer
- -nagel
- -*note*
- -pfad
- -pflaster
- -pflege
- -*pilz*

- -punkt | Scheitelpunkt
- -räuber
- -raum
- -regiment
- -reise
- -riemen
- -ring
- -sack | zum Wärmen
- -salbe
- -schemel
- -sohle
- -schelle | Fessel
- -schmuck
- -schuh
- -schwelle
- -soldat
- -spalt
- -spange
- -spitze
- -spur
- -stapfen
- -steg
- -taste | Pedal der Orgel
- -ton | wird vom Organisten mit dem Fuß ausgelöst
- -tritt
- -trompeter | beim Militär
- -truppe
- -turnier

- -volk
- -wache
- -*wanderung*
- -wanne
- -wäsche
- -waschung
- -weg
- -weh
- -werk
- -wunde
- -wurzel
- -zehe
- -zeichen
- -zoll
- -zwang

Deutsches Wörterbuch von Jacob und Wilhelm Grimm. Bd. 4, Sp. 1012ff., dort auch die Worterklärungen.

Der aktuelle Duden führt lediglich 12 % der genannten Wörter auf. Die 'modernen' Zusätze sind kursiv gesetzt.

-fuß

Duzfuß
Elefantenfuß
Freiersfuß
Geizfuß
Hasenfuß
Kindesfuß
Krähenfuß
Kratzfuß
Kriegsfuß
Leichtfuß
Pferdefuß
Säulenfuß
Steuerfuß
Versfuß

Deutsches Wörterbuch von Jacob und Wilhelm Grimm. Bd. 4, Sp. 1011f.

Schuh-

-ahle | Schusterwerkzeug
-anzieher
-anzügel | zum Dehnen
-balken | Maß
-band
-bank
-bast | zum Zubinden
-blatt | Oberleder
-blume | Pflanze zur Schuhpflege
-breit
-bürste
-*creme*
-dehner
-draht
-fabrik
-fleck
-flicker
-gasse
-geruch
-*geschäft*
-hader | Lumpen zum Putzen
-haus
-hof | Gildenhaus
-*karton*
-kauf
-knecht | Schuhmachergehilfe
-knüpfer | zum Knüpfen der Schuhe
-lack
-laden
-lager
-lappen
-lasche
-leder
-leisten
-löffel
-lümmel | Fleck
-lumpen
-macher
-mangel
-mann | Schuhmacher
-markt
-maß
-meister
-muster
-nadel
-nagel
-nestel | Schuhriemen
-*nummer*
-ohr | Schuhlasche
-pappe
-patelle | Napfschnecke *patella crepidula*
-pech
-pfennig
-pflock | hölzerner Absatz
-pinne | Schuhnagel
-plattler
-pocken | Meereichen *lepas galeata*
-putzer
-riemen
-rinke | Spange
-rose | Verzierung
-schacht | Körpermaß
-schleife
-schmer / -schmiere
-schnabel
-schnalle
-schwärze
-senkel
-sohle
-spange
-*spanner*
-spitze
-staub
-stiefel
-stift | für die Herstellung
-stoff
-straße
-trappe | schwerfälliger Gang
-wachs
-weger | Schiffsraum
-weit
-werk
-wichse
-wisch
-zeug
-zweck(e) | kurzer Nagel

Deutsches Wörterbuch von Jacob und Wilhelm Grimm. Bd. 15, S. 1853ff., dort auch die Worterklärungen.

Der aktuelle Duden führt lediglich 13 % der genannten Wörter auf. Die 'modernen' Zusätze sind kursiv gesetzt.

„Zwischen Stiefeln und Pantinen" – Schuhe der Macht und der Ohnmacht in der NS-Zeit

Natürlich gibt es ganz harmlose Stiefel, zierlich und elegant die einen, robust und funktional die anderen, tauglich für die winterliche Shopping-Tour und den Ausritt zu Pferde. Dessen ungeachtet ist der Stiefel das „Markenzeichen des Eroberers"[1]. Er verleiht seinem Träger, in Sonderheit dem männlichen, ein Gefühl der Stärke und Sicherheit, von dem er nach Belieben Gebrauch machen kann. Der herrische Tritt, die knallenden Absätze, das feste Leder, von dem alles abprallt, verändern den Menschen, prägen sein Selbstbewusstsein. Wenn dann die Stiefelträger, wie es die militärische Existenz mit sich bringt, in Gruppen, sogar in Massen auftreten, ist jegliche Harmlosigkeit dahin. In der nationalsozialistischen Ära wurden die Stiefel, optisch wie akustisch, zum Symbol des Terrors.

In dem Roman *Machloikes* von **Michel Bergmann** erinnert sich ein überlebender Jude eines Besuchs in der Reichskanzlei: „Jedenfalls wurden wir am Empfang abgeholt. Von einem Soldaten in Wehrmachtsuniform. Wir sind durch endlose Flure gegangen, die Stiefel klapperten, meine Schuhe quietschten ..." (S. 124) Schuhwerk im Kontrast trennt Sieger und Besiegte, Täter und Opfer, Mächtige und Ohnmächtige. Freilich treten die Unterschiede weitaus gravierender auf mit zu großen und zu

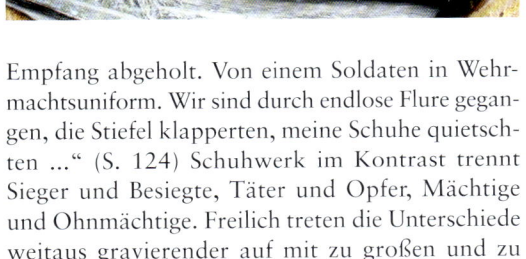

Unsre Füße sind wund in hölzernem Schuh
Wir gehen allein im Kreis.
UNBEKANNTER VERFASSER IM ZUCHTHAUS COTTBUS (1944)

Ihr seid fünf, harte Hände mit Ringen.
Und an den Füßen habt ihr Stiefel
Mit Nägeln.
MARIANNE COLIN (1943)

Sie trieben uns durch den glühheißen Wald,
Da gab es kein Halten, kein Stocken.
Erst stöhnend und fluchend, verstummten wir bald
Und rannten auf reißenden Socken.
KARL SCHNOOG, DER WEG NACH BUCHENWALD (1941)

LYRIK GEGEN DAS VERGESSEN. GEDICHTE AUS KONZENTRATIONSLAGERN.
HG. VON MICHAEL MOLL / BARBARA WEILER. MARBURG 2008, S. 26, 29, 47

kleinen Schuhen, unbequemen Holzpantinen, flüchtig gewickelten Lumpen. Die Sandale, eigentlich der Urschuh, aus schützender Baumrinde entstanden und bereits vor Jahrtausenden im Mittelmeerraum mit Sohle und Riemen zum funktionalen Fußschutz entwickelt, ist Schnee und Matsch nicht gewachsen, der grobe Holzschuh erschwert die Fortbewegung. Solche Schuhe bedrohen das Leben des Menschen, das sie eigentlich schützen sollten.

Davon berichten die autobiografischen Aufzeichnungen von vornehmlich jüdischen Opfern des Nationalsozialismus, davon erzählen die literarischen Texte, die häufig auf eigenen Erfahrungen ihrer Autoren basieren und das Erlebte in Lyrik und Roman verdichten.

„Lauf, Junge, lauf!" – Vom Wettlauf mit dem Tod

Ein Buch mit diesem Titel ist sicherlich auch ein Buch über die Bedeutung des Schuhwerks: Wer fliehen muss, wer dem Appell zum Weglaufen folgt, benötigt Schuhe an den Füßen, sonst wird ihm die Flucht nicht gelingen.

Uri Orlev erzählt von dem achtjährigen polnischen Juden Jurek[2], der sich unbemerkt aus dem Warschauer Ghetto fortstiehlt. Dort war es ausgerechnet der Schuster Jojne, der die besondere Lebenskraft des Jungen erkannte. Während er „einen Schuh reparierte, den er über einem Amboss in Form eines Fußes gestülpt hatte", warnt er vor der drohenden Deportation (S. 25f.). Jurek schließt sich einer Kindergruppe an, sucht dann Unterschlupf bei einer Bauernfamilie. Als der Bauer ihn verraten will, seine Frau ihn jedoch befreit, hört er zum ersten Mal die Worte „Lauf, Junge, lauf!" (S. 54). Sie werden ihn durch die nächsten Jahre begleiten.

Zunächst einmal versucht der Junge im Wald zu überleben. „Seine abgetretenen Schuhe waren längst ganz kaputtgegangen. Seine Fußsohlen wurden so hart, bis er rennen konnte, ohne zu spüren, auf was er trat." (S. 55) Als der Herbst kommt, stiehlt Jurek eine dicke, gefütterte Jacke, kürzt mit einer Glasscherbe die Ärmel und zieht die abgeschnittenen Teile über seine nackten Füße. Dann fällt der erste Schnee und Jurek nutzt die festgetretenen Spuren zum Gehen. Das kann nicht lange gut gehen, eine schwere Erkältung stellt sich ein, und es bleibt Jurek nichts anderes übrig, als an eine Tür zu klopfen. Er hat Glück, die „schöne Frau", die ihm öffnet, pflegt ihn, stattet ihn mit Kreuz und Marienmedaillon aus und lehrt ihn beten. „Und eines Tages brachte sie ihm Schuhe." (S. 90) Die sind zu groß, also knüllt sie Papier zusammen und stopft die Kappen damit aus. Jurek erinnert sich, dass seine Mutter es früher auch so getan hat. Die „schöne Frau" verhilft ihm zu einer neuen Identität, so dass er auf Bauernhöfen Arbeit suchen kann. Aber die Gleichaltrigen entlarven ihn als Juden, und Jurek muss nach einer anderen Unterkunft Ausschau halten, in der Tasche die Schuhe von der „schönen Frau", die bald verloren gehen. Im Frühjahr versorgt ein Priester seine vereiterten Füße, und dann führt ihn der Zufall ausgerechnet in ein Haus der Gestapo. Auch dort verrät ihn das Mal der Beschneidung. Dennoch findet ein junger Offizier Gefallen an Jurek, gibt ihm Kleider und Schuhe, die, wiederum zu groß, mit Lappen ausgestopft werden müssen, und macht ihn zu seinem persönlichen Schuhputzer. „Anfangs war der Deutsche nicht zufrieden. Er erklärte ihm, dass die Stiefel so glänzen mussten, dass Jurek sich in ihnen sehen konnte wie in einem Spiegel." Jurek lernt schnell, denn „für jedes Staubkorn, das der Offizier auf seinen Stiefeln fand, bekam er eine Ohrfeige." (S. 129) Der Offizier bringt ihn zu seiner Freundin und rühmt gutgelaunt Jureks Putzkünste. „Er hob ein Bein, damit Frau Herman sich in dem Leder spiegeln konnte." (S. 130)

Die friedliche Zeit endet, als Jurek beim Dreschen mit dem rechten Arm in die Zahnräder der Maschine gerät. Nach der Amputation wird er noch einmal neu eingekleidet. „Zum ersten Mal im Leben trug Jurek passende Schuhe an den Füßen." (S. 139) Die Freundin des Offiziers bindet ihm die Schleifen und schickt ihn dann weg: Der Junge, der im Krankenhaus seine jüdische Identität nicht verbergen konnte, ist zu einer Gefahr geworden. „Mit einer Hand und zwei Beinen" – so die Überschrift des 12. Kapitels – kehrt Jurek in den Wald zurück. Dort zieht er die neuen Schuhe aus. „Er wusste, dass er sie im Winter brauchen würde, wenn man ihn bis dahin nicht geschnappt hatte." (S. 141) Aber der nahende Winter zwingt ihn auch, Unterschlupf und Arbeit zu suchen. Jurek weiß, dass es günstiger ist, mit ordentlichem Schuhzeug bei den Bauern vorzusprechen, die Behinderung erschwert ihm natürlich das Vorhaben. „Es war allerdings schwierig, die Schnürsenkel zu binden. Jurek versuchte es, ein Ende mit dem Mund zu erreichen, dann hatte er eine Idee. Er nahm einen Schnürsenkel heraus und fädelte ihn so ein, dass ein Ende sehr kurz war und das andere sehr lang. Jetzt konnte er das lange Ende mit den Zähnen festhalten und mithilfe des kurzen Endes einen Knoten machen. Er war sehr stolz auf die Lösung, die er gefunden hatte." (S. 145)

Dennoch hat Jurek keinen Erfolg. Immerhin verschont ihn ein junger Soldat, der ihn im Auftrag der Gestapo suchen sollte, dann gelangt er nach langem Fußmarsch noch einmal zum Haus der „schönen Frau", aber die Deutschen setzen das ganze Dorf in Brand, vielleicht sogar seinetwegen, „der blonde Judenjunge mit der einen Hand" (S. 155) ist inzwischen zum begehrten Objekt der Suche geworden.

Doch Jurek kommt immer wieder bei Bauern unter, die schwere Arbeit hilft ihm, mit seiner Behinderung zurechtzukommen. Dann nähern sich die Russen und machen Jurek zu ihrem Dolmetscher. Zu Beginn des Winters holt Jurek die Schuhe aus seiner Tasche, zu seiner Überraschung sind sie ihm nun zu klein. Einer der russischen Soldaten besorgt ihm „ein paar Militärschuhe. Er stopfte sie mit Papier aus und zog sie ihm an. Jurek war zufrieden. Die Schuhe waren nicht neu, aber sie waren heil, mit genagelten Sohlen." (S. 186)

Dann ist der Krieg zu Ende, Jurek muss sich nicht mehr verstecken, ein Schmied nimmt ihn auf. Jeden Sonntag besucht Jurek mit der Familie die Kirche, an den Füßen „die russischen Schuhe" (S. 198), zur Erstkommunion erhält er dann „ein Paar glänzende Schuhe" (S. 202). Er bleibt lange bei der Familie, bis man ihn ins jüdische Waisenhaus bringt. Dort erhält er neue Kleidung und „braune Schuhe. Alles war neu." (S. 212) Diesmal ist es gar nicht schlimm, dass sie nicht passen. Ein junger Mann schafft ein anderes Paar herbei. „Anerkennend sah er zu, wie Jurek mit einer Hand die Schnürsenkel band." (ebd.) Stolz zeigt Jurek der Familie des Schmieds die neue Ausstattung. „Die Juden haben Geld", ist die Reaktion (S. 214), die der Junge zum Glück nicht versteht. Schließlich kehrt er ins Heim zurück, wo man ihn mit seiner Herkunft konfrontiert, die er längst vergessen hatte.

Für einen Menschen, der sich auf der Flucht befindet, gibt es kaum Wichtigeres als Schuhe. In Orlevs authentischer Darstellung zeigt sich dies immer wieder: Zu große Schuhe, notdürftig ausgestopft, zu kleine, also unbrauchbar, auf der anderen Seite die glänzenden Militärstiefel, in deren Leder man sich spiegeln kann. Und, für die heutigen jugendlichen Leser des Romans unvorstellbar: Ein Zehnjähriger bekommt zum ersten Mal in seinem Leben neue Schuhe, die ihm richtig passen, und anstatt sie zu nutzen, trägt er sie zwecks Schonung in der Tasche mit sich herum – ohne zu bedenken, dass Kinderfüße wachsen, Schuhe hingegen ihre Form wahren.

„die alten schwarzen Schuhe von der Wohlfahrt" – Rationierung, Arisierung vor Kriegsbeginn

In seinen dialogischen Skizzen über *Furcht und Elend des III. Reiches* (1935/38) führt **Bertolt Brecht** den Leser in die Küche einer Arbeiterwohnung, wo die Mutter Kartoffeln schält und die dreizehnjährige Tochter ihre schulischen Aufgaben erledigt. „ ‚Aber die alten schwarzen Schuhe von der Wohlfahrt muß ich nicht anziehen?' ", sinniert das Mädchen, auch als Tochter einer armen Witwe darf man ein bisschen eitel sein. Die Schuhe aus der karitativen Sachzuwendung sind eindeutig zu lang und „eben schon älter", aber die eigenen haben ein Loch, das sich nur notdürftig mit Papier verdecken lässt. „ ‚Wenn sie durch sind, muß man sie besohlen' ", weiß die Mutter, aber ebenso deutlich ist ihr bewusst, dass das Geld dafür nicht reicht.³

Das kleine Stück Literatur spiegelt die Lebenswirklichkeit, zumindest einen Teil davon. In der Zeit vor dem Zweiten Weltkrieg verfügt der „Normalbürger" über einen begrenzten Vorrat an Schuhen, kommt häufig mit nur einem Paar Alltags- und einem Paar Sonntagsschuhen aus, letztere sind mitunter jahrzehntelang in Gebrauch. In ländlichen Gegenden absolvieren nicht nur Schulkinder weite Wege barfuß. Als preisgünstige Alternative bietet sich der Holzschuh an. **Irmgard A. Hunt** erinnert sich an ihre Kindheit am Obersalzberg, *Als die Welt in Stücke ging*. Eines Tages kommt eine neue Schülerin in ihre Klasse in Berchtesgaden, ihre Herkunft bleibt ungeklärt, doch fällt die städtisch-elegante Kleidung auf, dazu gehören „offensichtlich neue braune Lederschuhe". Die Dorfkinder hingegen verzichten auf ihre Schuhe, um sie zu schonen, sie haben schon früh „eine Hornhaut entwickelt, die uns so gut schützte wie eine Ledersohle. Erst im Winter, wenn wir uns wieder in die schadhaften Stiefel des vergangenen Jahres quetschen, sollten wir Wiebke um ihre Schuhe beneiden." (S. 160)

Überall bezeugen die Schuhe den sozialen Status ihres Trägers. In den Erzählungen der *Frau Kugelmann* ersteht im Roman von **Minka Pradelski** die „fleißige jüdische Kleinstadt" der 30er Jahre nahe der deutschen Grenze neu, mitsamt dem „Hämmern der Schuster" und der schönen Lateinlehrerin „in ihren verführerischen kurzen Stiefelchen" (S. 18), mit der Bettlerin in Lumpen, „die Füße mit Lappen umwickelt" (S. 83), und der „rotblonden Marysia mit dem akkurat geschnittenen Pagenschnitt und den Schnallenschuhen an den zierlichen Füßen" (S. 92). In Frankfurt am Main lebt die großbürgerliche Familie Sternberg, von **Stefanie Zweig** geschildert, lange im Wohlstand, so dass die Töchter, *Die Kinder der Rothschildallee*, ihren modischen Interessen nachgehen können, Victoria bevorzugt zum Seidenkimono „die teuren Slipper mit den silbernen Pelzbommeln" (S. 109). Mit dem 1. April 1933 brechen neue Zeiten an. Mutter Betsy setzt auf ihre Erfahrung und die Kraft der Redensarten: „ ‚Und meine Mutter hat gesagt: Unglück kommt geritten und weicht mit Schritten. Lass uns auf die Schritte setzen.' " (S. 300) Der Plan geht nicht auf. Als ihr Mann Johann Isidor im November 1937 Kinder und Enkelin nach Palästina verabschiedet, hat er weder Zeit noch Nerven, die passende Kleidung zu wählen, worauf er lebenslang Wert legte, und erscheint am Bahnhof „barhäuptig und in einem zu dünnen Mantel, auch in seinen leichten Sommerschuhen" (S. 375). Ebenso deutlich veranschaulicht **Silvia Tennenbaum**s Geschichte der Familie Wertheim in den *Straßen von Gestern* den Absturz aus der Fallhöhe einer vermeintlich gesicherten Existenz. Edu hat im Ersten Weltkrieg als Offizier für sein Vaterland gekämpft, als er zurückkehrt, wird er von einem beinamputierten Kriegsopfer angegriffen. „Edu fürchtete und schämte sich zugleich. Seine Offiziersuniform, die blanken Stiefel, sein glattrasiertes Gesicht waren die Kennzeichen des Eroberers." (S. 171) Dennoch wahrt er Jahrzehnte später, während der Bruder nach Buchenwald deportiert wird, der Neffe im Ghetto Litzmannstadt stirbt, die Schwägerin zum Euthanasieopfer wird, seinen Standard und empfängt „völlig entspannt" im Schweizer Exil die noch lebenden Familienmitglieder. „Seine Füße steckten in den weichen Ledermokassins mit Troddeln, die er normalen Schuhen vorzog." (S. 628)

Für zahlungskräftige Kunden setzten in den 1920er und frühen 1930er Jahren die Einführung des Halbschuhs im Besonderen und modische Trends im Allgemeinen neue Akzente, Weltkrieg und Nachkriegszeit waren überstanden, Rocksäume und Stimmung bewegten sich aufwärts, Anlass genug, um den Blick auf Bein und Schuh zu lenken. Der Welthandel dominiert die Szene: Paris und Mailand diktieren die Mode, Maschinen aus den USA übernehmen die Produktion, europäische und außereuropäische Länder liefern über fünfzig Prozent des Lederbedarfs. Mit der Regierungsübernahme durch die Nationalsozialisten ändert sich alles.

Die Probleme mit der eigentlich existenziell notwendigen Fußbekleidung stellen sich nicht nur durch fehlende Geldmittel, sondern im Verlauf der 1930er Jahre zunehmend durch den Rohstoffmangel ein. Der Lederimport aus dem Ausland nimmt stetig ab und kommt spätestens mit Kriegsbeginn ganz zum Erliegen. Die Wehrmacht erhält die Restbestände, der zivile Bedarf wird durch Ersatzstoffe befriedigt[4]. Im September 1936 lässt Hitler verkünden, „in vier Jahren (müsse) Deutschland in allen jenen Stoffen vom Ausland gänzlich unabhängig sein", die durch Chemie, Industrie und Bergbau zu beschaffen seien[5]. Der „Vierjahresplan" erzwingt die Entwicklung synthetischer Ersatzstoffe, die Bunawerke erlangen dadurch besondere Bedeutung. Auf textiler Basis entsteht Kunstleder, Blockabsätze werden aus Holz gefertigt, Gummisohlen aus synthetischem Kautschuk, Leinenschuhe erweisen sich als wenig strapazierfähig, immer noch besser allerdings als die Werkstücke aus Pappe, die spätestens beim Gehen als Attrappen entlarvt sind. Mit ihnen sind qualifizierte Schuhmacher und brave Schuster endgültig überfordert! **Bertolt Brecht** formuliert in seinem *Lied vom Schuh* sehr realistisch: „In einem Pappschuh kann / Man nicht gehn, doch wenn man / Drüber eine braune Kappe gibt / Sieht womöglich diese Pappe / Sich im Ladenfenster wie'n Schuh an." Das Spiel mit dem Augenschein zeigt, wie das deutsche Volk von den Machthabern betrogen wird. In der folgenden Strophe entlarvt der Autor die politischen Versprechungen – „Sie sagen: baut ein Reich auf! / Und geben zum Bauen uns Dreck." –, um dann fortzufahren: „Doch auch ein Schuhmacher kann / Keinen Schuh machen aus / Zwei alten Postkarten; das / Kann man nicht von ihm erwarten, denn / Das hat er nicht gelernt, der Mann."[6]

In deutschen Klassenzimmern feiert ein Lied fröhliche Urständ, das bereits 1806 in **Des Knaben Wunderhorn** erschien: „Eia, popeia, was raschelt im Stroh? / Das sind die lieben Gänschen, die hab'n keine Schuh. / Der Schuster hat Leder, kein'n Leisten dazu, / drum geh'n die lieben Gänschen und hab'n keine Schuh."[7] Eigentlich ist der Sachverhalt ein anderer; über Leisten, wenn auch nicht für Gänsefüßchen, verfügen die Schuster durchaus, genauso eindeutig mangelt es ihnen am Leder. Aber auch *umgekehrt wird ein Schuh daraus*: Die lieben Kleinen lernen in jedem Fall, dass man auch ohne Schuhe gehen kann, das ist eine wichtige Einsicht für die aktuelle Lebensbewältigung. Ab 1939 erfolgt nämlich die Rationierung über „Bezugsscheine", ausgenommen sind lediglich die Holzschuhe. Der „deutschen Frau" wird suggeriert, dass sie höhere Werte als modischen Schnickschnack zu berücksichtigen hat, die Entscheidung für die einfache Kleidung ist dem vielbeschworenen Ideal der „Volksgemeinschaft" zuträglich. Die älteren Kinder erscheinen, gleichgeschaltet in HJ und BDM, in festem Schuhwerk, die Männer als die künftigen Stiefelträger werden, solange es geht, mit Vorzug bedient. Juden erhalten, wenn überhaupt, gebrauchte Schuhe, ab November 1940 dürfen sie sich nur noch an jüdische Schuhmacher wenden. Im Januar 1942 müssen sie feste Lederschuhe und Skistiefel zwecks Weitergabe an die Wehrmacht bei den Polizeibehörden abgeben; bei den Deportationen bleiben große Schuhbestände zurück, die an die „arische" Bevölkerung verteilt werden.

Zu der weit verzweigten Familie Wertheim (s. o.) gehört auch der Pianist Manfred Solomon, Sohn eines polnisch-jüdischen Schuhmachers. Der hat weder Arbeit noch Material, also besitzen die acht Kinder nicht einmal Schuhe. Dann wird Manfreds musikalisches Talent entdeckt, und der reiche Förderer, der ihn nach Deutschland mitnimmt, verspricht „ihm ein Heim und gute Kleidung, genügend zu essen und ein Paar Schuhe für jede Gelegenheit" (S. 433). Einem solchen Angebot können weder das Kind noch die Eltern widerstehen.

Von der judenfeindlichen Gesetzgebung sind nicht nur die Schuhmacher, sondern auch die Schuhhändler betroffen. Rudi Steiner, bester Freund von **Markus Zusak**s *Bücherdiebin*, empfindet 1936 tiefe Bewunderung für den mehrfachen Olympiasieger Jesse Owens. Er schmiert sich am späten Abend über und über mit Kohle voll, um dem Idol zu gleichen, gut laufen kann er sowieso. Da muss ihm der Vater beibringen, dass er „keine Schwarzen oder Juden bewundern" dürfe „und auch niemand anderen, der nicht so ist wie wir". Rudi ist völlig irritiert, Schwarze würde er natürlich erkennen, aber Juden? Der Vater erklärt ihm, dass Herr Kaufmann, „bei dem wir deine Schuhe gekauft haben", Jude sei. „Rudi verstand rein gar nichts, und diese Nacht war nur das Vorspiel dessen, was bald folgen sollte. Zweieinhalb Jahre später war von Herrn Kaufmanns Schuhgeschäft lediglich zerbrochenes Glas übrig, nachdem auch die Schuhe, noch in ihren Kartons, auf einen Lastwagen geworfen worden waren." (S. 68f.) In **Irina Korschunow**s Roman *Das Luftkind* sieht sich die Protagonistin Freda konfrontiert mit „jenem Ereignis, für das sich später der Name Kristallnacht fand". Aus einem Fenster ihrer Wohnung schaut sie auf das Schuhhaus Cohn, „wo die Schaufester zerschmettert wurden und Kartons unter die johlenden Zuschauer flogen. Schuhe, schrie jemand, wer will Schuhe, Judenschuhe ..." Freda erscheint der Vorgang „ganz und gar unwirklich" und hofft noch am nächsten Morgen, als sie „Herr(n) und Frau Cohn, bei denen sie ihre Schuhe gekauft hatte", bei den Säuberungsarbeiten erblickt, dies alles müsse ein fürchterlicher Irrtum sein (S. 105). Nein, es handelt sich um furchtbare Realität: In der Pogromnacht vom 8. auf den 9. November 1938 brennen überall in Deutschland

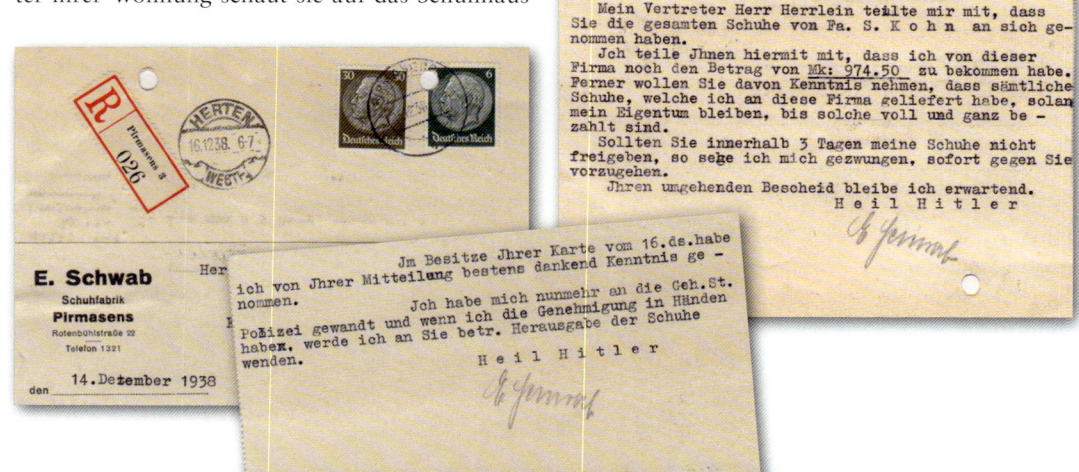

die Synagogen, gleichzeitig richtet sich die Zerstörungswut gegen die Geschäfte jüdischer Kaufleute. Die Straßen sind übersät mit Schutt und Schuhen. Die SA-Horden zerschlagen die Schaufenster, verwüsten die Geschäftsräume und transportieren die Schuhe mit Schubkarren ab, viele landen im Rinnstein. Von den Lieferanten werden, sofern die jüdischen Händler rechtzeitig fliehen konnten, die Hausbesitzer in die Pflicht genommen.

Viele der ehedem erfolgreichen jüdischen Schuhhändler haben zu diesem Zeitpunkt bereits ihren Betrieb eingestellt. Der Einbruch ist bereits mit dem 1. April 1933 erfolgt, dem Tag, an dem die neue Regierung zum Boykott aller jüdischen Geschäfte aufruft. Litfaßsäulen und Plakatwände präsentieren die Parole „Kauft nicht bei Juden!", SA-Leute, vor den Ladeneingängen postiert, bürgen für den Erfolg des Warnrufs. Dieser ist vorprogrammiert: Die Käufer, auch die bislang treuen Stammkunden, bleiben aus, der Boykott führt die Ladeninhaber in den finanziellen Ruin, es bleibt ihnen nichts anderes übrig, als das Geschäft weit unter Wert zu verkaufen. Die erzwungene „Arisierung" wird als „Übernahme" deklariert. Die ermöglicht unter günstigen Bedingungen dem Vorbesitzer immerhin die rechtzeitige Emigration.

In Berlin hat Ende des 19. Jahrhunderts der erst fünfzehnjährige Julius Klausner aus Galizien mit einem Schuhgroßhandel begonnen.[8] Der Onkel Hermann Leiser gibt ihm das Startkapital, dann den Namen fürs Geschäft und schließlich die Tochter zur Ehefrau. Auf diese Weise glückt das Vorhaben. Zwar misslingt der Großhandel, dafür entsteht 1906 Berlins größtes Schuhhaus mit niedrigen Festpreisen nach amerikanischem Prinzip – und das in bester Lage, gegenüber dem KaDeWe. Da der inzwischen gereifte Besitzer sich auf die Zeitläufte einstellt und das Angebot entsprechend variiert, übersteht das Schuhhaus problemlos den Ersten Weltkrieg und die nachfolgende Inflation. Anfang der 1930er Jahre umfasst es 23 Filialen in Berlin und sieben weitere im Ausland. Dann kommt der Tag des Boykotts und Julius Klausner beginnt widerwillig mit der „Arisierung" einiger Teile seiner Firma. Lange versucht er, wenigstens ein Viertel des Betriebs für sich zu behalten. Als 1936 die Verhaftung droht, hilft nur noch die eilige Flucht nach Buenos Aires. Nach dem Krieg erhält Klausner die Hälfte seiner Anteile zurück, nach seinem Tod gehen die Reste des ehemaligen Schuhimperiums in andere Hände über. Der Name „Leiser", bis heute gültig, wahrt die Erinnerung.

So steht es auch mit dem Schuhgeschäft „Marcus" in Münster. Eli Marcus, später als Mundartdichter im westfälischen Raum bekannt und beliebt, ist der Sohn des jüdischen Gerbers Samuel Marcus, der seit 1842 einen Lederhandel betreibt. 1875 entsteht daraus das Schuhgeschäft „S. Marcus" am Roggenmarkt, mitten in der Altstadt. Eli übernimmt es und führt es ebenso engagiert wie erfolgreich, gibt es aber nach dem Kriegstod des einzigen Sohnes 1917 auf. Nachfolger ist ein befreundeter jüdischer Schuhhändler, der Anfang der 1930er Jahre das Geschäft veräußert, um mit dem Erlös eine neue Existenz in Israel aufzubauen. Wohlgemerkt: Ein normaler, rechtmäßiger Verkauf. Der heutige Besitzer der beiden „Marcus"-Schuhhäuser, der unter dem eigenen Namen ein weiteres renommiertes Geschäft in Münster betreibt, wahrt dennoch sehr bewusst das Gedächtnis des jüdischen Vorbesitzers.

Dass dergleichen nicht die Regel ist und war, bezeugen Untersuchungen in Gedenkbüchern und Internet-Texten. Sie widmen sich den Schicksalen von „Levys Schuhbazar" in Minden wie dem „Schuhpalast" in Wuppertal, um nur zwei Beispiele herauszugreifen. „Schuh-Palast" heißt ursprünglich auch das *Schuhhaus Pallas* in Ulm, mit dessen Geschichte **Amelie Fried** 2008 aufzeigte, *Wie meine Familie sich gegen die Nazis wehrte*. Der Großvater Franz Fried überschreibt im Mai 1933 seiner nichtjüdischen Ehefrau das 1914 gegründete Schuhgeschäft, weder die österreichische Staatsbürgerschaft noch die Taufe vor der Eheschließung konnten die Machthaber überzeugen. Die Schaufensterscheiben werden weiter mit antisemitischen Parolen beklebt. „Das Geschäft einer Frau, deren Mann Jude ist, wird aber nicht als rein arisch angesehen", lautet die Auskunft der Polizeidirektion (S. 47), und da andere Transaktionen nicht realisiert werden können, bleibt als einzige Lösung die Scheidung. Dennoch besteht das „Stigma des ‚jüdischen Geschäftes' " (S. 115) fort, so dass die Inhaberin unter den Teilhabern der neu initiierten Kommanditgesellschaft „einen Unterscharführer in der Waffen-SS" (ebd.) benennt. Zweifelsohne ein kluger Schachzug, dennoch wird im April 1943 der Betrieb endgültig geschlossen; gegen die „Inanspruchnahme der Geschäftsräume zu kriegswichtigen Zwecken" (S. 117) gibt es kein Mittel mehr. Nach dem Krieg kehrt Franz Fried, der im Gegensatz zu vielen Familienangehörigen Deportation, Zwangsarbeit und Konzentrationslager überlebt hat, zu seiner geschiedenen Frau zurück, beide eröffnen das Schuhgeschäft neu. Die Enkelin erinnert sich, wie sie kleines Mädchen dort einkaufte, „berauscht von der Fülle des Angebots, von den schwarzen Lackschuhen, Sandalen, Stiefelchen ..." (S. 22). Der „Großvater (sitzt) an der Kasse und tippt Zahlen ein, während emsige Verkäuferinnen die Kunden bedienen" (ebd.). In Amelie reift die Idee: „Im Geiste sehe ich mich als spätere Besitzerin des Schuhgeschäfts, buchstäblich in den Fußstapfen meines Großvaters." (ebd.) Dieser Traum erfüllt sich nicht, dafür ist der späteren Autorin und Fernsehmoderatorin die Erhellung der tragischen Familiengeschichte gelungen, den großväterlichen Fußstapfen immer verpflichtet.

„Riesen mit pechschwarzen Stiefeln" – Machthaber mit glänzendem Schuhwerk

In der Nacht vom 9. zum 10. November 1938, der so genannten Pogromnacht, poltert „eine Horde von SA-Männern in braunen Uniformen" die Treppe hinauf. Der zehnjährige Josef Dortort, Sohn einer jüdischen Familie in Bottrop, schaut zum ersten Mal entsetzt auf *Diese braunen Stiefel*, ein Anblick, den er lange nicht verdrängen kann, so dass er ihn durch *Die Geschichte einer Kindheit in der NS-Zeit mit gutem Ende* begleiten wird. Wenn Kinder in der Begegnung mit Erwachsenen den Größenunterschied als einschüchternd empfinden, lösen die hohen glänzenden Stiefel der Soldaten, häufig auf Augenhöhe wahrgenommen, geradezu Panik aus. Die Machthaber erscheinen noch in den Erinnerungen der alten **Frau Kugelmann** in **Minka Pradelskis** Roman als „Riesen mit langen pechschwarzen Stiefeln" (S. 242), „alle gleich angezogen, die Stiefel poliert, alles so diszipliniert" (S. 245). **Ruth Klüger**, *weiter leben*, formuliert: „Mir verschwimmen alle SS-Männer zu einer uniformierten Drahtpuppe mit Stiefeln" (S. 165). Diese Männer haben nichts Menschliches mehr, mit den gleichförmigen Bewegungen, mit dem dröhnenden Gebrüll wirken sie wie Marionetten, Tötungsmaschinerien ohne jegliche Individualität, gelenkt von einer unsichtbaren Macht. „Immer öfter marschierten jetzt auch lange Kolonnen durch die Straßen, eingeteilt, formiert, im Gleichschritt, zweihundert, dreihundert, vierhundert Mann, alle in einer bräunlichen Uniform, wie Ameisen aus der Eisenbahnunterführung herauskommend, im Vorbeimarsch knallten die Stiefel auf das Pflaster, verbreiteten die Angst, die eine organisierte Menschenmasse ausstrahlt." Die Menschen – hier in der Darstellung von **Dieter Forte** (*Der Junge mit den blutigen Schuhen*, S. 38) schauen wie gelähmt zu. Der Bedrohung durch eine solche Macht lässt sich nichts entgegensetzen. „In schnellen Schritten und erbarmungslos kommt die andere Welt, die böse, auf uns zu, zertrampelt unser Leben." So beschreibt **Senek Rosenblum**, *Der Junge im Schrank*, den Einbruch des nationalsozialistischen Terrors in seine kindliche Alltagswelt (S. 17). Der kleine Senek, damals sechsjährig, hat sogar einen Vergleich zur Hand: Sein Onkel Felek, immer elegant und von einer Eau de Cologne-Duftwolke umgeben, hat dem Jungen vor allem mit seinen „dunkelroten Stiefeln" imponiert. „Groß und stark stapfte er in seinen Stiefeln Richtung Bahnhof davon." (S. 117) Das Warschauer Ghetto macht aus dem vormaligen „jüdischen Provinzfürsten" (ebd.) einen gebrochenen Mann. Diese Wandlung kann Senek kaum begreifen: „In meiner kindlichen Welt geht Onkel Felek so leichtfüßig durchs Leben, wie ich ihn vor langer Zeit das letzte Mal sah. Dass er ebenso wie mein Vater vom Schicksal getreten wurde, daran denke ich keinen Augenblick." (S. 105) Der Leichtfüßige wird getreten, kommt unter den Stiefel, kürzer und prägnanter lässt sich der Wandel von Freiheit in Ohnmacht wohl nicht in Worte fassen.

Wladyslaw Szpilmans *Pianist* nutzt für denselben Sachverhalt einen eindrucksvollen Vergleich: „Um ein Bild von unserem Leben in jenen grauenvollen Tagen und Stunden zu geben, fällt mir nur ein einziger Vergleich ein: ein bedrohter Ameisenhaufen. Wenn der brutale Fuß eines gedankenlosen Dummkopfs mit seinem beschlagenen Stiefelabsatz den Bau dieser Insekten zu vernichten beginnt, laufen die Ameisen nach allen Seiten auseinander und tummeln sich immer emsiger auf der Suche nach Wegen und Rettungsmöglichkeiten, ... drehen sich, wie unter dem Einfluß von Gift, statt geradeaus und aus seiner Reichweite zu gehen, im Kreis, kehren auf den immer selben Wegen zurück, zu immer denselben Plätzen, nicht imstande, den tödlichen Ring zu verlassen, und – gehen zugrunde. Genauso auch wir ..." (S. 88f.)

Schon seit Napoleons Zeiten dienen die Stiefel den Soldaten als typisches Schuhwerk, da sie die Leistungsfähigkeit der Männer auf dem Schlachtfeld wie auf langen Fußmärschen günstig beeinflussen. Sofern die Stiefel einigermaßen passen, sind sie auch der Reduzierung lästiger Fußkrankheiten zuträglich. Bis zum Ende des 19. Jahrhunderts tragen ästhetische und repräsentative Motive die Formgebung entscheidend mit, dann führen funktionale Gründe zum Verzicht auf den hohen Schaft und die weite Stulpe. Schnür- und Gamaschenstiefel erfüllen schließlich auch ihre Aufgabe. Der „Militärleisten 1906" nimmt erstmalig auf Empfehlungen von Medizinerseite Rücksicht. Auf dieser Basis wird im

Zweiten Weltkrieg der „Knobelbecher" zum Mannschaftsschuh der deutschen Wehrmacht, ein wadenhoher Schaftstiefel mit charakteristischer Benagelung der Sohle. Die Fabriken liefern ihn ungefärbt, also braun, an die Truppen, wo die Soldaten ihn selbst einschwärzen müssen. Bis die Mängel der Rohstoffversorgung greifen, begünstigt der Paradeeffekt die Verbreitung dieser Fußbekleidung. „Im Gleichschritt durch die Straßen marschierende

Zehn Völker hab ich unterm Stiefel und
Dazu mein eigenes. Die blutige Spur
Von diesem Stiefel färbt zerstampften Grund
Von Kirkenais bis Mülheim an der Ruhr.

BERTOLT BRECHT, KRIEGSFIBEL NR. 32. GROSSE KOMMENTIERTE BERLINER UND
FRANKFURTER AUSGABE. FRANKFURT/M. 1993. BD. 12, S. 192F.

SA-Stiefel wurden schon vor 1933 zum akustischen Symbol nationalsozialistischen Terrors."[9] Die eisernen Sohlennägel und die Hufeisen am Absatz verursachen die dröhnenden Geräusche beim Laufen, die metallbeschlagenen Schuhe verbreiten als optisch und akustisch wirksame Waffen Furcht und Schrecken. Hinzu kommt, dass für SA und SS feine Unterschiede der Form den sozialen Rang offenbaren, glänzende Stiefel mit elegantem Zuschnitt aus dem einfachen Mann einen Offizier machen, die Schuhe damit Halt[10] und Selbstbewusstsein verleihen. Im Verlauf des Krieges erzwingt die Lederknappheit Sparmaßnahmen, die unflexiblen „Knobelbecher" hatten ohnedies zu erheblichen Erfrierungen geführt. Auch in der militärischen Mode sind wie im zivilen Leben Aussehen und Bequemlichkeit zwei verschiedene Paar Schuhe.

Noch ist es nicht so weit. Als die deutschen Truppen in Amsterdam einmarschieren, sitzt Rosemarie, Protagonistin in **Marietta Moskin**s autobiografischem Roman **Um ein Haar**, mit ihrer Familie „in der Falle". „Unter unserem Fenster marschierten die letzten deutschen Soldaten in ihren Knobelbechern vorbei und verschwanden am Ende der Straße." (S. 31) Rosemarie wird von der Schule verwiesen und muss eine jüdische Schuhe besuchen. Auf dem neuen Schulweg überquert sie eine Straße, wo die Gestapo zwei Gebäude besetzt hält. „Sehr bald wurde diese freundliche Allee zu einem Ort des Schreckens. Uniformierte SS-Leute in Schnürstiefeln sah man hier mehr als anderswo in der Stadt ..." (S. 53) Die Wahrnehmung der verfolgten Menschen erfasst mehr als die Uniformen die Fußbekleidung, da sie optisch – durch den Glanz – und mehr noch akustisch – durch das machtvolle Dröhnen auf Asphalt- und Holzböden – Aufmerksamkeit erregt. So schreibt schon **Bertolt Brecht** um 1934 im *Rapport von Deutschland*: „... Wieder / Dröhnt durch die todstille Stadt / Der Tritt der Sturmtruppen." Für die bedrohten deutschen Juden wird der Lärm zum Warnzeichen. „Und dann kamen sie. Unmöglich, sie zu überhören mit ihren eisenbeschlagenen Stiefeln", erinnert sich **Michael Degen** an (s)*eine Kindheit in Berlin* (S. 31).

Der Effekt tritt gesteigert auf, wenn das Gedröhn aus dem Versteck wahrgenommen wird. **Wladyslaw Szpilman**, *Der Pianist*, verbringt endlose Tage auf dem Dachboden, vor dem Haus ist eine Wache postiert. „Ununterbrochen, Tag und Nacht, hörte ich ihre Schritte und ihr Stampfen, wenn sich die Posten ihre kalten Füße aufwärmten." (S. 175) **Johanna Reis**, *Und im Fenster der Himmel*, gestaltet ihr Schicksal durch Annie, die Tochter eines holländischen Viehhändlers, die bei Kriegsanbruch ihre Gefährdung begreift. Als die deutschen Truppen Holland besetzen, bergen hilfreiche Bauern sie und ihre ältere Schwester in einer kleinen Kammer. Irgendwann kommen Soldaten ins Haus und die Schwestern kriechen in einen Schrank. „Schritte. Sehr laute. Von Stiefeln. Sie kommen die Treppe herauf. Dahinter das Klappern von Holzschuhen." Dann ist zu hören, wie die Deutschen die Treppe hinunterpoltern. „Wieder Lärm auf der Treppe. Kommen sie noch einmal? Nein, diesmal waren es nur Holzschuhe." Und die gehören, das wissen die Mädchen, „Oma", der Mutter des Bauern. (S. 132f.) Für den Moment kehrt Ruhe ein, so auch in der Syntax nach kurzatmigen Ellipsen und Fragen, aber der Besuch wiederholt sich. „Das Gartentor quietschte und laute Stimmen dröhnten am Haus entlang. Stiefel. Johann (der Bauer) stieß uns die Treppe hinauf. ‚In den Schrank, schnell!' " (S. 139)

Jurek Beckers *Jakob der Lügner* erlebt in verzweifelter Lage eine geradezu skurrile Situation. Er besucht im Lager ein „nur für Deutsche reserviertes Holzhäuschen" (S. 102), eine behelfsmäßige Toilette, in der er Reste einer Zeitung zu finden hofft, „... ich werde, wenn es gut geht, ein paar Gramm Nachrichten entführen und mache euch eine Tonne Hoffnung draus" (S. 102). Doch, es geht gut, zunächst jedenfalls. Während er im Dunkeln die kostbaren Blättchen birgt, nähert sich ein deutscher Soldat, öffnet zielstrebig die Tür und schließt sie wieder „und hat nicht die zerfallenden jüdischen Schuhe unter der Zeitung gesehen" (S. 105). Kowalski, Jakobs Arbeits- und Leidensgefährte, versucht den Soldaten abzulenken. „Jakob hört ein leises Poltern in der Ferne ..., dann hört er Soldatenstiefel eilig weglaufen." (S. 107) Seine Zeitungsschnipsel und sich selbst hat er gerettet, Kowalski allerdings bezieht Prügel, bis das Bedürfnis des Soldaten über seine Wut siegt. Kowalski ist um einen Zahn ärmer, Jakob um die begehrten neuesten Nachrichten reicher.

In dem Roman von **John Boyne** geht es um den kleinen Bruno, dessen Vater von Berlin nach Auschwitz versetzt wird, um dort als leitender Offizier zu arbeiten. Im neuen Haus in „Aus-Wisch" vermisst Bruno zunächst „Vaters dröhnende Stimme" und „das schwere Schlagen seiner Stiefel unten auf den Dielenbrettern" (S. 56). Als er ihn dann sieht, „mit gebügelte(r) Uniform", empfindet er „zugleich Angst und Ehrfurcht" (S. 57). Die anderen Männer fallen deutlich dagegen ab, ihre Uniformen sind „nicht so frisch gebügelt", ihre Stimmen „nicht so laut", „ihre Stiefel glänzten nicht so sehr" (ebd.). Gebügelte Uniform, blitzende Stiefel, ordentlich gescheitelte Haare zeichnen auch den jungen Oberstleutnant Kottler aus, der den Vater gelegentlich vertritt. Dann „stolzierte (er) in seinen schwarzen Stiefeln umher, als wäre er der wichtigste Mann auf der ganzen Welt" (S. 122). So sehr die Geschichte Brunos und seines späteren Freundes, *De*(s) *Junge*(n) *im gestreiften Pyjama*, den Leser berührt, nichts ist bewegender als die Realität.

Cordelia Edvardson, 1929 geboren, lebt bis 1943 bei ihrer Mutter Elisabeth Langgässer in Berlin. Dann wird sie über Theresienstadt nach Auschwitz deportiert, da sie als Enkelin und Tochter von Juden als „Volljüdin" eingestuft wird – *Gebranntes Kind sucht das Feuer*. Im Lager Birkenau wird sie Zeugin der gefürchteten Selektionen. „Mengele steht ungerührt mitten im Raum wie auf einer Insel. Er schreit nicht und schlägt nicht, seine Uniform ist makellos, seine Stiefel glänzen. Das Mädchen denkt an ihren ersten Ball, an den SS-Mann, der sie herumgewirbelt hat, rund, höher, höher, schneller, schneller." (S. 48f.) Die Tagträume geben nur wenig Schutz. „Mengeles schwarze, makellose Uniform und seine glänzenden, schwarzen Stiefel, ein einziger Tritt gegen das dünne, blaue Adernetz der Schläfe konnte einen Menschen töten. Das Mädchen wußte es." (S. 85) Die Frauen treten zitternd vor Mengele hin, „der lässig auf einer Tischkante saß und mit der Peitsche spielerisch an sein baumelndes, stiefelbekleidetes Bein schlug" (S. 90). Immer wieder stehen die Frauen „vor Mengele oder einem anderen SS-Mann mit blanken schwarzen Stiefeln" (S. 92). Diese Stiefel sind ihnen Symbol gnadenloser Überlegenheit und Willkür. **Marietta Moskin** (w. o.) hat Westerbork erlebt: „Ich sah die große Gestalt des Kommandanten selbst, wie er durch die Menge schritt, bedrohlich in seinen hohen Stiefeln ..." (S. 118) Nach Bergen-Belsen gelangt, nimmt sie Ähnliches wahr: „Ich hörte laute Stimmen, dann sah ich Deutsche, SS-Männer in Stiefeln und Ledermänteln." (S. 160) Nur die Orte wechseln, die Erfahrungen sind überall dieselben. Im Konzentrationslager Plaszow, dem Arbeitslager der Krakauer Juden, auch jenen von *Schindlers Liste*, ist es Amon Göth, den **Thomas Keneally** charakterisiert: „Er pflegte nach dem Frühstück in Hemd, Stiefelhose und auf Hochglanz polierten Stiefeln vor seine temporäre Unterkunft zu treten ..." (S. 165) Dabei blickt er, so das morgendliche Ritual, durchs Fernrohr und erschießt völlig unmotiviert einen Arbeiter, der gerade des Wegs kommt. Der brutale Kommandant, Repräsentant der vielbeschworenen „Herrenrasse", hatte im Lager Karriere gemacht. „Von einem jüdischen Schuster ließ er sich jede Woche neue Schuhe maßfertigen", hat seine Enkelin **Jennifer Teege** recherchiert, die als Tochter eines Nigerianers auch weiß, **Mein Großvater hätte mich erschossen** (S. 51). Die letzten Wochen des Konzentrationslagers Buchenwald hat **Bruno Apitz**, selbst überlebender Häftling dieses Lagers, zu einem Roman verdichtet[11], in dem eine Widerstandsgruppe unter Einsatz ihres Lebens ein in das Lager geschmuggeltes jüdisches Kleinkind, **Nackt unter Wölfen**, vor dem sicheren Tod rettet. Der SS-Mann begegnet der unfassbaren Situation zunächst mit „gefährlicher Freundlichkeit", weist fragend „mit der Stiefelspitze" auf das Kind, seine Überforderung ist unverkennbar. „Mit leerem Blick sah er eine Weile auf das Lebewesen und berührte es dann vorsichtig mit der Stiefelspitze. Das Kind rutschte vor dem Stiefel davon." Die Spannung wächst, die gefährliche Ruhe wird nicht von Dauer sein. (S. 99f.) Einer der Gefangenen erinnert sich der Ankunft am Bahnhof von Weimar vor acht Jahren, „SS-Leute liefen hin und her, ihre Stiefel krachten auf dem hohlen Fußboden" (S. 297). Wenig später fällt ein Kamerad den erbarmungslosen Tritten eines SA-Mannes zum Opfer. „Wie ein Irrsinniger bearbeitete er den Körper mit den Stiefeln." (S. 342)

Roma Ligocka ist **Das Mädchen im roten Mantel**, authentisches Urbild des Leitmotivs in Steven Spielbergs berühmter Verfilmung von **Schindlers Liste**. Roma lebt mit ihren Eltern im Krakauer Ghetto und lernt bereits als Dreijährige, dass es zwei Sorten von Menschen gibt. Die einen sind die Juden, die warten, sich verstecken, Angst haben. „Die mit den Gewehren haben goldene Knöpfe und schwarze glänzende Stiefel, die im Schnee knirschen, wenn sie marschieren." (S. 11) Roma, zur ersten Gruppe gehörig, ist noch so klein, dass sie „den Männern mit den glänzenden Stiefeln ungefähr bis ans Knie geh(t)", am liebsten aber unsichtbar sein möchte (ebd.). Tag und Nacht hört sie „die Stiefel, die die Treppe hochkommen" (S. 14), auf der Straße schneiden „die Männer mit den schwarzen Stiefeln" einem alten Mann den Bart ab, als er zu Boden fällt, „treten sie ihn mit ihren schwarzen Stiefeln tot" (S. 17). Die „Stiefelmänner", so Romas Name für die übermächtigen Soldaten, halten Wache, sind überall, vor allem nachts, wenn Gebrüll, Stiefelgepolter und Hundegebell die Stille übertönen. Und dann holen sie die Juden zur Deportation ab. „Wohin gehen sie alle? Es sind so viele Füße, große und kleine." Die „Männer mit den Stiefeln" sortieren die Menschen aus, Romas Tante versucht zu fliehen, sie wird erschossen, da liegt sie „(d)irekt neben mir. Sie hat einen Schuh verloren." (S. 27f.) Die Großmutter ist in der Wohnung geblieben, doch dann sind „die Stiefel im Flur" zu hören und schon wird die Tür aufgerissen. „Ich sehe die schwarzen glänzenden Stiefel, die kleinen Füße meiner Großmutter in den grauen Pantoffeln, die sich mit aller Kraft in den Boden stemmen und fortgerissen werden, als wären sie zwei dürre, kleine Äste im Sturm." (S. 29) Während Roma unter dem Tisch verharrt, unter den die Großmutter sie geschoben hat, „sind die Männer mit den schwarzen Stiefeln unterwegs und holen sich noch mehr Menschen" (S. 31).

Als das Ghetto geräumt wird, können sich Roma und ihre Mutter mit gefälschten Pässen in den „arischen" Teil Krakaus retten. Sofort fallen sie einem Polizisten in die Hände. „Seine goldenen Knöpfe blitzen. Seine schwarzen Stiefel glänzen." (S. 54) Übertriebene Makellosigkeit angesichts des Chaos.[12] Die Mutter kramt eilig den Schmuck aus der Tasche, Roma umklammert die Stiefel des Polizisten, er lässt sie gehen. In der Unterkunft bei Bekannten lauert die Bedrohung. „Denn diese Nacht kommen wieder die Männer mit den glänzenden Stiefeln und den goldenen Knöpfen." (S. 89) Das Kind hat eine extreme Furcht vor dem „harten Ton von Stiefeln auf Treppen" (ebd.) entwickelt. Deshalb gilt seine ganze Bewunderung der Großmutter der Gastfamilie, sie „herrscht die Soldaten an und deutet auf deren Stiefel, die mit schmutzigem Schnee bedeckt sind" (S. 147). Das ist ausgewiesene Chuzpe, in so einer Situation durchaus lebensgefährlich. Die alte Dame nimmt darauf keine Rücksicht, sie belehrt die Männer, sie sollten „sich wenigstens die Stiefel putzen, wenn (s)ie bei ehrbaren Bürgern nachts einfach so hereinplatzen", und erzielt sogar das gewünschte Ergebnis. „Die deutschen Soldaten blicken betreten auf ihre Füße. Sie sehen aus wie auf frischer Tat ertappte Schuljungen, die von der Lehrerin eine Strafpredigt bekommen. Einer versucht, mit einem Taschentuch noch seine Stiefel abzuwischen." (ebd.) Im Januar 1945 kommen die Russen, „fast lautlos haben sie sich mit dem Schnee in die Stadt geschlichen". Sie brüllen genauso wie die Deutschen, und „(s)ie tragen glänzende, schwarze Stiefel, wie ich sie kenne, seit ich denken kann" (S. 164).

„Der Schuh ist der Tod" – Vom Elend der Besitzlosen

In ihrem *Pariser Tagebuch 1942-1944* vermerkt **Hélène Berr** am 21. Mai 1942, sie sei abends weinend nach Hause gekommen. „Die Krise wurde ausgelöst durch die Unredlichkeit des Schusters, der die Holzschuhe, die ich gerade gekauft hatte, mit Gummi besohlen sollte." Dafür hatte die junge Studentin ihm bereits 30 Francs bezahlt. Als sie die Schuhe am Abend abholen will, fordert der Schuster noch einmal dieselbe Summe. „Ich verstehe es nicht, die Leute einzuwickeln, ich bin gegangen, ohne die Schuhe mitzunehmen, ich hatte kein Geld mehr, und mir war zum Heulen." (S. 46f.) Unklar bleibt, ob der Schuster die Kundin, obwohl zu dieser Zeit noch nicht mit dem Stern gezeichnet, als Jüdin erkannte oder ob er ganz allgemein mit dem Betrug seine Chance wahrnehmen wollte. Dafür vermittelt der Tagebucheintrag in aller Klarheit eine Vorstellung von den Gegebenheiten der Fußbekleidung in den 1940er Jahren. Etwa zu derselben Zeit, da Hélène Berr sich noch relativ ungehindert durch Paris bewegt, bezieht **Anne Frank** mit der Familie das Versteck in einem Amsterdamer Hinterhaus. Dort sind die Fenster mit Tüchern verhangen und erlauben nur einen begrenzten Ausblick. Eigentlich sei das ausreichend, vertraut Anne ihrem *Tagebuch* an, allmählich kenne sie die Frauen auf der Straße „auswendig, aufgeschwemmt von zu viel Kartoffeln, mit einem roten oder grünen Mantel und abgetretenen Absätzen" (S. 86). Wenig später reflektiert sie die Folgen des Kriegs: „Die Kinder hier laufen in dünnen Blusen und mit Holzschuhen an den Füßen herum ..." (S. 88) Der Eintrag vom 29. März 1944 konkretisiert die Situation, wiederum bezogen auf „schlechte Kleidung und schlechte Schuhe" vor allem der Kinder. „Dabei nehmen die meisten Schuhmacher keine Kunden mehr an, oder man muss vier Monate auf die Schuhe warten, die dann inzwischen oft verschwunden sind." (S. 234) Ein Jahr zuvor, am 12. März 1943, hatte Anne bereits notiert: „Ich kann keine Schuhe mehr anziehen, außer hohen Skischuhen, die im Haus sehr unpraktisch sind. Ein Paar Strohsandalen für 6,50 Gulden konnte ich nur eine Woche tragen, dann versagten sie den Dienst. Vielleicht treibt Miep im Schwarzhandel was auf." (S. 96) Eine vage Hoffnung, die sich erst Monate später erfüllt ...

Die Rationierung trifft, von wenigen Ausnahmen abgesehen, die gesamte Zivilbevölkerung. Bei **Dieter Forte** ist es *Der Junge mit den blutigen Schuhen*, der „schwitzend, keuchend, sich mit den klobigen, viel zu großen Schuhen abstützend", aus dem Luftschutzkeller nur mühsam wieder ans Tageslicht gelangt (S. 142). Der Buchtitel bezieht sich auf die Evakuierung des Kindes und seiner Mutter in einer süddeutschen Kleinstadt, wo die ungebetenen Gäste im Schlachthaus untergebracht sind und mit blutgetränkten Schuhen durch den Hof waten müssen. Die Kleinstädter mustern misstrauisch die aus dem Rheinland Zugezogenen. Selbst noch mit „hochgeschnürten Lederschuhen" ausgestattet, betrachten sie voller Verachtung die Leute mit den „selbstgeflickten Holzsandalen". „Der Junge hatte nur diese Holzsandalen, er hatte keine Lederschuhe, und er haßte die Schnürstiefelmenschen, die sich als Volksgenossen bezeichneten und ihn mit ihren Lederschuhen am liebsten in den Rinnstein getreten hätten." (S. 234)

Als die Lederbestände immer mehr abnehmen, führt die „Holzschuhreform"[13] zum verstärkten Einsatz der lange erprobten bäuerlichen Arbeitsschuhe. Die Holzsohle erhält eine fußgerechte Umformung, so dass sie bequemer und auch ein bisschen ansehnlicher wird, und fertig ist der billige Ersatzschuh, der zumindest der Nässe widersteht. Häufig in Heimarbeit hergestellt, erspart er sogar den Schuster. Für die winterliche Witterung ist er natürlich nicht geeignet, und doch dienen in den Konzentrationslagern die Holzpantinen – hinten offen, über dem Rist mit einem Stück Stoff versehen – auch im Winter als einziger Fußschutz, als Alternative bieten sich dann nur noch um die Füße gewickelte Lumpen an, sind auch die nicht vorhanden, heißt es barfuß gehen.

So lernt **John Boynes** Bruno *De*(n) *Junge*(n) *im gestreiften Pyjama* kennen. „Er hatte weder Schuhe noch Socken an, und seine Füße waren ziemlich schmutzig." (S. 133f.) Für Bruno unbegreiflich. Schließlich hat er gerade für den Besuch des „Führers" (in Brunos Diktion: der Furor) ein Paar neue Schuhe bekommen und ist sehr stolz darauf, auch wenn sie ihm zu klein sind und unangenehm drücken. Der „schönen blonden" Eva (Braun) bleibt das nicht verborgen. Sie rät ihm, es seiner Mutter zu sagen, „sonst kriegst du womöglich Blasen" (S. 153). Anschließend erregt sie zweimal den Unwillen ihres Gefährten, als sie Gretels (d. i. Brunos ältere Schwester) Locken lobt – die deutsche Frau trägt Zopf! – und sie dann auch noch animiert, von ihren Französisch-Kenntnissen zu prahlen, ein *faux pas* ohnegleichen. Wutentbrannt brüllt „der Furor" los, und alle „traten beklommen von einem Fuß auf den anderen" (S. 152). Die absurde Szene steigert Brunos Interesse an dem kleinen Schmuel. Dessen Erzählungen von Ghettoleben und Deportation erscheinen Bruno einfach unfassbar, wenn er beider Leben vergleicht, findet er seine engen Krawatten und Schuhe zunehmend lästig und beneidet die Jungen jenseits des Stacheldrahts, die „den ganzen Tag lang gestreifte Pyjamas tragen" dürfen (S. 189). Dann naht die Katastrophe. Bruno verabredet sich mit Schmuel, der ihn endlich mit der begehrten Lagerkleidung ausstatten soll; angesichts des Regenwetters zieht Bruno die verhassten Stiefel an. „Seine Stiefel quatschten im Matsch, und er genoss den Spaziergang mehr als jemals zuvor. Bei jedem Schritt hatte er das Gefühl, gleich zu stolpern und hinzufallen, aber er hatte Glück und konnte sein Gleichgewicht halten, selbst an einer besonders schlimmen Stelle, an der sein Stiefel, als er das linke Bein hob, im Schlamm stecken blieb und sein Fuß herausrutschte." (S. 249) Dann probiert er die Häftlingskleidung an und fühlt sich wie bei den Theaterspielen, die seine Großmutter mit den Enkeln aufführte. „Mit den richtigen Kleidern fühlst du dich wie die Person, die du vorgibst zu sein, sagte sie immer zu mir." (S. 254) Kluge und weitsichtige Worte, die sich nun bewahrheiten. Schmuel meint, nun müsse der Freund auch „die schweren Stiefel" ablegen, um die neue Rolle perfekt zu spielen. Bruno wehrt sich zuerst, will nicht barfuß durch den Schlamm gehen, entledigt sich aber dann doch seiner Stiefel und Socken. „Die ersten Schritte mit den bloßen Füßen im tiefen Schlamm

fühlten sich schrecklich an. Er versank bis zu den Knöcheln, und jedes Mal, wenn er einen Fuß hob, wurde es schlimmer. Mit der Zeit jedoch gefiel es ihm zunehmend besser." (ebd.) Nun ist er bereit für die neue Welt, schlüpft durch den Zaun und gerät erneut in Empörung, als alle Leute im Lager zu einem Marsch zusammengetrieben werden. Ob er will oder nicht, er wird „von der Menschenmenge mitgetragen" (S. 201) – und zwar geradewegs in die Gaskammer, wo Bruno Hand in Hand mit Schmuel stirbt, ohne die Situation auch nur im Ansatz erfasst zu haben (S. 263). Von ihm bleiben nur „de(r) Kleiderhaufen und das Stiefelpaar, das Bruno am Zaun zurückgelassen hatte" (S. 264). Der Vater entdeckt irgendwann die Lücke im Zaun und „ging das Ganze logisch durch, Schritt für Schritt für Schritt, und als seine Beine irgendwie versagten und ihm war, als könnten sie ihn nicht mehr tragen" nimmt er, ohne es zu wissen, Brunos Lieblingsplatz ein. (S. 266)

Die fiktionale Szenerie gestaltet das Lagerleben aus der Sicht eines verstörten Neunjährigen, der, wenngleich unwissend und unschuldig, eigentlich auf die Seite der „Täter" gehört. Wenn Überlebende aus der Perspektive der Opfer das Erlebte schildern, wird die Brutalität unmissverständlich offenbar, sofern die Sprache sie überhaupt angemessen auszudrü-

cken vermag. **Charlotte Delbo** wurde als Mitglied der Résistance nach Auschwitz deportiert. Unter dem Titel ***Trilogie. Auschwitz und danach*** berichtet sie von den schier endlosen Märschen, für die es auch im Winter keine Schuhe gab. Die ganze Aufmerksamkeit gilt den nackten Füßen, „diesen gequälten Füßen ..., diesen erbarmungswürdigen Füßen, denen wehzutun man sich fürchtet, dann peinigen diese Füße einen bis zur Übelkeit" (S. 65f.). Dennoch glauben die Frauen, dass es die Männer vergleichsweise schwerer haben: „Wir bedauerten sie, weil sie im Gleichschritt marschieren mußten. Wir dagegen marschierten, wie wir konnten. Der Kapo an der Spitze war fett, hatte Stiefel und war warm angezogen. Er skandierte: Links, zwei, drei, vier. Links. Die Männer folgten ihm mühsam. Sie trugen Stoffsocken mit Holzsohlen, die ihnen immer wieder von den Füßen rutschten. Wir fragten uns, wie sie mit diesen Socken laufen konnten. Bei Schnee und Glatteis nahmen sie sie in die Hand." (S. 29)

In schonungsloser Radikalität betont **Primo Levi**: „Der Tod beginnt bei den Schuhen." (S. 32) 1943 wurde der 24-Jährige von der faschistischen Miliz festgenommen und war seit Januar 1944 als italienischer Jude in Auschwitz inhaftiert, von den 650 Menschen seines Transports lebten am Tag der Befreiung durch die Rote Armee noch fünf. Sein Bericht mit der Titelfrage **Ist das ein Mensch?** dokumentiert den Existenzkampf der Schutz- und Namenlosen. Die fühlen sich, im Arbeitslager Monowitz angekommen, wie „Zeugen eines verrückten Schauspiels". Man sagt ihnen, sie würden Schuhe und Kleidungsstücke erhalten, „nein, nicht unsere eigenen, andere Schuhe und andere Kleidungsstücke", dann bekommen sie Lumpen und „ein Paar Latschen mit Holzsohle" (S. 24). Nachdem man ihnen Schuhe und Haare nahm, wissen die Gefangenen, dass sie auch ihren Namen einbüßen werden. Dennoch bleiben sie Menschen, die verzweifelt versuchen, ihre Situation zu bewältigen, die Hölle zu überstehen. Dazu gehört ein unvorstellbarer Lernprozess. „Wir lernen, daß man alles brauchen kann: Draht, um sich die Schuhe zu binden, Lumpen, um sich Fußlappen zu machen", vor allem, dass diese Habseligkeiten auch gestohlen werden können, sobald man sie aus den Augen lässt (S. 31). Zu den „zu befolgenden Riten" gehört das Einschmieren der „verdreckten und ekligen Holzpantinen" mit Maschinenfett (S. 32), eine völlig unsinnige Angelegenheit. „Wenn einem ein Schuh Schmerzen verursacht, muß man abends die Zeremonie des Schuhumtausches mitmachen; hier wird die Beschlagenheit des einzelnen auf die Probe gestellt, denn man muß imstande sein, mit einem Blick

Wir achten nur auf unsere Füße. Das Marschieren in Reihen bringt eine Art Besessenheit hervor. Man sieht dauernd auf die Füße, die vor einem hergehen. Da sind diese Füße, die schwerfällig vorrücken, diese Füße, denen man ausweicht und die man niemals erreicht, diese Füße, die den eigenen Füßen immerfort vorangehen, immer, selbst in der Nacht, in einem Alptraum, in dem nicht vom Fleck kommt, diese Füße, die einen so sehr in den Bann schlagen, daß man sie auch noch sehen würde, wenn man in der ersten Reihe ginge, diese Füße, die schlurfen und stolpern, die vorrücken. Die mit ihrem unregelmäßigen Geräusch, ihrem holpernden Schritt vorrücken. Und wenn man hinter einer Frau hergeht, die barfuß läuft, weil ihr jemand die Schuhe gestohlen hat, wenn man hinter diesen Füßen hergeht, die nackt über das Eis oder durch den Schlamm laufen, hinter diesen nackten Füßen, nackt im Schnee, diesen gequälten Füßen, die man nicht mehr sehen möchte, diesen erbarmungswürdigen Füßen, denen wehzutun man sich fürchtet, dann peinigen diese Füße einen bis zur Übelkeit. Manchmal rutscht einer ein Holzschuh vom Fuß, bleibt vor ihr liegen, stört sie wie Fliegen im Sommer. Man hält nicht an wegen dieses Holzschuhs, den aufzuheben die andere sich bückt. Man muß marschieren. Man marschiert weiter ... Wir marschieren seit Tagesanbruch.

CHARLOTTE DELBO, TRILOGIE. AUSCHWITZ UND DANACH. FRANKFURT/M. 1990, S. 65F.

einen (nicht ein Paar), einen passenden Schuh aus dem unsagbaren Durcheinander auszusuchen, weil nach erfolgter Wahl ein zweiter Tausch nicht mehr erlaubt wird." Daraus ergibt sich die schon zitierte Erkenntnis: „Man glaube nicht, daß den Schuhen im Lagerleben eine untergeordnete Bedeutung zukommt. Der Tod beginnt bei den Schuhen. Für die meisten von uns haben sie sich als wahre Marterwerkzeuge erwiesen, die sich unweigerlich infizieren. Wer davon heimgesucht ist, muß so laufen, als habe er ein Gewicht am Fuß hängen (daher die eigenartige Gehweise des Gespensterheeres, das allabendlich zur Parade heimkehrt); er ist überall der letzte, und überall bekommt er Schläge; er kann nicht davonlaufen, wenn man hinter ihm her ist; seine Füße schwellen an, und je mehr sie anschwellen, desto unerträglicher wird die Reibung am Holz und am Leinen der Schuhe." (S. 32f.)

Die „Marterwerkzeuge" verursachen Wunden, schließlich die Einweisung in den Krankenbau, letztlich den Tod in der Gaskammer, weil der „Befund ‚dicke Füße'" die SS auf die Unheilbarkeit des Leidens und die Unfähigkeit zu weiterer Arbeit aufmerksam macht. (S. 33) Als Levi einen Unfall erleidet, muss auch er in den KB und steht mit „zwei langen Reihen von Schatten" vor dem Eingang. Da man die Tür nur barfuß passieren darf, haben sich die Männer in der vorderen Reihe schon ihres dürftigen Fußschutzes entledigt, die Nachfolgenden bemühen sich, „mitten in dem Gedränge die improvisierten Verschnürungen und Drähte von ihren Schuhen zu lösen und die kostbaren Fußlappen abzuwickeln", um rechtzeitig auf den Eintritt vorbereitet zu sein. Ein französischer Häftling mustert die nackten Füße und sammelt die Schuhe ein, er weiß wie alle anderen, wie viele mit Schuhen hierherkommen und sie dann beim Verlassen des KB's nicht mehr brauchen" (S. 44). Levis Fußwunde allerdings heilt, er wird entlassen. „Der Mensch aber, der nackt und fast nie vollkommen gesundet aus dem KB kommt, fühlt sich in Finsternis und

Frost des Weltenraumes hineingeschleudert. Die Hosen rutschen ihm hinunter, die Schuhe drücken ihn, das Hemd hat keine Knöpfe ... Er ist wehrlos und verletzbar wie ein Neugeborenes, und doch muß er frühmorgens zur Arbeit marschieren." (S. 54f.) Dessen ungeachtet, beginnt der unerbittliche Lebenskampf von neuem. „Wieder ertönt unvermutet die letzte Aufforderung des Tages: ‚Wer hat kaputte Schuhe?'; und augenblicklich bricht der Spektakel von vierzig oder fünfzig Tauschanwärtern los, die Hals über Kopf zum Tagesraum stürzen, wenn sie auch genau wissen, daß allenfalls die ersten zehn zufriedengestellt werden können." (S. 56) Erleidet jemand, was nie lange auf sich warten lässt, einen Rückfall, hilft Ingenieur Kardos, natürlich alles andere als eine medizinisch geschulte Fachkraft. Aber er „geht von Bett zu Bett, um sich verletzten Füßen und eiternden Hühneraugen zu widmen, denn das ist sein Job; es gibt keinen, der nicht gern auf eine Scheibe Brot verzichtet, wenn ihm nur dadurch die Qual seiner stumpfen Wunden gemildert wird, die bei jedem Schritt den ganzen Tag bluten." (ebd.) Der gut gemeinte Einsatz des Ingenieurs zeitigt nur geringe Erfolge, das spürt Levi jeden Morgen, sobald er die Schuhe angezogen hat: „Dann öffnen sich wieder die Wunden an meinen Füßen, ein neuer Tag beginnt." (S. 62)

Ein neuer Tag mit schwerer Arbeit für die völlig entkräfteten Männer, versteht sich. Mit ihren groben Holzschuhen hinken sie über den Schnee. „Bei jedem Schritt bleibt etwas Schnee und Kot an den hölzernen Sohlen haften, bis man hilflos auf zwei schweren, unförmigen Klumpen läuft, von denen man sich nicht befreien kann; plötzlich rutscht der eine von ihnen weg, und dann ist es, als sei dieses Bein um einen Spann kürzer als das andere." (S. 63) Die Zeit schreitet voran, es wird Frühling, Sommer, dann wieder Herbst, im November regnet es fast ununterbrochen. „Wir ziehen unsere Füße aus dem Graben, vorsichtig, damit wir die sich festsaugenden Pantinen nicht verlieren und reihen uns, wankend und triefend, zum Rückmarsch ein." (S. 127) Der Kapo gibt, wie es Charlotte Delbo beschrieben hat (s. o.), den Schritt vor. „Jetzt ist die Stunde des ‚Links, links, links und links', die Stunde, wo man nicht aus dem Schritt kommen darf." (S. 128)

Es gelingt Primo Levi, vor seiner Verhaftung Chemiestudent, Arbeit im Labor der Bunafabrik zu erhalten. Hoffnungsfroh stellt er sich vor, „vielleicht bekomme ich auch einen Gutschein für Lederschuhe" (S. 135). Die Hoffnung zerschlägt sich, stattdessen stellt sich Scham ein, gegenüber den Frauen, die im Labor arbeiten. „Lächerlich sind wir, abstoßend." Mit kahlen Schädeln, dreckigen

Klamotten, dem ständigen Durchfall. „Unsere Holzpantinen mit ihren verschiedenen Krusten von Kot und vorschriftsmäßigem Fett machen einen unerträglichen Lärm." (S. 136) Die Mädchen, gleichsam „überirdische Wesen", die ersten Frauen seit Monaten, „reden nicht mit uns und rümpfen die Nase, wenn sie uns elend und verdreckt, unpaß und unsicher in unseren Pantinen durchs Labor schlurfen sehen; wenn sie fegen, dann fegen sie über unsere Füße" (ebd.). Die Vorstellung, „wir könnten den Versuch machen, (unsere) Schuhe in unserer Lagerwerkstatt reparieren zu lassen" (S. 139), ist vorsichtshalber gleich konjunktivisch formuliert. Erwartungsgemäß entpuppt sich der Potentialis als Irrealis.

Im Januar 1945, während schon das Dröhnen der russischen Kanonen zu hören ist, erkrankt Levi an Scharlach, für ihn eine gute Fügung. Denn das Lager wird aufgelöst, alle, die noch laufen können, erhalten Schuhe, werden aber nur wenige Stunden später von der SS erschossen. „Selbstverständlich brauchte auch ich ein Paar Schuhe. Im Gang fand ich ein Paar (die Gesunden hatten das Schuhdepot der Kranken geplündert und sich die besten mitgenommen: die abgerissensten, die durchgetretenen und die nicht zusammenpassenden lagen überall herum)." (S. 147) Levi versteckt die Schuhe in seinem Bett. Sein Freund hatte sogar „kräftige Lederschuhe in einigermaßen guter Verfassung aufgetrieben. Er gehörte zu denen, die gleich alles finden, was sie brauchen." (ebd.) Allerdings wird er den Evakuierungsmarsch nicht überstehen. Die Zurückbleibenden schauen ihm wie gebannt nach, „denn wer allzu schwach ist oder nackt oder barfuß, denkt und empfindet zweifellos anders, und was unser Denken beherrschte, war das lähmende Gefühl, daß wir wehrlos und dem Schicksal ausgeliefert waren" (S. 147f.). Das Paar Schuhe unter der Bettdecke verleiht zumindest einen vagen Rest von Zuversicht, Vorsorge getroffen zu haben.

Siebzig Jahre nach Kriegsende löst so ein Bericht Betroffenheit und Entsetzen aus. Dass die Existenz eines Menschen vom Zustand seiner Füße und seiner Schuhe abhängt, ist längst in Vergessenheit geraten. Dabei bedroht der Tod, der bei den Schuhen beginnt, auch heute Flüchtlinge, die, unzureichend geschützt, über Berge klettern und durch Flüsse und Schneefelder waten, um in die Freiheit zu gelangen.

„Bis zum völligen Verschleiß" – Schuhprüfstrecke im KZ Sachsenhausen

Männer in Sträflingskleidung, hohlwangig, gebückt unter schwerer Last, ununterbrochen unterwegs, in sengender Sonne, in Eiseskälte, bei strömendem Regen. Und, besonders merkwürdig, an den Füßen ganz unterschiedliches Schuhwerk, von der eleganten Sandale bis zum Schnürstiefel, mal neuwertig nach dem Augenschein, mal nur noch als Fetzen erahnbar. Ort des Geschehens: die „Schuhprüfstrecke" des Lagers Sachsenhausen.

Die Rohstoffknappheit unterliegt seit dem Ende der 1930er Jahre der Konsumsteuerung durch die nationalsozialistische Regierung, die ihrerseits nicht imstande ist, die Bedarfsdeckung zu garantieren.

Die Importe stagnieren, die Raubzüge in den besetzten Ländern bringen nach Kriegsbeginn nur eine vorübergehende Entlastung. Auch die Experimente mit Gummi und Ersatzstoffen für den immer dringlicher werdenden Nachschub an Schuhen bleiben ohne befriedigende Ergebnisse. Um die neuen Materialien auf ihren Gebrauchswert zu überprüfen, lassen sich die Nationalsozialisten etwas einfallen: Ab 1940 errichtet das Reichsamt für Wirtschaftsausbau für die deutsche Schuhindustrie und ihre Zulieferfirmen im KZ Sachsenhausen eine Anlage für die „zentrale Einführung von Trageversuchen", die so genannte „Schuhprüfstrecke".[14]

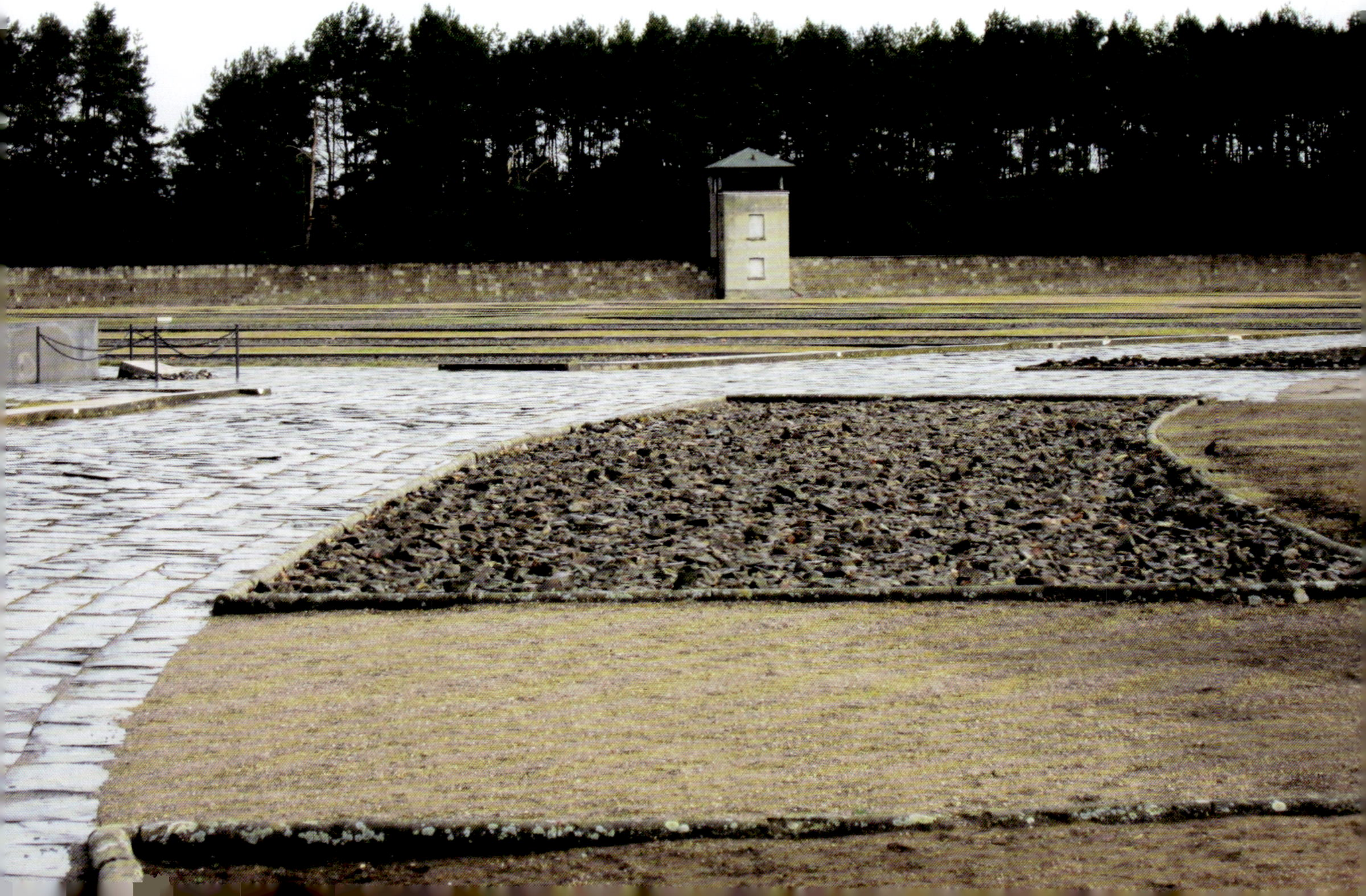

Das KZ Sachsenhausen in Oranienburg war 1936 vor allem im Blick auf die Rüstungsproduktion entstanden. Die Leitfunktion, die bisher Dachau im System der faschistischen Konzentrationslager eingenommen hatte, ging bald auf Sachsenhausen über, schließlich lag es in unmittelbarer Nähe der Hauptstadt Berlin. Neben dem Lager befand sich seit 1938 die „Inspektion der Konzentrationslager", außerdem die Ausbildungsstätte für die SS-Kräfte, die als Kommandanten, Lager- und Blockführer in den Lagern eingesetzt werden sollten.[15]

Die „Schuhprüfstrecke" erhält eine zentrale Lage. Unweit der Kommandantur, also beständig kritischen Blicken ausgeliefert, zieht sie sich halbkreisförmig um den Appellplatz, um den wiederum die Wohnbaracken der Häftlinge positioniert sind. Die Geometrie des Lagers, ein Dreieck mit dem Turm als zentralem Kontrollpunkt, mit Symmetrien und Achsen, veranschaulicht den totalen Herrschaftsanspruch seiner Erbauer. „In etwa 50 Meter Abstand von den Wohnbaracken wurde eine etwa sechs Meter breite Straße mit verschiedener Oberflächenbeschaffenheit rund um den Appellplatz angelegt. Der erste Abschnitt war eine betonierte Strecke, dann kam eine Strecke lockeren Bodens Ackerland, danach je ein Stück Feld-, Kies- und Sandweg, dann Kopfsteinpflaster, Splitt und als letztes eine Strecke nassen Lehms. Hier sollte auch eine neue Art von Besohlungsmaterial überprüft werden." So berichtet **Harry Naujoks**, als politischer Häftling ehemaliger Lagerältester, aus seinem *Leben im KZ Sachsenhausen* (S. 209). Die Gesamtlänge der Strecke beträgt 700 Meter, die Gefangenen der Strafkompanie sind täglich 30, später, bei „gesteigerter Effizienz", über 40 Kilometer unterwegs, von 6.00 Uhr an elf Stunden pro Tag, manchmal mit einstündiger Pause. Dazu tragen sie einen Rucksack mit Sand, der um die 10 bis 15 Kilogramm wiegt, „strafweise" wird das Gewicht des Gepäcks noch erhöht. Das Lauftempo wechselt zwischen Laufschritt und Marsch, auch unter Liedgesang, die „sportlichen Übungen" umgreifen Robben und Hüpfen auf der Stelle. „Hatte der Lager- oder Rapportführer etwas zu beanstanden", beobachtet Naujoks, „so mußte die Kolonne Laufschritt machen ... Das geschah besonders bei den Häftlingen, die in Verbindung mit Strafanzeigen zu Aussagen erpreßt werden sollten." (ebd.) Die Schuhe sind anfangs neu, also hart, und werden den Häftlingen nach dem Zufallsprinzip zugeschoben. Damenschuhe, in der Regel erheblich zu klein für Männerfüße, sind dabei, wer etwas mehr Glück hat, bekommt das Schuhzeug, das für die Frontsoldaten ausgetreten werden muss. Schon nach kurzer Zeit sind die Füße wundgelaufen, „(d)ie schwärenden Wunden machten die Märsche zur Höllenqual" (ebd.). Länger als einige Wochen hält kaum jemand durch, nicht wenige laufen in den elektrisch geladenen Zaun des Lagers, um ihrem Leiden ein Ende zu setzen.

Besonders perfide: Bei jeder Runde führt der Weg am Galgen vorbei, da erlahmt auch der innere Widerstand. Nach jeweils zehn Kilometern findet eine Prüfung der Schuhe statt, die Sohlen sollten „bis zum völligen Verschleiß" abgelaufen werden – dies gilt ebenso für die Menschen, die als „unfreiwillige Versuchspersonen die Produkte deutscher Unternehmen auf ihren ‚Gebrauchswert' und ihre Materialermüdung hin testen"[16]. Die Vorteile des Konzentrationslagers für eine solche Analyse liegen auf der Hand. Der Versuchsaufbau ließ sich problemlos organisieren, die Versuchspersonen stehen zahlreich und kostengünstig zur Verfügung. Die beteiligten Unternehmen, unter ihnen fast alle namhaften deutschen Fabrikanten, zahlen 6,00 RM pro Tag und Häftling, dafür liefern sie fünf Jahre lang neue Modelle und neue Materialien, dass sie um die „Häftlingsarbeit unter KZ-Bedingungen" wissen, kann zumindest vermutet werden. Dennoch nutzen sie die Testpersonen als „menschliche Prüfinstrumente, an denen nur der physiologische Bewegungsablauf ihrer Füße beim Gehen" interessiert.[17] Die Abordnung zum Laufkommando kommt dem Todesurteil gleich. Wenn die Männer, gefoltert durch das unpassende Schuhwerk, den Marschrhythmus nicht mehr einhalten können, die Schuhe schleifen lassen, umknicken und hinfallen, drohen brutale Prügel bis zum Totschlag; wer nicht mehr verwendet werden kann, kommt im Gas um. Naujoks schreibt, dass Besuchergruppen diese Sklavenarbeit zum Wohl der „Volksgemeinschaft" als „gute Idee" priesen, sie glaubten „nutzbringende Arbeit in frischer Luft" zu sehen, wenn dann noch von „wissenschaftlichen Tests" die Rede war, reichte das wohl aus. **Wieslaw Kielar** gelangt, nachdem er Auschwitz, den *Anus mundi*, überlebt hat, in das KZ Sachsenhausen. Im November 1944 erblickt er zum ersten Mal den Appellplatz mit der umlaufenden Straße. „Durch diese Straße marschierte ständig in scharfem Tempo eine Strafkompanie. Sie sangen und marschierten kilometerlang, immer im Kreise herum, hundertmal, tausendmal, mit nagelneuen Stiefeln, die angeblich täglich gewechselt wurden. Die Strafkompanie arbeitete nämlich für die Wehrmacht. Sie trugen einfach die neuen und harten Lederstiefel ein, damit die tapferen Soldaten keine Hühneraugen oder Blasen holten, während sie sich an allen Fronten zurückzogen." (S. 367)

Für die in Sachsenhausen eintreffenden Transporte unterliegt die Ausgabe von Kleidung und Schuhen demselben Prinzip wie überall in den Lagern. Bereits 1939 sieht Naujoks sich und seine Leidensgenossen als „Gespött und Spielball der SS", der es offensichtlich großen Spaß bereitet, die Gefangenen in zu großen oder zu kleinen Schuhen herumstolpern zu sehen. „Am schlimmsten war es mit den Schuhen. In dem ständigen Chaos passierte es immer wieder, daß Schuhe verlorengingen oder jemand zwei linke oder zwei rechte Schuhe erwischte. Fußlappen oder Strümpfe gingen überhaupt verloren. Wer dann barfuß in den derben Schuhen gehen mußte, lief sich immer wieder die Füße wund. Blutende und eiternde Wunden waren die Folge. Dann wurden Handtücher oder Wäsche zerrissen und um die Füße gewickelt. Wer damit aber bei der Kontrolle erwischt wurde, bekam erbarmungslos Prügel." (S. 79) Die „Schuhfabrik" im spitzen Winkel des in Dreiecksform angelegten Lagers dient einige Jahre später der Reparatur alter, eigentlich unbrauchbarer Schuhe in Zwangsarbeit. Wie in anderen Konzentrationslagern – so auch in Bergen-Belsen, wovon Marietta Moskin berichtet (s. u.) – trennen auch in Sachsenhausen Häftlinge mit völlig ungeeigneten Werkzeugen die alten Schuhe auseinander, über ihre Arbeitsleistung wird gnadenlos Buch geführt. Dabei genießt die „Schuhfabrik" von Sachsenhausen einen Sonderstatus, da hier auch die Produktion von Häftlingsschuhen stattfindet.

Die Hauptarbeit aber gilt der Verarbeitung und Weitergabe der Altschuhe, die per Eisenbahn angeliefert werden. Die Häftlinge müssen sie reinigen, sortieren, lagern und wissen doch, dass es sich um die Schuhe deportierter und ermordeter Leidensgefährten handelt.

Die Räder jagen, jagen,
was tragen sie nur zu?
Sie bringen einen Wagen
zerschlissener Schuh. (...)

Ich frage nicht, wem ihr gehört,
es gäb' dem Herzen einen Riss.
Doch sagt mir, Schuh',
die Wahrheit:
Wo sind zu euch die Füss'?

Wo ist zu dem Paar Schuhchen
mit Knöpfen wie der Tau
das Körperchen zu suchen
Und zu dem andern –
wo die Frau?

Warum seh' ich kein Kind
in den vielen Kinderschuh'n?
Warum will nicht die Braut
ihre feinen Schuh' antun?

Zwischen Stiefel und Pantinen
erkenn' ich meiner Mutter Schuh'!
Sie pflegt sie anzuziehen
am Sabbat ab und zu.

Und es klappern die Hacken:
„Wohin, wohin, wohin?
Aus alten Wilnaer Gassen
bringt man uns nach Berlin."

ABRAHAM SUTZKEVER, EIN WAGEN SCHUHE (GEKÜRZT). VERFASST IM GHETTO IN WILNA/LITAUEN, JANUAR 1943. ABGEDRUCKT IN: NEUE ZÜRCHER ZEITUNG VOM 25.11.2003. ZITIERT IN: ANNE SUDROW, DER SCHUH IM NATIONALSOZIALISMUS. GÖTTINGEN 2010, S. 613

„Schuppen voller Schuhe" – Deportation, Zwangsarbeit, KZ-Tod

Seit dem Winter 1941/42 rollen die Deportationszüge, Hunderttausende jüdischer Männer, Frauen und Kinder werden aus dem Gebiet des Deutschen Reiches, dann auch aus den besetzten Ländern in den Osten gebracht. Das was die Nationalsozialisten als „Endlösung der Judenfrage" bezeichnen, erweist sich als Massenmord an der jüdischen Bevölkerung Europas. „Jeder nahm auf seine Weise Abschied vom Leben." **Primo Levi**, der als „italienischer Staatsbürger jüdischer Rasse" den Befehl zum Transport erhält, erzählt von den Reisevorbereitungen einer Großfamilie, alle „fröhliche, gottesfürchtige Menschen". Sie handeln „wortlos und rasch, damit Zeit zum Trauern verbliebe; und als dann alles bereitet war, die Kuchenbrote gebacken und die Bündel verschnürt, entblößten sie die Füße und lösten sich das Haar, stellten die Trauerkerzen auf den Boden, entzündeten sie nach der Väter Brauch, ließen sich im Kreis zur Klage auf die Erde nieder und beteten und weinten die ganze Nacht hindurch." (**Ist das ein Mensch?**, S. 14) Diese Menschen haben ihr Schicksal erfasst, ihnen widerfährt „das uralte Leid des Volkes ohne Heimat, das hoffnungslose Leid des alle Jahrhunderte erneuerten Auszugs" (ebd.). Während sie sich dem Fluch der Heimatlosigkeit aufs Neue ausgesetzt sehen, während der neuerliche Exodus bevorsteht, zelebrieren sie den religiösen Trauerritus, den die Tradition für den Sterbefall vorsieht. Dazu gehört, dass man sich der Schuhe entledigt[18], Barfüßigkeit symbolisiert den erlittenen Verlust. Nun steht millionenfach die Erfahrung des Todes bevor, die hellsichtigen Menschen verweigern sich beschwichtigenden Illusionen und steigen in die Waggons, die sie nach Riga, Theresienstadt oder Auschwitz transportieren.

Der Aufruf zu den Deportationszügen trifft auch und gerade die Unvorbereiteten. Jacob Wertheim, eine der vielen bedrohten Personen in **Silvia Tennenbaum**s Familienroman **Die Straßen von gestern** erhält, bevor er wie geplant, Deutschland verlassen kann, Besuch von der Gestapo. „Jacob war sich peinlich bewußt, daß er noch im Pyjama war und Pantoffeln an den Füßen hatte. Er fühlte sich entblößt, fast als ob er nackt wäre." (S. 466) Die Männer verwüsten die Wohnung, ziehen aber nach zahlreichen Drohungen wieder ab. „Ihm (Jacob) wurde klar, wie stark er geschwitzt hatte; die Pantoffeln klebten an seinen Füßen, und er roch wie ein Tier." (S. 467) Jacob flieht nach Amsterdam, bezieht ein Versteck und tut dann doch „einen verhängnisvollen, törichten Schritt" (S. 585). Er verlässt das Haus und begibt sich in einen kleinen Park, wo er jegliche Orientierung verliert. „Nach einer Weile begannen auch seine Beine zu schmerzen. Das Kopfsteinpflaster war hart, und er fühlte jeden einzelnen Stein durch die dünnen Sohlen seiner Schuhe." (S. 586) Er setzt sich auf eine Bank, zwei Polizisten sprechen ihn an, entlarven ihn als Juden und veranlassen den Transport nach Buchenwald. Von dort gelangt er nach Auschwitz, wo er in der Gaskammer stirbt. Der Neffe Andreas bereitet sich in Frankfurt auf die Deportation vor, zum Gepäck gehört „ein Paar feste Schuhe" (S. 567), die er trotz der Wärme dann aber anzieht. Im Ghetto Litzmannstadt (Lodz) gerät er schnell an seine Grenzen. Geschwächt durch die ungewohnte schwere Arbeit, fieberkrank, verlässt er noch einmal die Baracke. Er „ging hinaus; das Gewicht seiner Füße überraschte ihn. Er sah hinunter; er trug nicht einmal Schuhe, nur Pantoffeln. Es war mühsam, einen Fuß vor den anderen zu setzen. Er bewegte sich im Kreis und wurde immer verwirrter." (S. 579) Minuten später ereilt ihn der Tod.

Die Unsicherheit des Gangs, die unzureichende Fußbekleidung sind Symptome einer Schwäche, die unweigerlich zum Tode führt. **Stefanie Zweig** (*Heimkehr in die Rothschildallee*) lenkt den Blick auf „eine humpelnde Greisin in abgetragenen orthopädischen Stiefeln" (S. 9) und konfrontiert ihr auf der Seite der Beobachter die Frau „mit dem großmaschigen Haarnetz", die dem Zug der Juden mitleidlos nachblickt, dann „schlurfte sie in ihren Filzpantoffeln zurück ins dunkle Wohnzimmer", um sich mit dem Sofakissen auf der Fensterbank „in Lauerstellung" zu bringen (S. 24). Wenige Details, die unendlich viel preisgeben. **Marietta Moskin** (*Um ein Haar*) kann aus der eigenen Erfahrung mitteilen; bevor die ganze Familie deportiert wird, erlebt sie die Gefangennahme ihrer Eltern: „Trotz des heißen Augustwetters hatten meine Eltern Skihosen und Skischuhe an und trugen schwere Mäntel! Ihr Anblick, wie sie, für einen Sommertag so vollkommen abwegig gekleidet, in den Polizeiwagen stiegen, jagte mir Angst ein ..." (S. 74) Das Kind merkt, dass die Dinge nicht mehr zueinander passen, das Gewohnte trägt nicht mehr, die Welt gerät aus den Fugen.

In überbordender Erzählfreude, originell und berührend zugleich, lässt **Minka Pradelski** ihre *Frau Kugelmann* „die Sache mit Koteks Schuhen" erzählen. Kotek bekommt im Frühjahr schöne neue Schuhe, recht groß gekauft allerdings, damit sie im Herbst zu den Hohen Feiertagen passen. „Die neuen braunen Schuhe sahen schon wie Herrenschuhe aus, sie hatten eine schicke verstärkte Kappe" (S. 206), und Kotek hofft, darin älter auszusehen, um endlich den Mädchen zu imponieren. Wenn er sie anprobiert, schlüpft er „hinten an der Ferse" heraus, für den bequemen Halt fehlen ihm eindeutig zwei Zentimeter. Watte zum Ausstopfen lehnt er ab, reibt stattdessen täglich die Füße mit Mutters Rizinusöl ein. Der gewünschte Erfolg bleibt aus und an den Feiertagen muss sich Kotek mit den alten Schuhen begnügen. Aber dann kommt Vetter Heinz, „wie ein Sack verfaulter Kartoffeln, die in Deutschland niemand mehr haben wollte" (S. 211), mit seiner Familie aus Hannover nach Polen verbracht. Die Verwandten mustern verstört die Ankommenden, Kotek schaut „voller Abscheu" auf die Füße des Vetters, „er hatte ein zerfetztes Etwas an, von dem er behauptete, das seien in Hannover seine Hausschuhe gewesen. Jetzt aber hingen die alten Lappen an einer Sohle und waren über und über mit Dreck beschmiert. Heinz ist ganz krumm gelaufen, den rechten Fuß setzte er komisch auf, so mit ganzem Gewicht auf der Sohle, um wenigstens mit einem, wie auch immer gearteten Schuh Koteks elegantes Kinderzimmer zu betreten." (S. 207) Kotek muss Heinz die neuen Schuhe überlassen. Schließlich erfahren alle, warum er mit Hausschuhen in den Zug gestiegen war: weil er nämlich „an jenem schlimmen Morgen in Hannover, als die mit den schweren Stiefeln die Tür eintraten, vor Schreck die Lederschuhe nicht finden konnte" (ebd.). Nur zehn Minuten gab man der Familie, dann trieb man sie zum Bahnhof. Heinz trug die Hausschuhe, die ihm sein Onkel Sally geschenkt hatte, als er nach Venezuela emigrierte. „Sie waren außen grau und innen mit weißem Stoff abgefüttert, und auf dem Vorderfuß hatten sie einen schönen pelzigen Kragen, der sich der Spitze zu seitwärts wölbte wie ein kleiner Mantelkragen. Sie wärmten Heinzens Füße gut. Wenn Heinz sie trug, hatte er das Gefühl, bei Sally im fernen freien Venezuela zu weilen." (S. 208) Deshalb trägt das Kapitel die Überschrift „Mit Hausschuhen nach Venezuela", obwohl Heinz im kalten Polen landet, wohin er eigentlich nie wollte. Seine Familie, aus Polen gebürtig, lebte schon lange in Deutschland und wurde jetzt zurückgebracht, nur weil es sich um Juden mit polnischen Pässen handelte; dass sie kaum noch ein Wort Polnisch sprachen, interessierte niemanden.

Im Deportationszug stehen alle dicht gedrängt nebeneinander, Sitzplätze gibt es nicht. Aber „weil die Sohle so dünn war und der Hausschuh aus Stoff, hat Heinz mit den Füßen fühlen können, was sich alles so am Boden abspielte" (S. 209). Er spürt, wie ein großer Mann mit starken Beinen „wie zwei mächtigen Säulen aus Granit" (ebd.) einer kleinen Frau den Halt sichert. Wenn sie zu schwanken beginnt, „waren die Füße wieder zur Stelle, treu und zuverlässig" (ebd.). Und dann spürt er, „wie die vier Füße sich aneinander schmiegten und sich tröstend aneinander rieben" (S. 210), Füße von Menschen wohlgemerkt, die sich nie zuvor gesehen hatten. Es gibt auch kleine Füße, die Tritte austeilen, die zugehörigen Arme halten ein kleines Kind, und die Füße der anderen machen Platz und verhindern so, dass das Kind ins Rutschen gerät. Zwei Paar Füße hingegen gehören Menschen, die unbedingt einen Platz am Fenster beanspruchen. Diese Füße treten Heinz auf die Hausschuhe. „Der Heinz hat den Tritt auf jeder Zehe einzeln gespürt, und der rechte Fuß ist nach kurzer Zeit angeschwollen. Dieser Fuß hat besonders geschmerzt, weil beim Tritt von oben die schöne Pelzumrandung des Hausschuhs eingedrückt wurde, die hatte an jeder Seite eiserne Nieten, die dem Heinz ins Fleisch schnitten." (S. 210) Der Stoff gibt zwar etwas nach, aber der Schmerz fordert die ganze Aufmerksamkeit des Jungen. Dann drängelt sich der Vater zu ihm durch und sieht zum ersten Mal bewusst „die Hausschuhe, sah Blut an Heinzens rechtem Fuß und nahm ohne ein Wort zu reden den Sohn zum Stehen auf seine eigenen Füße" (S. 212).[19] Als die Juden an die polnische Grenze kommen, werden sie aus dem Zug gestoßen und mit Gewehrschüssen über die Grenze getrieben. Elf Monate später ereilt die Katastrophe auch das Grenzstädtchen Bendzin und ganz Polen.

Vor dem Hintergrund des millionenfachen Desasters rührt eine solche Episode umso mehr, auch wenn sie erfunden wurde, so hätte sie sich doch genauso ereignen können: der Stolz auf die neuen

Schuhe, die Scham über das eigene Elend, die Fürsorge des Vaters, der sich den Sohn auf die Füße stellt, damit ihm wenigstens für eine kurze Zeit nichts Schlimmeres widerfahre. Was an Torturen bevorsteht, lässt noch so arges Fußweh verblassen, übersteigt jegliche Phantasie.

„... und dann müssen wir uns ausziehen", blickt **Primo Levi** auf seine Zeit in Auschwitz zurück, „die Kleidung in bestimmter Art zusammenbündeln ... und die Schuhe ablegen, dabei aber gut aufpassen, daß sie uns nicht gestohlen werden" (w. o., S. 20). Noch fragt er sich verwundert, warum einem jemand die Schuhe stehlen sollte, aber dann „erscheint ein anderer Deutscher und verlangt, daß wir die Schuhe in eine bestimmte Ecke stellen, und wir stellen sie dahin, denn jetzt ist es zu Ende, und wir fühlen uns außerhalb der Welt, und es heißt nur noch gehorchen. Einer kommt mit einem Kehrbesen und kehrt alle Schuhe fort, durch die Tür, auf einen einzigen Haufen. Er ist wahnsinnig, er bringt sie ja alle durcheinander, sechsundneunzig Paar, nachher werden sie nicht mehr zusammenpassen." (S. 21) Diese erste Erfahrung der Willkür versetzt alle in Verzweiflung, „... und niemand erteilt uns Auskunft, und wir sind ohne Schuhe und Kleidung, ganz nackt mit den Füßen im Wasser, und es ist kalt." (S. 22) **Marietta Moskin** beziehungsweise ihre Alias Rosemarie erlebt bei der Ankunft der Deportierten in Westerbork noch ein geringes Maß an Menschlichkeit, ihre Aufgabe ist es, die Ankommenden, wenn sie das Lager ohne Gepäck erreichen, zu einem „Lager mit gebrauchten Kleidern und Schuhen" zu begleiten (S. 108). Ihr mühsames Leben in Bergen-Belsen beginnt dann mit stundenlangen Appellen, die vor allem die Kinder überfordern. „Für Lisa war so langes Stillstehen die reine Qual, denn ihr einziges Paar Schuhe war inzwischen fast eine Nummer zu klein, und es gab in Belsen nicht die geringste Möglichkeit, neue zu bekommen. Wie dankbar war ich doch für meine stabilen Skistiefel! Sie passten immer noch gut, und ich betete, dass meine Füße vorerst nicht weiter wüchsen." (S. 177) Bevor sich erweisen kann, ob die Fünfzehnjährige mit ihrem Gebet Erfolg hat, wird sie zur Arbeit herangezogen. Ihre Mutter plagt sich mit „Haufen von verdreckten Soldatenstiefeln" herum, die sie mit viel zu stumpfen Messern „zu Sohlenstücken oder Oberleder" schneidet (S. 175), wird dann aber krank, so dass die Tochter sie vertreten muss. „Die ‚Schuhe' fand ich genauso vor, wie Mama es beschrieben hatte. Ein großer, schlecht belüfteter Schuppen, in dem wir auf Bänken um lange Tische mit Stapeln von dreckigen, alten Stiefeln saßen." Rosemarie fehlt natürlich „die Kraft zum Zerschneiden der Lederstücke", so dass sie dem Tisch mit den abgetragenen Uniformen zugeteilt wird. (S. 179) Eines Tages treffen Frauen aus Auschwitz ein. Vor der einrückenden russischen Armee waren sie durch Polen und Deutschland getrieben worden, „überwiegend zu Fuß". Die wenigen Überlebenden tragen gestreifte Häftlingskleidung, ihre Köpfe sind kahl rasiert, „und viele von ihnen waren ohne Schuhe. Barfuß oder mit schmutzigen, blutigen Lumpen an den Füßen humpelten sie vorüber." (S. 202)

Eva Erben hat Auschwitz überlebt. In den **Erinnerungen eines jüdischen Mädchens** denkt sie daran zurück, wie sie zur Arbeit außerhalb des Lagers eingesetzt wurde und dafür Kleider und Schuhe erhielt. „Ich hatte dabei kein Glück, denn ich ergatterte nur zwei linke Schuhe." (S. 31) Eva will schnell einen Schuh austauschen, erhält aber von einem SS-Mann einen Schlag ins Gesicht, der sie zwei Schneidezähne kostet. „Also musste ich meinen Weg mit zwei linken Schuhen fortsetzen." Ein anderer Aufseher wirft ihr „wie einem streunenden Hund" ein Wurststückchen zu. „Schuhe und Zähne waren für einen Augenblick vergessen." (ebd.) Für die harte Arbeit bekommt Eva immerhin „auch ein Paar bessere Schuhe" (S. 32).

In den Erinnerungen der KZ-Überlebenden werden immer wieder die Schuhe thematisiert, Schuhe, die nach dem Zufallsprinzip ausgegeben wurden, Schuhe, die nie wirklich passten, Schuhe, die wie Kleinode bewacht und doch gestohlen wurden. **Ariel Magnus** interviewt Jahrzehnte nach dem Holocaust seine Großmutter, die ihm immer, wenn sie aus Argentinien einreist, um die alte Heimat zu besuchen, *Zwei lange Unterhosen der Marke Hering* mitbringt, für den längst erwachsenen Enkel eher peinlich, für die Großmutter aus den Erfahrungen resultierend. Als sie in Auschwitz inhaftiert war, besaß man „nur ein Kleid aus der Spinnstoffsammlung, und wer Glück hatte, einen alten Schlüpfer. Manchmal auch ein Paar Holzpantinen." (S. 63) Und die wurden ihr dann auch gestohlen, so dass sie „tagelang barfuß" gehen musste. Auf die Nachfrage des Enkels, wie sie zu neuen Schuhen gekommen sei, antwortet „Oma": „Olha, die Leute sind vor deinen Augen gestorben. Ich hab welche von einem genommen, der sie nicht mehr brauchte. Sie waren nicht meine Größe." (S. 125) **Ruth Klüger** (*weiter leben*) denkt an eine Episode, als ihre Mutter in Auschwitz vergeblich versuchte, ungarischen Frauen zu helfen. Sie hat ein Paar Wollsocken übrig und wirft sie über den Zaun ins benachbarte Lager, aber die Socken bleiben im Draht hängen. „Am nächsten Tag waren die ungarischen Frauen weg,

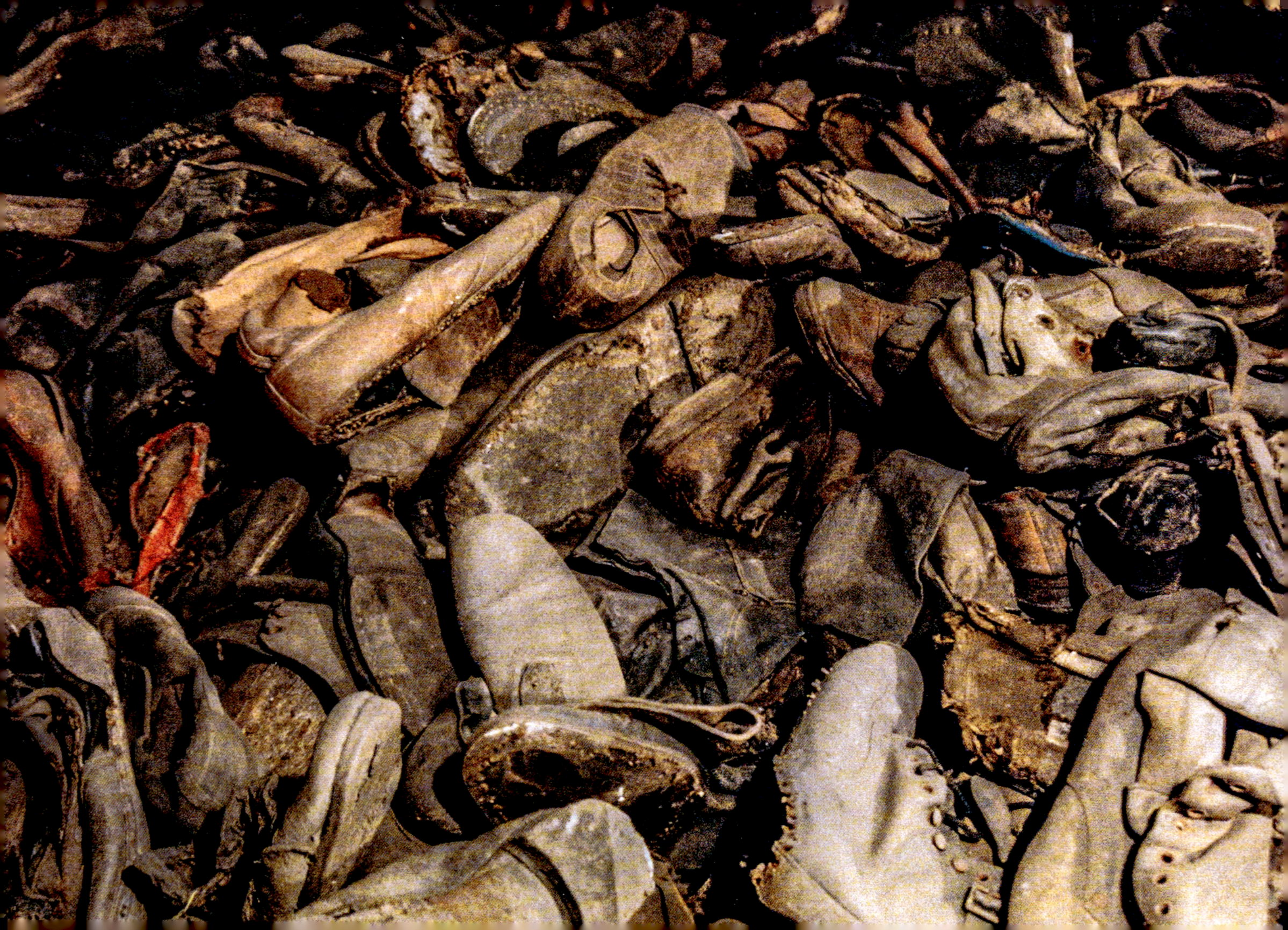

das Lager stand gespenstisch leer, im Draht hingen noch immer unsere Socken." (S. 154) Im Winter 1944/45 wiederholt sich die Erfahrung der barfüßigen Ungarinnen an der Autorin selbst. Sie arbeitet im Steinbruch in viel zu dünner Kleidung, „Zeitungspapier hatten wir an den Füßen, das half aber nicht genug." (S. 190)

Ebenfalls ins KZ Auschwitz und damit in den „Einsatz für die Kriegsmaschinerie" gerät **Cordelia Edvardson**, da sie einen jüdischen Vater und einen jüdischen Großvater hat und damit für den NS-Staat als „Volljüdin" gilt. Ihren Erinnerungen unter dem Titel *Gebranntes Kind sucht das Feuer* gibt sie Distanz, indem sie in der dritten Person von sich als „dem Mädchen" spricht. Morgens steht das Mädchen mühsam auf, „(sie) spürte, wie der brennende Schmerz ihre erfrorenen Füße durchzuckte ... Dann zog sie das an, was von ihren Schuhen übriggeblieben war – nachts benutzte sie sie als Kopfkissen – und taumelte halbblind zur Tür der Baracke." (S. 16) „In dem eiskalten Augenblick des schließlichen Erwachens" erfasst sie die Panik, „sie würde es nicht mehr schaffen, rechtzeitig dazusein, wo sind die Schuhe, schnell, schnell." (ebd.) Dann steht auch schon der morgendliche Zählappell an: „Wie alle anderen hielt das Mädchen mechanisch den Marschtakt, links, zwei, drei, vier, links, links ...

Aber in ihrem Inneren wiegte sie sich im vertrauten Rhythmus der eigenen Zauberformel ..." (S. 20) Die Mutter, die Schriftstellerin Elisabeth Langgässer, hatte ihr Matthias Claudius' *Der Mond ist aufgegangen* mitgegeben. Der jüdische Vormund, der ihr Bücher von Adalbert Stifter schenkte, bleibt ihr mit seinen „altmodischen Knopfstiefeln" im Gedächtnis, und wenn sie das „hallende Stiefelgetrampel der SS-Männer" auf den breiten Marmortreppen hört, vergegenwärtigt sie sich die ferne Welt mit den Verkleidungsspielen der Eltern, „wo der Mann Kniehosen trug, dünne, weiße Seidenstrümpfe an den wohlgeformten Beinen und schwarze Lackschuhe mit einer steifen Taftrosette an den schmalen Füßen" (S. 31). Dass die Phantasie einiges bewirkt, weiß auch **Krystina Zywuska**, deren *Überlebensbericht* den ersten Tag im KZ Auschwitz thematisiert: „Sie warfen uns Holzpantinen hin. Zofia hatte das Witzeln nicht aufgegeben: ‚Die Füße sehen darin genauso aus wie in den Warschauer Stöckelschuhen. Du wirst schon sehen, wir werden uns daran gewöhnen.' Wir scharrten mit den Füßen ..." (S. 183)

Vielleicht sehen Männer dergleichen naturgemäß nüchterner. Vielleicht ist die realistische Darstellungsweise männlicher Autoren aber auch dadurch begründet, dass sie eine im Vergleich zu den Frauen noch härtere Zwangsarbeit zu leisten hatten und die schützende Fußbekleidung noch stärker vermissten. Die *Augenzeugenberichte des jüdischen ‚Sonderkommandos' in Auschwitz* jedenfalls informieren in schonungsloser Deutlichkeit darüber, dass die Ankömmlinge bereits auf der Bahnrampe Koffer, Schuhe und Brillen abzugeben hatten, die, wenn sie noch brauchbar waren, nach Deutschland geschickt wurden. Die Häftlinge des Sonderkommandos sammeln in den Baracken die Gegenstände ein, entdecken bisweilen in den Mänteln versteckte Nahrungsmittel, in den Absätzen der Schuhe versteckte Wertsachen. Dann werden sie aufgefordert, zuerst die Kleidungsstücke zu sortieren und danach die Leichen der vormaligen Besitzer zu beseitigen. (S. 123) Während der Arbeit verstehen sie, was geschehen ist: Die Juden mussten sich in der Baracke ausziehen und sind dann „barfuß draußen über den Schnee" zu einem anderen Haus gegangen, das als Gaskammer fungierte. (S. 126) Das Sonderkommando erhält nach Entkleidung, Rasur aller Körperhaare, Tätowierung der Häftlingsnummer und anschließender Dusche Kleider „ohne Rücksicht auf Größe und Körperbau der Häftlinge. Man hätte einen großen und einen kleinen Schuh bekommen können, oder auch zwei linke." (S. 240)

Überall dieselben Erfahrungen ... **Wieslaw Kielar** geht in seinem Bericht über *Fünf Jahre Auschwitz* im *Anus Mundi* auf Details ein. Als politischer Häftling mit dem ersten Transport aus Polen eingeliefert, hört er zuerst „die zahlreichen Schritte beschlagener Stiefel, die im Korridor dröhnen" (S. 19), ein akustischer Eindruck, dem wenig später die visuelle Wahrnehmung folgt: „Ich sehe nur seine Beine. Der grüne Uniformstoff umspannt seine prallen Schenkel. Gelbbraune Stiefel, elegant geputzt, schlagen rhythmisch zum Takt der gepfiffenen Melodie." (S. 25) Im desinfizierenden „Zwangsbad" halten die SS-Männer mit ihren Stiefeln die Köpfe der Gefangenen unter Wasser (S. 101). Die Häftlinge waten „barfuß oder in schweren Holzpantinen, sogenannten ‚Holländern'" durch den Matsch (S. 61), das „Geklapper der Holzpantinen" erklingt nach beendetem Appell (S. 62). Kielar trifft einen Bekannten, den er Anfang 1939 zuletzt als „eleganten Fähnrich" gesehen hatte, jetzt kommt er ihm in dünnen Kleidern entgegen, „vor Kälte zitternd mit nackten Füßen in den riesigen ‚Holländern'" (S. 71). Da hat Kielar etwas mehr Glück, seine Beziehungen verhelfen ihm zu „anständige(n) Lederstiefel(n). Ich hatte die Stiefel übrigens einer Leiche abgenommen." (S. 72) Die auf der Flucht erschossenen Gefangenen liegen auf dem schneebedeckten Boden. „Ihre nackten Füße staken heraus. Irgend jemand hatte ihnen schon die Stiefel ausgezogen." (S. 107) Auf diejenigen, die sich dem Zwang nicht entziehen, warten Demütigungen. Bei der Arbeit in den Buna-Werken hält der Kapo einem Gefangenen seine Schuhe zum Putzen hin, zieht sie aber, von dessen hasserfülltem Blick irritiert, wieder zurück und streckt sie einem anderen entgegen, der diensteifrig zu putzen beginnt. „Als wir nach Auschwitz kamen, glänzten die Stiefel des Kapos wie nie zuvor." (S. 141f.) Auch der Blockälteste ordnet, nachdem er sich die Stiefel ausziehen ließ, Putzen „auf Hochglanz" an (S. 190), und ein Mithäftling mit „Lagerkarriere" erscheint „(h)erausgeputzt, glatt rasiert, wohlriechend, herrlich auf Hochglanz polierte Offiziersstiefel an den Füßen" (S. 198) Während er mit seinen Stiefeln protzt, ist hinter den Barackentüren „das schwere Schlürfen der Holzpantinen auf dem Morastweg" zu hören (S. 257f.). Irgendwann bereitet sich Kielar zur Strafe im Stehbunker vor, dazu gehört Kleidung in mehreren Lagen, „die Füße, bereits mit Wollsocken versehen, umwickelte ich zusätzlich mit Fußlappen ... Statt der Lederschuhe hatte ich viel zu große Holzpantinen an. So angezogen, sah ich mächtig aus." (S. 209) An dieser Passage überrascht vor allem der letzte Satz, gerade die Armseligkeit, die Ohnmacht versteckt sich unter dem Ausdruck der Mächtigkeit, Zeugnis einer ungebrochenen Persönlichkeit,

die über alle Strapazen triumphiert. Nach absolviertem Arrest brechen bessere Zeiten an, vor der Versetzung zu einem anderen Kommando schreibt Kielar: „Vorläufig bezahlte ich von den angesammelten Ersparnissen den Schuhmacher für zwei Paar hohe Stiefel, die ein wenig nach deutscher Art und ein wenig wie polnische Offiziersstiefel gemacht wurden." (S. 292) Ein Paar wird ihm zugestanden, froh über „so bequeme Stiefel, hohe geschnürte Stiefel mit doppelter Sohle", denkt er auch über eine Flucht nach, gibt den Gedanken aber auf. Er steht ohnedies auf der Transportliste, während der Desinfektion gehen die Stiefel – „meine wunderbaren Stiefel" – beinahe verloren, werden aber wiedergefunden.

Wie viel Kielar die Schuhe bedeuten, zeigt eine Episode im ostwestfälischen Porta Westfalica, der der Autor mehrere Seiten widmet. Bis jetzt hat er seine „wertvollen Schuhe" geschützt, nun werden sie ihm gestohlen, als er barfuß die Toilette aufsucht. Im Anbau des Lagergebäudes befindet sich eine „Schuhwerkstatt", dort sitzt der Kapo und „probierte seelenruhig meine Schuhe an", er lobt sie, erklärt sich zu ihrem neuen Besitzer und reicht Kielar dafür ein Paar Holzpantinen. Ein zweiter Kapo mischt sich ein und sorgt dafür, dass der Häftling seine Schuhe zurückbekommt. Aber: „Meine Schuhe waren erst der Beginn von Schwierigkeiten, wie sich herausstellte." Am nächsten Tag schlägt der zweite Kapo „den Kauf der attraktiven Schuhe" vor, stößt aber auf Widerstand. Vorsichtshalber schmiert Kielar seine „schönen gelben Schnürstiefel mit einer schwarzen Paste ein ..., damit sie nicht so in die Augen stachen. Es war sogar gut für die Schuhe, weil sie danach kein Wasser mehr durchließen." (S. 371) Die Wochen vergehen, dann erkältet sich Kielar während eines Luftangriffs, weil sich seine Schuhe gerade beim Schuster-Kapo befinden. Einer der Mithäftlinge „öffnete einfach seine Hose und versteckte dort meine verfrorenen Füße, wodurch er sie vor dem Erfrieren rettete", unter dem Druck der Freunde gibt der Schuster die Schuhe zurück. (S. 381) Wenig später, nun im Arbeitslager Schandelach, trifft Kielar den Kapo wieder, der seine Schuhe hatte kaufen wollen, diesmal siegt seine Begehrlichkeit. Der Häftling, „nachdem (er) die Schuhe elegant geputzt und lediglich provisorisch geschnürt hatte", übergibt sie im Austausch gegen Naturalien – manchmal sind Brotstücke und Zigarettenstummel eben noch wichtiger als Schuhe – und zwei Gummistiefel, zwar beide für den linken Fuß, aber hinreichend groß und zum Laufen ausreichend. (S. 390) Wenig später sind die Beine so angeschwollen, dass Kielar mit einem Messer die Schäfte aufschneiden muss. (S. 397) Dann aber ist der Krieg zu Ende und „jetzt änderten sich die Rollen". Ein deutscher Soldat kommt auf die befreiten Polen zu, die Militärstiefel über die Schulter gehängt. Kielar reißt sie ihm „im Anflug von Wut" weg und sieht dann, dass es sich um einen Jungen von höchstens sechzehn Jahren handelt, der „kindliche Tränen" weint. „Schluchzend tapste er weiter ... und ließ auf dem Asphalt nasse Spuren seiner nackten und blutenden Füße zurück." Kielar schaut auf die „geschwollenen, blutigen Füße", Wut wandelt sich in Scham, er gibt die Stiefel zurück. (S. 412)

In den letzten Wochen der Lagerhaft nimmt in **Bruno Apitz'** Buchenwald-Roman (*Nackt unter Wölfen*) das Chaos beständig zu, die neuen Transporte aus dem Osten bringen auch Hunderte von Toten mit, die von den polnischen Leichenträgern schnellstens zu ‚entsorgen' sind. „Mit einer Zange kniffen die Leichenträger die Verschnürung der Schuhe auf, die gewöhnlich aus verknotetem Bindfaden oder Draht bestand, und rissen das Schuhwerk von den nackten Füßen. Mancher Leiche mußten sie noch einige Paar hauchdünner Seidenstrümpfe von den Beinen ziehen." Die noch Lebenden verlieren auf ihren ziellosen Märschen buchstäblich den Boden unter den Füßen. „Sie stolperten über verborgene Steinbrocken, glitschten in Löcher ab, verloren die Balance" (S. 299). Manchmal, unversehens und sinnlos, kommt ein Blockführer zum Appell. „Die steifen Knochen bewegten sich. Vorsichtig wurden die Füße aus dem Schlamm gezogen. Einem war dabei der Schuh steckengeblieben. Auf einem Bein balancierend, patschte er mit der Hand im Schmodder herum, zerrte den festgesaugten Schuh heraus. Mit der Hand leerte er ihn aus. Der Schlamm klatschte wie Kuhfladen zu Boden." (S. 301) Als der Abtransport der jüdischen Häftlinge ansteht, treiben die Scharführer die erschöpften Menschen „zum Laufschritt" an, aber sie kommen kaum von der Stelle. „Die Füße hatten keinen Platz und auch keine Kraft mehr. Stoffetzen schlenkerten um die nackten, blutig gelaufenen Füße. Die marternden Holzschuhe waren auf dem langen Marsch verloren oder weggeworfen worden." (S. 439f.) Wer strauchelt, fällt, nur noch mühevoll aufzustehen versucht, wird erschossen.

In **Silvia Tennenbaum**s Familienroman *Straßen von gestern* wird Caroline Wertheim 1942 ein Opfer der „Euthanasie". Nach stundenlanger Fahrt mit unbekanntem Ziel offenbar in ein Krankenhaus verbracht, erblickt sie „Männer in langen weißen Mänteln. Caroline fragte sich kurz, warum sie Gummistiefel trugen" (S. 564). Den „Patienten" werden Kleider und Schuhe ausgezogen und Caroline fühlt sich wie befreit, „sie versuchte, ein paar Tanzschritte zu machen ... Sie tanzte, so gut sie es bei dem Gedränge konnte", und bekommt erst Angst, als man sie in den Duschraum führt. Dann strömt das Gas aus den Hähnen und während das Bewusstsein schwindet, glaubt Caroline, wie einst auf den Taunuswiesen ihrer Heimat „das Wasser des gurgelnden Baches an ihren Füßen zu fühlen" (S. 565). Was bleibt, überall in den Konzentrationslagern, wo Menschen zu Tausenden umgebracht wurden, sind „Haufen von Brillen, Handkoffern, Schuhen, Krücken, Prothesen, Körbe mit Brieftaschen, Schlüsseln und Photographien". So beschreibt es im Roman Carolines Neffe Benno, der als amerikanischer Soldat das KZ Buchenwald befreit (S. 648), so beschreibt es **Jennifer Teege**, Enkelin von **Amon** Göth, nach ihrem Besuch des KZ Auschwitz: „Auf den Raum, der mich im nächsten Haus erwartet, bin ich nicht vorbereitet: Hinter einer Glasscheibe stapeln sich Brillen. Daneben ein Raum mit Schuhen: Stiefel, Sandaletten, ein roter Damenhalbschuh." (S. 112) Die Hinterlassenschaften der Ermordeten erschüttern auch siebzig Jahre nach der Shoa die Besucher von Konzentrationslagern. Das Unbegreifliche bleibt unfassbar, immerhin stellt sich angesichts der Berge von Haaren, Schuhen, Zähnen eine Ahnung ein von dem, was geschah. **Erich Kästner** wurden – im mehrfachen Wortsinn – die Augen geöffnet, als er 1946 den Dokumentarfilm „Die Todesmühlen" sah, den die amerikanischen Alliierten nach der Befreiung in den Konzentrationslagern gedreht hatten. Nachdem er eine Vorstellung von dem „unausdenkbaren, infernalischen Wahnsinn" gewonnen hat, fragt er erschüttert nach **Wert und Unwert des Menschen**, zumal ihm klar wird, dass das, was von den Ermordeten blieb, systematisch genutzt wurde. „Die Schuhe wurden gestapelt und verkauft." Er summiert: „Man taxiert, daß zwanzig Millionen Menschen umkamen. Aber sonst hat man wahrhaftig nichts umkommen lassen … Und die Kleider und Goldplomben und Ohrringe und Schuhe extra. Kleine Schuhe darunter, sehr kleine Schuhe … " Dreißig Kinder, so weiß Kästner inzwischen, haben in Theresienstadt „Emil und die Detektive" aufgeführt, von ihnen leben noch drei. „Siebenundzwanzig Paar Kinderschuhe konnten verhökert werden. Auf daß nichts umkomme …" (S. 68) Der Film hat seine Wirkung auch auf Friedrich Luft nicht verfehlt, der am 22.03.1946 im „Tagesspiegel" „zahllose Säcke von Frauenhaar, Berge von Brillen, Haufen von Goldzähnen" notiert und summierend vermerkt: „Ganze Schuppen voller Schuhe. Ein Gebirge von Kinderschuhen! Oh – seine Ordnung hatte das System." (ebd., Komm. S. 434)

„Wer aber leerte den Sand aus euren Schuhen, / Als ihr zum Sterben aufstehen mußtet?", fragt **Nelly Sachs**. Die jüdische Lyrikerin überlebte, weil die berühmte schwedische Kollegin Selma Lagerlöf ihr die Emigration ermöglichte, das Überleben rief Gefühle der dankbaren Erleichterung wie der Schuld hervor, die Beschäftigung mit dem gewaltsamen Tod, den sie nicht erleiden musste, ist Anlass und Thema ihrer Gedichte. Die Metapher vom „Sinaisand" assoziiert die Heimat Israel, mit ihr, als „Wandersand" variiert, die schicksalhafte Flucht, die durch die Wüste in die Weiten der Diaspora führte, über den „brennenden Sinaisand" schließlich in die Todesöfen der Konzentrationslager. Dort werden die Wanderschuhe zu „Totenschuhen". Aber Nelly Sachs kennt natürlich auch die Verheißung Gottes an Adam nach dem Sündenfall, der fortan schwere Arbeit verrichten soll, bis er „zum Ackerboden" zurückkehrt, „denn Staub bist du, zum Staub musst du zurück" (Gen 3,19; s. auch Ijob 10,9). Der Fluch der Vergänglichkeit, des Zerfalls zu Staub wird alle treffen, allen voran die Schuldigen: „O ihr Finger, / Die ihr den Sand aus Totenschuhen leertet, / Morgen schon werdet ihr Staub sein / In den Schuhen Kommender!"[20]

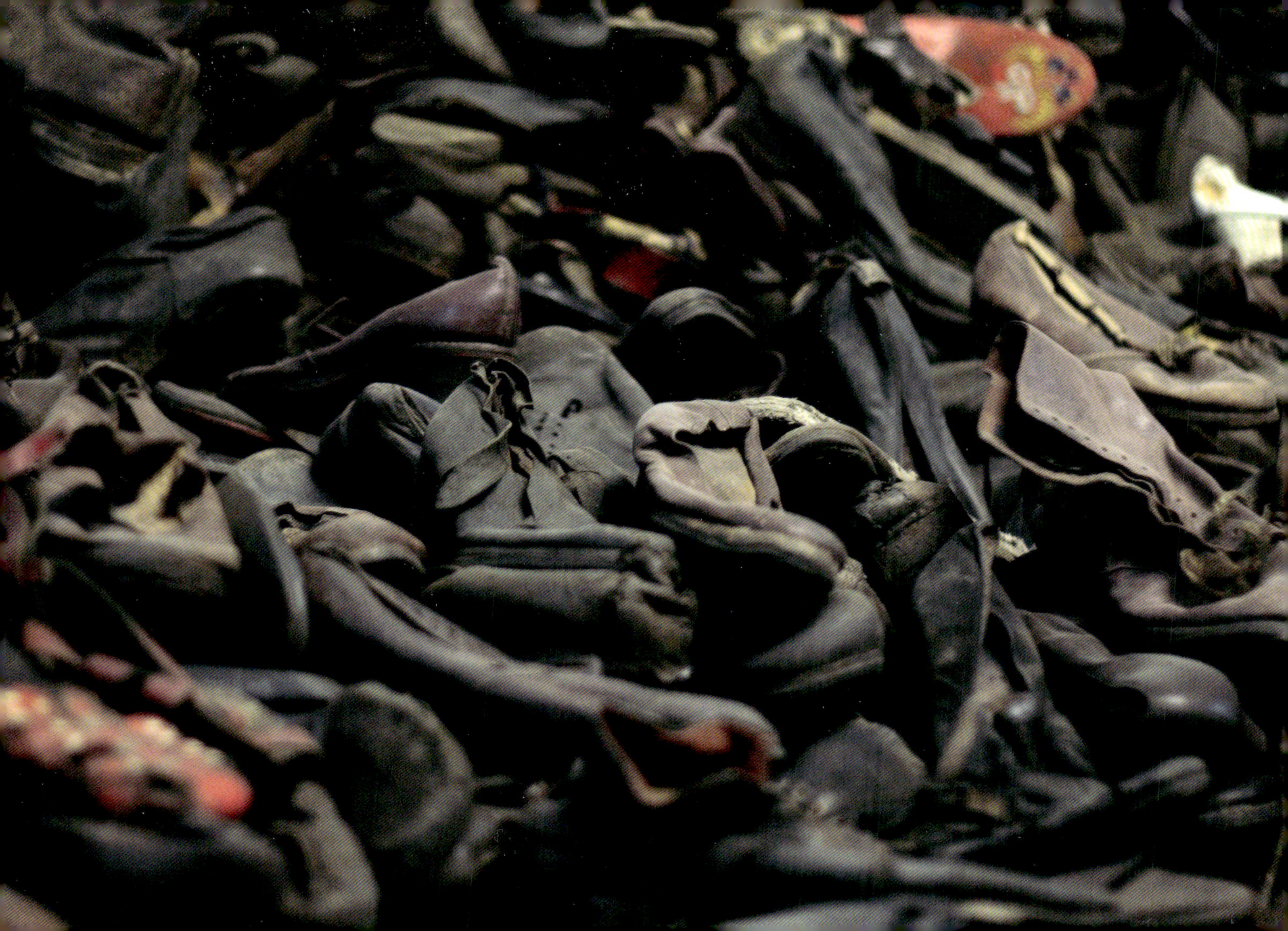

„1 Paar Winterschuhe à 3,00 Gulden" – Träume vom Schuh

Als Liesel, **Markus Zusak**s *Bücherdiebin*, ihr Verlangen nach immer neuen Büchern nicht mehr unter Kontrolle halten kann und systematisch die Bürgermeistersgattin bestiehlt, startet sie, diesmal unter Assistenz ihres besten Freundes Rudi, zu einem weiteren Versuch. Es gilt, auf abenteuerliche Weise das Fenster zu erklimmen und dann auf leisen Sohlen die kleine Bibliothek zu erreichen. Der vorsichtige Rudi nimmt Liesel „die abgetragenen schwarzen Schuhe" weg, damit die Freundin nicht so viel Lärm macht. Bei ihrer übereilten Flucht vergessen sie, wie nicht anders zu erwarten, die Schuhe, „(s)ie standen nutzlos – oder schlimmer noch: verräterisch neben der Hauswand". Rudi schafft es, allen Gefahren zum Trotz, die kostbaren Treter doch noch einzusammeln, und während Liesel „auf ihren feuchten, schmutzigen Socken" zurück zur Straßenkreuzung läuft, kommt ihr Rudi triumphierend entgegen, „und von seiner Hand baumelten Liesels Schuhe". Ein kleines Wunder in schwierigen Zeiten, ein Freundschafts-, wenn nicht gar ein Liebesbeweis, und doch versagt Liesel, so die weibliche Logik, dem Retter in der Not den ihm eigentlich zustehenden Kuss, weil er es ja war, der die Schuhe vergessen hatte – den Kuss erhält Rudi erst, nachdem er wie fast alle Nachbarn beim Bombenangriff zu Tode gekommen ist. (S. 314ff.) Die kleine Episode zeigt wieder einmal, welchen Wert Schuhe in den Kriegsjahren besitzen, auch für die „Zivilisten", die sich weder um blinkende Stiefel noch um schmutzige Pantinen kümmern müssen, die aber auch einiges in Kauf zu nehmen haben, wenn es um die oft einzigen Schuhe geht. Für sie gibt es keinen Ersatz, also werden sie gehegt und gepflegt, solange das Leder eben noch zusammenhält.

> *Jeden Morgen nimmt sie sich viel Zeit, um ihre Schuhe mit einem Bürstchen zu bearbeiten. Der Geruch der Schuhcreme auf dem feinen Leder, der dann das Haus durchzieht, sagt viel über die Sehnsucht, bald wieder in eine Welt zurückzukehren, in der Damenschuhe wichtiger sind als Soldatenstiefel.*

RANDI CROTT / LILLIAN CROTT BERTHUNG, ERZÄHL ES NIEMANDEM! DIE LIEBESGESCHICHTE MEINER ELTERN. KÖLN 2012, S. 76

Dieses Bemühen zeichnet vor allem Ludwig, den dritten Sohn der **Bertinis** aus. Autor **Ralph Giordano** stattet ihn, den Sohn einer Jüdin und eines Halb-Italieners, mit „aus der Art geschlagenen blonden Haaren" aus und entwirft einen Jungen, der schon mit sechs Jahren auffallendes Interesse für seine Kleidung aufbringt, insbesondere für sein „glänzendes Schuhzeug" (S. 183). Das lässt auch in der Zeit der Verfolgung nicht nach und wird von Mutter Lea willfährig unterstützt; wenn der Sohn morgens aufsteht, hat sie schon Kleidung „und blankgeputzte Schuhe wie Geschenke in der Küche ausgebreitet" (S. 311). Als die Familie aus Hamburg aufs Land flieht und auf den Feldern arbeitet, hält Ludwig „nur ein paar Tage durch. Er fluchte auf dem Felde vor sich hin, der Acker verderbe ihm das Schuhzeug" (S. 396). Die Großmutter bringt wenig Verständnis für den Exzentriker unter ihren Enkeln auf, sie imitiert seine gezierte Gestik und „äffte Ludwigs Stolz auf poliertes Schuhwerk nach" (S. 405). Aber die Bauern gewöhnen sich an die seltsamen Zuwanderer, „an Alfs kurze trippelnde Schritte", „an Lea Bertinis ewigen Laufschritt", an Cesars „breiten Gang" und die „ganze plattfüßige Art der Fortbewegung", an Roman, der „geraden Ganges" seinen Weg nimmt, sogar an Ludwig „mit dem blütenreinen Hemd, Schuhe blank gewichst" (S. 439). Nachdem die Familie im Versteck überlebt hat, etabliert sich Ludwig auf dem Schwarzmarkt, verfügt über Geldmittel und kann seiner Vorliebe für elegante Kleidung frönen. Von seiner Familie „wie ein Paradiesvogel abstechend", will er doch endlich „ein ganzer, ein richtiger Jude" sein, lässt sich beschneiden und fasst den Vorsatz, in Erez Israel den neuen jüdischen Staat mit aufzubauen (S. 701).

Auch **Senek Rosenblum**, *Der Junge im Schrank*, vermerkt, dass sein Vater im Ghetto den Schuhen besondere Sorgfalt schenkt, das gilt erst recht für die Vorbereitung der Flucht, mitten in der Nacht „tut (Vater) etwas für diese Uhrzeit völlig Ungewöhnliches, er putzt seine und meine Schuhe" (S. 159). In aller Frühe erfolgt der Aufbruch, alles liegt bereit, Hemd, Jacke, kurze Hose „und die geputzten Schuhe" (S. 160). Sie verleihen dem Weggang den Anschein von Normalität, lassen ihn wie den Beginn einer gründlich geplanten Reise erscheinen. Für Senek beginnt danach die Zeit im Versteck, er verbirgt sich in der Wohnung einer jungen Polin, die sich, bevor sie einmal in die Stadt geht, mit Hingabe schminkt und kämmt. Dann „zieht (sie) ein Paar hochhackige Schuhe an und mustert sich gefällig in dem großen Spiegel" (S. 187).

So eine junge Frau ist auch **Anne Frank**, eingesperrt wie der kleine Senek, reifer und reflektierter jedoch. Am 29. 10. 1943 vertraut sie ihrem ***Tagebuch*** an: „Ich irre von einem Zimmer zum anderen, die Treppe hinunter und wieder hinauf, und habe ein Gefühl wie ein Singvogel, dem die Flügel mit harter Hand ausgerissen worden sind und der in vollkommener Dunkelheit gegen die Stäbe seines engen Käfigs fliegt." (S. 140f.) Das Leben im Käfig zwingt zur Genügsamkeit, das erfährt Anne Tag für Tag. Wenn schon die Enge persönlicher Entfaltung entgegensteht, muss die Phantasie den Raum öffnen. So stellt sich Anne vor, sie könne zu den Verwandten in die Schweiz umsiedeln und dort auf Shopping-Tour gehen. Die Kaufwünsche listet sie akkurat, auch mit Preisangaben (in Gulden) auf, dazu gehören

„1 Paar Sommerpantoffeln à 1,00
1 Paar Winterpantoffeln à 1,50
1 Paar Sommerschuhe (Schule) à 1,50
1 Paar Sommerschuhe (gut) à 2,00
1 Paar Winterschuhe (Schule) à 2,50
1 Paar Winterschuhe (gut) à 3,00
dazu Seidenstrümpfe, Kniestrümpfe,
Socken (jew. 4 Paar),
1 Paar Schlittschuhe mit Schuhen" (S. 63f.)

Die Wirklichkeit hält einem solchen Reichtum natürlich nicht stand. Am 12.06.1943 erhält Anne von ihrem Vater, in Ermangelung anderer Präsente, zu ihrem vierzehnten Geburtstag ein Gedicht. Otto Frank hält darin mit ironischem Augenzwinkern die Klagen seiner Tochter fest. Kleid und Rock seien „zu kurz", das Hemd „nur noch ein Lendenschurz", heißt es da, liebevoll in Verse gefasst, „Und dann die Schuhe, es ist nicht zu sagen, / Wie viele Schmerzen mich da plagen. / Ja, wächst man auch zehn Zentimeter, / Passt nichts mehr, das versteht ein jeder!" (S. 110f.) Aber dann, notiert am 10.08.1943, ereignet sich ein kleines Wunder: „Wo ich auch bin, unten oder oben oder wo auch immer, jeder schaut mir bewundernd auf die Füße, an denen ein paar außergewöhnlich schöne Schuhe (für diese Zeit) prangen. Miep hat sie für 27,50 Gulden ergattert. Weinrot, Peau de Suède und mit einem ziemlich hohen Blockabsatz. Ich gehe wie auf Stelzen und sehe noch größer aus, als ich ohnehin schon bin." (S. 130) Die ausführliche Darstellung, die präzise Beschreibung spiegeln den Stolz der Besitzerin, für ein vierzehnjähriges Mädchen etwas absolut Normales! Überdies hatte Anne Frank bessere Zeiten gekannt; Fotos zeigen sie, je nach Alter und Jahreszeit, mit niedlichen Lederstiefelchen, Sandalen und Spangenschuhen, die Freude an der hübschen Kleidung ist unübersehbar. Gleich darauf aber folgt dem großen Glück ein kleines Unglück, Anne bleibt mit einer Zehe „im Stift vom Staubsauger" hängen, Mull und Pflaster verunzieren den Fuß und sie kann ihre „großartigen Schuhe" nicht anziehen. (S. 131) Jede Schuhliebhaberin wird Annes Enttäuschung nachvollziehen können ... Anfang 1944 passen die wunderbaren Absatzschuhe schon nicht mehr, Ersatz gibt es nicht. Gerade zu dieser Zeit hat Anne „Tanz- und Ballettanwandlungen" und bastelt sich aus einem „Spitzenunterrock" ein „hypermodernes Tanzkleid", gelangt damit aber bereits wieder an ihre Grenzen: „Allerdings habe ich vergeblich versucht, aus meinen Turnschuhen Ballettschuhe zu machen." (S. 165) Der Vogel im Käfig ist seiner Flügel, das freiheitsdurstige Mädchen seiner Schuhe beraubt. Nur gelegentlich verleiht die Phantasie tragfähige Sohlen und Absätze, selten realisiert ein glücklicher Zufall den Traum vom Schuh.

„Neue Schuhe an meinen Füßen" – Wege in die Freiheit

Der Krieg ist zu Ende, die Konzentrationslager sind befreit, das Chaos beginnt. Bis das normale Leben, was immer man darunter verstehen mag, zurückkehrt, vergeht noch viel Zeit. **Senek Rosenblum**, vormals *Der Junge im Schrank*, lernt zunächst einmal die russischen Soldaten kennen: „Der gewöhnliche russische Soldat ... trägt keine Socken. Er läuft mit in Lumpen gewickelten Füßen, die im Sommer in Lederstiefeln und im Winter in Walenki stecken, von Sibirien bis nach Berlin und gewinnt in dieser ureigenen russischen Ausrüstung den Krieg." (S. 359f.) Senek geht barfuß, besitzt weder Mantel noch Jacke und nur kurzzeitig ein Paar Schnürstiefel, die ihm alsbald gestohlen werden, denn „Kinderschuhe sind wie eine kostbare Währung" (S. 369). „Ich weiß, was der Verlust bedeutet, denn ich habe jetzt nur noch ein Paar ungefütterte Gummistiefel, die erste Risse aufweisen." Für den Jungen in seinen kurzen Hosen und den porösen Stiefeln heißt das Fazit: „Von den Nazis bestens präpariert, bin ich ein Todeskandidat für General Winter." (S. 373) Das kann doch nicht der lang ersehnte Frieden sein! Krankheiten bringen ihn wirklich in die Nähe des Todes, aber dann kommt der Vater, „als Erstes sehe ich die dazugehörigen Stiefel", diese „eleganten Stiefel" zeugen von der guten neuen Stellung, während der Vater den Sohn als einen „geschrumpften Greis" wahrnimmt (S. 381). Als der Junge endlich wieder zu Kräften kommt, lässt der Vater die Lumpen verbrennen, auch die alten Gummistiefel, für die es durchaus Interessenten gibt. „Man sieht es ihm an, er will etwas Unseliges endgültig abschütteln, allein gelingen wird es ihm nie." (S. 385)

Hilde Domin, als Hilde Löwenstein in Köln geboren, schuldet den Namen, unter dem sie als „Dichterin der Rückkehr" bekannt wurde, dem Exil in der Dominikanischen Republik. Als sie nach der Shoa nach Deutschland und damit in die Heimat ihrer Sprache zurückkehrt, wird sie bald zum Vorbild der deutschen Juden, die als Boten der Versöhnung ihre Stimme erheben. Wie **Bertolt Brecht**, der, „öfter als die Schuhe die Länder wechselnd", sich aus „finsteren Zeiten" *An die Nachgeborenen* wandte, macht sie der neuen Generation das Erleben eines schwierigen Neubeginns bewusst. „Meine Füße wunderten sich / daß neben ihnen Füße gingen / die sich nicht wunderten", schreibt sie in dem Gedicht *Rückkehr* und vergleicht ihr Barfußgehen, das „keine Spur hinterlasse", mit der Fortbewegung der beschuhten Menschen. „Aber die Wege feierten / Wiedersehen mit meinen schüchternen Füßen." (S. 77) Der „verlassenen Schuhe" eingedenk, „aus denen die Füße / fortgingen ... / barfuß / in das schuh- und kleiderlose Land", sucht sie das **Gespräch mit meinen Pantoffeln.** Sie, die ihr geblieben sind, haben eine solche Bedeutung gewonnen, dass sie zu kommunikationsfähigen Lebewesen geworden sind, „zärtliche Tiere", die „vor meinem Bett sitzen" und um Augenkontakt bitten. „Ich kniee nieder / und streichle / meinen verängstigten / Pantoffeln / das Fell." (S. 247f.) Die 1912 geborene Autorin erinnert sich 1962 ihrer „Füße die viel gegangen sind", die wie **Tauben im Regen** „jede Nacht / das Nest deiner Hände suchten". Die Kinderfüße, „Die du weggewiesen hast", werden zum Symbol der Verlassenheit, denen aber auch, da sie immer zu zweit sind, etwas Tröstliches zukommt, und so sitzen sie „im Regen / vor deiner Tür, / aneinander geschmiegt, / zwei Tauben im Regen, / meine Kinderfüße". (S. 88)

Von den Chiffren der Lyrik zurück zu Bericht und Erzählung. Zu den überlebenden Juden von *Schindlers Liste* gehört Mila Pfefferberg. Wie **Thomas Kenneally** berichtet, erwies sich ihr erster Ausflug in die Freiheit als wenig erfolgreich. Ein tschechischer Partisan zwingt zwei junge sudetendeutsche Frauen, ihre Schuhe auszuziehen. „Mila, die Holzschuhe trug, sollte sich ein passendes Paar auswählen. Sie geriet in große Verlegenheit und wählte ein Paar Schuhe aus. Der Partisan schob der Besitzerin die Holzschuhe hin. Und schon lief Mila hinter den beiden her und gab die Schuhe zurück. Dafür bedankten sich die beiden nicht einmal, wie Mila noch weiß." (S. 332) Oskar Schindler hatte hingegen seinen Schützlingen vor der Befreiung geraten, sie sollten sich nicht an den Bewohnern der nahen Stadt rächen, so **Leon Leyson,** *Der Junge auf der Holzkiste,* der aber auch beobachtete, dass einige der jüdischen Arbeiter den besiegten deutschen Soldaten die Stiefel abnahmen, im Tausch gegen „ihre eigenen Holzpantinen" (S. 159). Eine so kümmerliche Vergeltung kam für den Verfasser der erst 2013 erschienenen Autobiographie nie in Frage, „es war unmöglich, die Rechnung mit den Nazis zu begleichen, ganz egal, was ich tat" (ebd.). Der Blick in die fiktionale, doch aus Faktischem entwickelte Literatur offenbart ähnliche Situationen. So ereignet sich Betsy Sternbergs *Heimkehr in die Rothschildallee* im Juni 1945. Mit großer Mühe hat die Mittsiebzigerin Theresienstadt überlebt und sieht sich nun der zerstörten Heimatstadt Frankfurt konfrontiert. Wenn sie an sich hinunterschaut, werden ihr die chaotischen Umstände der Befreiung bewusst, nebst Kleidungsstücken, die weder zum abgemagerten Körper noch zum Alter oder gar zum Sommerwetter passen, trägt sie „sehr derbe Schnürschuhe, die ihr eine Nummer zu groß waren", die „Sandalen mit durchgelaufenen Sohlen" hatte sie dafür abgeben müssen (S. 80). Der Tratsch im jüdischen Altenheim erklärt Betsy, kultiviert trotz aller Entbehrungen, zur Literaturprofessorin; man habe ihr die alte Position wieder angeboten, sie habe jedoch mit der Begründung abgelehnt, sie besitze nur ein einziges Paar Schuhe und das mit durchgelaufenen Sohlen. „Die Einschätzung von Betsys Schuhsituation stimmte: Sie hatte zu große Füße, um von einer Aktion profitieren zu können, in der Schuhwerk unbekannter Herkunft in der Gagernstraße verteilt worden war." (S. 139) Die Autorin **Stefanie Zweig** überzeugt in der vierbändigen Geschichte der Familie Sternberg mit ihrer schlaglichtartigen Erfassung von Realität, die sich nie in langatmige Beschreibung verliert. Einen Mann auf der Straße, der ungeachtet des unrühmlichen Endes der NS-Diktatur mit antisemitischen Parolen um sich wirft, versieht sie mit Kniebundhose und „kaffeebraun-weiß karierten Filzpantoffeln" (S. 125) – eine Perversion des Pantoffelhelden! – und gestaltet die Tauschzentrale auf der Zeil als Ort der Armseligkeit. Hier halten sich auch die Kinder auf, in kurzen Hosen aus umgefärbten Uniformen und Schuhen „mit abgeschnittenen Spitzen und offenen Fersen, damit sie überhaupt hineinpassten", ernähren sich von Suppen aus Brennnesseln, stehlen Kohlen und Lebensmittelkarten und glauben fest an die Rückkehr der Väter aus der Gefangenschaft. (S. 223)

Die Situation der nichtjüdischen Zivilbevölkerung ist eben auch von Elend, Hunger, Verzweiflung geprägt. *Als die Welt in Stücke ging*, wächst **Irmgard A. Hunt** am Obersalzberg, nahe der Machtzentrale Hitlers, auf. In den „chaotischen Tagen des ‚Dritten Reichs' im Berchtesgadener Land" werden der Bevölkerung die Hinterlassenschaften der SS zur Verfügung gestellt, darunter „hunderte Paare hoher, schwarzer Stiefel". Jede erwachsene Person erhält ein Paar solcher Stiefel, aus naheliegenden Gründen handelt es sich im Wesentlichen um Frauen, die „die großen Männerstiefel vorne mit Papier ausstopfen" (S. 246). Die Autorin, damals elfjährig, fragt sich, was wohl die Amerikaner über all diese Frauen dachten, „die ein Einheitsdirndl und diese kniehohen Stiefel trugen" (ebd.). Ihre Mutter nutzt lieber „die schweren, braunen Wanderschuhe, die einst Vater gehört hatten. Sie band die zerschlissenen Lederschnürsenkel über zwei Paar kunterbunt geflickte Socken." (S. 247) Besonders nachdrücklich bezeugt ein Ereignis kurz darauf den ungeheuren Wert von Schuhen. Irmgards Stiefvater verletzt sich beim Straßenbau, ein Steinblock zerschmettert ihm das Bein. Die Arbeitskollegen versuchen, „seinen Stiefel zu retten", der ist offensichtlich wichtiger als das Bein! Es gelingt sogar, „den Stiefel von seinem blutenden, anschwellenden Bein abzuziehen, ohne ihn zu zerschneiden" – der Stiefel ist also gerettet, der Unterschenkel muss allerdings amputiert werden. Für **Dieter Fortes *Junge*(n) *mit den blutigen Schuhen*** erfordert eine Einladung zur Feier der Erstkommunion „entsprechende Vorbereitung": „Die Vorbereitung bestand darin, daß Maria die ganze Woche versuchte, ein Paar Schuhe für den Jungen zu bekommen. Sie erhielt sie in der Nacht vor der Erstkommunion im Keller eines Schuhgeschäfts gegen einen Sack Holzscheite und zwei Kilo Kartoffeln. Am Sonntag stand der Junge in den neuen Schuhen, die viel zu groß waren und mit Zeitungspapier ausgestopft werden mußten, in einer alten Kirche." Nach dem Gottesdienst gerät der Junge in einen Splittergraben, der „war naß und schlammig, die neuen Schuhe versanken in einem lehmigen Boden, das Zeitungspapier in ihnen sog sich voll Wasser." (S. 270) Eine kleine Katastrophe inmitten des weltweiten Desasters …

Die zur Erstkommunion getragenen Schuhe werden auch von **Cordelia Edvardson** thematisiert, schließlich handelt es sich um ein Fest, das schon immer und nicht minder in wirtschaftlich schwierigen Zeiten eine besondere Ausstattung verlangte. Der bewusste Verzicht auf diesen Festtagsschuh ist von symbolischer Bedeutung. Die junge Cordelia, Kind eines jüdischen Vaters und einer christlichen Mutter, getauft und doch, da auch der Großvater jüdisch war, als „Volljüdin" inhaftiert, tritt nach ihrer Befreiung in die jüdische Gemeinde von Stockholm ein. Der Glaube der Mutter hat sie nicht schützen können, nun sieht sie die Zeit gekommen, sich offen dem Glauben von Vater und Großvater zuzuwenden. Es gehe ihr nicht eigentlich um die Religion, erklärt sie dem Pfarrer, der ihren Austritt aus der katholischen Kirche beurkunden soll, „es sei wohl so, daß sie den Lackschuh, den sie bei ihrer ersten Kommunion getragen hatte, der Schutzmantelmadonna für immer zur Aufbewahrung übergeben habe". Die Überlebende, das ***Gebrannte Kind***, sieht sich in der Schuld bei „dem Volk, das sie verleugnet und verraten habe", jetzt nimmt sie ihr Schicksal an, bekennt sich „zu den Erniedrigten und Beleidigten". „Die blanken, schwarzen Stiefel sollten ihren Eroberungszug durch die Welt ohne sie weiterführen, sie selber wolle weiterhinken auf ihren erfrorenen, mit schmutzigen Lappen umwickelten Füßen." (S. 124) Der Wechsel der Schuhe macht den Übertritt (!) offenkundig, die junge Frau erkennt in den eleganten Schuhen den Charakter des Herrschaftlichen, distanziert sich davon sehr bewusst, um dagegen Unsicherheit, Schwäche, Ohnmacht einzutauschen.

Mich hat man vergessen, fasst **Eva Erben** ihr Schicksal in Worte. Mit ihrer Mutter hat sie Auschwitz überlebt, der Todesmarsch aber kostet die Mutter das Leben, das Kind schläft verzweifelt im Heuschober ein und erwacht des Morgens allein, von der Gruppe zurückgelassen. Eva wird von Verwandten aufgenommen, die die Schuhfabrik der verstorbenen Großeltern weiterführen – „Der Geruch von Leder empfing mich" (S. 49), die Tante hingegen versagt Eva jegliche Anteilnahme. Deshalb wählt die Fünfzehnjährige das Waisenhaus der jüdischen Gemeinde in Prag zu ihrem neuen Zuhause. Josef, der ehemalige Kutscher der Großeltern und nun in der Schuhfabrik tätig, überreicht ihr zum Abschied „ein Paar wunderschöner weißer Sandalen, die er (ihr) selbst genäht hatte". Auf Zehenspitzen verlässt Eva heimlich das Haus, „(i)n den neuen Sandalen liefen meine Füße wie von selbst" (S. 56) – in eine bessere Zukunft! Ausführlicher noch stellt **Marietta Moskin** am Beispiel des Erwerbs neuer Schuhe den Weg in das neue Leben dar, nicht wirklich überraschend, da dieser Weg natürlich geeigneten Schuhwerks bedarf. Zusammen mit ihren Eltern hat sie *Um ein Haar* Westerbork und Bergen-Belsen überstanden, die letzten Tage der NS-Regierung bringen unendliches Chaos. Die Irrfahrt mit dem Zug durch ganz Deutschland endet irgendwann an der Schweizer Grenze, wo auf die so genannten „Austauschjuden" die große Enttäuschung wartet. Es fehlt an Personen für den Austausch, Rosemarie (Alias für die Autorin) und ihre Eltern müssen den Zug verlassen, der ohne sie in die Freiheit fährt. Diejenigen, die mehr Glück hatten, ordnen in den Abteilen ihr Gepäck. „Jemand öffnete ein Fenster und warf ein Paket heraus, das einer Frau auf dem Bahnsteig gehörte. Es platzte auf und Pullover und Schuhe fielen in den Schnee. Sie sammelte alles auf und presste die Sachen an sich, als ob sie ein verlorenes Kind wiedergefunden hätte." (S. 236) Was für ein Vergleich ...

Die kleine Familie landet in Biberach, wo die Neuankömmlinge in einem Lager des Internationalen Roten Kreuzes zunächst einmal unter Quarantäne gestellt werden. Dort erhalten die Kinder auch Schuhe, „glänzende, braune Halbschuhe in verschiedenen Größen", Rosemarie aber geht leer aus, mit sechzehn Jahren ist sie angeblich zu alt für diese Schuhe, die Größe spielt keine Rolle. Da hilft auch die Bezeichnung als „junge Dame" nichts. und Rosemarie flüchtet sich weinend in Mutters Arme. „Nicht bei Omas Tod hatte ich geweint und nicht bei Ruthies. Und jetzt wegen einem Paar Schuhe!" (S. 250) Die mitleidige Frau aus dem Rotkreuz-Lager besorgt dann doch passende Schuhe, allerdings hat sie sie einer alten Dame abgebettelt. „Mit großen Augen betrachtete ich die Schuhe. Wann waren die wohl Mode gewesen? Irgendwann in den Zwanzigerjahren, vermutete ich: beige Pumps mit hohen Absätzen und Riemchenverschluss. Ich schlüpfte hinein und zu meinen kurzen Söckchen sahen sie einfach grotesk aus. Nie zuvor hatte ich Schuhe mit hohen Absätzen getragen, und beim Anprobieren hatte ich Mühe, überhaupt die Balance zu halten." (S. 251) Richtig zufrieden ist Rosemarie mit dieser Lösung natürlich nicht, aber dann wendet sich das Blatt, die Lagerinsassen dürfen das erste Mal in die Stadt, wo sich, direkt am Marktplatz, auch ein Schuhgeschäft befindet. „Im Schaufenster war nicht gerade viel zu sehen, nur ein Dutzend Sandalen mit flachem Absatz, die Sohlen aus irgendeinem Kunststoff und die Oberseite aus bunt geflochtenen Kunstlederriemchen. Mir aber schienen sie einfach wundervoll. Sich nur vorzustellen: ein Paar von denen anstelle meiner grässlichen beigen Pumps, die ich immer noch von ganzem Herzen hasste!" (S. 265) Der Ladenbesitzer verfügt nur über dieses eine Modell, holt die Sandalen aber zur Anprobe hervor. „Ich wackelte zufrieden mit den Zehen. Herrlich, das Gefühl der leichten, offenen Schuhe an meinen Füßen!" (ebd.) Für den Kauf fehlt allerdings das Geld. Ein französischer Kommandant sorgt jedoch dafür, dass der Händler das zufällig gefundene, schon lange wertlose Inflationsgeld nicht nur akzeptiert, sondern sogar das Wechselgeld erstattet, beim Nennwert von einer Million Mark eine horrende Summe. Rosemarie und ihre Mutter verzichten auf die Zahlung, ihre Gefühle schwanken zwischen Hass und Mitleid, und dann ist sowieso nur noch eins wichtig: „Der Tag war so schön, die Sonne schien und ich hatte wunderschöne neue Schuhe an meinen Füßen. Vor allem: Ich war frei!" (S. 270)

Wenn die Schuhe fehlen, kann doch das Gefühl der Freiheit nachgerade Flügel verleihen. Harro (in: **Irina Korschunow**, *Das Luftkind*), Sohn eines getauften Juden, hat im Versteck überlebt: Bevor er noch vom Schicksal seiner Familie erfährt, erscheint ihm das Leben wertlos, da er in der abgeschlossenen Wohnung „zum Niemand" wird, „ohne Füße, ohne Stimme, tot gewissermaßen, wie er sagte" (S. 148). Nach der Kapitulation macht er gewissermaßen „den ersten Schritt". In die Schweiz soll es gehen, wo Verwandte auf ihn warten. Dass die Züge noch nicht fahren, schreckt ihn nicht ab. „... auch zu Fuß komme man ans Ziel", verkündet er mit Nachdruck (S. 258).

Diese Freude, die neuen Schuhen und neuer Freiheit gleichermaßen gilt, muss sich **Roma Ligocka** erst langsam erarbeiten, zu groß ist das Trauma des langjährigen Lebens im Untergrund. Als der Vater zurückkommt, erscheint ihr ein Fremder, „(n)icht einmal Schuhe hat er an den Füßen!" Buchstäblich in letzter Minute hat er aus Auschwitz fliehen können. (S. 171f.) Nun, nach Kriegsende, regiert, wie überall sonst, auch in Krakau das Chaos. Aber Roma und ihre Freunde können sich endlich frei bewegen und entdecken „in einer kleinen Gasse ein verlassenes Schuhgeschäft" (S. 195), durch ein Fenster im Hinterhof klettern sie hinein. „Wir schleichen in den Verkaufsraum. Wenn es nicht so dunkel und staubig wäre, könnte man denken, er wäre gerade erst verlassen worden. Da steht die große, polierte Kasse auf der Ladentheke, da ist die Reihe von Stühlen und Schuhbänkchen, da sind die ordentlich gestapelten Kartons in den Regalen. In einer Ecke steht eine Leiter. Es riecht nach Leder." (S. 196) Ein Rest heiler Welt, könnte man meinen, zufällig bewahrt und erhalten geblieben. In den Kartons findet sich allerdings kein einziger Schuh mehr, aber dann erblicken die Kinder noch „einen Stapel kleinerer Schachteln in dem Regal hinter der Kasse". Die Überraschung folgt auf dem Fuße (!): „Wahre Schätze liegen vor uns! Schnürbänder in allen Längen, Stärken und Farben, ein paar Dosen Schuhcreme, sogar zwei Schuhbürsten ..." (S. 197) Das sind Kostbarkeiten, die sich gut verkaufen lassen, für eine Weltreise, wie die Kinder hoffnungsfroh meinen, reichen die Einkünfte nicht, wohl aber für viele, bislang unbekannte Süßigkeiten. Die anschließenden Magenprobleme gibt es gratis dazu.

Normalität stellt sich wieder ein – und damit auch die Verpflichtung zum guten Benehmen. Deshalb gehören zum Sonntagsspaziergang bald „hohe Schuhe" nebst weißen Strümpfen, Haarschleife und Handschuhen. (S. 223) Zuerst findet sich Roma noch „ziemlich steif und albern", entdeckt dann aber ihr Faible für die Mode, gestaltet die Kleidung vom Schwarzmarkt, Make-up und Frisur nach dem Vorbild der Filmdiven. Und: „Ich verwandele jetzt meine billigen Turnschuhe mit schwarzer Tusche in Ballerinas ..." (S. 305), genau das, was Anne Frank nicht gelang. Nach dem Abitur reist die junge Frau nach Israel, schon in Venedig hat sie Mühe, die geringen Geldmittel zusammenzuhalten. „Natürlich entdeckte ich sofort ein Paar Schuhe, die ich unbedingt haben musste – ein wahrer Traum von Schuhen! Sie sind schwarz-weiß, mit hohen Pfennigabsätzen ... Mein gesamtes Venedig-Geld ging dafür drauf. Abends kam ich mit leerem Magen und neuen Schuhen ins Hotel." Jede Schuhliebhaberin, die einmal vor italienischen Schuhgeschäften Halt machte, kann das verstehen! In diesem Fall ist sich Roma der Bewunderung des Kellners sicher und zudem seiner Fürsorge, die eine kostenlose Spaghetti-Mahlzeit einbegreift. (S. 322) Es wird noch Jahrzehnte dauern, bis Roma Ligocka sich der Vergangenheit stellt und nach familiären und beruflichen Katastrophen, nach Krankheiten und Depressionen das Erlebte zu verarbeiten beginnt, Auslöser ist der Moment, da sie sich in Steven Spielbergs filmischer Interpretation von Schindlers Liste als *Das Mädchen im roten Mantel* wiedererkennt. „Schau nicht hin", hatten die Erwachsenen gesagt, wenn die „Stiefelmänner" die kleine Roma zu Tode ängstigten, jetzt ist die Zeit gekommen zurückzuschauen und dadurch frei für Gegenwart und Zukunft zu werden.

Ab Juli 1945 heißt es für die dem „International D. P. Children's Center Kloster Indersdorf" Zugewiesenen *Zurück ins Leben*. Wie **Anna Andlauer**[21] recherchiert hat, verwandelt sich das Kloster „in einen beachtlichen Wirtschaftsbetrieb" (S. 28). Das gilt für die Instandsetzung von Haus und Landwirtschaft, aber auch für die „Schusterwerkstatt, die Kinderschuhe reparierte und manchmal selbst herstellte" (ebd.). Die jugendlichen Überlebenden der Konzentrationslager wollen endlich die Sträflingskleidung ablegen und mit ihr die verhasste Rolle als „geschlechtsneutraler Arbeitssklave" (S. 59). Die Mädchen schlüpfen in Kleider und Röcke, die Jungen erobern Gürtel und Lederstiefel als „viel beachtete Statussymbole" (ebd.). Das Leitungsteam achtet darauf, dass individuelle Wünsche soweit wie möglich erfüllt werden. Im Depot bereitet man sich mit „Halbschuhen für die Mädchen", „Stiefeln für die Jungen" vor. Für die Kinder, die buchstäblich den Boden unter den Füßen verloren haben, bedeutet das unendlich viel. Im Winter 1946/47 treffen zweihundert jüdische Kinder ein, viele von ihnen „fast ohne Bekleidung und Schuhe" (S. 160). Nach den Jahren existenzieller Bedrohung, die sie mühselig in Holzschuhen oder gar barfuß durchlitten haben, sind „Lederschuhe eine große Kostbarkeit" (S. 62). Nicht immer geht es bei der Verteilung gerecht zu: Aus dem Lager Föhrenwald ist bekannt, dass die polnischen Kinder neue Schuhe erhielten, während sie den jüdischen versagt wurden, darauf bricht eine Revolte aus. Im Indersdorfer Kinderzentrum wurden solche Unterschiede nicht gemacht.

Die 1947 geborene **Laura Waco** erfährt von dem Schicksal ihrer Eltern lange Zeit nur durch Andeutungen. Beide haben, aus Polen gebürtig, „das Lager" überlebt, das erklärt die Stimmungsschwankungen der Mutter und den Jähzorn des Vaters, der auch schon mal „dem Dienstmädchen seine hölzerne Schuhputzschachtel über den Kopf haut" (S. 11) und den Töchtern dann einimpft, *Von Zuhause wird nichts erzählt*. In Bayern wird die kleine Laura in zwei Welten heimisch, im Kindergarten erlebt sie den Besuch des Nikolaus, der seltsamerweise in „Stöckelschuhen" erscheint (S. 15), und am nächsten Tag feiert die Familie das Chanukka-Fest. Entscheidender als die religiöse Doppelexistenz prägt sie das Leben der 50er und 60er Jahre, und da die Familie über wenig Geld verfügt, spielen die ersehnten Schuhe eine umso wichtigere Rolle. Zu Weihnachten 1951 erhält Laura „ein Paar weiße Pelzstiefel" (S. 14) und ein paar Jahre später gibt es zum Schulbeginn nebst Dirndl und weißen Kniestrümpfen „Spangenschuhe" (S. 25), schon deshalb erwähnenswert, weil die jüngere Schwester „geschnürte, braune orthopädische Stiefel" tragen muss (S. 24). Der Unterschied ist den beiden Evastöchtern durchaus bewusst, Berta wehrt sich gegen die klobigen Stiefel, so lange, bis der Vater einen Untersuchungstermin bei einem Orthopäden anberaumt, mit dem Ergebnis allerdings, dass das Kind zum weiteren Tragen der verhassten Stiefel verpflichtet wird (S. 46ff.). Wenn Laura im Karneval als Kasperl mit „schwarzen Gummistiefeln" auftritt, trägt Berta in der Prinzen-Rolle ein elegantes Samtkostüm „über wollenen Strümpfen und den braunen orthopädischen Lederstiefeln" (S. 30).

Irgendwann bekommen Laura und Berta ein eigenes Zimmer. „Jeden Abend kommt der Papa zur Kontrolle, um sich zu überzeugen, daß unsere Hausschuhe so grade beieinander stehen, daß kein Millimeter Unterschied zwischen dem rechten und dem linken ist." (S. 44) Ordnung muss sein, Disziplin ist wichtig, das hilft auch, die Phasen der erzwungenen Sparsamkeit zu meistern. Wieder nahen Chanukka und Weihnachten, und „(d)ie Berta und ich haben immer noch keine warmen Stiefel für den Winter. In meiner rechten Schuhsohle ist ein Loch", das sich auf den vereisten Abhängen stetig vergrößert. Als die Mädchen die Hoffnung schon aufgegeben haben, erhalten sie doch noch neue „gefütterte Halbstiefel", gekauft in einem Geschäft mit „Durchleuchtungskasten". Das ist Mitte der 1950er Jahre, als man sich um gesundheitliche Schäden noch keine Sorgen macht, der neueste Trend, den bestaunt auch der Vater, „der beeindruckt ist vom Fortschritt, und sich im grünen Licht vom Guckfenster vergewissert, daß die Schuhe nicht zu klein für unsere Füße sind" (S. 55). Danach fordert erneut der Fasching sein Recht, für Laura findet sich jedoch nur ein Hasenkostüm, wozu sich, wie die Mutter rät, weiße Strümpfe und Unterhosen tragen ließen. „ ‚Und was für Schuhe? Kaufst du mir weiße Schuhe? Meine alten vom letzten Sommer sind gar nicht mehr weiß!' " Aber die Mutter redet sich heraus: „ ‚Kein Mensch wird auf deine Füße schauen.' " (S. 73)

Als bald darauf der Sommer naht, geht es der Familie besser, der Vater kauft ein Auto, die Töchter erhalten weiße Biedermeierkleider, „dazu weiße italienische geflochtene Lederschuhe" (S. 57). Nicht nur die Mädchen achten auf ihre schicke Fußbekleidung, auch „(d)er Papa ist bekannt in der ganzen Stadt wegen seiner glänzenden Schuhe" (S. 82).

Eine längere Erzählpassage thematisiert, wie er der älteren Tochter das Schuheputzen beibringt.[22] „Ich muß die Schuhe nicht anspucken, so wie er es tut, weil das nur die Männer machen mit ihren Schuhen. Der Papa belegt die ganze Herdoberfläche mit Zeitungspapier, damit nichts schmutzig wird. Auf das Zeitungspapier stellt er sein Schuhputzzeug und öffnet die Schachtel, damit ich seine Auswahl von Kiwi-Schuhkremen bewundern kann. Er hat schwarz, weiß, braun und neutral. Erst zeigt der Papa mir, wie man mit Daumen und Zeigefinger das Schloß der Schuhkremschachtel nach links dreht." Dann muss Laura die linke Hand in den Schuh legen und mit der rechten den Lappen nehmen und die Creme gleichmäßig verreiben. Danach ist das Poliertuch an der Reihe, und schließlich glänzt der Schuh, „daß man sich darin spiegeln kann". (S. 81f.) Mit wachsendem Wohlstand wird der Vater immer eleganter, trägt Maßanzüge, goldene Manschettenknöpfe und Krawattennadeln, „und seine Schuhe sind englisch und italienisch" (S. 189). In der renovierten Wohnung erfordert die neue teure Ausstattung besondere Maßnahmen, die Schuhe sind auszuziehen und auszutauschen gegen „Badeschuhe aus Frottee, die im Gang bereitstehen. Die Mutti hat sie in allen Farben gekauft und wir haben sogar extra welche für Gäste, denn die Mutti und der Papa dulden keinen Dreck in der Wohnung." (S. 164)

Das modische Interesse erfasst natürlich auch Laura, für ihren ersten Chanukkaball bekommt die Fünfzehnjährige ihr „erstes Paar Stöckelschuhe" und übt „das Stöckelschuhstolzieren, damit ich auf dem Ball nicht rumwackeln werde wie eine Gans". In der Wohnung nimmt die Sicherheit schnell zu, „aber draußen auf dem Pflasterstein ist es nicht so leicht wie auf dem Linoleumläufer, und auf dem Kopfsteinpflaster und Ziegelsteinweg bleiben die Stöckel in den Spalten stecken, und ist man erst aus den Schuhen rausgeflogen und in Nylonstrümpfen weitergestolpert, eilt man zurück, hofft, daß es keiner gesehen hat, und versucht, die Stöckel mit beiden Händen aus ihrer Einklemmung zu reißen. Da sind schon etliche Absätze abgebrochen. Wenn mir nur keiner in den Straßenbahnschienen stecken bleibt. Da muß man den Schuh gleich liegen lassen und sich in Sicherheit bringen." Dennoch folgt das Bekenntnis: „Ich lebe in Stöckelschuhen." (S. 202f.) Wie wunderbar: Zeitgleich kommen Strumpfhosen in Gebrauch und erlösen von den Problemen des Strumpfhalters – ältere Leserinnen werden sich, ungern, erinnern!

Laura Waco, eine deutsche Jüdin der Nachkriegszeit, verlässt mit achtzehn Jahren das Bayern, das ihr zur Heimat wurde – und das sie alljährlich besucht, um dort die Schulfreundinnen zu treffen –, und wandert, dem Wunsch der Eltern entsprechend, nach Kanada aus. Am Flughafen stellt sich heraus, dass der Koffer zu schwer ist, „die schweren Stiefel und ein Paar Schuhe" bleiben zurück (S. 271). Vielleicht auch ein Zeichen: Ein neuer Weg wird beschritten, Ballast wird abgeworfen, warum sollte da nicht auch ein Schuhwechsel sinnvoll sein ... Die Hauptsache ist doch, dass alles passt!

Anmerkungen

ZUR EINFÜHRUNG

[1] Erich Kästner, Brief an meinen Sohn. Aus: Gesang zwischen den Stühlen. In: Werke, hg. von Franz Josef Görtz, München, Wien 1998, Bd. I, S. 177

[2] Johann Wolfgang von Goethe, Faust. 1. Teil, v. 921ff. Jubiläumsausg., hg. von Erich Trunz, München 1999, S. 35

[3] Johann Gottfried Seume, Mein Sommer 1805. Zusatz zum Spaziergang nach Syrakus im Jahre 1802. Erstdruck Leipzig 1806. http://www.zeno.org/Literatur/M/Seume/Reisebeschreibungen (Zugriff am 25.04.2015)

[4] Loschek, Accessoires, S. 28

[5] Grimm, Deutsches Wörterbuch, Bd. 4, Sp. 1010

[6] Otfrids Evangelienbuch, hg. von Oskar Erdmann. Tübingen 5. Aufl. 1965, S. 11f. (*Cur scriptor hunc librum theotisce dictaverit* v. 21-24. 39-48)

ZUR GESCHICHTE DER SCHUHE

[1] Haglund, Die Schuhe an unseren Füßen. In: Z.B. Schuhe, S. 21

[2] Haglund, a. a. O., S. 22

[3] Ausführliche Darstellung der „Schuhe des Mannes aus dem Eis" von Markus Egg / Roswitha Goedecker-Ciolek, in: Roder (Hg.), schuh*tick*, S. 49-55.

[4] Umberto Eco, Das Lendendenken. Essay in der FR vom 14.09.1985. Zitiert in: Z.B. Schuhe, S. 14

[5] Haglund, w. o., S. 23

[6] Der Opanke ähnelt der eher bekannten Mokassin, die typische Fußbekleidung nordamerikanischer Indianer, im 20. Jahrhundert in der sportlichen amerikanischen und europäischen Mode imitiert.

[7] Vgl. Redensart, S. 79.

[8] Auch der Familienname Schu(h)macher ist dem früher ausgeübten Handwerk geschuldet. In der Häufigkeit laufen ihm Müller / Möller, Schmi(e)dt / Schmitz, Schneider, Wagner, Be(ä)cker, Weber allerdings den Rang ab. Der Name Schuster kommt selten vor, sicherlich durch den niederen Stand gegenüber dem Schuhmacher begründet.

[9] Genaueres s. Redensart, S. 75.

[10] Die berühmtesten Trippen der Kunstgeschichte zieren das Bild der Arnolfini-Hochzeit von Jan van Eyck, vgl. dazu S. 54f. Wiederbelebt hat die Trippen die gleichnamige Schuhmanufaktur in Berlin, die ihren Modellen den altbewährten Doppelsteg in verschiedenen Materialien anpasst.

[11] Inzwischen haben die Überschuhe ausgedient. László F. Földényi bedauert ihre verloren gegangene Wertschätzung: „Wenn ich sie trage, schreite ich nicht nur in ihnen, ich schwimme auch. Gegen den Strom." In: Andrea Köhler (Hg.), Kleines Glossar des Verschwindens. Von Autokino bis Zwischengas. Lauter Nachrufe. München 2. Aufl. 2007, S. 38-40, hier S. 40.

[12] In England wurden bereits zu Beginn des 17. Jahrhunderts Schuhe mit roten Absätzen getragen, nicht nur vom Adel, sondern auch von Bürgern, die sogar zu Arbeitsschuhen degradierten, wenn sie den neuen Glanz eingebüßt hatten: Dazu June Swanne, Schuhe – Accessoire oder Überlebensausrüstung. Oder: Was Schuhe über unser Leben berichten. In: Roder (Hg.), schuh*tick*, S. 31-38, hier S. 35.

[13] Von extremer Höhe waren die Schuhe, die der japanische Kaiser Hirohito 1926 bei seiner Krönung trug, so genannte Getas, Plateauschuhe von 30 cm Höhe, selbstverständlich dem Zeremoniell vorbehalten. Dazu Pattison, Schuhe, S. 52

[14] Dazu Maurmann, S. 207ff.

[15] Noch das berühmte Porträt Goethes in der Campagna (1787) von J. H. W. Tischbein erweckt so den Anschein, Goethe habe zwei linke Füße besessen. Erst die Schuhreform des 19. Jahrhunderts wurde der menschlichen Anatomie gerecht.

[16] Joseph von Westphalen, Warum ich trotzdem Turnschuhe trage. In: Z. B. Schuhe, S. 18

[17] David Bailey, in: Felicetti, Chic!, S. 45

[18] Ausführliche Darstellungen in Pattison, Schuhe, sowie O'Keeffe, Schuhe, auch Ingrid Loschek, Schuh-Ikonen – Von High Heels zu Birkenstock, in: Roder (Hg.), schuh*tick*, S. 89-96.

[19] Kaiser, Poncho ...: Das „kleine Glossar der unentbehrlichen Kleidungsstücke" behandelt Flip-Flops, Mokassins, Moonboots, Sneaker, Springerstiefel, Cowboystiefel und den Stöckelschuh. Letzterer auch in Felicetti, Chic!, zum Stiletto S. 37-57.

[20] Patrick Frey, Zu Füßen des Leibes. In: Z. B. Schuhe, S. 10-13, hier S. 11

ZU DEN NAMEN VON SCHUHEN UND SCHUHGESCHÄFTEN

[1] Grimm, Deutsches Wörterbuch, Bd. 15, Sp. 1839

[2] Schuhform und Wortwahl gehen auf den persischen Bereich zurück: pers. *papusch*, gebildet aus *pa* 'Fuß' und *pusch* 'Decke', erhalten in österr. *Patschen*.

[3] Dafür steht eine Berliner Manufaktur. Begrifflich ist eine Herleitung aus mnd. *trippen* 'laufen' denkbar, ein Bezug zum Verb 'trippeln' liegt wohl nicht vor.

4 Köhler (Hg.), Kleines Glossar des Verschwindens (w.o.); darin László F. Földényi über die „Überschuhe" (S. 38-41): „Ihrer Form nach sind sie Schuhe, aber Schuhe kann man sie eigentlich nicht nennen. Sie sind, und doch sind sie nicht. In ihnen geistert auch das Fehlen, das wie ein Schatten die Geschichte der Kleidung und der Mode begleitet." (S. 40) Eike Schönfeld, alles easy. Ein Wörterbuch des Neudeutschen. München 2. Aufl. 1995, S. 120, vermisst, parallel dem Begriff Overtrousers das Wort Overshoes. Aber nicht einmal ein englisches Wort dürfte in der Lage sein, den guten alten Überschuh wiederzubeleben.

5 Entstanden aus engl. *peep* 'verstohlener Blick' und *toe* 'Zehe'.

6 Der Name tritt seit der Mitte des 16. Jahrhunderts im englischsprachigen Bereich auf, auch in der Schreibung *poumpe, pompe* oder *pumpe*, als onomatopoetische Übertragung des Geräuschs, das der Schuh mit seinem Absatz auf hölzernen Fußböden verursacht.

7 Vgl. auch Oliver Kuhn / Alexandra Reinwarth / Axel Fröhlich, Arschgeweih. Das wahre Lexikon der Gegenwart. Berlin 2. Aufl. 2007, S. 76 zu „Flipflops", in Absetzung gegenüber Espandrillos, Vans, Chucks etc., ohne Einlassung auf die Namen. Ebd. S. 134 zu den „MBT-(Massai-Barfuß-Technologie)Schuhen", „die uns helfen, aufrecht und leicht federnd auf dem Bürostuhl zu sitzen".

8 Dazu Hartmann / Maurmann, Schnittmenge, a.a.O., Teil 1: Namen deutscher Friseursalons, mit ca. 3000 Nennungen, die katalogisiert und nach philologischen Aspekten analysiert sind.

9 Die folgende Zusammenstellung erhebt keineswegs den Anspruch auf Vollständigkeit, die aus Gründen ständigen Aktualisierungsbedarfs ohnedies unmöglich wäre. Die Namen der Schuhgeschäfte stehen, wie zuvor schon die Namen der Schuhe, immer in einfachen Anführungszeichen (' ... '). Ortsnachweise (Frankfurt immer Frankfurt/M.) sind nur gelegentlich eingebracht, um den Text nicht zu überfrachten; der Internet-Zugriff erlaubt in nahezu allen Fällen, sich der Authentizität des Namens und weiterer Informationen zu vergewissern.

10 Schönfeld, Alles easy, a.a.O., S. 11

11 O'Keeffe, a.a.O., S. 89, verweist auf die Geschichte der verspielten, oft reich und kostbar dekorierten Absätze: „Im 18. Jahrhundert hörten solche Kreationen auf den Namen venez-y-voir, 'Sieh-mal-her-Schuhe'."

12 Die Blüte des *Cypripedium calceolus* wird in zahlreichen Legenden mit der Gottesmutter Maria in Verbindung gebracht, bei fehlendem christlichen Background ist auch die Bezeichnung Venusschuh geläufig. Andere Pflanzen mit schuhförmigen Blütenteilen wie Wicke, wildes Stiefmütterchen, Schlüsselblume werden ebenfalls volkstümlich als Frauenschuh oder Frauenschühlein bezeichnet.

ZUR RELIGIÖSEN SYMBOLIK VON FUSS UND SCHUH

1 Str. 1,1-3.3.4,4-6. Zitiert nach: Echtermeyer, Deutsche Gedichte. Neugestaltet von Benno von Wiese. Düsseldorf 1966, S. 105

2 Korte, Literarische Schuh-Symbole, in: Z. B. Schuhe, S. 30-40, zitiert aus einem Kirchenlied des Martin Behemb (Anfang des 17. Jahrhunderts): „Neu Schuhzeug mir an meine Füß / Daß ich selig zu wandeln wiß." (S. 30); dort auch weitere Ausführungen zum Schuh als Vanitas-Motiv.

3 Zitiert nach: Und die Moral von der Geschicht, hg. von Rolf Hochhuth. Gütersloh 1959, S. 626f.

4 Biblische Zitate nach: Die Bibel. Einheitsübersetzung. Freiburg 1980

5 Elizabeth Barrett Browning, The Poetical Works, New York 1910. Neu hg. von Harriet Waters Preston, Boston 1974. Zitiert nach: https://www.bibelwerk.de/sixcms/media.php./157/praxisteil (Zugriff am 25.04.2015)

6 Variante Mk 6,9: „und an den Füßen nur Sandalen".

7 Otfried prägt in diesem Zusammenhang die originelle Genitivmetapher „thero werko / joh fuazi thero githanko" (d. i. die Füße ihrer Werke und Gedanken); dazu Reinildis Hartmann, Allegorisches Wörterbuch zu Otfrieds von Weißenburg Evangeliendichtung. München 1975, S. 158f.

8 Brachot 60b, in: Der Talmud. Ausgewählt, übersetzt und erklärt von Reinhold Mayer. München 5. Aufl. 1980, S. 555

9 De Vries, Jüdische Riten und Symbole, S. 236, auch im Rückbezug auf Ps 60,10.

10 De Vries, a.a.O., S. 78. Paul Spiegel, Was ist kosher? Jüdischer Glaube – jüdisches Leben. Berlin 2. Aufl. 2006, S. 228, vermerkt, dass Turn- und Leinenschuhe eigentlicher bequemer sind als Lederschuhe, dass aber bei stundenlangem Stehen in der Synagoge „die Füße selbst in den tollsten Nikes allmählich zu brennen und zu schwitzen beginnen".

[11] Hélène Lubienska de Lenval, Die Liturgie der Gebärde. Klosterneuburg 1959, S. 44f. Auch der sakramentale Akt der Eheschließung verlangte früher das Ablagen der Schuhe, vgl. S. 54f. zur Arnolfini-Hochzeit.

[12] Vgl. http://www.de.wikipedia.org/wiki/Sandalen-Christi (Zugriff am 14.01.2015). – Vermutlich künstlerischer Darstellung entlehnt, genossen die so genannten „Jesuslatschen", einfache Sandalen mit flacher Sohle, in der Jugendszene der 1960er und 70er Jahre Kultstatus. In der ehemaligen DDR hießen sie „Römerlatschen", wurden aus Lederabfällen hergestellt und waren Teil des Dresscodes der systemkritischen Jugend. Für (N)Ostalgiker gibt es immer noch Restbestände bzw. originalgetreue Neuanfertigungen.

[13] Zitiert nach: Grimm, Deutsches Wörterbuch, Bd. 15, Sp. 1845

[14] Die populäre Phrase basiert auf dem gleichnamigen Roman von Morris L. West und dem danach gedrehten Filmdrama von 1968.

[15] Zitiert nach: Grimm, Deutsches Wörterbuch, w.o., Sp. 1844. Der Redensart vom 'drückenden Schuh' entspricht die frz. Wendung *Il est dans le prison de Saint-Crépin*. Daran lässt sich wiederum die Bild-Vorstellung Dalís vom nachparadiesischen Marterwerkzeug Schuh anschließen; s. dazu S. 58. Georg von Saal, Zur Geschichte der Schuhe (1822). In: Z. B. Schuhe, S. 24f., berichtet von einem flandrischen Schuhflicker, der am Crispinustag den Kaiser zum Trunk einlud und fortan den Stiefel mit der kaiserlichen Krone im Wappen führte, damit auch über die Schuhmacher triumphierte. – Marianne von Willemer schreibt in der Vorbereitung ihrer Geschenksendung für Goethe zum Weihnachtsfest 1816, sie könne „die Pantoffeln vom heiligen Crispinus fertig machen lassen". Goethe reagiert, indem er dem Kuss auf die mit einem Kreuz versehenen Papst-Pantoffeln die Liebkosung der „Füße der Geliebtesten" vergleicht. Dazu Weber, Schuhe, S. 88

[16] Vgl. 1 Kor 4,13, auch 2 Kor 12,18 und 1 Petr 2,21. Vor allem die Übersetzung Luthers, der „dem Volk aufs Maul sah", hat sich um Wahrung und Weitergabe uralter Redensarten verdient gemacht. Dazu Wagner, Von Pontius zu Pilatus, S. 8ff.

[17] So erklären sich auch die Schuh-Attacken aufgebrachter Muslime, die voller Verachtung Politikern oder Übeltätern (das sind, redensartlich gefasst, schon zwei verschiedene Schuhe!) schmutzige Sohlen präsentieren oder ihnen sogar Schuhe entgegen schleudern.

[18] Zur Wertschätzung der Rechts-links-Dimensionen s. auch S. 68.

[19] Dazu Maurmann, S. 320ff.

[20] Zitiert nach: Große kommentierte Berliner und Frankfurter Ausgabe, Bd. 12, S. 30-32.

ZUM SCHUH-MOTIV IN DER KUNST

[1] Martin Heidegger, Der Ursprung des Kunstwerkes. 1936 verfasst, 1950 erstmals veröffentlicht. Zitiert in: Z. B. Schuhe, S. 227

[2] Zitiert in: Sergiusz Michalski, Neue Sachlichkeit. Malerei, Graphik und Photographie in Deutschland 1919-1933. Köln 1994, S. 30

[3] Pfeiffer u.a. (Hg.), Surreale Dinge, S. 38

[4] Korte, A propos Magritte. In: Z. B. Schuhe, S. 220

[5] Zitiert in: Marcel Paquet, René Magritte. 1898-1967. Der sichtbare Gedanke. Köln 2012, S. 61

[6] Pierre Cardin kreierte 1986 Herrenschuhe mit Zehen, vermutlich aus feinstem Leder, zum Tragen aber wohl nicht gedacht. Erfinder der „Zehenkammerschuhe" ist der Ingenieur Max Mannesmann, die 1907 zum Patent angemeldeten Schuhe blieben ein Nischenprodukt. S. Breyer, Form folgt Fuß, S. 75.

[7] Zitiert in: A. H. Hammacher, René Magritte. Köln 1975, S. 110

[8] Zitiert in: Meret Oppenheim, „Warum ich meine Schuhe liebe". Mode-Zeichnungen und Gedichte. Hg. von Christian Meyer-Thöss. Berlin 2. Aufl. 2013, S. 20

[9] Ebd. S. 66

[10] Ebd. S. 79. Wegen seines jüdischen Namens musste der Vater seine Arztpraxis in Deutschland schließen und in die Schweiz übersiedeln, die „höhere Tochter" verdiente dann mit Modeentwürfen ihren Lebensunterhalt.

[11] Zitiert nach Günter Engelhard, Mit Präzision gegen die Angst. In: art. Das Kunstmagazin. Nr. 5, Mai 1981, S. 33

[12] Zitiert in: Klapheck. Bilder und Texte. Ausstellungskatalog der Stiftung Museum Kunstpalast. Hg. von Kay Heymes / Beat Wismer. Düsseldorf 2013, S. 46

[13] Ebd., S. 26

ZUR UNTERSUCHUNG DER REDENSARTEN

[1] Wagner, Schwein gehabt!, S. 7
[2] Den schnellen Zugriff gewährleistet das Internet, breitere und fundierte Informationen bietet die auch hier verwendete wissenschaftliche Sachliteratur. Auf Einzelnachweise wird aus praktischen Gründen verzichtet. Nennungen erfolgen in einfachen Anführungszeichen (' ... ').
[3] Wagner, Von Pontius zu Pilatus, S. 7
[4] Pradelski, Frau Kugelmann, S. 59f.
[5] Phrasen nach a) dem Roman von Morris L. West und Filmdrama von 1968, b) dem Roman von Jennifer Weiner und Filmdrama von Curtis Hanson 2005. – Aus der Studentensprache Mitte des 18. Jahrhunderts ist auch die Wendung 'per pedes apostolorum' tradiert. Sie kennzeichnet die Fortbewegung des Menschen, der mangels bequemer Verkehrsmittel die eigenen Füße nutzen muss. Eingedenk des besitzlosen Vorbilds lautet die italien. Variante *andare sul cavallo di San Francesco*.
[6] Renate Welsh, Großmutters Schuhe. München 2. Aufl. 2009, zit. S. 80, 147, 164.
[7] Welsh fügt als Variante den zu großen Mantel hinzu (a. a. O., S. 160). Im Romanverlauf spricht der Schwiegersohn Ditta schließlich von ihrer Geltung als „Übermensch" frei und akzentuiert ihre menschlichen „Fehler und Macken" (S. 188). Mit diesem Bekenntnis hätte er wohl „Großmutters Schuhe" für sich adaptieren können, wenn er nicht, kaum dass es ausgesprochen ist, einen tödlichen Schlaganfall erlitten hätte.
[8] Zur muslimischen Tradition vgl. S. 52.
[9] Laut Gen 48,13-19 besaß Jakobs Segen mit der linken Hand einen geringeren Wert. Ex 15,6 akzentuiert dagegen die Rechte Gottes – *dextera dei* – als Bild von Kraft und Herrschaft, Jon 4,11 nennt die Richtungsbegriffe als Synonyma für Recht und Unrecht. Der Ehrenplatz war und ist immer der zur Rechten des Gastgebers, also sitzt der auferstandene Christus, Mk 16,19 zufolge, an der rechten Seite Gottes und wird beim Endgericht laut Mt 25,33 „die Schafe (die Gerechten) zu seiner Rechten versammeln, die Böcke (die Verfluchten) aber zur Linken".
[10] Im muslimischen Kulturbereich ist der Schuhwurf Ausdruck der Verachtung, dazu S. 52 mit Anm. 17.
[11] Wander, Deutsches Sprichwörterlexikon, Bd. 4, Sp. 400
[12] Ebd., Sp. 967 mit zahlreichen Belegen
[13] Schiller, Wallensteins Tod, I 5. In: Sämtliche Werke. München 5. Aufl. 1992, Bd. 1, S. 760. Ders., Die Verschwörung des Fiesco zu Genua, II 15. A. a. O., S. 244
[14] Zitiert nach: Grimm, Deutsches Wörterbuch, Bd. 4, Sp. 969
[15] Schiller, Don Carlos, I 2. A. a. O., Bd. 1, S. 416
[16] Ders., Wallensteins Tod, I 7. A. a. O., Bd. 1, S. 767
[17] Johann Wolfgang Goethe, Faust I, Studierzimmer, v. 1912f. Jubiläumsausg. von Erich Trunz. München 1999, S. 62
[18] Langston Hughes, Vielen Dank, M'am. Aus dem Amerikanischen von Brigitte Walitzek. Frankfurt/M. 1991. In: Geschichten, die glücklich machen, hg. von Clara Paul. Berlin 2014, S. 73-78, zit. S. 77
[19] Zitiert nach: Röhrich, Lexikon der sprichwörtlichen Redensarten, Bd. 3, S. 1408
[20] Nach Wander, a. a. O., Bd. 4, Sp. 399
[21] Die Brüder Grimm, Deutsches Wörterbuch, Bd. 4, Sp. 1006, bestreiten die mittelalterliche Herkunft der Redensart. Sie nennen weitere Wendungen für den Fuß als *fundamentum rei*, die die „Art und Weise des Seins" in Kurzformeln fassen.
[22] Zitiert nach: Grimm, a. a. O., Bd. 15, Sp. 1841
[23] Heinrich von Kleist, Amphitryon, v.152f. Ausg. Frankfurt/M. 2011, S. 18
[24] Zitiert nach: Grimm, a. a. O., Bd. 15, Sp. 1841
[25] Zitiert nach: Grimm, ebd., Sp. 1840
[26] Zitiert nach: Grimm, ebd., Sp. 1847
[27] Zitiert nach: Grimm, a. a. O., Bd. 4, Sp. 995. S. auch Frank, Tagebuch, Eintrag vom 24.06.1942: Als Jüdin darf Anne auch bei glühender Hitze nicht die Straßenbahn benutzen, „für uns sind Schusters Rappen gut genug".
[28] Zitiert nach: Grimm, a. a. O., Bd. 15, Sp. 1844
[29] Theodor Fontane, Der Stechlin, Ende des 26. Kap. In: Romane und Erzählungen in 8 Bden, hg. von Peter Goldammer u. a. Berlin, Weimar 4. Aufl. 1993. Bd. 8, S. 259
[30] Vgl. Helmut Glück (Hg.), Metzler Lexikon Sprache. Stuttgart, Weimar 2005, S. 267 (Idiom), 494 (Phraseologismus), 640 (Sprichwort).
[31] Zitiert nach: Grimm, a. a. O., Bd. 15, Sp. 1841
[32] Nach Wander, a. a. O., Bd. 4, Sp. 353
[33] Karl Wilhelm Ramler, 1797. Zitiert in: Grimm, a. a. O., Bd. 18, Sp. 2781
[34] Röhrich, Lexikon der sprichwörtlichen Redensarten, Bd. 3, S. 1137f. Dort auch ausführliche Behandlung von Schwänken des 18. Jahrhunderts um den Pantoffelhelden.

[35] Die frz. Sprache kennt zwar auch die Phrase *être sous la pantoufle*, bevorzugt aber die Wendungen *La femme port la culotte* bzw. *Il est sous les lois de sa femme*.

[36] Schiller, Die Räuber, I 1 (Ausg. 1781). In: Werke in 3 Bden, München 1966. Bd. I, S. 65

[37] Müller, Lexikon der Redensarten, S. 158

[38] Goethe, Götz von Berlichingen, 4. Akt, letzte Szene. In: Johann Wolfgang von Goethe, Werke. München 5. Aufl. 1992, Bd. 2, S. 456

[39] Röhrich, a.a.O., Bd. 4, S. 1554

[40] http://www.stiefel-juergens.de (Zugriff 26.03.2015). – Theodor Fontane, Wanderungen durch die Mark Brandenburg. Hg. von Helmuth Nürnberger, München, Wien 1991, Bd. 1, S. 384f., überliefert die Anekdote von einem „riesigen Sporn" an der Weidendammer Brücke, für den junge Offiziere einen sechs Fuß hohen „Riesenstiefel" anfertigen lassen; bei Festveranstaltungen nutzen sie ihn als Bowlengefäß.

[41] Zitiert nach: Grimm, a.a.O., Bd. 18, Sp. 2783

[42] Ausführlich referiert in Röhrich, a.a.O., Bd. 4, S. 1554

ZUR LITERATUR DER NS-ZEIT: SCHUHE DER MACHT UND DER OHNMACHT

[1] Haglund, Die Schuhe an unseren Füßen. In: Z. B. Schuhe, S. 21

[2] Der eigentliche Name des Jungen ist Srulik. Der Film von Pepe Dankwart hat dem Film 2013 neue Popularität beschert. – Die Seitenangaben in Klammern beziehen sich, hier wie in den weiteren Ausführungen, auf die im Literaturverzeichnis genannte Textausgabe.

[3] Brecht, Große kommentierte Berliner und Frankfurter Ausgabe, Bd. 4, S. 401f., Dialog *Die schwarzen Schuhe*

[4] Sudrow, Der Schuh, S. 252f.

[5] Ebd., S. 300f., auch für den weiteren Zusammenhang.

[6] Brecht, w. o., Bd. 14, S. 159f.

[7] Zitiert nach: Großes deutsches Liederbuch, Köln 1984, S. 180

[8] http://www.kreuzberger-chronik.de/chroniken/2003/mai/Geschichte (Zugriff am 27.02.2015)

[9] Sudrow, a.a.O., S. 430

[10] Der „Knobelbecher" ließ sich schnell an- und ausziehen, begünstigt durch einen weiten Spann, der sich aber für den Marsch als weniger vorteilhaft erwies. Im Ersten Weltkrieg wurde er deshalb durch Schnürschuhe mit Gamaschen ersetzt, die auch die Reichswehr bis 1934 bevorzugte. Der Rückgriff auf den „Knobelbecher" war wohl eher repräsentativen als funktionalen Aspekten geschuldet. Vgl. Gall, Schuhmuseum, 6.22

[11] Der 1985 in der DDR erschienene Roman wurde in 30 Sprachen übersetzt, von der Popularität zeugt auch die Gesamtauflage von 2 Millionen Büchern. Erweiterte Neuausg., hg. von Susanne Hantke und Angela Drescher, Berlin 2012; Neuverfilmung 2015 (Regie: Philipp Kadelbach).

[12] Degen, a.a.O., S. 294, erzählt von der Auffindung eines toten Fallschirmjägers und lässt seinen Freund sagen, er habe „noch nie einen so schnieken Toten gesehen. Die Stiefel waren sogar blank gewichst."

[13] Begriff nach Sudrow, a.a.O., S. 370

[14] Gottfried, Konsum und Verbrechen, S. 46. Ausführliche und fundierte Darstellung von Sudrow, a.a.O., S. 510-571.

[15] Vgl. Vorwort zu Naujoks, KZ Sachsenhausen, S. 10

[16] Sudrow, a.a.O., S. 488

[17] Sudrow, a.a.O., S. 525. Die Autorin nimmt sich der fragwürdigen pseudowissenschaftlichen Untersuchung kritisch an und scheut auch nicht vor der Benennung heute noch existierender Firmen zurück.

[18] Dazu o., S. 46f.

[19] Dasselbe Motiv findet sich in Lutz Seiler, Kruso. Berlin 4. Aufl. 2014, S. 310, für die Zeit des DDR-Systems. Der Vater nimmt den Sohn Ed nach der für beide beklemmenden Mathematik-Übung „auf seine Pantoffelfüße". Ed erlebt das als eine Befreiung „gegen das eigentliche, innere Gehen" – „Widerstand, Aufgabe, Erleichterung, in jedem Schritt", Ed, gleichzeitig Ich-Erzähler des Romans, fasst es in die Formel „Sich gehen lassen", eine höchst originelle wortwörtliche Füllung der Redensart.

[20] Zitiert nach: http://www.planetlyrik.de/rolf-schneider-zu-nelly-sachs-gedicht-wer-aber-leerte.../2013/03 (Zugriff am 25.06.2015)

[21] Anna Andlauer, Zurück ins Leben. Das internationale Kinderzentrum Kloster Indersdorf 1945-46. Nürnberg 2011. Dort S. 62 Abb.: Der britische Lagerverwalter Harry C. Parker passt Alexander Pecha neue Schuhe an (April 1946).

[22] Die Verfilmung von 2014 unter dem Titel „Let's go!" (Regie: Michael Verhoeven, Producerin: Lucia Staubach) beginnt mit der Schuhputz-Szene.

Literaturverzeichnis

Michael Andritzky u. a. (Hg.), Z.B. Schuhe. s. Z[um] B[eispiel] Schuhe

Bruno Apitz, Nackt unter Wölfen. Halle/S. 30. Aufl. 1958

Hanns Bächtold-Stäubli (Hg.), Handwörterbuch des deutschen Aberglaubens. 10 Bde. Nachdruck der Ausg. von 1931. Berlin 1987

Josephine Barbe / Franz Kälin, Schuhwerk. Geschichte. Techniken. Projekte. Bern 2013

Jurek Becker, Jakob der Lügner. Frankfurt/M. 1976

Udo Becker, Lexikon der Symbole. Freiburg 1992

Michel Bergmann, Machloikes. München 2013

Hélène Berr, Pariser Tagebuch 1942-1944. Aus dem Französischen von Elisabeth Edl. München 2009

Bertolt Brecht, Große kommentierte Berliner und Frankfurter Ausgabe. Frankfurt/M. 1993. Darin:
Furcht und Elend des III. Reiches. Die schwarzen Schuhe. Bd. 4, S. 401f.
Der Schuh des Empedokles. Bd. 12, S. 30-32
An die Nachgeborenen. Bd. 12, S. 85-87
Kriegsfibel Nr. 32. Bd. 12, S. 192f.
Das Lied vom Schuh. Bd. 14, S. 159f.
Rapport von Deutschland. Bd. 14, S. 273

John Boyne, Der Junge im gestreiften Pyjama. Eine Fabel. Aus dem Englischen von Brigitte Jakobeit. Frankfurt/M. 2007

Wolfgang Braunfels (Hg.), Lexikon der christlichen Ikonographie. Ikonographie der Heiligen. Freiburg 1973

Nike U. Breyer, Form folgt Fuß – Georg Hermann von Meyer (1815-1892) und die Schuhreform. Frankfurt/M. 2015

Cyriakusschule (Hg.), Diese braunen Stiefel. Geschichte einer Kindheit in der NS-Zeit mit gutem Ende. Bottrop 2010

Michael Degen, Nicht alle waren Mörder. Eine Kindheit in Berlin. Berlin 2006

S. Ph. De Vries, Jüdische Riten und Symbole. Wiesbaden 4. Aufl. 1986

Charlotte Delbo, Trilogie. Auschwitz und danach. Aus dem Französischen von Eva Groepler und Elisabeth Thieleck. Frankfurt/M. 1990

Hilde Domin, Sämtliche Gedichte. Hg. von Nikola Herweg und Melanie Reinhold. Frankfurt/M. 2015

Duden Redensarten. Herkunft und Bedeutung. Mannheim 2007

Cornelia Edvardson, Gebranntes Kind sucht das Feuer. Aus dem Schwedischen von Anna-Liese Kornitzky. München, Wien 1987

Eva Erben, Mich hat man vergessen. Erinnerungen eines jüdischen Mädchens. Weinheim, Basel 2005

Cinzia Felicetti, Chic! Die 10 ultimativen Basics – Von der Jeans bis zum Stiletto. München 2007

Dieter Forte, Der Junge mit den blutigen Schuhen. Frankfurt/M. 5. Aufl. 2004

Anne Frank, Tagebuch. Fassung von Otto H. Frank und Mirjam Pressler. Frankfurt/M. 13. Aufl. 2008

Amelie Fried, Schuhhaus Pallas. Wie meine Familie sich gegen die Nazis wehrte. Unter Mitarbeit von Peter Probst. München 2008

Günter Gall u. a. (Hg.), Deutsches Schuhmuseum. Katalog des Deutschen Ledermuseums. Offenbach 1980

Raph Giordano, Die Bertinis. Frankfurt/M. 1988

Claudia Gottfried, Konsum und Verbrechen – Die Schuhprüfstrecke im KZ Sachsenhausen. In: Glanz und Grauen. Mode im „Dritten Reich". Begleitbroschüre zur Sonderausstellung des LVR-Industriemuseums Ratingen 2012, S. 46-49

Gideon Greif, „Wir weinten tränenlos ..." Augenzeugenberichte des jüdischen Sonderkommandos in Auschwitz. Frankfurt/M. 3. Aufl. 2000

Jacob und Wilhelm Grimm, Deutsches Wörterbuch. Erstausg. 1877. Nachdruck München 1991

Reinildis Hartmann / Barbara Maurmann, Schnittmenge. Namen deutscher Friseursalons. Haare und Frisuren in der Literatur. Essen 2012

Josef Höfer / Karl Rahner (Hg.), Lexikon für Theologie und Kirche. Freiburg 2. Aufl. 1964

Irmgard A. Hunt, Als die Welt in Stücke ging. Eine Kindheit am Obersalzberg. Aus dem amerikanischen Englisch von Werner Roller. München 2005

Erich Kästner, Wert und Unwert des Menschen. Erstdruck: Die Neue Zeitung, 04.02.1946. In: Werke, hg. von Franz Josef Görtz, Bd. II. München, Wien 1998, S. 68-71

Alfons Kaiser / Susanne Kusicke (Hg.), Poncho, Parka, Prada-Täschchen. Kleines Glossar der unentbehrlichen Kleidungsstücke. München 2006

Thomas Keneally, Schindlers Liste. Aus dem Englischen von Günther Danehl. München 1994

Wieslaw Kielar, Anus Mundi. Fünf Jahre Auschwitz. Aus dem Polnischen von Wera Kapkajew. Frankfurt/M. 1989

Ruth Klüger, weiter leben. Eine Jugend. O.O., o.J. (Brigitte-Edition Nr. 5)

Johann Günter König, Zu Fuß. Eine Geschichte des Gehens. Stuttgart 2013

Irina Korschunow, Das Luftkind. Hamburg 2003

Hildegard Kretschmer, Lexikon der Symbole und Attribute in der Kunst. Stuttgart 2008

Kurt Krüger-Lorenzen, Deutsche Redensarten – und was dahinter steckt. Wiesbaden o. J. (1960)

Michael Krumm, Hummeln im Hintern oder das Herz in der Hose. Redewendungen von Kopf bis Fuß. Stuttgart 2011

Primo Levi, Ist das ein Mensch? Ein autobiographischer Bericht. Aus dem Italienischen von Heinz Riedt. München 4. Aufl. 2013

Leon Leyson, Der Junge auf der Holzkiste. Wie Schindlers Liste mein Leben rettete. Aus dem Amerikanischen von Mirjam Pressler. Frankfurt/M. 2015

Roma Ligocke mit Iris von Finckenstein, Das Mädchen im roten Mantel. München 2000

Ingrid Loschek, Accessoires. Symbolik und Geschichte. München 1993

Manfred Lurker, Wörterbuch biblischer Bilder und Symbole. München 1973

Ariel Magnus, Zwei lange Unterhosen der Marke Hering. Die erstaunliche Geschichte meiner Großmutter. Aus dem argentinischen Spanisch von Silke Kleemann. Köln 2012

Lukas Moritz (Hg.), Die Sprichwörter der Welt. Köln 2006

Marietta Moskin, Um ein Haar. Überleben im Dritten Reich. München 2. Aufl. 2005

Klaus Müller (Hg.), Lexikon der Redensarten. Herkunft und Bedeutung deutscher Redewendungen. München 2005

Harry Naujoks, Mein Leben im KZ Sachsenhausen 1936-1942. Erinnerungen des ehemaligen Lagerältesten. Berlin 1989

Linda O'Keeffe, Schuhe. Eine Hommage an Sandalen, Slipper, Stöckelschuhe. Deutsche Ausgabe Potsdam 2013

Uri Orlev, Lauf, Junge, lauf. Aus dem Hebräischen von Mirjam Pressler. Basel 2006

Angela Pattison / Nigel Cawthorne, Schuhe. Moden und Designs im 20. Jahrhundert. Niederhausen/Ts. 1998

Ingrid Pfeiffer / Max Hollein, Surreale Dinge. Skulpturen und Objekte von Dalí bis Man Ray. Frankfurt/M. 2011

Minka Pradelski, Und da kam Frau Kugelmann. München 2007

Johanna Reis, Und im Fenster der Himmel. Aus dem Englischen von Inge M. Artl. München 18. Aufl. 1998

Helmut Roder (Hg.), schuh*tick*. Von kalten Füßen und heißen Sohlen. Mainz 2008

Lutz Röhrich, Lexikon der sprichwörtlichen Redensarten in 3 Bden. Freiburg 6. Aufl. 1994

Senek Rosenblum, Der Junge im Schrank. Eine Kindheit im Krieg. O. O. 2009

Hannelore Sachs u. a. (Hg.), Wörterbuch der christlichen Ikonographie. Regensburg 8. Aufl. 2004

Anne Sudrow, Der Schuh im Nationalsozialismus. Eine Produktgeschichte im deutsch-britisch-amerikanischen Vergleich. Göttingen 2010

Wladyslaw Szpilman, Der Pianist. Mein wunderbares Überleben. Aus dem Polnischen von Karin Wolff. München 2003

Jennifer Teege / Nikola Sellmair, Amon. Mein Großvater hätte mich erschossen. Hamburg 2013

Silvia Tennenbaum, Straßen von gestern. Aus dem Englischen von Ulla de Herrera. München 4. Aufl. 2013

Laura Waco, Von Zuhause wird nichts erzählt. Eine jüdische Geschichte aus Deutschland. München 2. Aufl. 1998

Karl Friedrich Wilhelm Wander (Hg.), Deutsches Sprichwörter-Lexikon. Fotomechanischer Nachdruck der Ausg. Leipzig 1867. Kettwig 1987

Paul Weber, Schuhe. Drei Jahrtausende in Bildern. Aaran, Stuttgart 1980

Z[um] B[eispiel] Schuhe. Vom bloßen Fuß zum Stöckelschuh. Eine Kulturgeschichte der Fußbekleidung. Hg. von Michael Andritzky / Günter Kämpf / Vilma Link. Gießen 1988. Darin:
Anneliese Durst / Leke Gravenhorst, Frauenschuh: Spannungen, Paradoxie, Entwicklungen in der Inszenierung von Weiblichkeit. S. 202-208
Karin Haglund, Die Schuhe an unseren Füßen. S. 21-23
Klaus Heyer, Von Homer bis Caligula. S. 42-46
Ot Hoffmann, Fuß und Schuh. Maß und Maßstab in der Architektur. S. 26-29
Claus Korte, Literarische Schuh-Symbole. S. 30-40
Claus Korte, A propos Magritte. S. 220-223
Tamara Spitzing, Auf Schusters Rappen durch die Geschichte. S. 47-57

Markus Zusak, Die Bücherdiebin. Aus dem Englischen von Alexandra Ernst. München 2008

Stefanie Zweig, Die Kinder der Rothschildallee. München 2009

Stefanie Zweig, Heimkehr in die Rothschildallee. München 2010

Krystina Zywuska, Tanz, Mädchen ... Vom Warschauer Getto nach Auschwitz. Ein Überlebensbericht. München 1988

Barbara Maurmann **Teil II**

Einführung II

„‚Der Mensch spaziert doch auf zwei Beinen dahin – sollten wir auf so vielen Wurzeln nicht ebenso leicht laufen können?'" (S. 58) So sinniert eine junge Buche, die um die bevorstehende Abholzung des Waldes weiß, in dem sie mit vielen anderen Bäumen steht. Das österreichische Märchen **Der wandernde Wald** erzählt von dem mutigen Aufbruch an einen sicheren Ort. „‚Wir wandern aus …'" ist das Geheimnis, das die Mitbewohner Vögel und Eichhörnchen eines Tages erfahren (S. 59). Trainingsübungen, die das Weggehen, das den im Boden fest verhafteten Bäumen naturgemäß ganz fremd ist, erst ermöglichen, werden verabredet; und dann „sprangen (sie) mit einem Satz aus dem Waldbett" (S. 60). Sie „trippeln" und „laufen", knicken um, brechen sich das Fersenbein, verstauchen sich die Zehen (ebd.), müssen sich neu motivieren und anstrengen und sind in ihrem erzählten Bewegungsablauf uns Menschen ganz ähnlich. „Aufrecht" stehen sie schließlich an einer steilen Felswand, obwohl sie keine Nahrung, kein Erdreich für ihre Wurzel-Füße spüren, und halten durch. Die Vögel versprechen, jeden Tag ein paar Schnäbel voll Waldboden heranzuschaffen, damit die herabhängenden Wurzeln allmählich *Fuß fassen* können (S. 62) und dann wieder „geerdet" sind. Ohne es zu reflektieren, aber intuitiv hat die junge Buche die Einsicht umgesetzt, dass *jeder Weg mit dem ersten Schritt beginnt*. Der Weg war genau richtig, sie haben sich alle – ohne fremde Hilfe – vor dem sicheren Tod gerettet. Ein Märchen? Oder doch eher eine Parabel, ein „Gleichnis"? Die Buche hat begriffen, dass es nur eine Alternative gibt: „Verwurzelt" bleiben, bis zum bittern Ende, oder besser „bewandert" sein und „erfahren" werden. Eine solche existenzielle Entscheidung hat **Johann Wolfgang von Goethe** in die chiastische Formel „Gehen oder bleiben, bleiben oder gehen" gefasst, die im Auswanderer-Lied aus **Wilhelm Meisters Wanderjahre**(n) angestimmt wird (Drittes Buch, zwölftes Kapitel, S. 413. In: Goethes Werke. Hamburger Ausgabe in 14 Bänden, Bd. 8, Hamburg 6. Aufl. 1964). Es ist nicht immer eine Frage von Leben oder Tod, sogar von gewaltsamem Tod, wie er sich für den Wald unmittelbar bedrohlich absehen ließ, eine Entscheidung von „gehen" oder „stehen" allemal. Den physischen Vorgang des Gehens, also einer selbstbestimmten, zielgerichteten Fortbewegung, hat **Ludwig Tieck** in der denkbar schlichtesten Beschreibung dem zum Aufbruch bereiten Schneidergesellen Abraham Anton in den Mund gelegt: „Nun war ich auf der Wanderschaft … Es ereignete sich, daß ich immer einen Fuß vor den anderen setzen mußte, worauf jener wieder nicht der hinterste sein wollte, indem der andere voranlief und aus diesem Wettstreit war das Wandern zusammengesetzt." (S. 61) Dieser wandernde Handwerksbursche kommt weit herum, von Reiseproviant und Reisegeld spricht er lediglich so nebenbei (ebd.), die Schnallen an seinen Schuhen erwähnt er, um sich seines „nüchternen" Blickes in einer etwas heiklen Situation zu vergewissern (S. 83). Ob er die weite Wegstrecke durch ferne Länder bis zum kaiserlichen Hof ausschließlich in Schnallenschuhen zurückgelegt hat, mag man bezweifeln, aber wer weiß … Immerhin hat er es nicht nur bis zum kaiserlichen Hof geschafft, sondern er ist selber Kaiser, der ***berühmte Kaiser Abraham Tonelli***, geworden! (In: Märchen und Novellen, S. 57-132)

Wie minimalistisch die Ausstattung für einen längeren Weg, sogar den Lebensweg, ausfallen kann, macht **Janosch** in seiner Nacherzählung des Grimmschen Märchens vom ***Gänsehirt***en deutlich. Dieser arme Mann weiß um das Lebensnotwendige und schöpft daraus seine unangreifbare Gelassenheit: „ ,Ich habe eine Hose und ein Hemd und ein Paar Winterstiefel und eine Mütze. Ich kann Flöte spielen …' " (S. 251f.) Im Sommer war er sicher immer barfuß unterwegs (s. a. u. S. 326f.).

Schuhe sind Kleidungsstücke, die vor Kälte, Hitze, Nässe und steinigem Untergrund schützen, die den aufrechten Gang und das Nach-Vorne-Schauen dadurch erst ermöglichen; Schuhe geben Halt und verschaffen dem Menschen, sofern sie richtig sitzen, einen sicheren Tritt und ein gutes Auf-treten[1]. (S. o. S. 77) Und wenn ein namhafter Schuhhersteller mit dem Slogan *Mein Schuh. Meine Welt.* wirbt, dann „begreift" man, welch „umfassender" Anspruch der Fußkleidung zuzuschreiben ist. Unsere Füße haben Ansprüche, die professionell bedient werden, wenigstens bedient werden können. Zweckmäßig und schön, manchmal „geht" nur das eine oder das andere, optimal, wenn beide Kriterien zusammenkommen …

Die Anlässe für das „richtige" Schuhwerk sind ganz unterschiedlich: Beruf, Büro oder Outdoor-Tätigkeit, Freizeit, rennen, joggen, walken, wandern, Fußball, Handball, Basketball, Tennis, Freeclimbing, Skifahren, Eislaufen, Jagd und Yacht, bergsteigen, tanzen, tauchen, nicht zu vergessen der Aufenthalt in den eigenen vier Wänden. Material, Flexibilität und Festigkeit der Sohle, Design und Preis bestimmen die Kauf-Entscheidung und – sitzen sollten sie, tragbar müssen sie sein! Die Auswahl ist nahezu unüberschaubar. Schnabelschuhe mit den langen Spitzen beispielsweise, die auch als Waffen hätten taugen können, gehörten zu den repräsentativen Accessoires für soziales Ansehen früherer Jahrhunderte, aber „tragbar" im Sinne der Bewegung von einem Ort zum anderen waren sie eher nicht![2]

Der individuelle Gang ist wesentlicher Ausdruck der Körpersprache. **Der Rathgeber für junge Männer und Jünglinge** aus dem Jahre 1830 deutet u.a. den „feste(n) Schritt …, der Mangel an feinen Sitten" anzeigt, oder den „schleppenden und scharrenden Gang", der den „Phlegmatischen" ankündigt. (zit. nach König, S. 154) Die Gangart ist sicherlich nicht unerheblich vom entsprechenden Schuhwerk „produziert". **Marie von Ebner-Eschenbach** macht den Zusammenhang in der Parabel *Eine Begegnung* sehr anschaulich, und zwar von oben bis unten: Der „Hochmut" trägt eine Krone aus Seifenblasen, hat Plattfüße, die „er in Schuhe mit ungeheuren Hacken" steckt. Steif „wie ein hölzerner König in der Puppenkomödie" kommt diese Gestalt zu Fall, als sie sich durch das bescheidene Auf-treten und Aussehen des personifizierten „Verdienst(es)" provoziert fühlt (S. 159).

Unsere Sprache hält eine Fülle verblasster Metaphern bereit, die die Bewegung des Gehens oder das Stehen, also immer den Einsatz von Beinen und Füßen zur Anschauung bringt: Ganz umfassend der Lebens*lauf*, das *curriculum* vitae, der Werde*gang* bis zum Ruhe*stand*, die Lebens*reise* oder der Lebens*weg* mit einzelnen *Station*en, an denen man bekanntlich anhält oder, noch besser, innehält, der *Gang* der Dinge, der Fort*schritt*, manchmal auch Rück*schritt*, vieles lässt sich leichter in Teil*schritten* erledigen, der Arbeits*gang*, aber auch der Müßig*gang*, sofern er kein Still*stand* ist, der kompromissbehaftete, manchmal notwendige Mittel*weg*, der ultimative Aus*weg*, bedauernswerte Ab*wege*, das In-Sich-*Gehen* oder auch das Aus-Sich-Heraus*gehen*, das manchmal notwendige Über*gehen*, das gefürchtete Hinter*gehen*, der Gedanken*gang*, der Krankheits*verlauf* und der Gesundheits*status*, last but not least der *Stand*punkt; und manches muss man durch*stehen*.³ Das Sterben umschreiben wir als einen Heim*gang*, ein Voraus*gehen* oder Von-Uns-*Gehen*, manchmal sogar mit Schuhen an den Füßen (s.u. S. 248ff.). **Gottfried Keller** hat in seinem berühmten Gedicht *Abendlied* (1879) das „Abstreifen der Wanderschuh" am Lebensende „ins Bild gesetzt" (in: Der Strom, S. 232f.).

In Stein gemeißelt mit dem Sterbedatum vom 28. Oktober 1722, ist im Gedenken an einen Geistlichen des Jesuitenordens in einer Südtiroler Kirche eine Tafel angebracht, die Bildliches und Wörtliches verknüpft: „Hic viae et vitae finem attigit." („Hier hat er das Ende des Weges und des Lebens erreicht.")

Schuhe im Alltag – tragbare Schuhe aus feinem Leder und weichem Textil

Die getragene und tragbare Fußbekleidung fiktiver Figuren in der Literatur weist eine Vielfalt auf, die der in der Realität in Nichts nachsteht. Buchtitel aus der modernen Belletristik sind beredte Beweise: *Mein Paris trägt grüne Schuhe* von Ingeborg Drews, *Die vertauschten Schuhe* von Gina Mayer, *An einem Tag für rote Schuhe* von Kerstin Grether, *Großmutters Schuhe* von Renate Welsh, *Acker auf den Schuhen* von Peggy Wolf, *Die italienischen Schuhe* von Henning Mankell, *Morpheus und der Schnabelschuh* von Katharina Hacker seien nur exemplarisch genannt.

Schuhe fungieren in der Literatur über das konkret Gegenständliche und das Ästhetische hinaus häufig als Metapher oder Symbol oder als traditionsbewährtes Motiv, allerdings von unterschiedlicher Relevanz für das Textverständnis.

Schuhe sollten passen, in jeder Hinsicht, zweckbestimmt, gefühlsmäßig, anlassbezogen, früher auch standesgemäß, das gilt für Märchenfiguren und die Protagonisten in Romanen und Novellen.

Der Schrank ist voller guter Schuhe, Maßanzüge für diverse Anlässe, aber ausgerechnet zu Weihnachten zieht der Vater den alten Mantel und dazu ungeputzte alte Schuhe an – wie ein „Hergelaufener"! Mutter und Kinder sind herausgeputzt für den Gottesdienst; die besonders intensiv gewienerten Schuhe seiner Kinder kontrastieren mit denen des Vaters! Eine Demonstration von Alltag an diesem Fest! Alle Jahre wieder „verhöhnt" er ganz offensichtlich *von Kopf bis Fuß* durch sein Auftreten diesen feierlichen Höhepunkt im Jahr. So erzählt es **Karin Gündisch** in der Kindheitserinnerung vom *Christkindl* (in: Weihnachten, S. 138-147, S. 142f.).

‚Ins Schwabenland, das mag ich nicht,
Und lange Kleider trag ich nicht,
Denn lange Kleider, spitze Schuh,
Die kommen keiner Dienstmagd zu.'

GEORG BÜCHNER, WOYZECK (SZENE 23).
SÄMTLICHE WERKE. GÜTERSLOH O. J., S. 196

Es „geht" auch anders! Zum Beispiel d i e Gretel oder eine Gretel; sie gehört in der Märchenwelt zum Küchenpersonal; dementsprechend trägt sie Holzpantinen oder geht im Sommer barfuß, wie Karen, ehe sie rote Schuhe bekommt (**Die roten Schuhe**; s. u. S. 315f.). **Die kluge Gretel**, natürlich eine Köchin, lässt sich nicht so „einfach" in dieses Klischee einpassen und in entsprechende Schuhe stellen. Die Schuhe mit roten Absätzen an ihren Füßen, wahrhaftig keine Schuhe für ihren Arbeitsalltag, sind schon gleich gar nicht rollenkonform, unpassend, auch, wenn sie gut sitzen! Die Attribuierung „klug" im Märchentitel legt nahe, dass dieses Mädchen eigene Vorstellungen für sein Leben hat. Diese Gretel ist durchaus selbstgefällig und raffiniert und kommt nie zu kurz. Zwar sind nur die Absätze rot, aber so setzt sie ein eigentlich unübersehbares Zeichen in ihrer Alltagswelt. (In: Märchen von starken Frauen, S. 15-18)

Dass die zehnjährige Agnes „etwas auffällig herausgeputzt ist" in ihrem hellblauen Hängerchen, rotbestrumpft in Knöpfstiefeln, „geniert" sie durchaus selber ein wenig. Ausgerechnet am Anblick dieses Kindes, uneheliche Tochter von Karline Buschen, will sich der schwerkranke **Stechlin** erfreuen! In den Augen seiner 76-jährigen Schwester Adelheid ist dieser „Aufzug" ein Skandal. Das gehört sich nicht, das ist nicht standesgemäß, das „alles zusammen" passt nicht in den Alltag einer adligen Dame! Aber das Kind strickt bereits selber, das erste Paar hatte es von der Mutter geschenkt bekommen, ein weiteres Paar „brandrote" Strümpfe, nicht ahnend, dass eine neue Zeit sich so ankündigen könnte. Den alten Schlossherrn freut es! (**Fontane**, S. 375f.)

Ein Gegenbild zu diesen Figuren ist die Prinzessin Nonchalance aus einem französischen Märchen ***Die gewandte Prinzessin oder Die Abenteuer der Finette*** (S. 140-165). Sie macht ihrem Namen alle Ehre: Unfrisiert, am liebsten im Nachthemd, meist mit zwei unterschiedlichen Pantoffeln an den Füßen, vertrödelt sie den Tag; das Anziehen von Schuhen unterlässt sie, „weil es ihr gar zu sauer wurde, darin zu gehen" (S. 140f.). Große Schritte und weite Wege erspart sie sich auf diese Weise, vielleicht sogar einen festen Standpunkt.

Ganz praktisch und Ausdruck des bescheiden-ärmlichen Wohlstands sind die Geburtstagsgeschenke, die die verwitwete Majorin von ***Poggenpuhl*** am 4. Januar auf dem Gabentisch vorfindet: eine Haube, zwei Paar Zwirnhandschuhe und ein Paar Filzschuhe nebst einer Erika und einem Primelchen (S. 37). Etwas Warmes für die Füße – das hat der alten Dame gefehlt, und das weiß sie zu würdigen, denn Rheumatismus und das „Reißen" in den Gliedern plagen sie (S. 25). (**Theodor Fontane**, ***Die Poggenpuhls***. Roman. Berlin 2013)

Guccio, der Diener des redegewandten kleinen Mönchs Cipolla in den Geschichten des ***Decameron*** von **Giovanni Boccaccio**, überschätzt die Wirkung seines Renommiergebarens und seiner Versprechungen auf Reichtum, als er wieder einmal einer Köchin nachstellt. Er ist kein „kastilischer Edelmann", sein Aussehen lässt keinen Zweifel zu und widerlegt das großspurige Auftreten: die „zerrissenen Schuhe und durchlöcherten Strümpfe", eine geflickte Jacke und, auf den ersten Blick natürlich nicht zu übersehen, sein schmutziger Bart" (Sechster Tag, X. Geschichte. S. 378f.). Im Idealfall *machen Kleider* eben doch *Leute*, Schein und Sein harmonieren dann!

SCHUHE IM ALLTAG – TRAGBARE SCHUHE AUS FEINEM LEDER UND WEICHEM TEXTIL   171

Ganz unprätentiös gelingt das Gideon Franke in **Theodor Fontane**s Roman *Irrungen, Wirrungen* (Stuttgart 1996). Den „schwarzbraunen Rock bis oben zugeknöpft, übermäßig blanke Stiefel und blankes Haar", „schwarze Handschuh", die „Vatermörder von untadliger Weiße" (S. 142), so demonstriert er durch seine Erscheinung Angemessenheit und Korrektheit für den Anlass und der Person gegenüber, bei der er Erkundigungen über seine zukünftige Frau Lene Nimptsch einholen will. Er weiß von dem früheren Liebesverhältnis zu Botho Freiherr von Rienäcker, in dessen Wohnung er so „auftritt". Der Baron mag sich ein wenig amüsieren über den „spießbürgerlichen Aufzug" des unerwarteten Gastes, aber „Freimut und untadelige Gesinnung" (S. 143) und Seriosität in seinen Heiratsabsichten würde er ihm bescheinigen.

„Ein roter Schlafrock mit gelben Punkten, grüne Pantoffeln, eine Schlafmütze und einige Pfeifen" – das ist die Hinterlassenschaft des verstorbenen Zolleinnehmers, dessen Stelle der **Eichendorff**sche *Taugenichts* samt Requisiten antritt, und sogleich beschließt, das Reisen, das er gerade erst mit dem Auszug aus der väterlichen Mühle begonnen hat, für immer aufzugeben (S. 14f.). Statt Kartoffeln und Gemüse pflanzt er lieber Blumen, die er, zum Strauß gebunden, „der schönen gnädigen Frau" auf einem

Tischchen im benachbarten Schlossgarten hinterlegt (S. 15). Sitzen, die Füße auf einem Schemel vor der Haustür ausgestreckt, wird die Hauptbeschäftigung, als er doch ziemlich bald ins Grübeln gerät: „Es schien mir, wie ich so saß und rauchte ..., als würden mir allmählig die Beine immer länger vor Langeweile, und die Nase wüchse mir vom Nichtstun, wenn ich so stundenlang an ihr heruntersah." (S. 19) „Garst'ger Schlafrock", so nennt ihn die Kammerjungfer wenig respektvoll und dass sie ihn auslacht, als er sich einmal in seinem zu langen Schlafrock „unter den Füßen verwickelt" und der Länge nach hinschlägt (S. 20), ist gar nicht verwunderlich.[4]

Der Einsame
(...)
Der Welt entronnen, geht er still
In Filzpantoffeln, wann er will.
Sogar im Schlafrock wandelt er
Bequem den ganzen Tag umher.
(...)

WILHELM BUSCH, ES IST MAL SO, DASS ICH SO BIN. GEDICHTE. WIESBADEN 3. AUFL. 2011, S. 163

Ganz abgesehen von dem langen Kleidungsstück, seine Pantoffeln hätten ihm kaum Standfestigkeit geben können, um den Sturz zu verhindern! So lässt er bald „Rechnungsbuch (des Zolleinnehmers), Schlafrock, Pantoffeln, Pfeifen und Parasol liegen" (S. 26) und bricht ein zweites Mal auf, wiederum, wie bei seinem ersten Aufbruch, nur mit der Geige in der Hand, und sucht von Wien aus den Weg nach Italien. Keine ganz leicht zu findende Zielgerade, unabhängig vom Schuhzeug; so wird zunächst der Weg genommen, der ihm eben „zwischen die Füße" kommt (S. 26). Das kann auch ein „Holzweg" sein (S. 30)! Aber er gelangt ans Ziel. Das Ende der Wanderschaft wird von Rom aus mit Zwischenstationen nach vielen Verwirrungen wieder am Zollhäuschen sein. Seine junge Braut, eben die, die ihn einst ausgelacht hat, rät ihm ziemlich dringlich, zukünftig auf sein Äußeres zu achten: Ein englischer Frack, Pumphosen und Sporen (S. 100) – der Taugenichts hat begriffen, dass Schlafrock und Pantoffeln nicht vor die Haustür gehören.

Dass der Herr Gefängnisinspektor mit seinem „schwindsüchtigen Gesicht", der scharfen Stimme und dem Kommandoton (S. 153) einräumt, den alten Puppenspieler Joseph Tendler am Vortag als vermeintlichen Dieb unrechtmäßig in Arrest genommen zu haben, und ihn notgedrungen nach Intervention von Paul Paulsen wieder *auf freien Fuß setzen* muss, ist das eine; dass er mit „Morgenpantoffeln" an den Füßen „daherschreitet" (S. 159), um die voreilige Fehlentscheidung zu revidieren, ist das andere. Wirkliche Amtsautorität verkörpert er jedenfalls weder durch die vorurteilsbehaftete Entscheidung gegen „das fahrende Volk" noch durch seinen „Auftritt" am nächsten Morgen. **Theodor Storm** erzählt diese kleine Episode, die die Wiederbegegnung von Lisei und Paul für immer besiegelt, in seiner Novelle *Pole Poppenspäler*. (In: Von Meer und Heide, S. 125-170)

Fast zweihundert Jahre nach dem Erscheinen des *Taugenichts* begibt sich ein sehr alter Mann auf eine sehr abenteuerliche Reise – mit Pantoffeln an den Füßen. ***Der Hundertjährige, der aus dem Fenster stieg und verschwand*** von **Jonas Jonasson** entzieht sich den Festlichkeiten aus Anlass seines hundertsten Geburtstags und verlässt ohne Plan das Altersheim, in dem er lebt, in Richtung Busbahnhof in Malmköping. Er „haut ab" (S. 8), verzichtet auf die Straßenschuhe, damit ihm nicht womöglich Schwester Alice *auf die Schliche* kommt und ihn an seinem Vorhaben hindert. Die braunen Pantoffeln lässt er schon auf der ersten Etappe stehen und übernimmt die Schuhe eines Toten, die

der sicher nicht mehr braucht (S. 54). Schuhe von ziemlich kleinen Füßen, für den Jubilar Allan immer noch „ein bisschen zu groß", aber „solide und wesentlich besser für die Flucht geeignet als ein Paar ausgelatschter Pantoffeln" (ebd.). Daran wird kein Leser zweifeln, zumal die Kniegelenke des alten Herrn naturgemäß auch nicht mehr so richtig in Schuss sind …

Unglücklich gelaufen ist es beim Pantoffelkauf von Herrn Palomar! In einem Berg von Pantoffeln hat er einen ausgesucht und anprobiert, den zweiten hat der alte Bazar-Händler herausgesucht. Sie ergänzen einander nicht zum Paar, das stellt er im Nachhinein fest! **Italo Calvino** erzählt, welche geradezu philosophischen Gedanken sich der ratlose „Pantoffelheld" in dem *einzelnen Pantoffel* über die aus den Fugen geratene Ordnung, die Komplementarität und Symmetrie in der Welt macht, denn wahrscheinlich ist ein zweiter „Unglücksgenosse" hinkend oder schlappend mit dem jeweiligen Gegenstück in seinem Alltag unterwegs. (In: Kurz und bündig. Die schnellsten Geschichten der Welt, hg. von Daniel Kampa. Zürich 2007, S. 145-147)

Till Eulenspiegel hat bei seiner bekannten Seiltanz-Episode keine tiefschürfenden Gedanken bei seinen Zuschauern ausgelöst: Von zweihundert Personen hat er sich den linken Schuh geben lassen, sie alle zusammengebunden und dann in die Menge geworfen. Nur mit dem rechten Schuh am Fuß sucht jeder das passende Gegenstück. Das handgreifliche Chaos ist grenzenlos. Es braucht nicht viel Phantasie, um sich das vorzustellen ...

Die eher kleine Welt des Lehrers Bömmel in **Heinrich Spoerl**s *Feuerzangenbowle* gerät ebenfalls, zumindest subjektiv, aus den Fugen, als ihm am Ende der Schulstunde ein Schuh fehlt; der andere steht wie immer bereit an der Stelle unter dem Pult, wo er wegen der schmerzenden Füße abgestellt wird. Ein Fuß im Schuh, der andere nur in der Ringelsocke, durch das Klassenzimmer hüpfend auf der Suche nach dem verschwundenen Gegenstück, das er schließlich im Schwammkasten entdeckt – das macht zornig, das nimmt noch mehr Autorität als ohnehin schon verspielt ist ... (Gütersloh 1962, S. 42ff.)

Schuhe, die nicht passen, können zu groß oder zu klein, zu weit oder zu eng sein. Redensartlich heißt es daher kompromisslos: *Zu enger Schuh drückt, zu weiter schlottert.* „Das Blut läuft über die gelben Lackschuhe. Es sieht schön aus. Es tut weh." (S. 75) Ida durfte sich zum ersten Mal ein Paar Schuhe aussuchen, „ausnahmsweise", und dann das! Die Schuhe martern die Mädchen-Füße, aber dennoch ist ihr Kauf ein stiller Triumph. Das eigentlich Unerträgliche wird ertragbar, die zu engen Kinder-Schuhe sind tragbar, denn unter dem Regiment des kompromisslos strengen Vaters ist die Äußerung eines Wunsches bereits ein Tabu-Bruch, den die Tochter gewagt hat. Sie „heult nicht" (ebd.). Die asketische Disziplin in dieser Familie lässt Gefühle ohnehin nicht zu. „‚… man kauft Schuhe eben nicht nach dem Kopf'", das ist der – bei genauer Betrachtung ein wenig rätselhafte – Kommentar der Mutter. *Der Schuh soll sich nach dem Fuß richten, nicht der Fuß nach dem Schuh*[5]. Idas Mutter hatte früher als Schuh-Einläuferin für Frau Lüthi im Berner Oberland immer in zu kleine Schuhe steigen müssen (ebd.). Vorbildlich? Abschreckend? Notwendig? Nicht unbedingt ein Trost für die Neunjährige, aber den braucht sie auch nicht … Die Schweizer Autorin **Ursula Fricker** erzählt in ihrem Roman **Fliehende Wasser**, der 2004 in Zürich erschienen ist, von Simon Brock, der zur Bewältigung des persönlichen Schicksals Frau und Kinder durch Verzicht und unerbittliche Strenge in die „Kälte" und in soziale Isolation führt.

Der arme, „stinkfaule" *Uzel* lässt *seiner Tochter* mit dem sprechenden Namen *Armut* ein Paar Schuhe anfertigen, damit sie soziale Anerkennung unter den jungen Leuten ihres Dorfes findet (S. 262f.). „Die glänzenden neuen Schuhe", maßgefertigt (S. 264), passen dieser fünfzehnjährigen grobschlächtigen Erscheinung bedauerlicherweise nicht; die Füße sind in der Zwischenzeit zu fett, zu groß geworden vom Nichtstun. Erst fleißige Arbeit, das rät der Schuhmacher Sandler, kann helfen, *einen schlanken Fuß* zu bekommen; ein wohlhabender Schwiegersohn stellt sich schließlich auch noch ein, als Armut gelernt hat, als Dienstmagd richtig zu arbeiten und Geld zu verdienen (S. 265f.) So kann sie sich sehen lassen – mit den neuen Schuhen an den Füßen! Glück gehabt! Eine schöne Geschichte von „Schlamassel und Massel" aus **Isaac Bashevis Singer**s Sammlung (S. 262-266).

Momo mit dem wirren schwarzen Lockenkopf, die titelgebende Figur in **Michael Ende**s Märchen-Roman (Stuttgart 1993), trägt auffällige Schuhe, die der Erzähler zu erwähnen nicht versäumt. Ihre schwarzen Füße stecken zwar nur manchmal, jahreszeitlich bedingt, eben im Winter, in Schuhen. „Aber es waren zwei verschiedene, die nicht zusammenpassten und ihr außerdem viel zu groß waren." (S. 9) Tragbar sind sie, bequem bestimmt nicht. Momo ist arm, allein, sie bekommt nur Abgelegtes geschenkt, aber nicht nur.

Schuhe, Größe 7, Chevreauleder – das ist eine klare Ansage, die die älteste der *drei Töchter des wohlhabenden Bauern* ihrem Vater auf den Weg gibt, als dieser sie nach einem Geschenk bei seiner Rückkehr fragt (Zigeunermärchen aus Ungarn, S. 183-191). Da kann nichts schiefgehen, Märchen-Wirklichkeit wie im wirklichen Leben!

„Dunkelrote Schuhe aus glänzendem Rindsleder, mit kleinen Absätzen und breiten goldglänzenden Schnallen an der Seite" sind keine Alltagsschuhe im eigentlichen Sinn, sondern vom Vater für besondere Anlässe zum Namenstag geschenkt (S. 263), irgendwo in den schweren Zeiten des Zweiten Weltkriegs „besorgt" (s. o. S. 142f.). Wanda ist glücklich, sie zieht sie an, sie weiß um die Wirkung. Ihr Freund Marek, der in einer kommunistischen Aktivisten-Organisation tätig ist, beachtet das Schuhwerk überhaupt nicht (S. 268), Tadeusz, der Sympathie für Wanda vortäuscht, bewundert auch die Schuhe (S. 270); er, der für die Deutschen im besetzten Krakau arbeitet, schafft „besondere Anlässe" für das Mädchen mit seinen neuen Schuhen. Ein Kinobesuch ist ein solcher Anlass, der direkt zur Deportation führt und zunächst in einer „kleinen Zelle mit vergitterten Fenstern" endet. Die dunkelroten Ausgehschuhe sind noch an Wandas Füßen, sie hat ja keine anderen, bis die Aufseherin diese beansprucht. Wandas feine Schuhe sind in einem furchtbaren Alltag angekommen! Nackt bis auf die Haut, wird sie mit eiskaltem Wasser von einem jungen Gefreiten im Beisein der „lächelnden" Wärterin abgespritzt. Als sie am Boden liegend wieder zu sich kommt, erblickt sie das Bündel ihrer Kleidungsstücke. „Die Schuhe waren weg." (S. 278) Wanda wird auf einem Lastwagen in einen Alltag als Fremdarbeiterin auf einem Gut in Schlesien, getrennt von ihren Eltern und ihrer Heimat, verbracht. Dann, gegen Ende des Krieges, flüchtet sie aus Angst vor den Russen. Die Schuhe, die sie für die Arbeit brauchte, sind inzwischen durchlöchert, als sie zusammen mit der Gutsbesitzerstochter Inge den Fußmarsch Richtung Westen beginnt. Deshalb lässt sie die abgetragenen Schuhe zurück; diese „werden durch ein Paar Männerstiefel ersetzt, die sie im Haupthaus gefunden hatte. Die Stiefel waren zu groß, sodass Wandas Füße darin hin und her rutschten, obwohl sie zwei Paar Wollsocken trug." (S. 101) Mit drei Paar unterschiedlichen Schuhen, rote elegante Schuhe, feste Arbeitsschuhe, Männerstiefel, sind markante Stationen auf dem noch relativ kurzen Lebensweg des jungen Mädchens verbunden: das behütete, intellektuelle Elternhaus in Krakau, das die Einschränkungen durch die deutschen Besatzer zu spüren bekommt und der Tochter Stunden der Abwechslung gönnen möchte, die Zwangsarbeit in der Landwirtschaft in Schlesien und der Aufbruch zu einer neuen Lebensstation im Nachkriegs-Deutschland. **Gina Mayer**s Jugendroman ***Die verlorenen Schuhe*** (Stuttgart 2010) erzählt eindrucksvoll und realitätsbezogen von diesem Kriegsschicksal.

Es ist der Versuch der Wiederherstellung einer äußeren Ordnung, die aus einem anarchischen Chaos mit allen nur denkbaren Verwerfungen moralischer, politischer und elementar-bedürfnisorientierter Art (S. 310f. u. ö.) sich abzuzeichnen beginnt, als die „Frau des Arztes", die einzige Sehende in der *Stadt der Blinden* des portugiesischen Autors **José Saramago**, bestimmt: Wir müssen „Kleidung und Schuhe besorgen, in diesem Zustand, so schmutzig und zerlumpt, können wir nicht herumlaufen." (S. 290) Sie weiß, wovon sie spricht, weil sie es sieht. Sie will die verlassenen Wohnungen derer aufsuchen, die sich ihr schicksalhaft verbunden wissen. Gummistiefel wären angebracht, darüber ist sich die kleine Gruppe vom Kind bis zum Greis klar, am besten „mit einem wadenhohen Schaft …, um in diesem Dreck (auf den Straßen) herumzulaufen" (S. 292). Aber es gibt nicht genügend viele, sodass jeder zufrieden sein muss mit dem, was sich gefunden hat. „Bequemlichkeit vor Schönheit" (ebd.), daran kann niemand zweifeln, Absätze, Riemchen, teures Leder – all das, was Schuhen ihren Wert gibt, ist in dieser Extremsituation irrelevant. Selbst die Größen sind nicht abzustimmen auf die Füße ihrer Träger. Nicht schön, nicht einmal bequem, aber Schutz vor Schmutz und Nässe, das ist ihre ausschließliche Funktion!

Peter Handke will seinen *Kaspar* „theatralisch", ziemlich bunt, wie hingestellt, mit einem „runden Hut mit Band" auf dem Kopf, in einer „farbenfrohen Jacke", darunter ein „helles Hemd mit geschlossenem Kragen" und in „klobigen Schuhen" mit einem gelösten Schuhband ausstaffiert auf die Bühne bringen (Frankfurt/M. 1967, hier S. 11). Kaspar muss nicht nur sprechen, sondern auch laufen und sich in seinem Bewegungsablauf koordinieren lernen.

In dem ungarischen Märchen *Das schönste Mädchen und der Schweinehirt* (s. a. u. S. 206f.) vermischen sich märchenhafte Unwirklichkeit und praktisch-alltägliche Lebenserfahrung. Nachdem das gebrochene Bein von Gyurkas Frau bestens von einem kompetenten „Oberarzt" durch eine Gips-„verpackung" kuriert ist, braucht die Patientin neue Schuhe, gute Schuhe, die dem Bein anschließend sicheren Halt garantieren: Kniehohe gefütterte Lederstiefel müssten den Ansprüchen genügen – das ist wahrhaftig aus dem wirklichen Leben gegriffen! Der Ehemann kann sich das leisten, denn ein Goldschatz auf dem Acker hat ihn zu einem reichen Gutsbesitzer gemacht, zu einem „gnädigen Herrn", der großzügig zudem das Honorar für den behandelnden Arzt erhöhen möchte (S. 230f.). Das ist wirklich märchenhaft! (In: Zigeunermärchen aus Ungarn, S. 206-231)

Thomas Mann führt seiner Leserschaft alle Figuren in seinen Romanen und Erzählungen mit geradezu filmischer Genauigkeit vor Augen, und zwar *von Kopf bis Fuß*. Den frisierten und unfrisierten Köpfen widmet er sich mit variantenreicher Akribie[6] in allen denkbaren Farbschattierungen und Formen ebenso wie den Gesichtshaaren, den Augen, den Lippen und den Zähnen in Beschaffenheit und Farbabstufungen von strahlend weiß bis gelb als sichtbaren Zeichen für Gesundheit oder körperliche Schwäche. Die Gangart ist ebenfalls wesentlich, denn sie bringt Aufdringlichkeit, höfliche Distanz, Überlegenheit, Entschiedenheit, Schwäche und Zögern zum Ausdruck.[7] Das Schuhwerk ist nicht annähernd so häufig erwähnt, geschweige denn beschrieben, es wird offenbar als vorstellbar und in seiner Zeit üblich vorausgesetzt. Nichtsdestotrotz hält es der Erzähler in den *Buddenbrooks* für hinreichend wichtig, darauf hinzuweisen, dass zu Weihnachten die „Hausarmen" Schuhzeug und warme Sachen im Hause Buddenbrook bekommen (S. 558). Einige Figuren stellt der Dichter in unterschiedliche Stiefelmodelle. Alois Permaneder aus München zum Beispiel, der zweite Ehemann von Tony Buddenbrook, trägt „kurze, breite Stiefel" (S. 296), sitzt „breitbeinig" im Sessel (S. 300) und ist auch sonst eher grobschlächtig; Pastor Pringsheim, der Hanno tauft, hat „blankgewichste Stiefel" an den Füßen, die man unter dem langen Ornat sehen kann (S. 366); der Speicherarbeiter Grobleben trägt „Schmierstiefel mit Schäften" (S. 366); außerdem ist er als „Nebenverdienst" mit der Aufgabe des „Stiefelwichsers" betraut; den „Kratzfuß" beherrscht er auch (S. 367). Die „lackierten Stulpstiefel" des Herrn von Groß Poggendorf, seine Reitpeitsche mit goldenem Griff und das „viereckige Glas im Auge" erwähnt Thomas im Gespräch mit seiner Schwester und charakterisiert auf diese Weise die geschäftliche Beziehung zwischen dem Grafen und der Firma Buddenbrook: „ ‚… Er hatte die Gewohnheit von einer unbegreiflichen Höhe auf mich herabzublicken …' " (S. 420) Der kleine Hanno möchte den Sand vom Travemünder Strand gerne noch lange nach seiner Rückkehr nach Lübeck, am liebsten bis zu den nächsten Ferien, in seinen Knöpfstiefeln erhalten wissen (S. 586); das Sehnsuchtsziel fern der ungeliebten Schule bliebe ihm so taktil über die Fußsohlen präsent, und niemand außer ihm würde es wahrnehmen. Oberlehrer Mantelsack trägt zu kurze Beinkleider, wie alle Lehrer, mit Ausnahme des „feinen Doktor Goldener", sodass „die Schäfte von einem Paar außerordentlich breiter und marmorblank gewichster Stiefel" zu sehen waren (S. 669; S. 666). Der großgewachsene Kornträger Matthiesen hat zwar keine Stiefel an den Füßen, wirkt aber kontrastreich elegant „in seinem schwarzen Habit

mit Pumphosen, weißen Strümpfen und Schnallenschuhen", auf dem Kopf „seinen rauhen Zylinder" (S. 53). Als der von Tony wenig geliebte Schwiegersohn Hugo Weinschenk nach dreijähriger Haft wieder „auf freiem Fuße" ist (S. 589f.), ist sein Schuhwerk belanglos; „sein federnder Gang" war ihm jedenfalls abhandengekommen, das fällt auf! Die Damen im Hause Buddenbrook sind gut beschuht, was ab und an Erwähnung findet: Die Einladung zu einem Ball bei Konsul Huneus weckt die Aussicht auf neue Lackschuhe (S. 83); solche trägt auch Gerda bei der Taufe ihres Sohnes Hanno (S. 363). Auf dem Weg nach Travemünde hat Tony Schuhe mit Kreuzbändern und weiße Strümpfe an den Füßen (S. 104), hübsch und bequem. Als die Senator-Wahl im Rathaus stattfindet, ist unter den Wartenden auch eine „Dame" in pelzgefütterten Gummischuhen (S. 379). Sie kann so besser „in dem schmutzig-weißen Schnee der Straße, der unter den Füßen vollends zergeht" (S. 378), ausharren als die vielen anderen, die keine warmen Überschuhe tragen und deshalb kalte Füße (!) bekommen. Tony ist inkognito unterwegs und kann dann als erste die Nachricht vom glücklichen Wahlausgang ihrem Bruder Thomas nach Hause bringen. Die Geh-Geschwindigkeit zeigt den Grad der Aufregung und Erleichterung, der Erzähler holt sie in die unmittelbare Gegenwart: „Und obgleich einer ihrer pelzbesetzten Überschuhe in dem wässrigen Schnee beständig ausschlappt und sie in der boshaftesten Weise behindert, überholt sie alle Welt." (S. 382) Contenance ist in einem für die Familie Buddenbrook so imageträchtigen Moment nicht mehr angesagt![8]

Kontrastiv bedeutsam in Bezug auf Wohlstand und Weltanschauung ist das Schuhwerk des aus Amerika zurückgekehrten Milliardärs Spoelmann und das seines zukünftigen Schwiegersohnes Prinz Karl Heinrich aus der kleinen Residenz in **Thomas Mann**s Roman *Königliche Hoheit*: „weiche Lederschuhe an seinen kurzen Füßchen" der eine (S. 176), der angehende Ehemann „in hohen Stiefeln" (S. 231); der eine hat, wie er sehr selbstbewusst verkündet, einen „standpoint" – trotz oder wegen seiner bequemen Schuhe (S. 177), der andere kann die Hacken zusammenschlagen und in der Uniform Haltung zeigen!

Gut gekleidet, aber irgendwie ein wenig aus der Zeit gefallen, ist Reinhard, die männliche Hauptfigur in **Theodor Storm**s Novelle *Immensee* (Von Meer und Heide, S. 11-37, S. 11). Die Schnallenschuhe an seinen Füßen, der Erzähler erwähnt sie ausdrücklich, entstammen einer vergangenen Modeepoche. Sie sind staubig, als der „wohlgeklei-dete" Herr von einem Spaziergang nach Hause zurückkehrt. Seine altmodischen Alltagsschuhe und das weiße Haar, also seine äußere Erscheinung *von Kopf bis Fuß*, stimmen so den Leser auf Lebensalter und Lebensweise, auf einen „Rückweg", im Sessel sitzend, in die erinnerte Vergangenheit des alten Herrn ein.

Der Protagonist **Timm Thaler** in dem Kinderroman von **James Krüss** wird als reicher Erbe ausgestattet: „graue Flanellhosen, rotschwarz gestreiftes Jackett, ein blütenweißes Seidenhemd, eine rote Krawatte mit schottischem Muster, ebensolche Socken und braune Wildlederschuhe." (S. 121) Dass eine entsprechende Frisur dazugehört, versteht sich von selbst. Er hat in der vornehmen Gesellschaft auch gelernt, dass zu einem solchen Outfit die Beachtung einer englischen Schuh-Regel gehört: „After six no brown" (S. 194)! Dieses neue Leben des Jugendlichen kontrastiert mit seinem früheren als Waisenjunge bei der schimpfenden Stiefmutter; die hatte ihm zu Hause immer wieder die Rolle des Schuhputzers zugedacht (vgl. S. 24 u. S. 37).

Die neuen Schuhe, die die Güllener tragen, als sich der erpresserische Geldsegen von Frau Zachanassian in **Friedrich Dürrenmatt**s tragischer Komödie *Der Besuch der alten Dame* ankündigt, sind auf den ersten Blick „Gebrauchsgegenstände", auf den zweiten allerdings durch das Farbadjektiv gelb mit Neid und Verrat konnotiert. Der Autor zieht sie als gegenständliches Zeichen zur Deutung des kollektiven Umdenkens gegen Ill ihren Besitzern auf die Füße. (Zürich, Neufassung 1980, S. 59 u. ö.)

Ein orangeroter Overall, ein eben solches T-Shirt und eine Kappe, gelbe Socken und weiße Turnschuhe, dazu eine schwere Plastikflasche, „die leider leer war" (S. 20) – das ist, in zweifacher Ausfertigung, die Grundausstattung für die Jugendlichen im Camp Green Lake. „Camp oder Knast", so lautete das Urteil des Richters auch für Stanley Yelnats (S. 35). Ein Paar Turnschuhe, abgetragene Turnschuhe für kleine, schnelle Füße, ist das Corpus Delicti, das Stanley Yelnats' junges Leben auf den Kopf stellt, und das Leitmotiv in der Konzeption des 1998 veröffentlichten Romans **Löcher. Die Geheimnisse von Green Lake** von **Louis Sachar**. Nicht x-beliebige Turnschuhe, sondern die abgelegten und zur Versteigerung für ein Kinderheim freigegebenen des Baseball-Stars Clyde Livingston, genannt *Sweet Feet* (S. 30f., S. 33)! Als Stanley sich verspätet auf den Heimweg nach der Schule macht, fallen ihm diese Schuhe buchstäblich auf den Kopf, vom Himmel gefallen, schicksalhaft, so kommt es ihm vor, aber natürlich ahnungslos, was den Liebhaber-

wert wegen des früheren Besitzers betrifft. Er will sie seinem Vater bringen, denn der tüftelt an einem Recycling-Verfahren für alte Turnschuhe (S. 15, S. 33). Polizisten in einem zufällig vorbeifahrenden Fahrzeug werden aufmerksam und misstrauisch, als sie den rennenden Jungen sehen, und nehmen ihn sofort fest. Sie haben die Herkunft der Turnschuhe über Funk ermittelt. Des Diebstahls bezichtigt – der Wert der Schuhe war mit über fünftausend Dollar beziffert (S. 34f.) – in einem besonders schweren Fall, denn der Erlös sollte Straßenkindern zu Gute kommen. Das Geld für einen Anwalt fehlt, weil der Junge aus armen Verhältnissen stammt. Immer zur falschen Zeit am falschen Ort, das ist anscheinend tatsächlich der Familienfluch der Yelnats (S. 12 u. ö.). Das „Feriencamp" in der abgelegenen Wüste von Texas muss der Junge wie den Vorhof zur Hölle erlebt haben: Brütende Hitze, Schwerstarbeit beim Graben von Löchern, Staub, Durst und mäßiges Essen, eine soziale Hackordnung unter den jugendlichen Schicksalsgefährten und völlige Isolation vom Rest der Welt kennzeichnen den Aufenthalt in diesem Erziehungslager. Es steht unter der unerbittlichen Kontrolle einer rothaarigen, großen Frau mit schwarzem Cowboyhut auf dem Kopf und schwarzen Cowboystiefeln an den Füßen (S. 86), genannt „Boss". Sie ist auf der Suche nach einem geheimnisvollen alten Koffer, in Green Lake zum Freund und offenbart ihm, dass er, Zero, die in einer Vitrine im Kinderheim ausgestellten Turnschuhe weggenommen (S. 232) und, weil sie nicht passten, auf einem Autodach abgestellt hat (S. 222f.); so konnten sie dann, als Stanley die Unterführung passierte, „vom Himmel fallen" (S. 32). Das rote X unter der Sohle der Turnschuhe ist das „Erkennungszeichen", das beiden Jungen klarmacht, dass sie dasselbe Paar Turnschuhe meinen. In einem komplexen Handlungsstrang, der Gegenwart und historische und familiäre Vergangenheit der Yelnats verbindet, werden die Voraussetzungen für das Urteil überprüft, sodass eine Anwältin beide Jungen aus dem Lager abholt. In der Zwischenzeit hat Stanleys Vater zwar seine Turnschuh-Recycling-Methode nicht perfektionieren können, aber ein Mittel gegen Fußschweiß entwickelt (S. 285)![9]

Schuhe, unterschiedliche Schuhe in allen möglichen Farbtönen und Formen, werden regelrecht erlebbar in **Zsuzsa Bánk**s Roman ***Die hellen Tage***. Blaue Schuhe und ein nachtblaues Kostüm bei ihren Auftritten als Artistin, längst abgelegt in einem Koffer (S. 144 u. ö.), offene Schuhe mit zwei Lederriemen und Absätzen aus Holz (S. 91 u. ö.), Gartenschuhe (S. 179) und grüne Gummistiefel (S. 227), dicke Stiefel mit flachen Absätzen (S. 37), Stiefel über

den sie bei den Grabungsarbeiten der Jungen zu finden hofft. Der Aufenthalt im Camp macht aus dem übergewichtigen, gemobbten (S. 231 u. ö.) Pechvogel Stanley einen selbstbewussten, sozial kompetenten Jungen, der sich nicht unterkriegen lässt (S. 236). Zero, ein dunkelhäutiger Junge, wird ihm den nackten Füßen (S.123) in ihrem Häuschen und Garten in Kirchblüt nach ihrem Wanderjahr mit Zigi und Aja – Évi wechselt die Schuhe und lackiert hingebungsvoll die Zehennägel ihrer „Sommerfüße" (S. 9, S. 84), streift die Schuhe ab, wenn sie unmittelbar den Boden in seiner unterschiedlichen Beschaffenheit fühlen will, um sich seiner Festigkeit zu vergewissern, oder wenn sie in Leichtigkeit „abheben" möchte. Als sie sich zunehmend verwirrt aus der Wirklichkeit verabschiedet, trägt sie die offenen Schuhe mit den Holzabsätzen auch zu Schal und Mütze (S. 497); Kopfbedeckung und Schuhwerk passen so nicht zusammen, sie sind Indiz für eine disparate Selbst- und Außenwahrnehmung. Zigi, ihr Lebenspartner und Ajas Vater, mit den schmalen Füßen (S. 142 u. ö.), der sein Geld als Artist im fernen Amerika verdient und nur einmal im Jahr nach Kirchblüt kommt, trug seine schadhaften schwarzen Schuhe mit den losen Bändern sogar in der Nacht (S. 15, S. 152), bis sie ihm einmal im Schlaf von den Füßen gezogen und durch ein Paar gefütterte Stiefel ersetzt werden (S. 155). Dieses „Wunder" ereignete sich „unter den weit ausgebreiteten hölzernen Flügeln zweier Engel" in einer Kirche, die er mit Évi und der kleinen Aja für den nächtlichen Aufenthalt hatte beziehen dürfen, weil es unter freiem Himmel schon zu kalt war. Der Austausch des Schuhwerks „rettete" Zigis Seiltänzer-Füße vor dem Erfrieren (S. 385f.). Fortan verschenkte er aus Dankbarkeit für diese existenzielle Wohltat jedes Jahr ein Paar Schuhe an Bedürftige, die er auf den Straßen suchte, und kehrte anschließend barfuß nach Hause zurück (S. 46f., S. 177). Über die Schuhe, rote Schlittschuhe, sind sich Zigi und seine zierliche kleine Tochter Aja ganz nah; sie behält diese auch später als einziges Utensil aus ihrer Kindheit (S. 520). Évi hatte ihr dieses Geschenk gemacht. Als wäre es ihr angeboren, so sicher und leicht bewegt sie sich über die Eisbahn, und Zigis „Blick folgte ihren Füßen, ihren Armen, ihrem Kopf, und es schien, als könne er Ajas Leichtigkeit an sich selber spüren, … als kenne er ihre Art zu tanzen wie seine eigene …, als habe sie seine (Bewegungen) übernommen und aufs Eis übertragen." (S. 263)

Die Ich-Erzählerin, selber eine Figur in dem Personen-Geflecht in diesem „farbigen" Roman, behält die beschuhten Füße und die Art zu gehen immer im Blick, bestätigt ihn in Erinnerungen, vergegenwärtigt ihn, als müsse sie sich selber immer erneut vergewissern, alles genau so gesehen zu haben, und prägt ihn der Leserin und dem Leser nachdrücklich ein. Karls Mutter Ellen, die nach dem Verschwinden ihres Sohnes Ben in eine Starre verfallen ist, macht am Wechsel ihrer Schuhe einen Neuanfang offenkundig: Ihre cremefarbenen Schuhe mit hohen

Absätzen (S. 190, S. 223 u. ö.), die hellblauen Absatzstiefel (S. 305) werden „ersetzt" durch flache Wanderschuhe, „die sie früher einmal, zu einer anderen Zeit, ... getragen hatte, flache Schuhe mit dicken Sohlen, deren braune Bänder sich unter kleinen Haken aus Metall kreuzten" (S. 308). Jakob, der Fotograph aus Heidelberg, hatte Ellen mit seiner Kamera auf einem einsamen Spazierweg im Schnee „festgehalten" (S. 305), und fortan hatte sie ihn begleitet auf seinen Wegen, „um zu beichten", das heißt, ihm ihre Lebensgeschichte anzuvertrauen (ebd.). Nach wenigen Wochen, so beobachtet es die Erzählerin, „kam sie Schritt für Schritt wieder ins Leben" (S. 307); und Jakob bemerkt, dass sie „leichter" gehe (ebd.). Nach dem Tod ihres Ehemanns wechselt auch die Mutter der Erzählerin Seri ihre Schuhe. Sie selber übernimmt das Speditionsgeschäft als Chefin. Die Absatzschuhe werden in eine Kleidersammlung gegeben (S. 250), und sie steigt in flache Schuhe um und ordnet ihr Äußeres neu, indem sie ihren Pferdeschwanz abschneiden lässt, die Haare aufhellt und toupiert. Sie „wehrte sich nicht, wenn sie jetzt das Mädchenhafte an sich verfliegen sah." (ebd.) Schuhe, auch das Abstreifen von Schuhen lediglich als Ausdruck von sich spontan veränderndem Lebensgefühl, womöglich jahreszeitlich adaptiert, zu registrieren, ist im Kontext dieses Romans zu oberflächlich betrachtet, zu kurz gegriffen. Schuhe und der Wechsel von Schuhen markieren vielmehr Existenzmöglichkeiten und Lebensbrüche, Antizipation von individuell fundamentalen Veränderungen, die den unverbrüchlichen Zusammenhalt von drei Kindern auf ihrem Weg ins Erwachsenenleben neben und zusammen mit ihren Müttern und Vätern begleiten.

Mit der endgültigen Schließung des Schwimmbades nach über hundert Jahren und seiner Entlassung nach über vierzig Jahren reflektiert **Der Bademeister** in **Katharina Hacker**s gleichnamigem Roman seine Tätigkeit in einem mehr als 200 Seiten umfassenden Monolog – Gedankensplitter, Andeutungen, scheinbar unwesentliche Details, ganz unprätentiös, in der Fiktion nur für sich selbst, den betroffenen Protagonisten, der sich auf diese Weise Klarheit über sich selbst und seine Herkunft verschafft. Dem Leser und der Leserin erschließt sich erst im Fortgang aus den Fragmenten eine individuelle, vielleicht sogar exemplarische biographische Gesamtschau in ihrer historischen Dimension und in nachvollziehbaren Begründungen. Schuhe komprimieren gegenständlich und zwei Generationen übergreifend die Gegenwart des Sprechers, seine persönliche Familien-Geschichte und die moralisch-politische Vergangenheit des Vaters wie ein Bindeglied.

Weiße Turnschuhe aus Stoff, ein Paar für den kurzen Weg von der Wohnung zum Schwimmbad und zurück, ein Paar im Schwimmbad respektive Badesandalen gehören über vierzig Jahre zu Hugos Ausstattung. Festes Schuhwerk „nie", dafür gab es „keine Verwendung" (S. 31)! Es muss ihm daher wie ein Tabubruch vorgekommen sein, als er feststellt, dass die Straßenschuhe, „braune, feste Lederschuhe", die er noch unbenutzt in weißes Papier eingewickelt Jahrzehnte bis zu diesem Moment im Schuhkarton hatte liegen lassen (S. 105), jetzt deutliche Abnutzungserscheinungen aufweisen, schlichtweg „durchgelaufen" sind. Nach seiner Entlassung als Bademeister hatte er sie nämlich morgens angezogen und in tagelangen Wegen durch die Straßen und U-Bahnstationen seiner Heimatstadt (Berlin) strapaziert. Ihm wird klar: „Als Kind wäre ich dafür bestraft worden, denn mein Vater erwartete von mir, dass ich die Schuhe schone, und als er sich aufgehängt hatte, hingen seine Schuhe mit neuen Sohlen in der Luft." (S. 31, S. 157) Nüchtern, absolut emotionslos ist diese Feststellung, die wiederholt so oder geringfügig variiert in den Erinnerungsschleifen (S. 57, S. 89 u. ö.) seines Selbstgesprächs vergegenwärtigt ist und auf diese Weise wie von selbst Nachdruck erfährt. Als er beschließt, die orientierungslosen Streifzüge einzustellen, in das Schwimmbad zurückzukehren und es nicht mehr zu verlassen (S. 21), registriert Hugo en detail den zunehmenden Verfall des alten Gebäudes mit allen Nebenräumen: von den verputzten Mauern herunterfallende Placken, die stehengebliebene Wanduhr, Ratten und Fledermäuse, bläuliches Licht, blaue Kacheln in einem Schwimmbecken ohne Wasser, das weggestellte Schild mit der Aufschrift „Juden unerwünscht" (S. 75), Staub und Schmutz auf der dinglichen, objektiven, unheimliche Stille und Kälte, Verwesungsgeruch, Schatten und Todesahnungen, Einsamkeit auf einer gefühlten, subjektiven Wahrnehmungsebene. Der Leser begreift, dass Hugo in seiner ungeliebten, als „Strafe" empfundenen Bademeister-Tätigkeit (S. 44 u. ö.) unentrinnbar von der Vergangenheit seines Vaters und damit der des Schwimmbades eingeholt ist und ihn die morbide Atmosphäre förmlich gefangen hält. Und – Hugo beobachtet auch die dünner werdenden Sohlen seiner Turnschuhe (S. 204), die er an den Füßen hat …
Das Foto mit dem Vater in Uniform (S. 39), der Erziehungsstil mit den Koordinaten Ordnung und Kontrolle, Befehlen und Gehorchen betrafen jede Lebensäußerung des Jungen, nicht nur seine Kleidung, vor allem das Schuhwerk; die Bedeutung von körperlicher Tüchtigkeit und tadelloser Sauberkeit (S. 121 u. a.) sind dem Bademeister wieder präsent und lassen den Leser begreifen, weshalb Hugo als „Faschistenkind" von seiner Umgebung gebrand-

markt (S. 58) und ein schweigsamer, scheuer Einzelgänger geworden ist. Was „alle" wussten, der Vater vergessen wollte (S. 78) und der Sohn ahnte, wird in den Tagen im verlassenen Schwimmbad zum Alptraum: Der entlassene Bademeister beansprucht am Ende den Ort seiner Berufstätigkeit schicksalhaft als „seinen" Ort (S. 229), weil er ihn als Ort der nationalsozialistischen Gewaltverbrechen, die sein Vater ausgeführt hat, erkennt; „… im Staub sehe ich Trittspuren, es werden immer mehr, als würden sie sich hier versammeln, Kinderfüße, Männer, Frauen, Schuhe zu tragen ist verboten, mein Vater hatte den Keller voller Schuhe …" (S. 231) Barfuß, damit kein Schmutz von draußen in die Schwimmhalle getragen wird, deshalb schreibt es das Schwimmbad-Reglement so vor, steht er selber im Becken und „sieht" die Toten vorüberziehen (S. 234; S. 89). Vergangenheit und Gegenwart „verschwimmen". Der Leser erfasst am Ende des Romans, dass Hugos scheinbar so dahingesagte Vermutung, „es hinge der Gang der Dinge von den Schuhen ab" (S. 106), eine bittere Wahrheit ist, die ihn einholt, und dass das gefüllte Schuhregal im Keller eine beredte Sprache von Mitschuld und Verantwortung gesprochen hat.

Die zurückgelassenen Schuhe im letzten Bild des Stücks *Andorra* von **Max Frisch**, Schuhe, getragene Allerweltsschuhe, die von den Füßen gestreift sind, werden vermutlich auf jeden Zuschauer beziehungsweise Leser einen nachhaltigen Eindruck machen und dem Gedächtnis lange anhaften. Das soldatische Kommando „Schuh aus!" und „Schuh neben Schuh" an alle Einwohner von Andorra gerichtet, sollte den Blick auf die Gangart freimachen, um Andri, den leiblichen Sohn des Lehrers, als Juden zu diskreditieren und eines Mordes für schuldig zu erklären. Alle Andorraner ziehen nach dem „Probelauf" ihre Schuhe wieder an (Bild 11). Andri wird unschuldig getötet, seine Schuhe werden für immer „verwaist" bleiben.[10] (Stücke. Bd. 2, Frankfurt/M. 1962, S. 185-285)

Das italienische Volksmärchen *Das Land, wo man nie stirbt* (S. 22-26) erzählt von einem Fuhrmann, der einen ganzen Wagen voller getragener Schuhe bei sich führt. Sie sollen einem jungen Mann beweisen, wie lange der Tod, niemand anders ist der Fuhrmann, unterwegs gewesen ist, um den Jüngling zu finden und „in den Arm zu nehmen", der sich auf der Suche nach dem Land der Unsterblichkeit auf wundersame Weise hunderttausende von Jahren Aufschub erworben hat.

Auch in einem schwedischen Märchen werden abgetragene Schuhe zum Beweis für erbrachte „Arbeitsleistung". Einem Herzog, der all seine Reichtümer verschwendet und am Ende seiner Spendierfreude auch alle Freunde verloren hat, steht unerwartet ein zunächst unsichtbarer zauberkräftiger Helfer zur Verfügung. Ein in einer Kiste gefundener Zettel mit dem Vermerk *Lasse, mein Knecht* lässt, wenn er laut ausgesprochen wird, jeden Wunsch Wirklichkeit werden, beispielsweise ein repräsentatives Schloss samt Dienerschaft. Augenfällig beweist der dienstbare Geist Lasse, der eines Tages, aber nur vorübergehend, selber in den Besitz des Zettels kommt und die Ich-wünsch-mir-was-Kette abreißen lässt, seinem Herrn, wie hoch sein Einsatz bislang war: „sieben Wagen mit abgetretenen Schuhen" (Unter dem Märchenmond, S. 155-166, S. 163)![11]

Nur ein Paar Schuhe, ausgerechnet rote Schuhe (s. u. S. 315f.), bleiben von dem ungehorsamen *Paulinchen mit dem Feuerzeug* aus **Heinrich Hoffmann**s *Struwwelpeter*-Geschichten übrig; sie selber ist „mit Haut und Haar verbrannt", ein Häufchen Asche.[12]

Kleine Menschen – starke Sohle

Sengende Hitze in der Steppe des Wilden Westens – eine „Gestalt" allein unterwegs, und zwar zu Fuß! Wahrlich nicht beneidens-, vielleicht aber bewundernswert! Ohne Proviant, ohne Waffe, nackt, lediglich eine Papiermütze auf dem Kopf, Stiefel an den Füßen, „ausgelatschte Stiefel", die – zusammen mit ihrem Besitzer – eine lange Wegstrecke hinter sich haben. „Modell Fremdenlegion" (S. 8) lässt eine geradezu weltumspannende zurückgelegte Distanz und entsprechende Abnutzungserscheinungen erahnen. Der „federnde Gang eines Panthers" (S. 8f.), unermüdlich, ruhelos, immer in höchster Anspannung und mit Weitblick – wer so unterwegs ist, der ist zweifelsohne ein „Besonderer", einer, der mehr als menschliche Kräfte hat, denn andernfalls würde er gar nicht überleben beziehungsweise hätte er gar nicht überlebt. Ein Überlebenskünstler eben mit unzähligen sichtbaren Narben am Körper und Einschusslöchern in der Kopfbedeckung. Der einsame Wanderer ist kein Mensch, er ist ein Mäuserich, mausklein trotz des aufrechten Ganges, mit Fell bekleidet und insofern eben doch nicht ganz nackt den Witterungseinflüssen ausgesetzt. Dieser kleine Kerl ist die Titelfigur *Schimanzki*, den **Janosch** zum Helden seines 1989 erschienenen Kinderbuches gemacht hat. Der winzige Mauser-Mensch mit einem ganz „normalen" Lebenslauf (S. 17), Sohn einfacher, aber ehrbarer Mäuse-Eltern in Boston, Broterwerb zunächst als Schuhputzer, später Tellerwäscher und „Glühlampenfadeneinleger" (S. 17f.), möchte mehr erreichen im Leben. Der Kauf getragener, „aber noch haltbarer Stiefel" und die schon erwähnte Papiermütze sind die Ausstattung für „den Weg durch die Welt" (S. 18). Diszipliniert, höchst konzentriert, „ohne eine Spur von Furcht" (S. 10), natürliches Selbstbewusstsein und ein sicheres Gespür für Gerechtigkeit und lebensbedrohliche Gefahren sind sein „Rüstzeug" in einer Welt mit fluchenden Männern, gefährlichen Pferdehufen und zischenden Gewehrkugeln. Der ungehobelte, rothaarige Gringo Bleichgesicht, gesucht wegen Totschlags, Raubes und Betrugs, nachzulesen auf dem Fahndungsplakat im Saloon, bekommt als erster zu spüren, welche Kraft in der kleinen Maus steckt, genauer gesagt, in ihren Extremitäten, der rechten Pfote, dem linken Stiefel und, bei Bedarf, in den quer stehenden Barthaaren. Ein Schlag mit der Rechten auf die Theke in dem ersten Saloon, in dem Schimanzki gerade seine Wegstrecke unterbrochen hat, seinen Eierlikör und ein wenig Unterhaltung genießt, lässt ein paar Tropfen übergelaufenen Schnaps genau in das Zielauge des Gangsters spritzen. Der ist außer Gefecht gesetzt, wird gefesselt in einer Ecke abgelegt. „… ein Loch von der Größe einer Schuhsohle Numero 46" (S. 15) ist die sichtbare Spur, die der kleine mausgraue Kerl dem Tresen aufgedrückt hat. Knallerbsenschuti ergeht es bei nächster Gelegenheit nicht viel anders als Gringo (S. 25ff.). Die Bewunderung der „Großen" um ihn herum ist ihm genauso sicher wie die Belohnung, aber die Versuchung ist wohl doch zu groß, den „Kleinen" übers Ohr zu hauen, wie es Ede, der Kneipenwirt, tut (S. 26). „Als er (Schimanzki) dann vom Tresen sprang, stieß er aus Ekel vor Ede (gemeint ist dessen Geldgier) mit dem linken Stiefel gegen den Tragbalken des Saloons …" (S. 30). Schutt und eine gewaltige Staubwolke bleiben zurück. Die Herausforderungen werden nicht geringer, als Präsident Hosenberg in Washington die Überführung der beiden Ganoven anfordert. Schimanzki übernimmt den Auftrag, auf einer Ratte reitend (S. 55ff.), und bringt die Männer nach einem 3-Tage-Marsch sicher zur Bahnstation. Die Wegstrecke gibt ihm Gelegenheit zur Selbstreflexion über seine Kräfte (S. 57 u. ö.), die ihm geradezu telepathisch Ortswechsel zu seiner geliebten Marie, in die Weite des nächtlichen Sternenhimmels und in die zerstörerischen Gedanken seiner Mitmenschen verschaffen. Der von dem Mäuse-Mann aus den Schienen gehobene Zug bewahrt die Mitreisenden vor einem Überfall, der Einsatz des rechten Stiefels bremst den Zug dann wenig später, sodass die Ganoven ergriffen und im Gepäckwagen festgesetzt werden können. Das Angebot des Präsidenten nach der erfolgreichen, risikobehafteten Überstellung, ein Ministeramt zu übernehmen, schlägt Schimanzki aus (S. 89); seinen sehr praktischen Wunsch, „Lederfett für meine Stiefel" (ebd.), bekommt er umgehend erfüllt. So kann er seinen Weg fortsetzen. Nur einen Feind gibt es für den mutigen Mauser: Alkohol (S. 97f. u. ö.). Der schwächt die rechte Hand-Pfote und die linke Fuß-Pfote mit dem starken Stiefel. Das begreift er, und danach richtet er sich: Wasser statt Eierlikör oder Whisky (S. 92 u. ö.)! Auf der *Ollen Margott* angeheuert, setzt er seinen Weg fort Richtung Sydney. „Papiermütze" und „ausgelatschte Stiefel" (S. 98) sind in den Augen der Leichtmatrosen lächerliche Kleidungsstücke, aber eben nur äußerlich, Kraft und Mut stecken „innen"! Die sieht man nicht auf den ersten Blick. Der Neue an Bord arbeitet hart, schleppt und schiebt mit dem linken Stiefel schwere Säcke, nicht einzeln, sondern im Viererpack, um den Matrosen mit ihren Hänseleien Respekt abzunötigen. Schließlich nimmt er es sogar mit einem Piratenschiff auf, verliert die Mütze vom Kopf bei schwerer See, greift nach ihr und steckt sie in den Stiefel (S. 116f.). In seiner Mäuserich-Winzigkeit rettet er sich in eigentlich aussichtsloser Lage als Nichtschwimmer (S. 120) nach dem Schiffbruch der *Ollen Margott*, die ihm der Kapitän aus Sympathie überlassen hat, in einer leeren Flasche, sozusagen als Flaschenpost, und setzt seinen Weg „passiv" fort, er lässt sich im wörtlichen Sinne treiben. Ein Orkan darf ihn, der „die obere Hälfte dieser Erdkugel mit seinen unzerstörbaren Stiefeln durchwandert hatte" (S. 120), nicht umbringen, das geht Schimanzki durch den Kopf, gepaart mit der Hoffnung auf eine Rückkehr in die Heimat. Gezeichnet von den Strapazen dieser langen Seereise, quasi tot (S. 124), landet er irgendwo an der Küste an. Von Kopf bis Fuß mustert er sich: „Da war ein zerrupftes Mausefell, unten alte Stiefel, Modell Fremdenlegion." (S. 124) Er ist sich fremd geworden, rafft sich aber wieder in seiner Kleinheit und dem unbesiegbaren Überlebenswillen auf und kommt nach elftägigem Fußmarsch im Flat-Foot-Valley (!), seiner Heimat, an! Gut ausgeschlafen nach drei Tagen und drei Nächten, frisch rasiert und frisiert, erkennt er sich im Spiegel wieder. Waren all die Abenteuer rund um den Globus, der Verlust der rechten Pfote nur ein Traum? Genauso ratlos wie der mauskleine Mann muss der junge Leser zurückbleiben. Die Message des Kinderromans ist aber klar und tröstlich: „... Schimanzki ist Schimanzki." (S. 129) Keine Angeberei, anpacken, wenn und wo nötig, und durchhalten, dann sind die Kleinen ganz groß.

Kleine Füße, starke Sohlen, der allseits bekannte kleine Kobold namens **Rumpelstilzchen** setzt sie bis zur Selbstzerstörung ein: Als die Königin ihr Versprechen, ihm als Dank für seine Hilfe beim Goldspinnen ihr erstgeborenes Kind zu geben, bricht und seinen Namen errät, reagiert er in dramatischer Weise: „‚Das hat dir der Teufel gesagt.' Mit dem rechten Fuß stieß er leibestief in die Erde, dann nimmt er den linken mit beiden Händen und reißt sich selbst mitten entzwei." (Diederichs, S. 282) Schimanzki hat mit seiner Pfoten-Pranke den Oberschenkel eines Mitreisenden auf der Eisenbahnfahrt Richtung Washington derart in den Boden des Waggons gedrückt, dass dessen Stiefel auf den

Schienen stehengeblieben sind (S. 75). Zwei kleine Kraftprotze, die unglaublichen Körpereinsatz demonstrieren!

Chasmal, der Gehilfe des großen Zauberers Chaschbaz, muss seine Kraft durch fremde Hilfe erst wiedergewinnen. Als kleines Männchen „mit verzerrtem Gesicht und verkrümmter Gestalt", im Geäst eines Baumes mit Haupt- und Barthaaren verfangen, schreit es um Hilfe, denn es hat seine Zauberkraft in dieser unglücklichen „Hängepartie" – zumindest vorübergehend – eingebüßt: Der Kontakt der Füße mit dem Boden fehlt! Das **Märchen von Sternenstirn und Mondauge** aus dem Vorderen Orient (**Zoran**, S. 163-227) erzählt von einer Notsituation, die durch einen vorüberziehenden, hilfsbereiten Wanderer leicht zu beheben wäre: Eine Haarsträhne abschneiden, und der Unglückliche würde *auf die Füße fallen*. Aber die Zauberkraft steckt in den Haaren, muss aber über die Standfestigkeit der Füße aktiviert werden. Die leise dem Wanderer zugeraunte Formel, die nur der leider nicht anwesende Meister anwenden dürfte, schafft Abhilfe. Die vorübergehend eingebüßte Kraft in den Füßen kehrt über einen „feurigen Funken" im Haupthaar und einen „explosionsartigen Knall" zurück. „Keuchend und schnaufend stand er auf dem Erdboden, zog einen Kamm aus seiner Tasche und kämmte sein schütteres Kopf- und Barthaar, und seine Gestalt wurde immer größer …" (S. 178f.) Der Rat an seinen Helfer ist unmissverständlich: „ ‚… du, junger Mann, setz schnell deine Füße in Bewegung und geh, geh mir aus den Augen …'" (S. 179f.) Kraft in Beinen und Füßen, die Fähigkeit, Riesenstrecken in wenigen Augenblicken zu überwinden, ist ein immanentes Geheimnis einzelner Märchenhelden. Aber mancher Held kann sie auch erwerben, wenn sie im Kampf gegen das Böse erforderlich ist.

In einem ungarischen Zigeunermärchen schickt sich Gyurka, **Der stärkste Mann der Welt**, an, den brutalen Winzling Bakarasz[13] ein für alle Mal aus dem Weg zu räumen (S. 231-245). Zu dem Zweck muss er den Räuberhauptmann in der Höhle der Betjaren aufsuchen. Mit Eisenschuhen ausgerüstet (S. 239), steigt Gyurka zur Drachenmutter in den Birnbaum auf. „ ‚… helft mir, reibt mir Beine und Arme mit jenem Fett ein, das ihnen Riesenkräfte gibt …'" (ebd.) Linkes Bein, rechtes Bein, die beiden Töchter der Alten verwenden schwarzes Fett zu diesem Zweck; die Arme werden von der Mutter selber massiert. Durch einen Probesprung muss er beweisen, was er nach der Behandlung „bringen" kann. „ ‚… Spring mal, damit ich sehe, wie hoch du springen kannst! Wenn du den Stern vom Himmel reißen kannst, dann weiß ich, daß du die richtigen Riesenkräfte hast!'" (S. 240) Der Probesprung gelingt. Zunächst vom Räuberhauptmann, dann von einer Maus unterstützt, provoziert das Männchen einen Zweikampf: Eine Ohrfeige, also der Einsatz einer kleinen Hand mit unglaublicher Kraft, soll den Starken Gyurka für sieben Jahre in der Erde versinken lassen; dieser wankt nicht einmal auf seinen starken Beinen und schleudert seinerseits den Zwerg an dessen langem Bart in eine Feuerglut (S. 245). Um diesen Triumph hätten Gyurka alle Märchen-Schimanzkis beneidet!

Wilhelm Hauff hat 1826 die Schar der klein gebliebenen Märchenhelden um einen ganz profilierten erweitert: *Der kleine Muck*, zwerghafter Wuchs, „nur drei bis vier Fuß hoch" (S. 65), vom Vater weder geliebt noch gefördert (S. 66), „wanderte" nach dessen Tod völlig mittellos mit seltsam wirkenden Kleidern, denn er hat die des Vaters nur mit einer Schere gekürzt, den großen väterlichen Turban auf seinem viel zu großen Kopf, „zum Tor hinaus" (S. 67). Die alte Frau Ahavzi nimmt ihn in ihre Dienste. Er versorgt ihre „lieben Katzen", kämmt, parfümiert, bedient sie beim Essen, bettet sie zur nächtlichen Ruhe. Von einer Katze verleumdet und von der Alten um den versprochenen Lohn betrogen, bekommt er von einem Hündchen den Hinweis auf die geheime Schatzkammer seiner Herrin. Trotz seiner Naivität und fehlender Lebenserfahrung durchschaut er schnell, dass neue Schuhe und ein „Spazierstöcklein" ihm auf der Flucht vor der alten Frau nützen und ihm endlich zu adäquatem Ansehen verhelfen könnten. „Da fielen ihm ein Paar mächtig große Pantoffeln ins Auge. Sie waren gar nicht schön, aber seine eigenen konnten keine Reise mehr mitmachen, auch zogen ihn jene wegen ihrer Größe an, denn hatte er diese am Fuß, so mußten ihm hoffentlich alle Leute ansehen, daß er die Kinderschuhe vertreten habe." (S. 71) *Auf großem Fuße leben* – das wäre der innigste Wunsch! Aber der Gebrauch der „Übergröße" muss trainiert werden, eine enorme Herausforderung für den kleinen Mann mit dem schweren großen Kopf. Endlich hat er die richtige Drehung des Absatzes heraus: „… und – die Pantoffeln ruderten hinauf in die Lüfte, liefen mit Windeseile durch die Wolken" (S. 72) und ehe er sich versieht, landet er auf einem Marktplatz. Zu große Schuhe sind nicht ungefährlich, denn da tritt der ein oder andere zufällig, gern aber auch absichtlich in die Fersen und bringt ihren Träger ins Stolpern. Muck muss also *Fuß fassen*, einen Job finden, um seinen Lebensunterhalt bestreiten zu können. Die Schuhe geben ihm im wörtlichen Sinne einen Vorsprung gegenüber möglichen Konkurrenten! Er stellt sich dem Wettlauf bei Hofe als

"Schnellläufer" des Königs (S. 72f.) und wird zur Überraschung aller Zuschauer und seines Gegners Sieger. Sein „Pantoffelfuhrwerk" (S. 73) überzeugt, der kleine Muck übernimmt das Amt des Kuriers, sogar des königlichen „Oberleibläufers", der die „schnellsten und geheimsten Sendungen" mit größter Genauigkeit und Geschwindigkeit an ihr Ziel bringt (S. 74). Erfolg erzeugt im Märchen gerade so wie im wirklichen Leben oftmals Neid. Wieder machen Verleumdungen vonseiten des Hofpersonals dem kleinen Muck das Leben schwer. Er fällt in Ungnade, kommt ins königliche Gefängnis, ist mit der Todesstrafe konfrontiert und kann deren Vollzug nur verhindern, wenn er dem König das Geheimnis des Stöckchens, das ihm Goldschätze aufzufinden hilft, und das Geheimnis seiner schnellen Füße anvertraut. Ja, die Pantoffeln sind das Mittel, aber die eigentliche „Technik", den Zaubertrick „von dem dreimaligen Umdrehen auf dem Absatz", verrät er nicht. Die Pantoffeln an den Füßen, macht der König gleich die Probe aufs Exempel „und jagte wie unsinnig im Garten umher", bis er vor Erschöpfung zusammenbricht (S. 77f.). Kunst ist Können in Perfektion, das ist auch in Sachen „Schuhe" kein „Selbstläufer", sondern Alleinstellungsmerkmal der Mobilität des kleinwüchsigen Muck! Die großen Schuhe werden konfisziert, das Todesurteil ist zwar aufgehoben, aber der ehemalige „Oberläufer" muss das Königreich verlassen. Wieder auf der Wanderschaft, sicherlich mit wunden Füßen, denn das Laufen wird ihm „sauer" ohne seine Pantoffeln (S. 78), ist er todesmüde. Er ist eben ein Märchenheld, vom Leben durch seinen Kleinwuchs benachteiligt, aber durch gute Zauberkräfte immer wieder „aufgerichtet". Es gelingt ihm eines Tages, seine Pantoffeln zurückzuholen. So gehören sie auch gewissermaßen in seinem bürgerlichen Leben in Nicea, wo ihm der Märchenerzähler begegnet ist, zu der Ausstattung des kleinen, einsamen, alten Mannes (S. 65).

Michel Tournier hat ein modernes Däumling-Märchen, ein Antimärchen mit dem Titel *Als der kleine Däumling durchbrannte*, geschrieben und das Stiefel-Motiv neu verarbeitet (Goldblatt, S. 75-88). Kommandant Däumling, Chef der Pariser Holzfäller, kündigt seiner Frau, Madame Däumling, und seinem Sohn Klein Pierre, natürlich auch nur daumenklein, einen Umzug an: 23. Stock im Mercur-Hochhaus, Lift, automatische Belüftung, Teppichboden – alles vom Feinsten (S. 73f.)! „Modernes Leben" (S. 75) wird verordnet, zu Weihnachten soll die ganze Aktion abgewickelt sein. Mutter und Sohn finden kein Gefallen an der autoritären Ansage. Pierres Wunsch, zu Weihnachten Stiefel zu bekommen, ist „gekippt". Stiefel im beziehungsweise für den Garten, in einer Umgebung mit Wald, aber nicht in einer modernen Hochhauswohnung; stattdessen einen Farbfernseher für den Junior! Wie der Titel ankündigt, brennt Pierre durch, hinterlässt aber einen Abschiedsbrief: „... Ich will lieber Bäume und Stiefel. Ade für immer ..." (S. 76) Seinen Karnickelkorb an der Hand, startet der kleine Kerl entschlossen, zunächst zu Fuß wie eben ein Märchenheld, dann – ganz in der modernen Realität – per Anhalter mit einem Sattelzug, seine Reise in die weite Welt, Richtung Rambouillet, bis der Wald beginnt (S. 77f.). Einen Schluck Glühwein aus der Thermosflasche des freundlichen Fernfahrers zum Abschied, und Pierre stolpert los, schläft ein unter einem Baum und wird von sieben kleinen Schwestern mit Nachnamen Oger, gefunden und in ihr Zuhause gleich „nebenan ... in den Bäumen" (S. 80) mitgenommen. Der Name hält, was er verspricht: Oger, der Vater, ist ein imposanter, „richtiger Riese aus den Wäldern" (S. 81), aber nicht der Menschenfresser aus der Tradition der Märchenerzähler[14], sondern der Sanfte, blond Gelockte mit Silberschmuck und „vor allem" mit hohen Stiefeln „aus Damwildleder, die ihm bis an die Knie reichen, auch sie mit Kettchen, mit Ringen und Medaillen besetzt" (S. 81). Pierre ist fasziniert. Der Riese erzählt den Kindern von Adam und Eva im Paradies, von Jahwes Plänen mit der Schöpfung und vor allem von der Bedeutung der Bäume. Ihre Verwurzelung im Erdreich überträgt er auf die Menschenkinder, die ihm gebannt zuhören. „Je höher ihr hinauswollt, desto mehr müßt ihr die Füße auf der Erde haben." (S. 85) Klein Pierre verschwimmen Traum und Wirklichkeit, verstärkt durch den Dunst von Drogendämpfen (S. 83). Er erwacht und sieht Oger vor sich stehen, barfuß, der ihn auffordert, sich ein Andenken auszusuchen, „was dich in die Öde hinein begleiten mag" (S. 87). Klein Pierres Entscheidung fällt prompt: das Stiefelpaar, viel zu groß, aber genau richtig wie die Siebenmeilenstiefel, die der Grimmsche Däumling dem Riesen stiehlt, um sich zu befreien. Als der Hippie-Riese von der Polizei wegen Rauschgifthandels und -konsums abgeführt wird, ist Vater Däumling zur Stelle. *Make love not war* – das Lebensmotto der Ogers bestätigt, dass Pierre in die Flower-Power-Welt, sogar in eine kriminelle Szene abgedriftet ist (S. 88)! Kommandant Däumling nimmt seinen kleinen Sohn mit in das neue Hochhaus-Zuhause. Dort findet der Junge am Weihnachtsabend tatsächlich „zwei hohe Stiefel aus weichem, goldbraunem Leder unterm Bett" in seinem Zimmer, viel zu groß zum Laufen, „aber darum geht es ja nicht", eben „Traumstiefel" (S. 88)! Haschischdunst hin oder her, Kindersehnsucht nach einer heilen Welt mit hohen Bäumen, die der Holzfäller-Firma des

Vaters nicht zum Opfer fallen dürfen, Erfüllung des Weihnachtswunsches? Pierre kann dem wohl im Traum vernommenen Rat Ogers folgen, wenn auch nicht im wörtlichen Sinn, nämlich „fest zu stehen", denn er hat Stiefel; und er kann sich gleichzeitig wie ein „echter" Märchenheld in die Ferne träumen: „Er wird (im Traum) zu einem riesengroßen Kastanienbaum" und „… ist grenzenlos glücklich" (S. 88).

Tiere wie Menschen, Menschen mausklein oder nur daumengroß, unwirklich, märchenhaft, Witz und Mut, und – hilfreiches Schuhwerk, *Schimanzki*, *Muck*[15], *Tom* und *Pierre* – sie stehen in einer Tradition von prinzipiell vergleichbaren Kinderbuch-Figuren, die unerschrocken und mutig sind und Mut machen.

Pippi Langstrumpf von **Astrid Lindgren**, dieses „merkwürdige Kind" (S. 10), ist vielleicht auch eine von ihnen, „merkwürdig" und doch „normal", aber doch nicht ganz „normal" in Bezug auf die Herausforderungen in ihrem Alltag. Sie ist ohne Eltern allein auf sich gestellt und meistert ihr Leben zusammen mit Affe und Pferd. „Das Allermerkwürdigste an ihr war, dass sie so stark war. Sie war so furchtbar stark, dass es auf der ganzen Welt keinen Polizisten gab, der so stark war wie sie. Sie konnte ein ganzes Pferd hochheben …" (S. 11) Zu den Auffälligkeiten in ihrer Kleidung gehört, außer den unterschiedlichen Strümpfen, „ein Paar schwarze Schuhe, die genau doppelt so groß waren wie ihre Füße." (S. 14) Zum Hineinwachsen, sicherlich auch, aber Pippi wird ja gar nicht erwachsen! Vielleicht eher Attribut von wundersamer Kraft und Unerschrockenheit. (Deutsch von Cäcilie Heinig … Hamburg 1986)

Charlotte Habersack hat mit *Pippa Pepperkorn (und die Tiere)* eine neue Pippi erfunden: Selbstbewusst, schlagfertig, lässt sie sich nie unterkriegen. Ihr Outfit von Kopf bis Fuß spricht für sich: Affenschaukeln, in einer wohnt eine Ratte, und amerikanische grüne Cowboystiefel. Ob diese Attribute Ausdruck von Unerschrockenheit sind oder Unerschrockenheit erst ermöglichen, wer will das wissen … (o. O. u. J., hier S. 11f.)

Dass Clowns zu große Schuhe, „Schuhe wie Entenschüsseln" tragen, zu weite Hosen und eine rote Nase haben, gehört zu ihrem Erscheinungsbild und zu ihrem Auftreten; sie stolpern, sie strauchein, sie haben eben nicht den festen Halt unter den Füßen. Die Disproportion demonstriert, dass „etwas" nicht in Ordnung ist, und amüsiert die Zuschauer.[16]

Alles Geschmacksache: Kleine Füße – große Füße

Riesen haben große Füße, Zwerge haben kleine Füße. Sofern sie nicht barfuß unterwegs sind, fällt das Schuhwerk natürlich entsprechend aus. Das ist des Nachdenkens kaum Wert, weil es bei den Menschen ja normalerweise auch so ist. Der kleine **Nils Holgersson** erlebt es am eigenen Leib: Zum Zwerg verzaubert, schrumpft die ganze Gestalt des großen Jungen, sogar das Loch in seinem Strumpf; die schweren Holzschuhe werden zu winzigen Schuhen (**Selma Lagerlöf**, *Nils Holgerssons schönste Abenteuer mit den Wildgänsen*, München 1999, S. 16f. und S. 18). Oder *Potilla*, die von **Cornelia Funke** entworfene Feenkönigin, hat Bleistift dünne Beinchen „mit winzigen Stiefeln aus rotem Samt an den Füßen" (S. 11). *Rübezahl* trägt zu der „abgewetzte(n) Lederhose" ein schmutziges Hemd und „vertretene, alte Holzpantinen", sicherlich in angemessener Größe, denn er legt sehr schnell weite Strecken in seinen „Meilenpantinen" zurück. „Meilenschreiter" ist daher ein passender Zuname für den Riesen aus der schlesischen Sagenwelt.[17]

Körperliche Merkmale, die „von der Norm" abweichen, können Anlass für Hohn und Spott sein, das ist eine ziemlich schlimme menschliche Erfahrung. Dazu gehören rote Haare genauso wie beispielsweise besonders große Füße. Die Hexe *Irma* mit ihren großen Füßen hat deshalb viel zu leiden wie auch die kleine Lore, ein Menschenkind mit sehr großen Ohren, eben „Segelohren", die die Mitschüler in einen eingängigen Reim mit dem Vornamen gebracht haben. Als die beiden Schicksalsgefährtinnen einander in Lores Badezimmer ganz unerwartet begegnen, weiß die eine, wovon die andere spricht. **Ingrid** und **Dieter Schubert** geben in ihrem Kinderbuch *Irma hat so große Füße* (Deutsch von Rolf Inhauser, Mannheim 23. Aufl. 2010) kleinen Leserinnen und Lesern ein tröstliches Beispiel ganz im Sinne – was gibt es denn da eigentlich zu lachen? Jeder Mensch (und jede Hexe) ist anders!

Wenn es nur immer so einfach wäre …

Ein „hübscher Junge" (S. 56) ist das siebte Kind des Königs „Steifschritt" und seiner Gemahlin „Hammerhacke" (S. 54f.). Wenn, wenn er nur nicht so kleine Füße hätte! Das ist eine Schande, ein Makel, der bei Hofe in Stumpenheim nicht geduldet wird. Vierzehn Vornamen, angefangen mit Augustus und sicher weit in das Alphabet ausgreifend, können nicht wettmachen, was die Natur diesem Kind vorenthalten hat. So etwas darf es nicht geben, wenn seit Menschengedenken große, schwere Füße „in Mode" und untrügliches Zeichen von Vornehmheit sind (S. 54); die Namen des Monarchenpaares sprechen eine beredte Sprache. „Es war daher das Bestreben eines jeden über dem Stand von Schafhirten und ähnlichem Landvolk, seine Füße durch eine feine Lebensart anschwellen und größer werden zu lassen; und sie waren bei diesem Vorhaben so erfolgreich, daß die Pantoffeln von ehrbaren Leuten zur Not als Tragekörbe hätten dienen können." (ebd.) **Frances Browne** zeichnet in diesem britischen Märchen ***Die Geschichte von Elfenfuß*** (S. 54-68) ironisch überlegen eine Welt, die ihre Einwohner selbstgefällig „für die einzige" halten. Mit ihren schweren, großen, unbeweglichen Füßen können sie sich nicht auf den Weg machen, um hinter die Stadtmauern zu schauen. So sind sie sich – dank des speziellen anatomischen Merkmals – selbst genug. Ein Kind mit kleinen Füßen passt nicht in diese enge Welt, es ist quasi ein Unglück für die ganze Familie, Vorbote von größerem Unheil! Der Prinz bekommt auf Grund des körperlichen Defizits den Namen Elfenfuß und wird zu den Schafhirten aufs Land gegeben, aus dem Blickfeld der Stumpenheimer verbannt. Er entwickelt sich prächtig und verblüfft seine Umgebung, weil er im Rennen und Springen sehr geschickt ist, beweglich, anders als die Kinder mit den großen Füßen (S. 56). Auch hier wird er aber zum Außenseiter. „Schließlich fand Rauhes Rotbäckchen (die Pflegemutter), daß der Anblick von solch scheußlichem Springen ihre Kinder ungesittet machen würde; und so schickte sie Elfenfuß, sobald er alt genug war, jeden Tag aus, ein paar kränkliche Schafe zu hüten, die auf einer wilden … Wiese ganz dicht am Wald grasten." (S. 57) Wieder ausgestoßen, eröffnet sich ihm eine neue Welt. Ein altes Männchen mit noch kleineren Füßen als seinen eigenen tröstet das Kind, mit dem keiner spielen will. Der Alte führt Elfenfuß in ein Reich, in dem sich niemand um die Füße der anderen schert. Ein blühender Paradiesgarten mit dem Angebot von guten Speisen und Wein und mit ausgelassenem Tanzvergnügen tut sich dem kleinen verbannten Prinzen auf. So vergisst er für Stunden sein Herzeleid, verbringt die Nächte tanzend und kommt wieder rechtzeitig am Morgen zu der Schafherde zurück. Eines Nachts wird er zufällig Ohrenzeuge eines Gesprächs zwischen zwei kleinen Damen. Füße, genauer gesagt die Füße der Prinzessin Maiblüte, sind entgegen allen Konventionen in dieser Gesellschaft d a s Thema. Diese hatte nämlich so kleine Füße wie Elfenfuß, bis sie nach einem kühlen Bad im „Vergrößerungsbrunnen" zum Kummer ihrer ganzen Familie offenbar irreversibel groß geworden sind. Eine der beiden Gesprächspartnerinnen wüsste – im Gegensatz zu allen bislang konsultierten Doktoren – Abhilfe. Ihr „hämisches" Lachen lässt aber vermuten, dass sie den zur Therapie geeigneten Ort mit dem „Hellen Quell" (S. 60) nicht bei Hofe nennen wird. Der kleinfüßige Prinz ahnt vielleicht eine Schicksalsgemeinschaft und macht sich auf die Suche nach den „Wassern des Hellen Quells" und – nach der traurigen Prinzessin. Trotz der Bedenken des Königs und seiner Minister darf Maiblüte in Begleitung eines Kammerherrn und zweier Hofdamen den für sie besonders mühsamen und beschwerlichen Weg zusammen mit Elfenfuß antreten, um die ultimative Chance zur „Heilung" ihrer großen Füße zu riskieren. Strahlende Schönheit, auch für die Begleitung, stellt sich nach der Berührung mit dem Wasser ein. Maiblütes Schönheit ist zwar nicht mehr steigerungsfähig, „aber in dem Moment, als sie die Füße dreimal gewaschen und abgetrocknet hatte, waren sie so klein und zierlich geformt wie

Vor Zeiten gabs ein kleines Land,
Worinn man keinen Menschen fand,
Der nicht gestottert, wenn er redte,
Nicht, wenn er gieng, gehinket hätte;
Denn beides hielt man für galant.
Ein Fremder sah den Uebelstand;
Hier, dacht er, wird man dich im Gehn bewundern müssen,
Und gieng einher mit steifen Füssen.
Er gieng, ein jeder sah ihn an,
Und alle lachten, die ihn sahn,
Und jeder blieb vor Lachen stehen,
Und schrie: Lehrt doch den Fremden gehen!
(...)
Ihr, rief er, hinkt; ich aber nicht:
Den Gang müsst ihr euch abgewöhnen!
(...)
Gewohnheit macht den Fehler schön,
Den wir von Jugend auf gesehn.
(...)

CHRISTIAN FÜRCHTEGOTT GELLERT, DAS LAND DER HINKENDEN. IN: SÄMMTLICHE SCHRIFTEN. 1. THEIL: FABELN UND ERZÄHLUNGEN. ERSTES BUCH. LEIPZIG 1769, S. 22

Elfenfußens eigene ..." (S. 65) Gewissermaßen im Gegenzug nennt Maiblüte dem traurigen Prinzen die Stelle, wo der „Vergrößerungsbrunnen" zu finden ist. Ganz nach Wunsch, à la mode, können die beiden Königskinder ihre Fußgröße und dadurch auch ihre Schuhgröße verändern. Denn die kleine Maiblüte hatte an dem Unglückstag der Fußwaschung am Vergrößerungsbrunnen ihre roten Schuhe ausgezogen und natürlich nicht mehr anziehen können (S. 66). Der Erzähler versichert, dass die beiden nach glücklichen Kinderjahren ein glückliches Brautpaar werden, was die roten Schuhe schon haben vermuten lassen, angepasst an das Schönheitsideal des jeweiligen elterlichen Königshofes: „Immer wenn sie Stumpenheim besuchen, waschen sie sich erst die Füße im Vergrößerungsbrunnen, damit die königliche Familie sie nicht für eine Schande halte, aber wenn sie zurückkommen, eilen sie wieder zu dem Hellen Quell …" (S. 67) und „waschen" sich die Füße „klein"! Das Abhacken von Zehen und Ferse im Aschenputtel-Märchen (s. u. S. 207f.), um mit kleineren Füßen in den Schuh des Prinzen zu passen und ihm als Braut zu gefallen, ist im Vergleich zu dieser sanften Methode im Wasserbad geradezu abstoßend brutal und blutig.

Beneidenswerte Verwandlungskünste? Eher nicht! Die Autorin fordert sicher das kritische „Hinschauen" auf die Intoleranz und Arroganz der Stumpenheimer heraus. Wenn das Motto *As you like it* Beliebigkeit und Willkür „von oben" diktiert, welche Schuhgröße genehm, was „schön" und modisch ist, grenzt es aus und provoziert Unterwerfung und Unbeweglichkeit in jeder Hinsicht. 1856 hat Frances Browne ein Märchen über Auswirkungen des „Modediktats" geschrieben, das von bleibender Aktualität bis ins 21. Jahrhundert zu sein scheint.[18]

Dragona, der Vorname deutet nicht gerade darauf hin, dass die Namensträgerin zu den zierlichen, attraktiven Schönen im Lande gehört; sie ist schwer „vermittelbar"! Ihre großen Füße brauchen große Schuhe, „größer als die Stiefel eines Gardesoldaten"! Trotz der voluminösen Erscheinung gelingt es dem Kanzler seiner Majestät, denn das stattliche Mädchen ist eine Prinzessin, eine Heirat zu arrangieren. Der Erbprinz Einfalt, auch in seinem Falle gilt offenkundig *nomen est omen*, ist der Auserwählte. Dem Heiratsvermittler wird dafür das glänzende „Großkreuz der Wimpelsburger" verliehen. Bei der Schuhgröße – das muss eine besondere Leistung gewesen sein! So ist es in dem österreichischen Märchen **Wie der Hofnarr Kanzler wurde** nachzulesen (S. 154-173, S. 154).

Das indische Märchen **Die großen und die kleinen Füße** (S. 122-126) erzählt auch von Vertreibung, Leid und Hochzeitsglück. Aus dem eigenen kleinen Königreich von habgierigen Verwandten vertrieben, wird der Herrscher auf der Flucht erschlagen, Frau und Tochter können sich in Sicherheit bringen. Für den glücklichen Ausgang sind die Fußspuren, die sie dem Erdreich aufdrücken, ganz wörtlich, wegweisend. Der gleichermaßen verwitwete Fürst Candasimha und sein Sohn entdecken nämlich auf der Jagd „im Staub die vielen Fußabdrücke" (S. 124).

Sie sind sicher, dass diese „reizend schönen Spuren" (ebd.) von Frauen hinterlassen sind. So folgen sie ihnen bis zum Lotosteich, wo die beiden Frauen sich versteckt halten. Dem Sohn sollte die Frau bestimmt sein, die ihm am besten gefällt. So hatte es der Vater im Voraus gewollt. Aber noch ehe sie sich auf „Spurensuche" begeben, kommt der Sohn zu einer ganz anderen Schlussfolgerung: „‚Der die kleinen Füße angehören, die soll meine Gattin werden; ich weiß, sie ist jung, sie paßt daher gut zu mir. Die mit den großen Füßen ist gewiß älter an Jahren, und so meine ich, für dich wird sie gerade richtig sein.'" (ebd.) Ein wenig widerstrebend, so bald nach dem Tod seiner Frau sich wieder zu verheiraten, nimmt er den wohlgemeinten Vorschlag des Sohnes an. Die Größe der Füße, sogar nur mittelbar über die Abdrücke, macht eine Person quasi anschaubar und auf diese Weise offensichtlich untrüglich begehrenswert. Eine verwitwete Königin, ein verwitweter Fürst, zwei edle junge, schöne Menschen, die noch frei sind, eine wahrlich märchenhafte Konstellation am Lotosteich! Der alte Fürst gewinnt das Vertrauen der beiden Einsamen und bringt sie in einen „herrlichen Palast" (S. 125). Die Vermählungen finden statt: „ Allerdings nahm sich … der Sohn … die Königin zur Gemahlin. Denn die kleinen Füße gehörten ihr. Und sein Vater vermählte sich … mit der Tochter, denn sie besaß die großen Füße." (S. 126) Ganz so einfach ist es also auch im Märchen nicht! Der jugendliche Sohn kennt noch nicht das Leben in allen Facetten: Große Füße gehören genauso wenig naturgegeben zu einer alten wie kleine zu einer jungen Frau! Aber – das ist Märchenweisheit: Versprochen ist versprochen! Und wunderbar verbinden sich Alter und Jugend gleich zweimal!

Die ungarische Königin Blancheflur deckt einen ganz gemeinen Heiratsbetrug auf, der ihrer Tochter Bertha widerfahren ist. „Wie das Bild eines guten Malers dem Original gleicht" (S. 21), so zum Verwechseln ähnlich sind einander Aliste, die Tochter der Amme, und **Bertha**. König Pippin fällt es deshalb gar nicht auf, dass nicht die Auserwählte aus dem fernen ungarischen Reich an seiner Seite im Ehebett liegt, sondern die „Kopie", die Ammen-Tochter. Wenn nicht nach Jahren die Mutter bei einem Besuch die falsche Gemahlin enttarnt hätte, wäre es vermutlich nie aufgefallen. „Sie riß die Decken vom Bett herunter und betrachtete die Füße der Kranken (Aliste simuliert): sie waren nur halb so groß wie die ihrer Tochter." (S. 28) Das französische Märchen benennt im Titel **Bertha mit den großen Füßen** (S. 20-29) das Alleinstellungsmerkmal der echten Braut.

Heiratsbedingung

… schnelle Füße

Eine andere Königstochter, so erzählt es ein baltisches Märchen, zeichnet sich durch Schnellfüßigkeit aus, eben *Die schnellfüßige Königstochter* (S. 281-317). Sie ist offensichtlich unbesiegbar, immer auf Rekordkurs, da kein Heiratskandidat sie, bislang, überholen konnte. Das aber ist die unumstößliche Bedingung für die Einwilligung der Prinzessin in eine Ehe. Ein Wettrennen zu verlieren, das ist das eine, damit muss jeder Prinz fertigwerden, aber dafür dann seinen Kopf abgeschlagen zu bekommen, das ist das andere! Die Werbung um die schöne Jungfrau ist ein gewagter Einsatz und erfordert Mut *von Kopf bis Fuß*. Die zahlreichen Köpfe auf der Stange vor dem königlichen Palast dienen als abschreckende Beispiele, aber nur bedingt. Training, und zwar jahrelang und täglich, veranlassen wieder einmal einen Königssohn, sich dem sportlichen Kampf zu stellen; und um seine Beine vor dem entscheidenden Wettkampf zu schonen, tritt er die Reise in einer Kutsche an. Obgleich der Vater der schnellfüßigen Prinzessin im Bewusstsein der Lebensgefahr den jungen Freier von seinem Plan abbringen möchte, behält dieser sein Ziel im Auge. Auf seinem langen Weg in das fremde Königreich hat er – so für alle Fälle – fünf Diener engagiert: einen „Windfüßigen" (S. 283), der seine Füße mit Mühlsteinen beschweren muss, um ihnen die Bodenhaftung zu geben; einen „Schützen", der eine Mücke im fernen Babylon sehen und erschießen (S. 284), einen „Horcher", der im fernen Rom regierungswichtige Gespräche vernehmen (S. 285), einen „Baumlupfer", der mit übermenschlichen Kräften in den Armen dicke Stämme beiseiteschieben, und einen „Windmühlenflügelbläser", der die Wetterlage erheblich beeinflussen kann (S. 288f.). Wer weiß, wozu diese Begegnungen gut sind![19] Der Heiratskandidat ist schnell, mutig und „ein schlauer Mann" (S. 288), er setzt nicht allein auf seine Füße, er setzt auch den Kopf ein. Mit den Füßen, dem Auge, dem Ohr, dem blaskräftigen Nasenloch und den starken Armen der fremden Gehilfen geht er seine Werbung geradezu strategisch an. Der Vater der Prinzessin erlaubt nämlich, dass ein Läufer angeheuert werden darf, der anstelle des eigentlichen Kandidaten den Wettkampf antritt, aber mit vollem Lebensrisiko für letzteren: „‚… aus einem solchen Gehilfen erwächst auch nicht der geringste Nutzen … nicht sein Kopf wird genommen, sondern der Eurige muß dafür haften und wird vom Rumpfe getrennt …'" (S. 290) Der wohlgemeinte Hinweis geht ganz offenkundig davon aus, dass die Füße der Prinzessin unschlagbar sind und bleiben; „Füße wie Flügel" unterstreicht der besorgte Vater, also die Nachfolgerin des geflügelten Götterboten Hermes?[20] Trotz aller Warnungen – der fremde Königssohn bleibt bei seinem (Lebens)plan! Schneider und Schuster statten das „Team" des königlichen Brautwerbers angemessen, repräsentativ aus, und am folgenden Tag findet die alles entscheidende sportliche Begegnung statt (ebd.). Die Schnellfüßige verstaucht sich den Fuß, sie versucht deshalb den Schnellläufer auszutricksen durch ein Wedeln mit einem Schlafkraut am Wegesrand, sodass der Konkurrent unmittelbar in Schlaf versinkt, was der scharf- und weitsichtige Schütze im Unterstützerteam beobachtet und mit der Flinte einen Zweig so geschickt abschießt, dass der Schläfer wach wird und den Rückstand aufholen kann, und zwar so

schnell, „daß die Fersen Funken sprühten" (S. 294). Der Gewinner steht fest. Die Königstochter erlebt die Niederlage ihres Lebens, aber sie akzeptiert sie nicht. Da ist guter Rat teuer! Alles Zureden hilft nicht, der Horcher des Brautwerbers gibt die Diskussion zwischen König und Prinzessin dem Betrogenen wieder. Aber Baumlupfer und Nasenflügelbläser warten noch auf ihren Einsatz: Der eine schleppt das Gold, das als Entschädigung für die nicht erfolgte Heirat zugestanden ist, in einem riesigen Sack weg. Alle Schatzkeller sind dann allerdings leergeräumt; der andere tötet durch einen von ihm entfachten Sturm das nachstürmende Heer des Königs. Dieser fühlt sich ohnmächtig in des Wortes schlimmster Bedeutung, ohne Reichtum, ohne Soldaten, *ohne Hand und Fuß*, resümiert er verzweifelt (S. 297f.). Eine Niederlage auf der ganzen Breite oder Länge, das muss letztlich auch die widerspenstige Königstochter einsehen, und so gibt sie ihr Einverständnis zu der Eheschließung. Schnelle Füße allein reichen offenbar nicht, es müssen noch andere (Zauber)kräfte und eine unüberwindliche Zielstrebigkeit, wie sie der letzte Bewerber an den Tag gelegt hat, dazu kommen. Das anschließende vierwöchige Hochzeitsfest müsste alle Seiten versöhnt haben, zumal der Schwiegersohn bereits von Anfang an alle Sympathien des Schwiegervaters genossen hat (S. 300).

Richtig *dumm gelaufen* ist das Wettrennen dagegen für **Die drei gerechten Kammmacher** in **Gottfried Keller**s Novelle. Zwar geht es vordergründig für den Sieger um den Verbleib im Betrieb des Meisters, aber vielleicht steht doch auch die eheliche Verbindung mit der beredten, frömmelnden, fleißigen Jungfer Züs Bünzlin auf dem Spiel. Diese „überwacht" den Lauf, motiviert vorab über fromme Bibelsprüche die Konkurrenten und ist am Startpunkt präsent. Alle drei sind völlig ungeübt, auf Beinen, „welche bislang nur in bedachtem ehrbarem Schritt gewandelt" (S. 469), stellen sie sich notgedrungen der Situation. Zwei von ihnen, Jobst und Fridolin, rennen los „wie von der Wespe gestochen" (S. 468), straucheln, laufen weiter, als gelte es das Leben, verhaken sich mit den Extremitäten, stolpern über ihre Wanderstecken, berappeln sich wieder und müssen am Ende feststellen, dass Dietrich, der Dritte im Bunde, das Rennen macht, ohne ernsthaft als „Athlet" gekämpft zu haben. Mit „feurigsten Liebeserklärungen", einem Fußfall und dem Versuch, sich der Hände und Füße von Züs zu „bemächtigen" (S. 471), um zusammen mit ihr in dem angrenzenden Wald zu verschwinden, gewinnt er ihr Herz. Der Erzähler hat die sportliche Dimension gleich vor dem Start ein wenig relativiert, denn die Jungfer inszeniert einen Auftritt in „roten Saffianschuhen mit Fransen" (S. 461), und der Leser versteht die Zeichen ... Es ist über jeden Zweifel erhaben – sie kann sich wirklich sehen lassen an dem entscheidenden Tag des sportlichen Wettkampfs! Der Erzähler entwirft ein detailgenaues Bild von der Aufmachung der jungen Frau mit dem dünnen rötlichen Haar und den „wasserblauen Augen" (S. 450) von Kopf bis Fuß; farbenfroh ist ihre Kleidung, wohl überlegt jedes Accessoire (S. 461f.). Ihre Staffage korrespondiert mit den „hochtrabenden" (!) Worten unmittelbar vor dem Lauf (S. 467). Nicht nur der Verlust der Stellung beim Meister, die Blamage vor den neugierigen Zuschauern, das sichere Gefühl, hereingelegt worden zu sein, stehen am Ende des Wettlaufs für zwei Handwerksburschen; einer erhängt sich im Baum, der andere Unterlegene ist so im Wesen verändert, dass er alle sozialen Kontakte verliert. Der dritte, Dietrich, bekommt eine Ehefrau, die den Laden aufkauft und ihm Lohn und Brot garantiert; aber der Preis ist hoch: Züs „regierte und unterdrückte ihn" (S. 475); er war zum *Pantoffelhelden* mutiert (s. S. 279f.)! (Sämtliche Novellen ... Gütersloh o. J., S. 440-475)

... schöne Füße

Schönheit ist Ansichtssache; innere und äußere können im Einklang sein oder miteinander konkurrieren. Das wird kaum jemand bezweifeln. Dass Bedingungen, die ein Märchen-Herrscher ausspricht, nicht diskutabel sind, sie gelten um Tod oder Leben, das wird erst recht niemand anzweifeln. In einer ungarischen Variante des Froschkönig-Motivs liegen die Dinge allerdings ein wenig anders, nicht ganz so einfach und wie erwartet. Ausgerechnet Fußsohlen, schöne Fußsohlen natürlich, durchbrechen diese Regelhaftigkeit.

Das Königreich der Sieben Lande steht vor dem wirtschaftlichen Ruin, wenn nicht die fresswütigen Wildschweine von den Maissäckern ferngehalten werden. Das ganze königliche Heer ist abgestellt, mit viel Munition diese Aufgabe im Schutze der Nacht zu erledigen, andernfalls droht die Todesstrafe. Der Erfolg bleibt aus, alle Soldaten, einschließlich Kommandant, werden geköpft (S. 152f.). Die Androhung der Todesstrafe bleibt, aber ein doppeltes Versprechen kommt für denjenigen hinzu, dem diese schier unlösbare Aufgabe doch gelingen sollte: die Königstochter und das halbe Königreich!

Ausgestattet mit einem doppelläufigen Gewehr, Brot, Speck und Wein, stellt sich ein „Zigeunerbursche" dieser Herausforderung (S. 155f.). Unterstützung findet er wunderbarerweise durch einen Frosch mit menschlicher Stimme. Weil er sein Brot bereitwillig mit diesem teilt, ist die Verwünschung aufgehoben, eine Prinzessin steht vor dem jungen Mann (S. 155). Durch einen Schrei vertreibt sie die Wildschweine ein für alle Mal, das ist ihr Dank. Märchenhaft! Damit könnte das Märchen zu Ende sein, alle Bedingungen für ein Happyend sind erfüllt. Aber es ist ja gerade nicht so einfach in diesem Fall. Dass der junge Mann, dem der König seine Tochter und das halbe Königreich versprochen hat, darauf verzichtet, ist schier unglaublich. Dass er zu behaupten wagt, dass die Fußsohlen des von der Froschhaut befreiten Mädchens schöner seien als das Antlitz der Königstochter und er deshalb s i e zu heiraten beabsichtigt, ist ungeheuerlich. Noch ungeheuerlicher, und spätestens da wird wirklich jedem die Relativität von Schönheit augenfällig bewusst, ist, dass der König einen „Beweis" will, selber bereit ist, sich mit eigenen Augen von dieser Behauptung zu überzeugen und sich überzeugen lässt (S. 158f.). „... da konnte der König nichts machen, es war bewiesen, daß ihre Fußsohle wirklich schöner war als das Antlitz der Königstochter, denn ihre Fußsohle war wunderschön weiß und rot wie Blutstropfen, aber das Gesicht der Königstochter war schwarz und picklig." (S. 160) Er lässt das Todesurteil wegen des ausgeschlagenen „Angebots" nicht ausführen, er lässt den jungen Burschen mit seiner neuen Braut Gizella, der Tochter des Schwarzen Herzogs, ziehen. Tragischerweise kann die Hochzeit erst mit Verzögerung gefeiert werden, denn kurz nach dem Wiedersehen mit der erlösten Tochter „glitt deren Mutter mit dem Fuß aus und geriet ins Tiefe des Beckens", in dem sie gerade ein Bad nahm (S. 162), und ertrinkt. Noch eine zweite verwunschene Frosch-Prinzessin erlöst der junge Mann während der Trauerzeit: die Tochter des Apollonischen Herzogs und Freundin Gizellas! Die Hochzeit zwischen der Prinzessin mit den schönen Füßen und ihrem „Befreier" findet etwas früher als vor Ablauf der Trauermonate statt; die noch schönere Freundin ist aber keine Konkurrenz (S. 165f.). Der Titel ***Der Zigeunerbursche heiratet die Frosch-Prinzessin*** hatte das Ende vorausgesagt (Zigeunermärchen, S. 152-166).

Es ist selbstverständlich, dass jedes Brautpaar zur Hochzeit schön gekleidet sein muss und will. Die natürliche Schönheit der beiden Liebenden kann das nur unterstreichen, wie es in einem anderen ungarischen Märchen zu lesen ist. Voller Bewunderung stellt die zauberkundige Mutter des Schweinehirten gegenüber dem Brautvater fest: „‚... Ihre Tochter ist so weiß wie der Schnee, mein Sohn aber glänzt noch schöner und schwärzer als der schönste gewichste Schuh ...'" (S. 217); solch einen trägt das junge Mädchen wie zur Überprüfung selber am Fuße (S. 212). Eben dieser Vergleich war dem schönen Mädchen selbst durch den Sinn gegangen, als es den Schweinehirten zum ersten Male sah (S. 211). Wenig rühmlich war das erste Zusammentreffen zwischen der Mutter des späteren Bräutigams und der Braut, eine Begegnung gewissermaßen über die Schuhe beziehungsweise über die Füße. Die Alte, ihre Füße nur in Lappen gewickelt, hatte vergeblich den Vortritt auf einem Plankensteg erwartet, weil das schöne Mädchen gut beschuht in Chevreau-Schuhen und insofern gegen die Nässe des umgebenden Untergrunds geschützt gewesen wäre (S. 208).

Die Schöne versetzt aber der „alten ... Zigeunerin" einen Stoß, so dass die in den Schneematsch treten muss und deshalb üble Beschimpfungen und Verwünschungen ausstößt. Die Heirat zwischen dem *schönste*(n) **Mädchen der Welt und dem Schweinehirte**(n) (S. 206-231) kommt trotz oder gerade wegen all der Gegensätze zustande! Für die Hochzeitsfeier muss das alte Weib das abgetragene Lumpenzeug an Körper und Füßen ablegen, so bestimmt es der Brautvater. Er verordnet ein Bad, einen Friseurbesuch, das „schönste Kleid" der eigenen Frau und – deren „beste Schuhe" (S. 218), die die wie auch immer gewachsenen Füße schützen und schmücken. Von oben bis unten, *vom Scheitel bis zur Sohle* ist die Alte dann ansehnlich und gesellschaftsfähig als Schwiegermutter des schönsten Mädchens!

... passende Schuhe

Schuhe als „Beweisstücke" für die richtige Eheentscheidung gehören in eine jahrhundertelange Tradition, nämlich in die von Aschenputtel-Cinderella. „Ein jeder", behauptet Ulf Diederichs, „kann sich auf landeseigene Märchen berufen, die Heldin ‚in der Asche' ist allen vertraut." (S. 31) Er nennt über 400 Versionen, nicht alle enthalten allerdings die „Schuhprobe". „Die erotische Schuh-Metapher"[21] oder „Die Schuh(an)probe als Sexualsymbol"[22] stecken den Deutungshorizont ab. Trotz der ausführlichen Aufarbeitung dieses Motivs soll wenigstens anhand einzelner literarischer Beispiele das arme, hässlich-schöne **Aschenputtel** auch im Kontext dieser Ausführungen präsentiert werden. Die bekannteste Märchen-Variante ist die der Gebrüder **Grimm** (Kinder- und Hausmärchen, S. 111-119), ähnlich der von **Charles Perrault**, die in seiner 1697 erschienenen Sammlung ***Contes de ma mère l'oye*** enthalten ist (S. 77-93, deutsche Fassung).

Von der Stiefmutter gegenüber deren leiblichen Töchtern zurückgesetzt, schlechter behandelt als eine Dienstmagd, darf Aschenputtel nicht den Ball des Königssohnes besuchen. Er ist auf Brautschau im Lande unterwegs. Nachdem sie mit der Unterstützung von Aschenputtel herausgeputzt, frisch frisiert, gut gekleidet sind, die Schuhe blank gewienert und die Schnallen geschlossen sind, besuchen die beiden Schwestern das Fest, die Stiefschwester bleibt bei der Küchenarbeit, in der Asche kniend, zurück. Hilfe erwächst ihr durch zwei Tauben, die beim Sortieren der Linsen flink den Auftrag erledigen. Vom Taubenschlag aus wirft das vom Fest ausgeschlossene Mädchen einen Blick in den Tanzsaal, ehe sie am nächsten Tag selber das festliche Ereignis miterlebt. Die Tauben haben ihr geraten, den Haselnussstrauch auf dem Grab der Mutter zu schütteln und um schöne Kleider zu bitten. „Kaum hatte es das gesagt, da lag ein prächtig silbern Kleid vor ihm, Perlen, seidene Strümpfe mit silbernen Zwickeln und silberne Pantoffeln …" (S. 114) Eine Pferdekutsche steht bereit, Diener begleiten sie, der Prinz selbst holt sie ab und führt sie in den Saal. Er weiß vom ersten Augenblick an: Das wird die Auserwählte sein! Aschenputtel entschwindet vor Mitternacht, aber das Verwandlungsschauspiel wiederholt sich am nächsten Abend. Dieses Mal liegen nach der getanen schmutzigen Küchenarbeit goldene Kleider und Pantoffeln auf dem Grab. Eine Kutsche, von Schimmeln gezogen, fährt wieder vor, der Prinz empfängt sie und möchte wissen, wer dieses schöne Mädchen ist und woher es kommt. Aschenputtel tanzt mit dem Prinzen, vergisst darüber die limitierte Zeit, verlässt schließlich erst nach Mitternacht überstürzt die Festlichkeit und verliert dabei einen goldenen Pantoffel auf der mit Pech bestrichenen Treppe. Die Schwestern sind nach dem Fest beunruhigt und neidisch auf die „fremde" Prinzessin, die ihnen wieder „die Schau gestohlen hat"; der Prinz aber hat ein Indiz, um sich auf die Suche nach der Unbekannten zu machen. Die Schuhprobe wird landauf und landab durchgeführt, der goldene Pantoffel passt keinem Mädchen. Als die beiden Stiefschwestern an der Reihe sind, rät ihre Mutter erst der einen, dann der anderen Tochter, die Zehen beziehungsweise die Ferse abzuhacken, um die richtige Schuhgröße vorzutäuschen. Der Warnruf der hilfreichen Tauben „Blut ist im Schuh …" macht dem Prinzen die brutale Manipulation klar, und so besteht nicht die eine und nicht die andere die Probe. Widerstrebend lässt die Stiefmutter auf Drängen des Königssohnes auch das aschgraue Mädchen den Pantoffel probieren. „Da streift es den schweren Schuh von dem linken Fuß ab, setzt ihn auf den goldenen Pantoffel und drückte ein klein wenig, da stand es darin, als wär er ihm angegossen." (S. 118) Die Schuhgröße führt zum Wiedererkennen der Gesuchten, der Prinz weiß, das ist „die rechte Braut" (S. 119), die einzig mögliche. „Schwere Schuhe" versus Goldpantöffelchen, Sozialstatus und Familienstand verändern sich im selben Moment.[23]

Ein „kleiner, zierlicher Schuh" mit einem Kalbsfuß versehen und in einen Bach geworfen, schwimmt dem Prinzen in dem afghanischen **Aschenputtel**-Märchen entgegen. Er versteht das Zeichen, lässt alle Mädchen aus dem ganzen Land zur Schuhprobe zusammenrufen und findet nicht die „Richtige", denn es sind eben doch nicht alle gekommen. Eine fehlt. Ein Jäger stößt auf einer Kuhweide auf das einzige Mädchen, das nicht zur Probe mitgenommen worden ist, und bringt es – hoch zu Ross in einem bereits majestätischen Auftritt – zum Palast. Der Schuh passt, die Schönheit ist zudem so eindrucksvoll, dass die zu Hause ungeliebte Stieftochter ihr Glück in der Heirat mit dem Königssohn findet. Die Stiefschwestern und deren Mutter arbeiten fortan als Dienerinnen bei Hofe und ernähren sich von Küchenabfällen. (In: Granatapfel und Flügelpferd, S. 121-123)

Kein Königssohn, aber ein junger Bursche aus dem dörflichen Milieu findet ebenfalls über den passenden Goldschuh das gute Waisenmädchen. In dem baltischen Märchen **Der Bösen Tochter und das Waisenmädchen** (S. 312-317) bleibt der betrügerischen Stiefschwester nicht nur der verstümmelte Fuß mit den abgehauenen Zehen, sondern sie wird in einen See geworfen und so vom Leben zum Tod befördert.

Aber nicht nur Frauen sind bereit, sich ohne Rücksicht auf Verluste der Schuhprobe zu stellen![24] Das ist im Zuge der Gleichberechtigung der Geschlechter eigentlich ganz tröstlich. Schreiner und Tischler werden in einem britischen Märchen auf den Plan gerufen, um „alle(n) wichtigen Männer(n) des Landes" (S. 163) die Füße passend für den Schuh zuzuschneiden, den die Königstochter bereithält. **William Butler Yeats** erzählt von dem einfachen Kuhhirten Jack, der die Prinzessin von der Bedrohung durch einen Lindwurm befreit (**Träume ohne Moral**, S. 155-166, S.161f.) und sich anschließend nach dem tödlichen Schwerthieb „verdrückte". Diese Tat lässt ihn unweigerlich außerhalb jeder Konkurrenz zum

Bräutigam avancieren. Er muss gefunden werden! Die Prinzessin hat sich zum Glück und für alle Fälle gleich zweifach abgesichert, als sie ihrem Lebensretter im Schlaf einen Schuh, das Geschenk eines Riesen (S. 160), ausgezogen und eine Haarsträhne abgeschnitten hat (S. 162). Ein Schuh, in diesem Falle ein Männerschuh, ist – wieder einmal – trotz aller vorgenommenen Verstümmelungen der untrügliche Beweis dafür, wer zu wem gehört, und das Haar passt natürlich auch zu der einzelnen „sichergestellten" Strähne (S. 163). Das Hochzeitsfest wird drei Tage und drei Nächte gefeiert.

Ohne Blutvergießen kann **Der tapfere Soldat**, ein Neapolitaner, den geforderten Beweis erbringen, dass er die Königstochter aus dem Zauberschlaf erweckt hat. In einer tausende Meilen entfernten Umgebung entdeckt er ein Heer, das ein Schloss verteidigt, verstärkt durch eine auf dem Balkon angekettete Wölfin; lediglich eine Drehung seines Schwertes versetzt alle Soldaten in einen Tiefschlaf, die gefährliche Wölfin wird erschossen und der Weg ins Innere des Schlosses ist frei. „... im ... schönsten Zimmer fand er in einem Stuhl ein schlafendes Mädchen ... Von ihrem Fuß war ein Pantoffel gefallen; den hob der Neapolitaner auf und steckte ihn in seine Tasche ... Dann gab er ihr behutsam einen Kuß und schlich sich auf Zehenspitzen davon." Sie erwacht, entdeckt ihren nackten linken Fuß, aber der Retter ist schon entschwunden. Wie vermutet, wird nach langer Suche der linke Pantoffel zum Beweis für die Erlösung durch den mutigen Retter gefunden. Einer Heirat steht kein Hindernis mehr im Wege. (Das italienische Volksmärchen, S. 70-78)

Nicht Gold, auch nicht ein „Schühchen mit Korkabsatz" wie in **Giambattista Basile**s, *Die Aschenkatze* (S.68), sondern Glas ist das Material des Pantoffels, der in **Perrault**s Version Prinz und Braut zusammenführt. Rein praktischen Überlegungen folgend, wird in einem modernen britischen Märchen die Eignung von Glas als Schuhmaterial thematisiert. In einem Schuh aus Glas tanzen? Kaum denkbar! **Tanith Lee** verarbeitet und verfremdet in einer geradezu bizarren Erzählung, betitelt ***Wenn die Uhr schlägt***, das bekannte Schuh-Motiv. Eine durch Mord und Totschlag verdüsterte Welt ist die Kulisse für das Treiben Aschellas, die durch ihr Familienschicksal zu einer feurigen Hexe mutiert ist. Besessen von dem Gedanken, die Schöne nach einem rauschenden Fest über den zurückgelassenen Glasschuh wiederzufinden und ihr seine Liebe zu bekunden, lässt der Herzogssohn, wie alle seine Märchen-Vorgänger, Frauenfuß um Frauenfuß im ganzen Land die Schuh-Probe machen, entgegen dem Rat seiner Minister. Sie ahnten wohl – so aufgeklärt wie der Erzähler –, dass der gläserne Schuh ein „Hexenschuh" ist (S. 277), widersinnigerweise veränderbar in Form und Größe, aber dennoch nur für einen (unauffindbaren) Fuß bestimmt. Der Prinz verliert über der zeitaufwändigen Suche den Verstand. Bereits während des Festes war der Tod mit dem Schlag Mitternacht (S. 275) in Erscheinung getreten, wohl in Aschellas verwandelter Gestalt. Mordend und wider allen Rat reitet der Herzogssohn durchs Land. Vergeblich! Das Mädchen, „eine Anhängerin des Satans" (S. 278), bleibt verschwunden. Entsetzen bringt die Aufdeckung des Schicksals der geheimnisvollen Aschella mit den dunkelroten Haaren und dem tänzelnden Gang durch ihren Vater, der die einzige Überlebende eines Massakers des Herzogs einstmals geheiratet hat, ohne zu ahnen, dass diese dem Satan gehört. Sie hat sich erstochen, als ihr Treiben aufgedeckt wurde (S. 261), vorher ihre Tochter, eben Aschella, beschworen, die teuflischen Künste fortzuführen. Der Prinz, den Glasschuh wie eine Trophäe in Händen haltend, gerät in den Strudel der satanischen Verwünschungen, wird erschlagen und beim Sturz „… fiel ihm der Glasschuh aus den Händen und zersplitterte in tausend Stücke" (S. 278). Das Happyend des Volksmärchens ist getilgt, der Schuh ist zerstört, der Leser bleibt desillusioniert zurück. Der Erzähler hat ihn in menschliche Abgründe (S. 278) von Rache und Tod blicken lassen. (Britische Märchen, S. 246-279)

Versöhnlich märchenhaft bleibt die Handlung in dem aktuellen Mädchenroman von **Darcey Bussell**, ***Die magischen Ballettschuhe. Violetta und der gläserne Schuh*** (o. O. u. J.).

Als hätte sie sich das Märchenwissen um den passenden Schuh für die „passende" Frau beziehungsweise die richtige Frau zum richtigen Schuh zu eigen gemacht, für die Gemahlin eines Grafen ist es Existenz entscheidend, ihre unverbrüchliche eheliche Treue zu beweisen, ihren untadeligen Ruf zu wahren und dabei einen königlichen Minister einer gemeinen Verleumdung zu überführen. Das Märchen vom ***Goldpantöffelchen*** (Spanische Hunger- und Zaubermärchen, S. 111-117) benennt im Titel das bekannte Schuh-Motiv und weckt entsprechende Aschenputtel-Assoziationen. Eine versprengte Jagdgesellschaft, darunter der König und ein Graf, sucht wegen der hereinbrechenden Nacht ein Quartier. Vater, Mutter und eine „anmutige Tochter" (S. 111) heißen sie trotz der bescheidenen Möglichkeiten in ihrer Hütte willkommen. Der Graf verliebt sich in das Mädchen, „denn es schien ihm nicht nur ausgesprochen schön und munter, sondern auch überaus gewitzt" (S. 112). Schönheit plus Verstand, keine ganz typische Kombination, aber wer „gewitzt" ist, hat Verstand! Die Eltern fühlen sich als Handwerksleute nicht standesgemäß, um einer Heirat zwischen dem Grafen und ihrer Tochter zuzustimmen, das Mädchen selber muss das entscheidende Ja sagen. Ganz emanzipiert, ganz fortschrittlich! Dass diese Ehe dann glücklich wird, ist bei Hofe offensichtlich nicht für jedermann vorstellbar. Das kann nicht sein, in jeder Frau steckt ein Teufel der Verführbarkeit, das ist die missgünstige Behauptung eines königlichen Beamten (S. 113). Darauf wettet er seinen Kopf. Gewagtes Spiel, die Rechnung ist ohne die „aufgeweckte", schöne Gattin des Grafen gemacht! Eigentlich ist der Ehemann ganz sicher, was die Treue seiner Frau angeht, aber dennoch oder gerade deshalb geht er die Wette ein. Er entfernt sich acht Tage von zu Hause und verbringt die Zeit im Palast des Königs, der der Zeuge der Wette ist. Einlass in die gräflichen Gemächer bekommt der hinterhältige Provokateur nicht, das macht die Gattin unmissverständlich klar, nicht während der Abwesenheit ihres Mannes! Es sieht nicht gut aus für den Minister, die Zeit läuft. Also verschafft er sich über eine Komplizin vermeintlich untrügliche Beweise dafür, dass er bei der Gräfin gewesen ist: der hübscheste Ring, eine Locke und die Kenntnis über ein Muttermal an der rechten Brust (S. 113f.). Die Zofe der Gräfin hat den Zugriff und sieht mit eigenen Augen beim Ankleiden das individuelle Merkmal. Diese Kombination überzeugt, sie ist in der Welt der Märchenfiguren an sich zur Identitätsfindung nicht mehr zu überbieten. Der Graf muss kapitulieren, er muss einräumen, dass jedes einzelne Stück, gar das intime Muttermal, seiner Frau zuzuordnen ist. Die Wette hat er verloren! In Kerkerhaft kann er nur noch seiner Enthauptung entgegenharren. Aber „die Gräfin begriff sogleich die Lage, ging zu einem Goldschmied und trug ihm auf, ihr binnen vierundzwanzig Stunden ein Goldpantöffelchen anzufertigen." (S. 115) Das Pantöffelchen in der Hand, zieht sie dann schreiend vor den Königspalast, verlangt Gerechtigkeit und beschuldigt den Minister, ihr das Gegenstück gestohlen zu haben (S. 115f.). Das ist wirklich sehr schlau, der Minister ist in einer ausweglosen Situation, ohne es zu begreifen. „... Ich habe die Frau mein Lebtag nicht gesehen!" (S. 116) Er schwört es dreimal im Angesicht des Königs. „Da sprach die Gräfin ... : ‚Warum behauptet Ihr dann, mit mir geschlafen zu haben?' " (ebd.) Der „Scharfsinn" der Gräfin ist wahrlich bewundernswert, das sieht der ganze Hof genauso. Nichts wäre so beweiskräftig wie das ergänzende Gegenstück, das in diesem Falle natürlich nicht vorhanden ist. *Umgekehrt wird ein Schuh daraus*! Pech für den skrupellosen Minister! Er wird in die Verbannung geschickt, der

Kopf bleibt oben – Glück gehabt, der Graf ist gerettet und schließt seine treue Frau in die Arme.

Der passende Schuh, die passende Frau – das ist offenbar kein riskanter Zusammenhang, der Schuh „steht" für die Frau. Der König in dem oben bereits erwähnten Märchen aus der Sammlung von **G. Basile** malt sich aus, den Schuh in der Hand: „‚… O schöner Korken (gemeint ist der Absatz) an der Angel der Liebe, mit welcher sie meine Seele gefischt hat! Ich nehme dich in die Arme und halte dich fest, und wenn ich die Pflanze nicht erreiche, bete ich die Wurzel an, wenn ich den First nicht zu fassen kriege, küsse ich den Keller… Das Mädchen, das mein Leben tyrannisiert, war durch dich eine Handbreit und eine halbe größer, und durch dich gewinnt mein Leben eben so viel an Wonne, wenn ich dich anschaue und besitze.' " (S. 68)

Eine inzestuöse Heirat kann – glücklicherweise – trotz des passenden Schuhs verhindert werden. ***Die Tochter des Schuhmachers*** ist nach langem Suchen die einzige Frau, der der Schuh der verstorbenen Mutter passt, was eigentlich nicht unbedingt verwunderlich ist. Diese hatte ihren Mann beschworen, nach ihrem Tod „ ‚keine andere Frau zu heiraten, es sei denn, dieser Schuh paßt an ihren Fuß' " (Aramäische Märchen, S. 44-50, hier S. 44). Der Witwer ist bereit, den Letzten Willen der Verstorbenen beim Wort genommen umzusetzen; die Tochter zögert und stellt Bedingungen, die sie (und ihren Vater) vor diesem Schicksal bewahren[25]. In eine goldene Kugel, die der Vater anfertigen lassen sollte, eingeschlossen, wird sie, die „schön (ist) wie der Vollmond … ihr Haar fiel herab bis zur Hälfte des Rückens" (S.46), nach Verfolgung und Rettung die Königsbraut (S. 49f.).

Shel Silverstein, der 1999 verstorbene amerikanische Wortkünstler und Liedermacher, hat ***Auf der Suche nach Aschenputtel*** das Dilemma zwischen der vergeblichen Suche nach den richtigen Füßen und der „ganzen" Frau, eben der Person, nicht der Reduzierung auf die Füße, in wenigen Versen punktgenau und ganz nüchtern erfasst: „… Ich liebe mein Aschenputtel, ja, ich tu's, / Doch ich beginne Füße zu hassen." (S. 178)[26]

Die oder keine – das ist die Frage im Aschenputtel-Kontext. Aber auch bei der existenziellen Frage „ob überhaupt" können Schuhe quasi mitverantwortlich gemacht werden.

Ein Witwer ist „unschlüssig, ob er sich wieder eine (Frau) nehmen sollte oder nicht", so stellt sich die Ausgangssituation in dem **Grimm**schen Märchen

Die drei Männlein im Walde dar (Kinder- und Hausmärchen, S. 86-89). Dass durch einen Stiefel die grundsätzliche Entscheidung für oder gegen eine Heirat herbeigeführt werden soll, ist ziemlich ungewöhnlich und zugleich fatalistisch-pragmatisch. Die Tochter soll einen Stiefel mit einem Loch in der Sohle an einen Nagel hängen und Wasser hineinschütten. „‚… hält er das Wasser, so will ich wieder eine Frau nehmen, läuft's aber durch, so laß ichs bleiben.'" (S. 86) Die Flüssigkeit zieht das Loch zusammen, und das Wasser steht bis zum Stiefelrand! Damit ist die Entscheidung gefallen. „… ‚da muß ich mir wohl eine Frau nehmen'; ging hin und freite eine Witwe." (ebd.)

Und wenn man gar nicht heiraten will, zumindest keinen menschenfressenden Riesen, dann können Schuhe auch das verhindern helfen, allerdings birgt auch Schlauheit eine Chance, zu entkommen. Diese Möglichkeiten sind in einem britischen Märchen von **Juliana Horatia Ewing** aus dem 19. Jahrhundert nachzulesen (S. 81-87). **Der Menschenfresser auf Brautschau** hat es auf sehr kleine und gleichzeitig sehr sparsame Frauen abgesehen. Diese sterben dann sehr bald nach der Eheschließung aus ganz unterschiedlichen Gründen, in der Regel, weil sie sich zu Tode geschuftet und gespart haben. Vierundzwanzigmal ist das bereits geschehen! Wen kann es also wundern, wenn die natürliche Körperlänge oder -kürze wenigstens situativ verändert wird? Die großgewachsenen Mädchen strecken sich vorsichtshalber, „bis sie Maibäumen glichen" (S. 82). Dann sind sie sowieso uninteressant, außer Reichweite, selbst für einen Riesen. Wenn dieser „Abwehrmechanismus" nicht greift, dann sind Schuhe mit Absätzen, die beim Gehen klappern, das Mittel der Wahl (ebd.), also offenkundig Stöckelschuhe. Die „Schlampigen" (ebd.) bevorzugen dieses Auftreten[27] und zerreißen sich das Maul über Molly, „die kleinste und bemerkenswerteste Frau des ganzen Landkreises". Sie ist die fünfundzwanzigste und letzte Kandidatin, die ohne Schuh-Trick, ohne Recken und Strecken, aber dafür mit List ihre Sparsamkeit demonstriert, unterstützt von ihrem Vater, der eine Mitgift für diese eheliche Verbindung schlichtweg verweigert; dafür stellt er seinerseits materielle Forderungen wie zum Beispiel ein neues Bauernhaus als Preis für die Einwilligung in die Heirat und schlägt damit buchstäblich Kapital aus der Brautwerbung. Dem Riesen werden außer dem Hausbau weitere Aufgaben auferlegt, die ihn veranlassen, sein Heil in der Flucht zu suchen und – gezeichnet von den strapaziösen Aktionen – von dieser Heirat und allen weiteren Abstand zu nehmen (S. 86f.). Molly heiratet stattdessen einen reichen Bauern.

Schuhe zur Mutter-Tochter-Identifikation

„,... Ich war ein Freudenmädchen, ich hatte ein Kind, und sie („die Zigeuner") haben mir mein Kind genommen. Weißt du, wo mein kleines Mädchen ist? ... Hier ist der Schuh, das einzige, was mir von ihr geblieben ist. Weißt du, wo der andere dazu ist? Wenn du es weißt, sag es mir, und wäre es am anderen Ende der Welt, auf meinen Knien würde ich hinrutschen, um ihn zu suchen.'" Die, die das verzweifelt hinter dem Eisengitter ihres selbst gewählten steinernen Verlieses herausschreit, ist die Klausnerin Gudula aus **Victor Hugos** Roman ***Der Glöckner von Notre-Dame*** (S. 178). Die, der sie diese Fragen entgegenschleudert, ist ein junges Mädchen, das die Alte für einige Augenblicke durch das Mauerloch mit ihrer knochigen Hand festhalten soll, damit es dem Henker zugeführt werden kann. Es ist die vermeintliche „Zigeunerin" Esmeralda, der „Smaragd", in Wirklichkeit aber die verlorene Tochter Agnes der Klausnerin (S. 177)! Zwei kleine gestickte Schuhe, der eine von der alten Gudula wie ein Kleinod in einem Winkel ihres schmutzigen „Rattenlochs" (S. 73, S. 185) über Jahre gehütet, der andere in einem „kleinen mit Glasperlen verzierten Beutel" von Esmeralda-Agnes als Amulett um den Hals getragen (ebd.), fügen sich zu einem Paar! Dramatischer ist diese unerwartete Wiederbegegnung nach fünfzehn Jahren zwischen Mutter und Tochter kaum zu denken. Hass, blinde Eifersucht, schrankenlose Liebe, Todesangst, ein gescheiterter Rettungsversuch, schiere Verzweiflung – das ist die emotionale Kulisse, vor der der steinerne Galgen (S. 187) auf Esmeralda in Sichtweite der Kathedrale Notre-Dame wartet. Es gelingt der Mutter nur für Augenblicke, ihre Tochter in die Zelle zu ziehen; „... trunken vor Freude lachte und sang sie, küßte ihre Tochter, sprach zu ihr" (S. 179). Buchstäblich mit „Zähnen und Klauen" verteidigt Gudula ihr Kind (S. 183, S. 186), als Soldaten und die Gehilfen des Henkers Esmeralda-Agnes aus dem Versteck zerren. Sie sind stärker und entschlossen, den „Wille(n) des Königs" auszuführen, d.h., das der „Zauberei, Unzucht und des Mordes ..." angeklagte bildschöne „Zigeunermädchen" Esmeralda (S. 120) durch den Strang hinzurichten, „mit nackten Füßen" und „im Sünderhemd" (S. 121). Vor diesem Schicksal kann Gudula ihre wiedergefundene Tochter nicht bewahren. Sie selber stirbt, weggestoßen von den Soldaten, auf dem Pflaster vor dem Galgen (S. 186).

Zauberschuhe – Glück gehabt?

Schuhe, die „wie angegossen"[28] sitzen, elegante Schuhe, ausgefallene Schuhe, möglicherweise handgefertigt aus wertvollem Leder, haben zwar ihren Preis (s. u. S. 271), aber sie sind käuflich zu erwerben; in der aktuellen Schuhwerbung werden sie als „traumhaft", „traumschön", Freiheit verheißend, „zauberhaft" attribuiert, aber „Zauberschuhe" sind es noch lange nicht. Das „Auftreten" mag geschmeidiger und angenehmer sein, der wie auch immer geartete Boden unter den Sohlen bleibt gleich, Schrittlänge und Laufgeschwindigkeit sind eher in bescheidenem Maße variabel. Zu den edlen Materialien, der speziellen Fertigung und dem tadellosen Schnitt und Sitz müssen noch andere Eigenschaften, besondere Kräfte kommen; sie kann man nicht kaufen, sie gibt es eben nur in der Märchenwelt.

Siebenmeilenstiefel sind vielleicht d e r Prototyp für „Zauberschuhe" schlechthin und dichterischer Ausdruck eines Menschheitstraumes, ausschließlich zu Fuß, wohlgemerkt mit dem beschuhten Fuß, räumliche Entfernungen von weltweiter Dimension zu bewältigen.[29]

Im Nachlass eines Riesen befinden sich – außer einem zauberkräftigen Degen und einem eben solchen Mantel – auch Stiefel, „wenn man die an den Füßen hatte und sich wohin wünschte, so war man gleich da" (S. 375). Verständlich, dass die drei Söhne einen Vermittler in dieser Erbangelegenheit brauchen! Das Märchen ***Der König vom goldenen Berg*** aus den **Grimm**schen Kinder- und Hausmärchen (S. 372-376) erzählt von den Vorteilen dieser Fortbewegung.

Genau s i e b e n Meilen legen die Stiefel mit einem Schritt zurück, die ein Räuber einem Reisenden gestohlen hat. Also echte „S i e b e n meilenstiefel"! Als ein *kleiner Hirte* sich dieses Stiefelpaar aneignet, entfaltet es „seine Wunderkraft" (S. 156) und bringt ihn an das gewünschte Ziel, nämlich in das Königreich Spanien, das von Feinden bedroht wird. Aus dem Bestand der Räuber sind lederne Hosen, ein Hut, ein Schwert die anderen Zauber-Requisiten, die ihn schließlich recht mühelos siegreich im Kampf sein lassen. Die anschließende Hochzeit mit der Königstochter wird dann aber zum Anlass, die unrechtmäßig erworbenen Gegenstände wieder den ursprünglichen Eigentümern zurückzugeben – bis auf die Stiefel (S. 158)! Diese haben nach seiner Einschätzung den Gegenwert eines Herzogtums, das er dem rechtmäßigen Stiefelträger tatsächlich überlässt. Wahrlich ein respektabler Umgang mit anderer Leute unbezahlbaren Sachen! *Des kleinen Hirten Glückstraum* konnte nicht schöner in Erfüllung gehen.[30] (**Bechstein**, S. 153-158)

In *Peter Schlemihls wundersame*(r) *Geschichte* (1814) von **Adelbert von Chamisso** wird der Erwerb eines alten Paares Stiefel zum völlig unerwarteten Start in die weite Welt. Der unglückliche, einsame Mann Peter Schlemihl, der seinen Schatten gegen ein unerschöpfliches Geldsäckel hergegeben hat und seitdem ein Ausgestoßener ist und die menschliche Gesellschaft schließlich auf abgelegenen dunklen Wegen in ständigem Unterwegssein meidet, braucht neues Schuhwerk. „Ich ging schon auf den bloßen Füßen." (S. 69) *Das geht nicht so weiter.* Für neue Stiefel reicht das Geld nicht, nachdem er sich ein für alle Mal von seinem Goldbeutel getrennt hat (S. 66); aber „der schöne blondlockige Knabe" bietet an einer Kirmesbude gegen Barzahlung auch alte, getragene an, die er „freundlich lächelnd einhändigte, indem er mir Glück auf den Weg wünschte" (ebd.). Vielleicht ahnt der Junge, welche Art von „Glück", welche „zauberhafte" Mobilität in diesem Leder stecken. Außer Neuholland und der Südsee (S. 72) sind alle Landschaften, alle Länder, alle Kontinente für Peter erreichbar, genauso wie Paris und London; er betätigt sich als Naturforscher, vornehmlich als Botaniker, und ist mit Riesenschritten zwischen den Eiswüsten des Nordens und den heißen Sandwüsten Afrikas unterwegs, solange er die Stiefel an den Füßen hat. Er begreift, dass er „Siebenmeilenstiefel" trägt (S. 70). Ein Paar Pantoffeln als „Hemmschuhe" muss Schlemihl sich über die Stiefel stülpen, um seine Schritte zu verlangsamen und zu verkürzen, so dass er „nahe Gegenstände gemächlich" betrachten kann (S. 73). Die Stiefel nutzten sich nicht ab (S. 78); märchenhaft, ihre globale Reichweite in den genannten Grenzen, in jedem Falle phantastisch, die naturwissenschaftlichen Forschungsergebnisse, für die Berliner Universität bestimmt (ebd.), sind im Horizont der Zeit des Dichters Chamisso imposant, umfassend und fragmentarisch zugleich, überprüfbar, wirklichkeitsverhaftete Systematik aus der Hand eines Privatgelehrten (S. 73). Eine Krankheitsphase kann den rastlosen Forscher nicht abhalten, die wohlverwahrten Stiefel nach längerer Unterbrechung (S. 76f.) wieder anzuziehen und den Weg erneut aufzunehmen. Ein entschlossener, selbstbestimmter Aufbruch, Märchenheld und Forscher zugleich, unbeirrt fortschreitend in Siebenmeilenstiefeln, „ein sinnvoll ausgefülltes Leben im Fortschritt der Zeit".[31]

Z e h n Meilen pro Schritt (S. 51 u. ö.) mit einer Geschwindigkeit, in der sich der „Nordwind zu einem wütenden Sturm" aufpusten musste (S. 53), um überhaupt mithalten zu können, bringen Pantoffeln einen Jüngling seinem Ziel näher. Er ist nämlich auf der Suche nach der Prinzessin, die in dem Schloss „südlich der Sonne und östlich des Mondes und mitten im Wald" (S. 48) lebt und ihn endgültig vom Teufel befreien kann, dem er schon vor seiner Geburt verschrieben war (S. 44f.). Zwei kleine Teufel hatten sich um dieses Paar Pantoffeln gestritten, keiner wollte davon ablassen und *wenn zwei sich streiten, freut sich der Dritte*. Das dänische Märchen **Verloren und gefunden** (S. 44-54) erzählt von dieser wunderbaren Wanderung durch die Welt mit einer Zielbestimmung, die kaum poetischer und unbestimmter vorstellbar ist und trotzdem oder gerade deshalb ganz wörtlich nur in Begleitung des Windes, also in Windgeschwindigkeit erreicht werden kann. „Und der Jüngling mußte zuletzt die Pantoffeln ausziehen und auf Strümpfen gehen, sonst wäre er weit am Schloß vorbeigekommen." (S. 53) Es ist ein glückliches Wiedersehen mit der Prinzessin, die ihn heiraten wird (S. 54). „Bodenhaftung" auf Socken! Wunderbar!

Viel unbeschwerter und auf kleinem Radius, aber mit großer Wirkung betätigt sich der Schuster David. Er trägt programmatisch den Spitznamen „Fröhliche Schuhsohle", denn er hat ein sehr einfaches, wenngleich phantasievolles Verfahren entwickelt, um „Zauberschuhe" herzustellen. Während einer grauen, kalten November-Schlechtwetterperiode in der Stadt Glück „nahm er einen Pinsel und Farbe und bemalte alle schwarzen Schuhe und Stiefel … Er verzierte die Absätze mit Gänseblümchen und Kornblumen, die Schuhspitzen schmückte er mit Schmetterlingen und Libellen. Er arbeitete unermüdlich", unterstützt von dem guten Geist Schabernack (**Kostinsky**, S. 58ff.). Man kann sich leicht vorstellen, dass die Kinder mit diesen bunten Stiefeln und Schuhen an den Füßen die Stimmung unter den Einwohnern aufhellen. Fantastisch! Märchenhaft ist es, weil sich unter den farbigen Sohlen

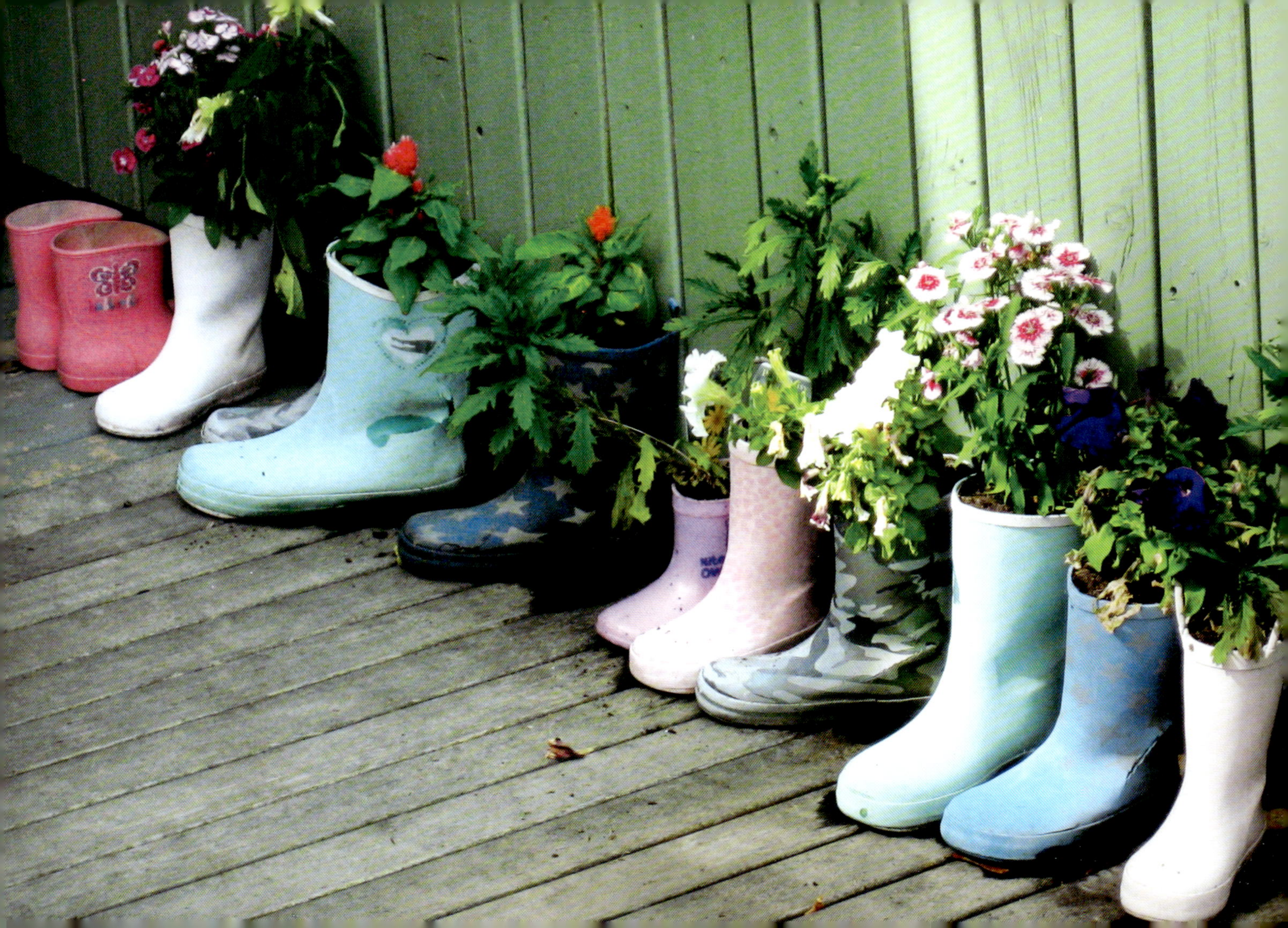

die „grauen Pfützen bunt färbten" und schließlich alle Regenwolken vertrieben werden. Angemalte Schuhe als Stimmungs-Aufheller – der Großvater, der seinem Enkel dieses Märchen erzählt, ist sich ganz sicher, so könnte es mit dem Wettermachen überall auf der Welt zugehen (S. 59f.). Das sind glückliche meteorologische Aussichten – mit zauberhaft einfachem Schuhwerk! Eben ein **Märchen von den Gedanken** …

Ein ganz kleines Glück kann ganz groß sein, es kommt ganz auf die Perspektive an. Viola und Oskar begehen den Festtag ihrer Silberhochzeit zunächst in einer Riesenradgondel, denn dort haben sie sich kennen gelernt. Der silberne Bräutigam lässt den Gedanken freien Lauf, empfindet dieses Aufsteigen im Karussell wie eine „Himmelfahrt", die das Irdische vergessen macht; die silberne Braut entfernt sich auch vom Alltag und „versteigt" sich in eine neue Sicht auf die Dinge. Die abgestreiften Schuhe liegen auf dem Boden der Gondel, sie hat sich von den „knarrenden Sonntagsschuhen" (S. 67) befreit und legt ihre nackten Füße auf den Gondelrand, „bewegt … erleichtert seufzend die Zehen und gedenkt des zu Hause in der Röhre röstenden Kuchens" (S. 68f.). Dabei macht sie „eine merkwürdige Entdeckung", die sie ganz „aufregend" findet. „Ihre über den Gondelrand ragenden großen Zehen springen nämlich, wenn sie das linke Auge zukneift, nach links, und wenn sie das rechte zukneift, nach rechts, und jede Zehe verdeckt dabei immer gut ein Zehntel des dahinter liegenden Stadtpanoramas." Wirklich und wahrhaftig, „stadtteilverdeckende Wunderzehen" (S. 70)! Das ist ein „Geheimnis", das sie nicht einmal Oskar anvertraut, das gehört nur ihr, für wenige Augenblicke, denn dann muss sie ihre „Wunderzehen" wieder in das „zu enge Schuhwerk" „zwängen" (ebd.). Zurück im Alltag, festen Boden unter ihren „in Form" gehaltenen Füßen, das ist der Normalzustand. Glück ist kein Dauerzustand, auch bescheidenes Glück, das in den eigenen Füßen steckt! Man muss es wenigstens in ganz besonderen Momenten entdecken. **Wolfdietrich Schnurre** gibt mit dem Titel *Das Fest der Genügsamen* (Feste feiern, S. 66-71) einen Fingerzeig, wie der Leser seine Erzählung verstehen soll.

Ganz „normale" Schuhe oder Stiefel mit Farnkrautsamen gefüllt sind ein Mittel zum „Sich-unsichtbarmachen", sicherer sogar als frischer Talg von einem ungeborenen Lamm! Diese „Rezepte" aus der Welt des Aberglaubens hat die alte Witwe Jeschke

auf Lager. Der Gastwirt und Kaufmann Abel Hradscheck, Protagonist in **Theodor Fontane**s Novelle ***Unterm Birnbaum*** (Stuttgart 1990, S. 13), will an solchen Zauberkram gar nicht glauben, aber man kann nie wissen, interessiert ist er in jedem Falle. „Er glaubte nichts davon und auch wieder alles …" (ebd. u. S. 111f.) Die humpelnde Alte aus einem „kleinen Haus" (S. 6) in der unmittelbaren Nachbarschaft der Hradschecks im Oderbruch, oft in Begleitung ausgerechnet einer schwarz-gelben Katze (S. 6), mit ihren Andeutungen und Beobachtungen zu Lebenden und Toten ist einer Märchen-Hexe gar nicht so unähnlich (vgl. S. 13, S. 40, S. 75 u. ö.). Nachdem er den Handlungsreisenden Szulski aus Habgier heimtückisch aus dem Weg geräumt hat, die Leiche in seinem Keller vergräbt, aber einen Kutschen-Unfall im Nebelgrau des Novembers vortäuscht, richtet sich der Tatverdacht bald auf Hradscheck (S. 69f.). Denn der Tote hatte zuletzt bei ihm Quartier genommen, hatte in der spätabendlichen Schankrunde mit den Geldsummen in seinem Mantel geprahlt, und Hradscheks Schulden sind hinlänglich bekannt. Darüber hinaus hatte der Erzähler den Leser behutsam darauf vorbereitet, dass diese Reise für den Vertreter aus Krakau vielleicht seine letzte sein könnte. Nach beschwerlicher Kutschfahrt über „die vom Regen aufgeweichten Bruchwege" (S. 30) kommt Szulski mit Verspätung vor dem Gasthof an. „Wolfsschur und Pelzmütze hatten ihm Kopf und Leib geschützt, aber die Füße waren wie tot ..." (ebd.) Der Täter vertuscht und verdrängt scheinbar spielerisch; die Beweise fehlen, ein vierwöchiger Gefängnisaufenthalt und eine gerichtliche Untersuchung schaffen keine zweifelsfreie Klarheit, die Leiche bleibt unauffindbar (S. 49). Die anscheinend nur beiläufig dahingesprochenen Andeutungen der alten Jeschke wollen indes nicht verstummen. Abel sieht sich nach langer Zeit gedrängt, Spuren zu verwischen, den Spuk, den die Bediensteten immer wieder und unüberhörbar äußern, wenn sie im Weinkeller einen Auftrag ausführen müssen (S. 104, S. 108), endgültig zum Schweigen zu bringen: Die Leiche Szulskis muss er „umbetten", und zwar in die Oder, den vorgetäuschten Unfallort. Er erinnert sich an das „Unsichtbarmachen", das könnte ihm jetzt bei der Durchführung seines Vorhabens zupasskommen. „... er pulverte von dem Farnsamen (den er selber zu diesem Zweck vorsorglich in seinem Garten gezogen hat)" in seine Schuhe „hinein" (S. 118). Das Experiment ist logischerweise zum Scheitern verurteilt, zumindest im Wortsinn des Aberglaubens, das muss er beim Blick in den Spiegel erkennen (ebd.), denn er ist ja nach wie vor sichtbar! Dennoch wagt er im Schutze der Nacht den Versuch, dunkelt das Licht seiner Laterne ab, damit die alte Jeschke keinen Verdacht schöpfen kann. Hinter der Falltür des Weinkellers kommt er bei dem Versuch, die Leiche auszugraben, selber ums Leben. Am nächsten Morgen wird er von seinem Kellner Ede und der Magd Male vermisst. Anders als gedacht und erhofft, bleibt er tatsächlich „unsichtbar", bis ihn der Polizist und der Dorfschulze, von den beiden Bediensteten gedrängt, im Keller entdecken (S. 120f.) und nur noch eine Frage klären müssen: „ ,... wie kriegen wir ihn unter die Erde und wo ...' " (S. 122)

„Zauberschuhe" gehören eben doch nur in das Reich von Märchen und Aberglauben, und sie „funktionieren" schon gar nicht, um ein Verbrecher zu vertuschen!

Vierblättrige Kleeblätter in Wanderschuhen sollen gegen Müdigkeit auf dem Weg helfen. Das ist ein unverfänglicher volkstümlicher Aberglaube.

Wenn indes die winzige **Potilla**, eine echte Märchen-Fee aus dem „Land der ewigen Jugend, ... der Anderswelt" (**Funke**, S. 36, s. o.), einem Menschenkind die Anweisung gibt, Blätter in die Schuhe zu legen, um die Sprache des Waldes zu verstehen (S. 49), dann ist die Zauberkraft „natürlich" aktiv.

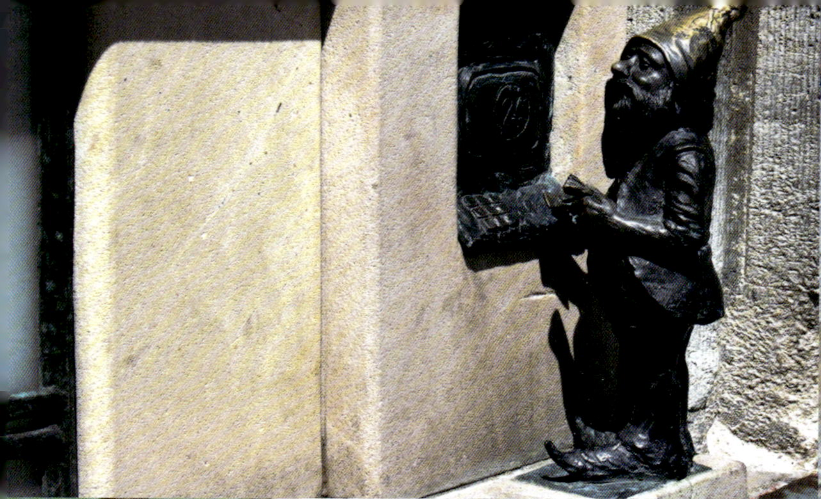

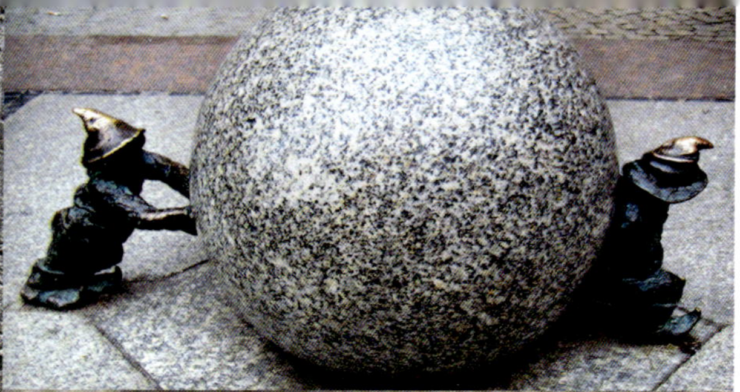

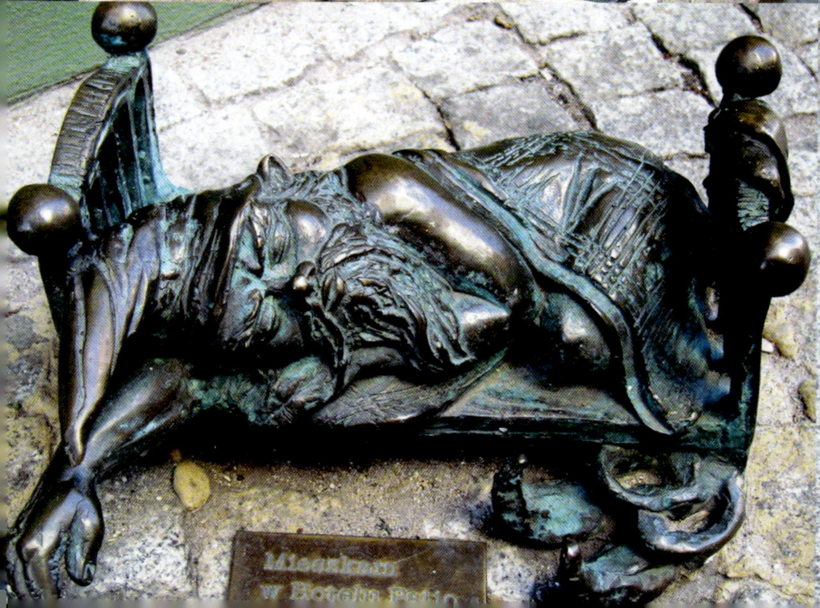
Mieszkam

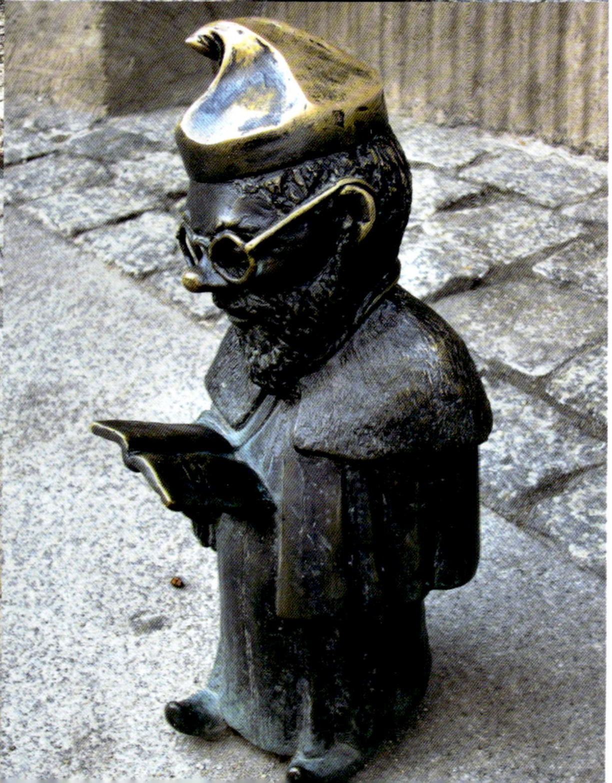

Das kleine Volk der Zwerge in einem Märchen aus der Gascogne ist in rote Gewänder gekleidet, und die winzigen Füße stecken in silbernen Schuhen. Es ist ein wunderbar hilfreiches Völkchen. Es sind nicht die Schühchen allein, es ist das gesamte Erscheinungsbild, das zu ihren wundersamen Taten passt. (Märchen der vier Jahreszeiten, S. 315ff.)

Ihre goldenen Sandalen verhelfen der feengleichen schönen Tochter der Königin Phantasie nicht gleich zum Eintritt in das Land der Menschen, wo sie den Kindern bunte erzählte Bilder bringen soll. **Märchen**, so heißt die Tochter, wird von den rüden Wachen am Stadttor verspottet und abgewiesen, bis ein „freundlicher Mann" ihr die Hand reicht und sie über die eingeschlafenen Wachposten „schlüpfen" lässt. Fußspuren hinterlässt sie in ihren Goldsandalen nicht[32], weil sie „friedlich und unbemerkt ihre Straßen ziehen wird", aber Spuren in den Herzen der Kinder, denen sie ihre Geschichten erzählen will. Ihre Brüder, die Träume, sind „Leichtfüße" und müssen sich keiner Kontrolle unterziehen, sie verschaffen sich Zutritt, wenn die Kinder und die Erwachsenen schlafen. (**Wilhelm Hauff,** *Märchen als Almanach.* In: Textbücher Deutsch. Märchen. Freiburg, Basel, Wien 1979, S. 112f.)

Noch etwas anders sieht die Sache aus, wenn die silbernen Schuhe einer Hexe ins Spiel kommen. Durch einen schweren Sturm vom Haus von Onkel Henry und Tante Em in Kansas buchstäblich weggeweht, kommt die kleine Dorothy mit ihrem Hund Toto „mitten in einem fremden Land" an (S. 27). Es ist das Reich des *Zauberers von Oz*, das **Lyman Frank Baum** entworfen hat, viergeteilt in Osten und Westen, die von Bösen Hexen, Norden und Süden, die von Guten Hexen beherrscht werden (S. 19). Dieses Reich, fern von der so genannten „zivilisierten" Welt (S. 20), muss sich das kleine Mädchen „erwandern" mit dem Ziel Smaragdstadt, wo sie den großen Oz antreffen wird. Sie ist zusammen mit ihrem Hündchen Toto in Begleitung der Vogelscheuche Krähenschreck, eines Blechholzfällers sowie eines Löwen, die mit ihr einen langen, von Gefahren bedrohten Fußmarsch durch die Wüste antreten. In ihre Heimat kann sie nur zurückkehren (S. 23, S. 26), wenn der Zauberer sie freigibt. Silberschuhe helfen, die Aufgabe zu bewältigen. Sie sind das einzige Überbleibsel der Bösen Hexe des Ostens (S. 20), die durch die herumfliegenden Teile von Tante Ems Haus zu Tode gekommen ist und so ihr Herrschaftsgebiet ungewollt befreit hat (S. 18). Vom Staub gereinigt, übergibt die Gute Hexe des Nordens Dorothy die Schuhe, die eine bislang verborgen gebliebene Zauberkraft in sich haben (S. 21, 110). Das Kind ahnt, dass diese Schuhe „genau das Richtige" sind, „denn sie nutzen sich bestimmt nicht ab" (S. 26). Die eigenen alten abgetragenen Schuhe zieht Dorothy aus, „probierte die silbernen an, und sie passten ihr so gut, als seien sie eigens für sie gemacht" (ebd.). Sie werden für alle Bewohner dieses unbekannten Reiches und sogar für den großen Zauberer Oz, der sich dem Mädchen in der Gestalt eines unförmigen Kahlkopfes ohne Körper, ohne Arme und Beine auf dem grünen Marmorthron in der Smaragdstadt (S. 108) präsentiert, zum sichtbaren Zeichen dafür, dass die Trägerin „eine große Zauberin" sein muss (S. 29, S. 110f.). Oz ist ein Verwandlungskünstler und Scharlatan (S. 112, S. 114, S. 158ff.). Hilfe gewährt er, aber nur nach einem sehr irdischen ökonomischen Prinzip: Keine Leistung ohne Gegenleistung! So trägt er Dorothy auf, die Böse Hexe des Westens zu töten, ehe sie selber wieder nach Hause zurückkehren kann. Das ist eine Aufgabe, die das Waisenkind an der Hoffnung auf Rückkehr nach Kansas fast verzweifeln lässt. Aber sie hat besondere Schuhe an den Füßen, die auf ihrem Weg durchaus Begehrlichkeiten wecken, zum Beispiel bei der Bösen Hexe des Westens. Nach tagelangen Strapazen in deren Herrschaftsbereich angekommen, versucht diese, die Silberschuhe von den Füßen der kleinen Fremden zu stehlen und auf diese Weise eigene verspielte Zauberkräfte zu kompensieren (S. 134). Der Plan scheint aufzugehen, wenigstens teilweise und für den Augenblick. Sie legt eine für das Menschenauge unsichtbare Eisenstange auf den Küchenboden, die für Dorothy zur Stolperfalle wird. Sie stürzt – und verliert dabei einen Zauberschuh! „Bevor sie (Dorothy) ihn noch greifen konnte, hatte die Hexe ihn erwischt, und schon steckte ihr knochiger Fuß darin." (S. 135) Wenigstens die Hälfte der Zauberkraft hatte sie auf hinterhältige Weise ergattert, gleichzeitig angedroht, auch den zweiten Schuh bei nächster Gelegenheit wegzunehmen. Das Mädchen wird darüber so wütend, dass es einen zufällig neben ihm stehenden Wassereimer über der gemeinen Hexe ausschüttet (S. 136f.). Kontakt mit Wasser bedeutet das Todesurteil für sie: Sie „zerfließt", schmilzt weg „wie brauner Zucker in heißem Wasser" (S. 137). Ohne die Konsequenz dieser Wasser-Aktion einschätzen zu können, gewissermaßen auf wundersame Weise, ganz zufällig, hat Dorothy die Bedingung für ihre Rückkehr in die Heimat Kansas erfüllt. Den von Oz selbst konstruierten Ballon, mit dem er sich rasch buchstäblich aus dem Staub macht Richtung Omaha, kann sie nicht besteigen, weil sie auf Toto wartet. Aber sie hat ja ihr eigenes „Transportmittel" an den Füßen! Der Weg nach Hause führt über das Süd-Reich der Guten Hexe

Glinda und ist erst dann endgültig frei, nachdem das kleine, unerschrockene Mädchen die richtige Gebrauchsanweisung für die Silberschuhe kennt. Glinda persönlich weiß, wie es „geht": „‚… Eine ihrer (der Schuhe) seltsamsten Eigenschaften besteht darin, dass sie dich in drei Schritten im Handumdrehen an jedes gewünschte Ziel bringen. Du brauchst nur die Hacken dreimal zusammenzuschlagen und den Schuhen zu befehlen, wo sie dich hintragen sollen.'" (S. 218) Die Umsetzung dieses „Fahrplans" gelingt mit Leichtigkeit und endet mit einer punktgenauen Landung in der Prärie von Kansas direkt vor dem neuen Farmhaus von Onkel und Tante. Die silbernen Zauberschuhe gehen während des raschen Fluges irgendwo in der Wüste verloren, sodass das Mädchen auf Strümpfen in seine vertraute Welt purzelt (S. 218f.). Glück gehabt mit solchem Schuhwerk!

Wie ein Wettlauf um Leben und Tod liest sich das **Bechstein**-Märchen ***Vom Knaben, der das Hexen lernen wollte*** (S. 106-110). Zug um Zug, ehe die zaubermächtigen Pantoffeln der Hexe überhaupt ins Spiel kommen, gilt es für Lieschen und Friedel den Vorsprung zu sichern, um aus der aggressiven Einflusssphäre einer Hexe endgültig zu entkommen. Der Besenstiel als traditionelles Transportmittel versetzt die bucklige, böse Alte mit wehendem weißem Haar in die Lage, den Fluchtweg des vor langer Zeit verschleppten schönen Lieschens und des in die Waldeinsamkeit vorgedrungenen ebenso schönen Knaben Friedel (S. 106) auszuspähen. Das Mädchen, das dem „uralten Weib" die Zauberkunst abgeschaut hat, verwandelt sich selbst in einer ersten „Abwehrstrategie" in einen dornigen Schlehenbusch, ihren Begleiter in eine Beere (S. 109). Die durstige Hexe greift vergeblich nach dieser einen Frucht. Lieschen startet blitzschnell einen zweiten Rettungsversuch: Sie geht in einem Gewässer auf, die Schlehenbeere Friedel wird zu einem kleinen Enterich. Das Mädchen hat nicht ahnen können, welche Reaktion der rächende Vernichtungswille der Feindin auslösen wird, und zwar über deren Fußbekleidung! Sie wirft nämlich einen Pantoffel in die Luft, der als „großer Raubvogel" herabstürzt, um den Enterich zu packen. Von einer Welle erfasst, geht der Angreifer unter; der zweite Pantoffel, dem ein ebenso aggressives Zauberpotenzial innewohnt, muss als Krokodil den geplanten Raubzug übernehmen. Vergeblich, denn Lieschen lässt das Wasser im Rachen des Raubtieres zu Stein erstarren, es wird auf den Grund gezogen (ebd.). Die gefährliche Alte explodiert durch ein Wasser-Feuer-Gemisch und ist für immer vernichtet (S. 109f.). Gut und Böse werden – wieder einmal – über das Schuhwerk geschieden!

Pech gehabt, unglaublich – ein Paar geschenkte Pantoffeln, von einer fremden Frau direkt auf die Füße eines jungen Mädchens gestülpt, lösen einen tödlichen Zauber aus. **Der böse Onkel**, ausgerechnet ein Priester, will in einem italienischen Märchen, einer Variante von *Schneewittchen* (S. 153-157), auf diese Weise augenblicklich seine Nichte vom Leben in den Tod befördern, weil sie ihm nicht zu Willen war. Der Pantoffel-Versuch scheitert ebenso wie der erste mit einem an den Finger gesteckten Ring[33], der letzte mit einer um den Hals gehängten Kette. Die Männer, denen sie wie eine treusorgende Schwester den Haushalt in einer Grotte im Wald versorgt, ziehen dem Mädchen die Schuhe aus und erwecken es so wieder nach einem todesgleichen Schlaf zum Leben (S. 155). Wirklich Glück gehabt – ohne fremde Pantoffeln an den Füßen!

Das **Andersen**-Märchen *Die Galoschen des Glücks* kündigt im Titel d a s oder wenigstens e i n Mittel zur Erlangung des Glücks, zum glücklich Werden, an: Überziehschuhe, eben Galoschen! Hineinschlüpfen, wenn man sie irgendwo abgestellt sieht, und dann, auf zum Glück! Wenn eine Fee, zwar nicht die Glücksgöttin persönlich, aber immerhin so eine ziemlich wichtige Person wie „ein Kammermädchen einer ihrer (der Göttin) Kammerfrauen, die die geringeren Glücksgaben austeilten" (S. 91), dafür verantwortlich ist, kommen dem kritischen Leser wegen der ausgefeilten Hierarchie von Glücks-Zuständigkeiten leise Zweifel. Großes Glück und kleines Glück? Aus Anlass ihres Geburtstages sind dieser Fee Galoschen anvertraut, durch die der Träger, „ ‚an die Stelle und in die Zeit versetzt wird, wo er am liebsten sein will; ein jeder Wunsch in bezug auf Zeit, Ort und Existenz wird sogleich erfüllt' " (ebd.). So erzählt es das junge Ding einer zweiten, älteren Fee, die die Sorge verkörpert. Weg vom Hier und Jetzt, weg von den Beschränkungen der eigenen Existenz – eine sicher ganz menschliche Sehnsucht! Aber ob das auch wirklich mit Überziehschuhen „funktioniert"? Ausgangspunkt einer solchen persönlichen Zeitreise mit dem besagten Schuhwerk ist das Vorzimmer eines herrschaftlichen Hauses in Kopenhagen, wo eine große Gesellschaft stattfindet. Mäntel, Hüte, Schirme und natürlich die Überschuhe bleiben in der Garderobe zurück, bewacht von den beiden Feen. Auf gut Glück werden die Geburtstags-Galoschen ebenda platziert. Der Justizrat Knap ist der Erste, der beim Aufbruch zufällig diese Galoschen überzieht und sich auf den nächtlichen Heimweg begibt. In der Abendrunde hatte er sich für das Mittelalter erwärmt, eine zurückliegende Epoche, „weit interessanter" als die eigene, seiner Meinung nach „die herrlichste und allerglücklichste" (S. 90) überhaupt. Er erlebt es sofort über die Fußbekleidung: Kot und Morast auf den Straßen, keine Straßenlaternen, keine Droschken, die den Nachhauseweg beschleunigen, verfallene Hütten – erlebtes Mittelalter (S. 92)! Pest und Cholera, Seepiraterie sind die Themen, in die er in einer Spelunke mit zwielichtigen Gestalten verwickelt wird, dazu Met und Bremer Bier zum Genuss. „,Das ist der schrecklichste Augenblick meines Lebens!'", konstatiert der Justizrat und versucht, sich kriechend unter dem Tisch Richtung Tür davonzumachen, als er von den finsteren Gesellen an den Füßen gepackt wird. „Nun gingen die Galoschen zu seinem guten Glück ab, und damit löste sich der ganze Zauber." (S. 97) Mit den Beinen voran, findet er sich liegend vor seiner eigenen Haustür wieder und wird sich bewusst, in die „glückliche Wirklichkeit" der eigenen Gegenwart zurückgekehrt zu sein (ebd.).

Der Nachtwächter, unterwegs in den Straßen der Stadt, entdeckt die verwaisten Galoschen, die er für die eines Leutnants hält, vor dessen Haustür er gerade seine Runde macht. Er schlüpft hinein, sie passen, sie sind „so weich wie Leder" (ebd.) und der Weg ins (vermeintliche) Glück kann beginnen. Selber Leutnant sein, Ansehen haben, in feiner Gesellschaft verkehren, ungebunden sein! Der Wunsch geht gleich in Erfüllung: Die Galoschen befördern ihn in die Wohnung des Leutnants; dort sieht er ein Stück rosenfarbenes Papier, auf dem ein Gedicht notiert ist. Der Leutnant selber hatte seine Wünsche niedergeschrieben, seine Sehnsucht nach Liebe und Reichtum schriftlich in Worte gefasst; der Nachtwächter-Leutnant liest es und begreift das eigene Glück. Aus dem Fenster gelehnt, „seufzte er tief auf. ‚Der arme Nachtwächter draußen auf der Straße ist weit glücklicher als ich! … Er hat ein Heim, hat Frau und Kinder, die mit ihm trauern und fröhlich sind.'" (S. 99)

Was ist Glück? Die Galoschen stecken noch an den Füßen des nachdenklich gewordenen, eigentlich glücklichen Wächters, als er eine Sternschnuppe fallen sieht. Und das unstillbare Wünschen ist gleich wieder da. „,Ich hätte wohl Lust, die Dinger etwas näher zu betrachten, besonders den Mond … Könnte ich doch einen kleinen Sprung dahinauf machen, dann soll der Körper meinetwegen hier auf der Treppe liegen bleiben.'" (ebd.) Der Wunsch geht selbstverständlich in Erfüllung. Der beschuhte Körper bleibt in der Österstraße in Kopenhagen zurück, die Seele erreicht in wenigen Minuten den Mond, 52 000 Meilen entfernt! Der Erzähler breitet die naturwissenschaftlichen Kenntnisse seiner Zeit über den Weltraum aus, zurückgelegte Strecke und Geschwindigkeit, Farben und Formen von

Erde und Gestirnen. Die Seele erlebt auf dieser kosmischen Wanderung die Seligkeit. Der Körper aber ist leblos, wird in ein Hospital eingeliefert, in eine „Reinigungszelle" gebracht und zum Begräbnis vorbereitet. Die Galoschen werden ihm sofort ausgezogen, die Seele kehrt „schnurstracks" in den Körper zurück und der Wächter ist neu belebt. Er muss sich und allen anderen erleichtert einräumen, die „schrecklichste Nacht seine Lebens" überstanden zu haben (S. 101).

Wieder einer, der sein Glück erst ohne Überschuhe begreift! Diese bleiben vor dem Hospital stehen. Einem jungen Beamten fallen sie auf, er zieht sie bei dem schmutzigen Regenwetter über und durchschreitet unterschiedliche Stationen: In seinem Lieblingstheater fühlt er sich beim Vortrag von Gedichten animiert, in die Herzen der Menschen zu „schlüpfen" (S. 106). Das ist das Stichwort für die Galoschen; der junge Mann „schrumpfte zusammen, und eine höchst ungewöhnliche Reise mitten durch die Herzen der vordersten Reihe der Zuschauer begann." (ebd.) Eine arme Dachstube mit einem kranken Mütterchen, ein Schlachterladen u. a. sind an Menschenschicksale gebunden, die den armen Kerl auf der Reise durch die Herzen an den Rand des Wahnsinns treiben (S. 107). Er kommt erst wieder zu sich, als er ein Dampfbad, vollständig bekleidet mit Schuhen an den Füßen, besucht. Abkühlung und Ernüchterung sind dringend erforderlich, um erleichtert wieder in der Wirklichkeit anzukommen (S. 108)! Ohne Wunder-Galoschen! Die Galoschen bleiben unbeschuht und „unbefußt" stehen und rangieren mittlerweile als Fundsache auf der Polizeistation neben denen des Schreibers – zum Verwechseln ähnlich. Es hätte mehr als eines „Schuhmacherauge(s)" (S. 108) bedurft, um sie zu unterscheiden! Der zieht sie nichts ahnend an und startet zu einem Spaziergang. Die Begegnung mit einem Poeten lässt ihn ins Schwärmen kommen: Die Natur mit allen Sinnen erleben, Düfte und Klänge in Worten einfangen, die trockenen Amtsschreiben buchstäblich ad acta legen, das ist seine Wunsch-Existenz. Sie hält nicht, was sich der Schreiber-Poet versprochen hat; aus den luftigen Blumen-Gedichten und der erhofften Leichtigkeit ist im Handumdrehen wie von selbst in seiner eigenen Handschrift eine Tragödie geworden, die der Theaterdirektor brüsk ablehnt. Die Galoschen stecken noch an den Füßen, und der nächste Wunsch ist geboren! Alles ist möglich: „‚… Fliegen, das ist eine herrliche Kunst! Glücklich, wer damit geboren ist! …'" (S. 111) Und schon breiten sich seine „Rockschöße und Ärmel zu Flügeln" aus; ein Federkleid am Körper, an Stelle der Galoschen Krallen (S. 112)! Wunschgemäß ist aus dem

Schreiber eine Feldlerche geworden. Kompliziert genug ist dann die Rückkehr in die eigene Stube, denn dorthin hat sich der kleine Vogel flüchten können, und die Rückverwandlung in die menschliche Natur (S. 115).

Nasses Wetter veranlasst einen jungen Theologen, sich die Galoschen vom Schreiber auszuleihen. Der Klang des Posthorns weckt Reisegefühle. „ ‚… das ist das größte Glück der Welt! … Ich möchte die herrliche Schweiz, Italien bereisen …'" (S. 115) Die Galoschen wissen, was sie zu tun haben. Die erträumten Ziele werden erreicht, die Strapazen der Reise hinterlassen Spuren: Kopfschmerzen, geschwollene, blutige Füße in den Schuhen, Hunger, eine giftige Mückenplage, den Anblick bettelnder blinder oder auf den Händen kriechender Krüppel, eine Herberge, die eher einem Stall gleicht. Reisen, aber ohne Körper – das wäre ein „schmerzfreies" Unterwegssein des Geistes! Das „glücklichste Ziel" lassen ihn seine Glücksgaloschen umgehend erreichen, nämlich einen schwarzen Sarg in seiner Heimat. Hier kann sein Körper im Todesschlaf ausruhen, der Geist kann unterwegs sein (S. 118). Die Glücksfee und die Fee der Sorge stehen neben dem Toten. Sie reflektieren gemeinsam, was die Galoschen des Glücks ihren Trägern gebracht haben. Die kleine Glücksfee glaubt, dass wenigstens der Theologe im Sarg von ihrem Geburtstagsglück profitiert hat, bis die Sorge sie desillusioniert und dem Toten die Galoschen auszieht. „… und da war der Todesschlaf geendet, der Wiederbelebte richtete sich empor." (S. 119) Er war auf eigenen Wunsch von dieser irdischen Welt geschieden, ohne dass er sein Leben zu Ende gelebt hatte, und muss deshalb wieder zurück in seinen Alltag.

Was ich will, das hab' ich nicht, was ich hab', das will ich nicht, diese sprichwörtliche Weisheit hat sie alle angetrieben. Ob Alkoholgenuss, unstillbare Sehnsucht oder Fernweh die „Auswandererträume" initiiert haben, bleibt in der Schwebe, in jedem Falle sind Wertschätzung und Zufriedenheit in der eigenen Wirklichkeit an Ort und Stelle das erreichte Sucheziel, das alltägliche Glück. Die Galoschen des Glücks verschwinden zusammen mit der Sorgen-Fee. Gut so! Glück gehabt! (S. 90–119)

Für e i n e n wandernden Handwerksburschen gleich z w e i Paar Glücksschuhe – ein Paar für den „Eigenbedarf", das andere zum Abstellen irgendwo für späteres Glück! Das ist ein außerordentliches Geschenk! So großzügig stattet **Eduard Mörikes** *Stuttgarter Hutzelmännlein*, das sich selber „Pechschwitzer" und „Tröster" nennt, den Schustergesellen Seppe aus. Der nächtliche Besucher ist ein kniehoher Wicht in einem „schmutzigen Schurzfell", mit „Pantoffeln an den Füßen, pechschwarze(n) Haare(n), dazu aber hellblaue, freundliche Augen" (S. 5f.). Dass diese zwei Paar Schuhe und ihre Träger sich in einem atemberaubenden Balanceakt auf dem Seil während der Fastnacht einmal treffen und für immer verbinden würden, war in dieser Nacht der Übergabe wahrhaftig nicht abzusehen. Ganz im Gegenteil, die Beschwernisse zu Beginn der Wanderschaft sind erheblich, trotz des soliden Schuhwerks! Der gute Kobold beherrscht das Schusterhandwerk und bürgt für die Qualität seiner Schuhe: in der Größe anpassungsfähig für jeden Fuß, haltbar quasi für die Ewigkeit, mit „wunderliche(n) Stiche(n)" versehen, wie sie Seppe selber nicht verwendet hat, „hübsch mit einem zarten, roten Leder ausgefüttert" (S. 6). Genau genommen unvergleichlich und unverwechselbar! Die Probeschritte in der Schlafstube bestätigen den „Tragekomfort" von Hutzelmännleins Meisterwerk. Mit dem Wanderstab und dem guten „Hutzelbrot" zur dauerhaften Wegzehrung im Ranzen verlässt Seppe seinen Meister Bläse. Aber so ganz leicht und beschwingt geht es dann doch nicht! Aus Versehen verwechselt Seppe die ihm zugedachten mit dem zweiten Paar der geschenkten Glücksschuhe und startet dann mit einem „gemischten" Paar. Das kann entgegen allen Erwartungen nicht komfortabel sein! Das ist quasi „schiefes" Glück! Bald entwickelt sich ein schmerzendes Hühnerauge (S. 10, 35, 37), hinkend „machte er seinen Trott" (S. 10) in Richtung Ulm; zu allem Übel, für ihn unerklärlich, kann er nicht sicher Kurs halten, „etlichmal (ging er) rechts, wo er links gesollt hätte, und wiederum links, wo es rechts gemeint war …" (S. 10) Ein Bauer, auf dessen Karren er zwischendrin aufspringt, wundert sich über den sich fortwährend „drehenden" Fuß und hält den Schustergesellen für einen „Dreher". Verunsichert, ob nicht vielleicht doch ein anderes Handwerk, zum Beispiel eben Dreher oder Scherenschleifer (S. 8) geeigneter wäre, setzt er humpelnd, durch häufig notwendige Pausen unterbrochen, seinen Weg fort. Eine freundliche Begegnung im Klosterhof-Wirtshaus zwischen Suppingen und Blaubeuren stärkt schließlich wieder sein Schuster-Ethos. Ein Greis gibt ihm zu bedenken, ob er sein Glück vielleicht in den „Sohlen trage" (S. 36), vielleicht eine Reminiszenz an die Prophezeiung des Hutzelmännchens, sein Glück könne ihm „auf Sohlen", nämlich in dem zweiten Glückspaar Schuhe, eines Tages begegnen (S. 6). Also doch ein glücklicher Schuster? Seppe bekommt eine silberne Haube mit auf den weiteren Wanderweg, damit er sie einmal seiner Braut schenken könne. Hoch beglückt, die schmerzenden Füße vergessend, erreicht er Ulm, wo auf dem Marktplatz der Meistersang von sechs Gesellen vorgetragen wird. Weinselig, ausgelassen stimmt nach dem Tischler, dem Gold- und Waffenschmied und dem Schneider auch ein Schuster seine Strophe an. Zunehmend wird der Glücksschuh am rechten Fuß lebendig (S. 38f.), sicherlich ein gutes Zeichen, denn, zu Tränen gerührt, vernimmt Seppe: „Gebt meinem Stand die Ehr'! / Den Schuster braucht man sehr. / Zwar führ ich nicht den besten Gout, / Allein wer macht euch Hochzeitsschuh', / Wenn ich kein Schuster wär'?" (S. 39f.) Ganz ähnlich hatte das Hutzelmännlein ihn anfangs in seinem soliden Schusterhandwerk bestärkt (S. 5). Das Glück kommt anscheinend behutsam, gewissermaßen *auf leisen Sohlen*. Aufgenommen in die Gemeinschaft der sangesfrohen Handwerksburschen, wird er zum Bleiben in Ulm gedrängt. „Arbeit genug" (S. 40) ist in der Gesellenstube einer jungen, schönen Witwe in Aussicht gestellt. Diese hat es ihm angetan. „ ‚Vielleicht begegnet dir dein Glück einmal auf Füßen.' " (S. 40) Das zweite Paar Glücksschuhe hatte er an einer Brücke gleich am Tag seines Aufbruchs abgestellt, wie es der gute Kobold geraten hatte (S. 7). Wer weiß, wie die Dinge zusammenhängen? Aber er hätte besser die Warnung seines rechten Schuhs beachten sollen, denn der wollte gar nicht über die Schwelle des Hauses der verwitweten Meisterin (ebd.). In dem sicheren Gefühl, den anderen Gesellen vorgezogen zu werden (S. 41), wagt es Seppe nach Wochen, der verehrten schönen Frau einen Heiratsantrag zu machen (S. 52ff.). Sie nimmt ihn an, wünscht aber ausdrücklich, dass das Verlöbnis geheim bleiben soll, bis der Schuster das „Meisterrecht" (S. 53) erworben hat; die silberne Haube akzeptiert sie schon einmal wohlwollend vorab. Die rechte Freude will indes nicht aufkommen. Rebellion signalisierten „des Hutzelmanns lederne Söhne" (S. 41) von Anfang an in der Gesellenkammer im Haus der Witwe: „… ein Gepolter und Gerutsch, als hätten sie die ärgsten Händel miteinander …" (S. 41) Ein „schwerer platter Stein" auf die Schuhe gestellt, macht sie bewegungsunfähig. Das Glück will sich aber nicht einstellen. Der Sittich seiner Braut, der durch einen Happen Hutzelbrot zu sprechen beginnt, deutet ein wenig kryptisch die üble Vergangenheit der Braut-Witwe an und prophezeit gleichzeitig:„ ‚Gut, gut, gut – ist des Hutzelmanns Brot. / Wer einen hat umbracht und zween, schlägt auch den dritten tot.' " (S. 63) Das sind dann auch die letzten sprachlichen Eskapaden des Vogels. Das arme Tier wird von der Witwe beseitigt, ein Blutfleck auf dem Fußboden schürt Seppes wachsendes Misstrauen (S. 64). Als seine Kameraden am nächsten Tag scheinbar beiläufig auch ähnlich „mörderische" Anspielungen in Bezug auf seine Auserwählte machen, gerät der Schustergeselle ins Grübeln. Angeblich hat sie nämlich zwei Ehemänner in drei Jahren vergiftet, der zweite hat – gerichtlich nachgewiesen – Schuhnägel „in Schmerzen und Verzweiflungswut, als er das Gift gemerkt, ... geschluckt" (S. 65)! Voller Reue, den heftigen, aber natürlich wortlosen Unmutsbekundungen seiner Schuhe nicht vertraut zu haben, begibt er sich erneut auf Wanderschaft, beschämt, ganz heimlich, ohne seine Wegzehrung, ohne die Silberhaube, aber erleichtert, vermutlich einem großen Unglück entgangen zu sein (S. 67f.). Glück gehabt bis hierher, wenn auch nicht das erhoffte große Glück! Sein Ziel ist von nun an die Heimat, der Ausgangspunkt seiner Wanderung, und die Schuhe weisen die Richtung (ebd.), davon ist der Wandersmann überzeugt. Besser e i n Glücksschuh als keiner, und im Schutze der Dunkelheit fällt das gemixte Schuh-Stiefel- Paar gar nicht auf! „Unter den Felsen linker Hand", unweit von Blaubeuren, kann Seppe plötzlich nicht weiter, steht „mit dem Schuh wie angenagelt ... zieht, reißt und schnellt, zockt noch einmal aus Leibeskräften, da fuhr er endlich aus dem Schuh, der aber flog ... in einen Felsenspalt!" (S. 68f.) Der Schustergeselle muss ihn wiederbekommen, greift nach ihm und findet außerdem ein Bleilot. Das mitzubringen hatte ihm das Hutzelmännchen aufgetragen (S. 6). Wenn das kein Glück ist, wenn das nur Zufall sein soll, nie und nimmer! Das Blei hat die wunderbare Eigenschaft, denjenigen, der es in der Tasche trägt, unsichtbar zu machen, allerdings auch durch das erhebliche Gewicht zu belasten. Er kann sich nach dem langen Marsch entkräftet, buchstäblich nicht mehr auf den Beinen halten, „knickt in den Knien zusammen" (S. 78), als er bei einer alten Base im Bohnenviertel in Stuttgart aufgenommen wird (ebd.). Jetzt nimmt das Märchenglück Fahrt auf! Der kleine Kobold erscheint höchstpersönlich dem müden Wanderer in dessen Schlafkammer. „‚Grüß dich Gott, Seppe! ... der Pechschwitzer ist es, der Hutzelmann, der Tröster. So, so, auch wieder hiesig? ...'" (S. 79) Er kann das Bleilot in Empfang nehmen, erkennt Seppes Ehrlichkeit und verschwindet wieder für diese Nacht. Den Mummenschanz, den seine Base für den nächsten Tag angekündigt hat, erlebt der Heimkehrer in bester Laune. In Anwesenheit der gräflichen Herrschaft ist die Volksfeststimmung mit „Schellennarren", Gauklern, Akrobaten und Marktweibern, mit Marschmusik und „Garküchen und Schankbuden" (S. 82) ausgelassen und zieht auch ihn in ihren Bann (S. 82ff.). Höhepunkt des ganzen Spektakels wird der Tanz auf dem Seil, eine Kunst, die sich über die Füße präsentiert. Zum ersten Mal trägt Seppe beide Glücksschuhe auf ausdrückliches Geheiß des kleinen Kobolds (S. 86), und sie werden während der Seil-Akrobatik der beiden Künstler unruhig. „Ein unsägliches Verlangen" (ebd.) überkommt den als „Edelknaben" herausgeputzten Schustergesellen „mit einem krachneuen, rotbraunen Wammes von Sammet, schwarzen Pluderhosen, Kniebändern von Seide und gelben Strümpfen" (S. 80), die Füße in den Hutzelmann-Glücksschuhen; die Balance-Kunststücke würde er gerne auch ausprobieren. Der Erzähler potenziert die Spannung: Ein „kleiner stumpiger Knorp" in Bergmannstracht (S. 86) betritt das Seil, tastet mit seinen Füßen, steht aufrecht, überschlägt sich, Arme und Beine sind nicht zu unterscheiden, fliegt förmlich über das Seil und landet wieder sicher. Ein bislang unbekannter „Meister" seines Fachs (S. 87)! Der Beifall tost, das ist alles nicht mehr zu toppen, aber es ist erst der Anfang eines unglaublichen „Fuß-Aktes". Der kleine Kerl lässt einen weiteren freiwilligen Tänzer vom Hanswurst auffordern, ebenfalls das Seil zu betreten, um die am Seilgestell aufgehängten Beutel mit „drei Hutzellaib" (S. 87) zu ergreifen. Seppe kann sich nicht länger zurückhalten, die Sohlen reibt der Hanswurst noch schnell ein (S. 88). Vom anderen Ende betritt aus den Zuschauerreihen eine zweite Person das Seil, ob „Knabe oder Mädchen" lässt die Maske vor dem Gesicht nicht erkennen. „... die beiden ... setzten die Füße, fest und zierlich,... vorsichtig, doch nicht zaghaft,

die freien Arme jetzt weit ausgestreckt, jetzt schnelle wieder eingezogen, wie es eben dem Gleichgewicht diente. Kein Laut noch Odemzug ... unter den tausend und tausend Zuschauern ..." (S. 88) Sie fürchten um das Leben der beiden. Die atmosphärischen Auswirkungen dieses Spektakels finden sogar ihren Niederschlag in der Musikbegleitung. Der Erzähler fängt die Stimmung für den Leser mit einem bildlichen Vergleich ein, der den Fokus auf die Füße gerichtet lässt: „Auch die Musik ging stiller, wie auf Zehen, ihren Schritt."(ebd.) Die Überquerung gelingt, die Maske vor dem Gesicht des unbekannten Partners verrutscht und – Vrone Kiderlen ist gewissermaßen „enttarnt"! Der „flinke Bergmann" (S. 89), kein Geringerer als das Hutzelmännlein persönlich, gibt Seppe eine Anweisung, nämlich den linken Schuh auszuziehen. Dieser fordert Vrone auf: „ ‚... Trau auf mein Wort, ... und tu mit deinem Schuh, wie du mich eben sahst mit meinem linken tun, und wirf ihn mir keck zu!'... da flog der Schuh dem Burschen wie von selber an seinen ausgestreckten Fuß. Nun warf er ebenfalls, und ihr geschah dasselbe." (S. 89) Der Festtag erreicht seinen Höhepunkt in dem öffentlich bekannten, uneingeschränkten Vertrauensbeweis, abgehoben vom sicheren Boden unter den Füßen! Der Erzähler reduziert deshalb das Paar zunächst auf seine beschuhten Füße, indem er den Blick des Lesers konzentriert: „Die vier Füße begannen sich gleich nach dem Zeitmaß zu regen, nicht schrittweis wie zuvor, vielmehr im kunstgerechten Tanz, als hätten sie von kleinauf mit dem Seil verkehrt … Von nun an waren alle Blicke sorglos und wohlgefällig auf das hübsche Paar gerichtet und gingen immer von einem zum anderen." (S. 90) Ein Kuss besiegelt schließlich, dass diese beiden Glückskinder für immer zusammengehören (ebd.). Schon längst war der Augenblick gekommen, an dem der Leser endgültig ganz entspannt den Fortgang des Seiltanzes mitverfolgen konnte. Seppe mit den Glücksschuhen in der Zuschauermenge, und wer anders als der Kobold hätte so glänzend den halsbrecherischen Tanz auf dem Seil bewältigen können, nachdem die Artisten abgetreten waren? Da mussten gute Zauberkräfte im Spiel sein. Der „kluge Leser" weiß zudem, dass Vrone das auf der Brücke abgestellte Paar Glücksschuhe an den Füßen haben wird! (S. 41ff.) Zwar war ihr zunächst das Gehen und Tanzen in den Wunderschuhen nicht leicht gefallen, sie strauchelte und stürzte oft, machte „kunstreiche Sprünge", so dass sie als „Dapp" (S. 44) bezeichnet wurde. Sie will sich von diesem Schuhwerk trennen. Meister Bläse soll ein neues Paar anfertigen, erkennt beim Maßnehmen die „Apartheit" der Schuhe an Vrones Füßen und fragt nach der Herkunft. Er hat keinen Zweifel: „ ,Die Kiderlen hat ein Paar Glücksschuh' am Fuß …' " (S. 45) Der Versuch, dieses Paar nachzuarbeiten, einschließlich „der roten Fütterung", gelingt, wirklich augenfällig, aber eben nur augenfällig. Aber das weltliche Handwerk ist nicht das überirdische des Hutzelmännchens. Original und Kopie sind eben nie und nimmer dasselbe! Kurz entschlossen wird Sare, die Tochter von Meister Bläse, aufgefordert, ihre eigenen Schuhe gegen die echten Glücksschuhe von Vrone einzutauschen. Der Waschplatz vor den Toren der Stadt ist der geeignete „Tatort", denn dort stellen die Wäscherinnen ihre Schuhe fein säuberlich paarweise ab. Der ausgeklügelte Coup gelingt (S. 45f.), aber mit zweifelhaftem Erfolg. Die folgende Nacht erlebt der Schuster mit eigenen Augen als einen wahren Albtraum. Mit Getöse fliegen fette Wasserratten über den nahe gelegenen Weiher, Stiefel, Schuhe und Leisten aus der Werkstatt streifen seinen Kopf, und er ahnt – dahinter kann nur der „Pechschwitzer" (S. 47) stecken! Die echten Glücksschuhe müssen wieder schnellstens aus dem Haus, zurück zu Vrone, der rechtmäßigen Eigentümerin (S. 49). Ein Glücks-Bringer wie das Hutzelmännchen lässt sich nicht hinters Licht führen! Glück bekommt derjenige dann geschenkt, wenn es ihm zugedacht ist, vielleicht auch, wenn er es „verdient" (S. 5f.), situativ und dann durchaus dauerhaft; „organisieren" lässt es sich jedenfalls nicht! Das bedingungslose Vertrauen war das Movens für das Gelingen des Seilaktes. „Zum ewigen Gedächtnis und dankbar" (S. 94) stellen Seppe und Vrone die Glücksschuhe am Hochzeitstag beiseite. Sie sind einander fortan ein nicht mehr zu überbietendes Glück, sie nehmen es selber in die Hand und halten es fest. Aus dem Schustergesellen Seppe wird der „Meister Joseph", der mit Vrone und einer großen Kinderschar im Wohlstand lebt. Eduard Mörikes Schuster-Märchen hat ein nachdenklich stimmendes, glückliches Ende.

Das Stuttgarter Hutzelmännchen war vor vielen Jahrhunderten ein Schuster (S. 5), der sein Handwerk offensichtlich hervorragend verstanden hat, gutes Material, eine optimale Passform, das ist die Basis. Das Produkt lässt nichts zu „wünschen" übrig, wenn der richtige Fuß darin steckt.

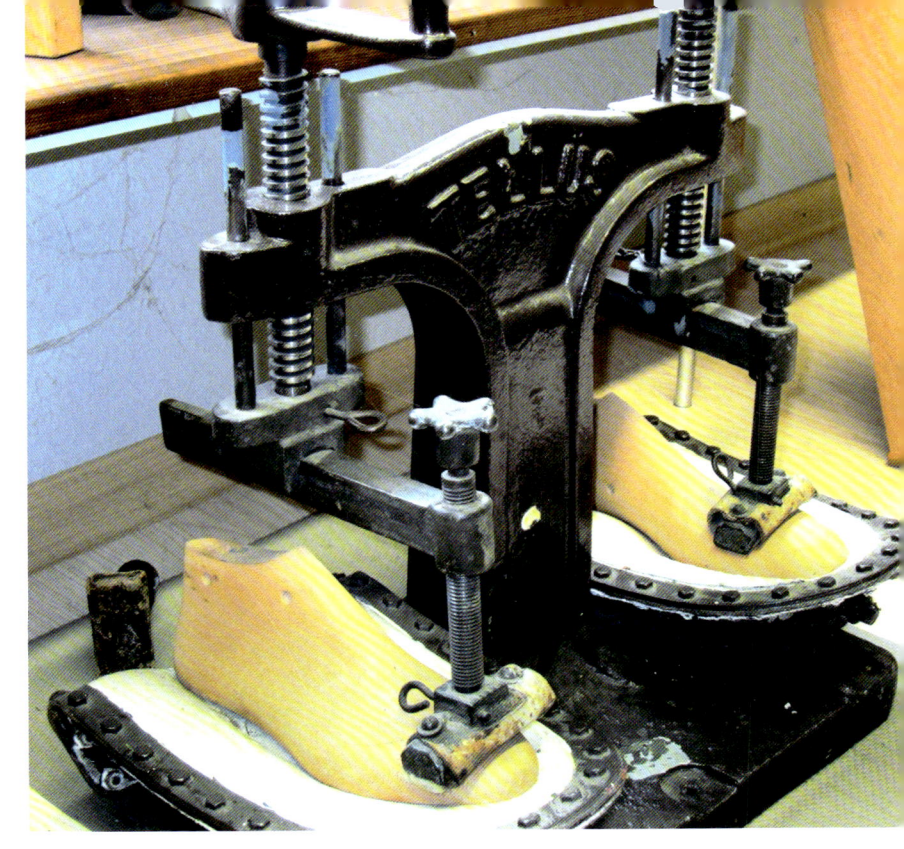

Ein baltisches Märchen legt offen, welche Materialien im Einzelnen und welche Werkzeuge genau eingesetzt werden (müssen), wenn der ehrgeizige Plan von Meister Flick realisiert werden soll: ein Meisterwerk „wie es die Welt noch nie gesehen hat" (maerchenbasar.de/die zauberschuhe), Schuhe, die von alleine laufen! Der Titel verrät bereits das „Endprodukt": *Die Zauberschuhe.* Der Schuster selber bringt beste Voraussetzungen mit. Er hat bei den „größten Meistern aller Länder" gearbeitet, er ist „weit in der Welt herumgewesen", „ein Künstler in seinem Fache", für den modernen Leser des 21. Jahrhunderts die ideale Kombination von „kompetent", „innovativ" und „kreativ", ganz anders als der Name „Flick" assoziativ anklingen lässt, eben kein „Flickschuster"! Sein Vorhaben ist aber wohl doch vermessen und bedarf wunderbarer Unterstützung. Wieder ist es ein kleines, altes Männchen mit schlohweißem Bart, das aus dem Nichts auftaucht und die geheimen Gedanken und Schuster-Träume erraten hat. Aus einem Sack, den es unter dem Mantel getragen hat, holt es Folgendes hervor: „ ‚Hier ist Leder aus sieben Mal übereinander gelegten Hasenfellen, gegerbt mit Schirlingstannensaft … Pechdraht aus Goldfäden, mit Paradiesbienenwachs gewicht (?), Nägel aus siebenfach im Feuer gehärtetem Stahl mit Diamantköpfen und Stifte aus Ebenholz. Und hier sind sorgfältig gearbeitete Werkzeuge, der schärfste, schneidigste Stahl, die spitzeste Ahle, eine Lampe von gediegenem Silber, mit Quappenlebertran genährt und eine Kugel aus Aetherkristall, mit dem Wasser von tausend Diamanten gefüllt …' " Gegerbtes Leder, Pechdraht, Nägel, eine Ahle, eine Lampe, der Dreibein-Schemel steht ohnehin in der Werkstatt, soweit kann der Leser folgen, das gehört zur Grundausstattung des Schuhmacher-Handwerks; aber die ausnahmslos superlativischen Qualitätsmerkmale übersteigen das Vorstellungsvermögen außerhalb der Märchenwelt. Schneller als vermutet, fertigt Meister Flick das Paar Schuhe, das für den Kaiser von Marokko bestimmt ist. Eine Tonne Gold – das ist der respektable Arbeitslohn! Gut, dass der Schuster-Künstler das Meisterwerk nicht selber zur Auslieferung in Marokko anzieht, denn er wäre wohl nie am Hofe in Afrika angekommen. Die Schuhe entfalten nämlich eine Eigendynamik, die keine Grenzen in der Landschaft, weder Meer noch Gebirge, bremsen kann und den Träger regelrecht in das Innere eines Bergmassivs katapultieren. Von dort gibt es kein Entrinnen mehr. Das alte, bucklige Männchen ist der böse Herrscher Murzuphlos, der die so förmlich Hereingestürzten in diesem unterirdischen Reich beim Abbau von Edelsteinen unter denkbar miesen Bedingungen schuften lässt. Ihre „Zauberschuhe" nimmt er ihnen weg, wirft sie über die Felsen und der unglückliche Finder landet dann wieder bei ihm. Das hat Timurlan, ein Gesandter des marokkanischen Hofes, bitter erfahren müssen. Er war mit den neuen Schuhen an den Füßen ausgeschickt, um Truppen zur Verteidigung des Reichs im Krieg mit dem Sultan anzuwerben. Diesen Auftrag hat er nicht erfüllen können. Allmählich spricht es sich herum, ein Schneider, der die Schuhe gegen seine eigenen abgetragenen eintauscht, ein jüdischer Händler, der glaubt, d a s Geschäft seines Lebens machen zu können, und namenlose „Leute aus aller Herren Länder" verschwinden auf Nimmerwiedersehen in dem Diamantgebirge des bösen Zauberers. Meister Flick wird zu Rate gezogen und findet einen Ausweg aus diesem hinterhältigen „Arbeitertransport": Ein gleiches Paar Schuhe wird er aus dem übrig gebliebenen Material, allerdings ohne Edelsteinbesatz, herstellen und persönlich in das Diamantgebirge bringen. Zu Schiff über das ferne Meer, auf dem Pferderücken durch den dicken Wüstensand bis zu der „kolossalen Felsenmauer", die das Reich des bösen Zauberers abschottet – der Erzähler spart nicht mit Einzelheiten, um seiner Zuhörerschaft die weite Wegstrecke anschaulich vor Augen zu führen. Mit den Schuhspitzen der erst unmittelbar am Ziel übergestreiften Zauberschuhe verschafft sich Flick Zutritt in das funkelnde Edelstein-Reich. Das mitgebrachte Paar Zauberschuhe zieht der Schuster dem schlafenden Zauberer gleich über die Füße, nach dem Prinzip *Doppelt hält besser* das vor seinem Bett stehende Ursprungspaar noch zusätzlich. Die unmittelbar sich entfaltende Dynamik ist eindrucksvoll: „Er (der böse Zauberer) befand sich bereits in der Gewalt der Zauberschuhe, die mit ihm durch die Wand ins Freie schossen, den Berg hinabstürzten und durch die Felsenmauer brechend, auf gut Glück in die Welt hineinrasten." Sein Reich bricht krachend zusammen. „Die armen Gefangenen, die aus der jahrelangen Knechtschaft nunmehr erlöst waren, dankten ihrem Erretter mit tausend Freudenthränen und kehrten glücklich in ihre Heimat zurück." „Kostbare Schuhe", „prächtige Schuhe", „herrliche Schuhe", „Teufelsschuhe", „rätselhafte Schuhe", „Folterschuhe", „Hexenschuhe", alle diese Bezeichnungen, die der Erzähler verwendet, sind zutreffend. Glück gehabt? Kommt darauf an: Meister Flick jedenfalls gleich zweimal, denn für das zweite Paar, das die Befreiung der Welt von Murzuphlos bringt, hat er noch einmal eine Tonne Gold vom Kaiser in Marokko bekom-

men, weltberühmt ist er auch; Pech und dann Glück auch für die Arbeitersklaven; Pech für den Bösewicht, der für alle Zeiten verschwindet, rastlos, „bis er sich vollständig zu Schanden gelaufen hat." Meister Flick greift wieder zu Ahle und Pechdraht und *bleibt bei seinem Leisten* wie Meister Joseph in Mörikes Märchen. Ein glückliches Ende!

Ein wunderbares Zusammenfinden von zwei Liebenden kann der Leser eines tschechischen Märchens miterleben. Die unstandesgemäße Heirat zwischen seiner Tochter Jasnenka, der **Prinzessin Lichtholde**, und dem **Schuster** Jira kann der König durch vermeintlich unüberwindliche Hindernisse nicht unterbinden. Dass ein Schuh zur Identifikation nach der gewaltsamen Trennung der beiden Liebenden beiträgt, das ist tradierte Märchenweisheit (s. o.), aber gleich zweimal und ein r o t e r Schuh, den zudem der Schuster-Ehemann selber gefertigt hat und der ihm mit seiner Spitze „wie ein magischer Kompass"[34] die Richtung zu seiner geraubten Frau zeigt, ist außerordentlich wunderbar. Aber *der Weg ist* noch nicht *das Ziel*; der Schuster muss unter „glühender Hitze" die zertretenen, brennenden Schuhe der Sonne reparieren, dann erst lässt diese ihn ziehen, und er setzt seinen Weg fort. Er befreit Jasnenka von schwerer Fronarbeit, ohne dass er die Bedrohung durch die Hexe der Finsternis endgültig bannen könnte. Noch einmal werden die beiden Eheleute getrennt, noch einmal muss sich ein Schuh zum anderen fügen. Der königliche Vater kann dem glücklichen jungen Schuster-Ehepaar nichts mehr entgegenhalten. Jira hält noch einen Trumpf bereit: Ein selbst geschusterter Lederflügel könnte ihn und seine Frau „auf und davon", wohl in die weite Welt befördern, falls der Schwiegervater-König die Heirat immer noch nicht akzeptiert. Flügel aus Leder potenzieren und variieren Siebenmeilenstiefel und den „FliegendenTeppich", sie lassen ihren Träger erst recht „abheben" und dadurch aus dem Blickfeld verschwinden, eine wunderbare Perspektive!

Zauberschuhe helfen ihrem Träger oder ihrer Trägerin situativ, große Distanzen zu überwinden, vor dem Bösen zu flüchten und das Gute zu erlangen, „Stolperstellen" auf dem Lebensweg zu umgehen, sicheren Tritt zu fassen, aber sie sind keine „Selbstläufer" für das Glück. Sie sind Leihgaben von Feen und Kobolden, sie müssen manches Mal erworben, manches Mal besser wieder abgelegt werden, damit kein Unheil geschieht.

Himmlische Schuhe

… für heilige und göttliche Füße

Ein alter Mann mit bloßem Oberkörper, gebeugte Haltung, verfilztes Haar unter einem Helm, „an den Füßen kaputte Sandalen", sitzend, einen Stock in der Hand – das Bild eines erschöpften Wanderers, der eine weite Strecke, womöglich das längste Stück des Lebensweges, hinter sich gebracht hat und für den Augenblick am Meeresufer ausruht. Die Zeit hat Spuren hinterlassen und Kräfte verzehrt, anrührend, menschlich. Der einsame Badegast, der aus einem kurzen Schlummer am Strand erwacht und diese Gestalt verwundert wahrnimmt, begreift wohl schneller als der Leser: Das ist „ein Unsterblicher", ein Gott! Die zertretenen Sandalen „mit zerfranst herabhängenden Flügeln" lassen keinen Zweifel, dass ein Engel, wohl der Erzengel Michael, „der Beschützer aller Reisenden", an eben dieser Stelle Rast gehalten hat, sich mit einer Handvoll Meerwasser erfrischt, um dann seinen Weg fortzusetzen. Als bedürfte es eines augenfälligen Beweises, der Beobachter am Strand sieht „bei den Felsen die Spuren der Sandalen im feuchten Sand, daneben den seltsamen, stets wiederkehrenden Strich der Federn". Himmlische Schuhe? Dem flüchtigen Betrachter erschließt sich dieses Sandalenpaar nicht als solche. Erst der zweite Blick auf die Füße mit den Federn eröffnet die religiöse Dimension.[35] **Cees Nooteboom** erzählt sachlich-nüchtern dieses irdisch-überirdische Auftreten eines Engels in dem kurzen Text *Selbstbildnis eines anderen*; es lässt keinen Zweifel zu. (Ohlbaum, S. 56).

Brauchen Engel als himmlische Wesen überhaupt Schuhe, denn sie haben doch Flügel? Offensichtlich, wenn man diese Episode als eine mögliche Antwort versteht[36]. Im *Buch der Lieder* von **Heinrich Heine** (Bd. 1, *Die Heimkehr* LXVI, S. 203) träumt sich der Sprecher in die Rolle des „lieben Gottes", fühlt sich dabei in seinem ganzen himmlischen Wohlleben so von „Langeweile geplagt", dass er den Engel Gabriel auf die Erde schickt, um

Gesellschaft herbeizuschaffen. Die Aufforderung „Geh, mach dich auf die Sohlen" (4. Strophe) wird sich wohl redensartlich verstehen, nicht wörtlich auf Schuh- beziehungsweise Fußsohle, denn der englische Bote „breitet aus sein Flügelpaar / Und fliegt herab ..." (6. Strophe).

Ein listiger alter Soldat, durch Kriegsdienst vom Leben gezeichnet an Leib und Seele und dadurch zum Überlebenskünstler und Helden in einem englischen Märchen avanciert, lässt Zweifel an der positiven Antwort auf die Frage nach dem himmlischen Schuhwerk gar nicht aufkommen. Bettelnd klopft er an die Tür eines Bauernhauses, nennt auf Nachfrage seinen Namen und den Ort seiner momentanen Herkunft: **Jack Hannaford**, direkt „aus dem Paradies" (Englische Märchen, S. 41-44, hier: S. 42). Die Bauersfrau, einfältig, in zweiter Ehe verheiratet und allein zu Hause, lässt ihn herein und erkundigt sich nach dem Wohlergehen ihres verstorbenen ersten Mannes im Himmel und muss Trauriges hören. Als Flickschuster ist der Selige tätig, repariert die Schuhe der Engel und Heiligen, ernährt sich eher schlecht als recht von Kohl und braucht dringend Geld, um neues Leder für seine handwerkliche Tätigkeit einzukaufen. Das leuchtet der Frau ein, eine Schusterei im Himmel, das kann sie sich ganz gut vorstellen! Sie händigt Jack das

„Göttinnen leben im Himmel. Sie gehen nicht, sie schwanken und schweben. Die Göttinnen lachen und balancieren auf Absätzen, die nicht größer sind als die Spitze des kleinen Fingers."

LOLA PAGOLA. ZIT. IN: O'KEEFFE, S. 424

Geld, nämlich „zehn Pfund in Gold", aus, das sie für ihren zweiten Mann während dessen Abwesenheit verwahren sollte! Eine schöne Pleite!

Gibt es unterschiedliche Modelle für himmlische Schuhe? Sind es Schuhe für den Himmel? Schuhe aus dem Himmel? Schuhe wie im Himmel? Welche Merkmale zeichnen diese Schuhe aus? Wer trägt sie? Wenn „Himmlische Schuhe" im Sortiment einer so benannten Boutique sind, dann sind sie selbstverständlich für ganz lebendige, irdische Kundinnen und Kunden bestimmt, genauso wie das Angebot aus dem „Stiefel-" oder „Schuhparadies", das weit verbreitet ist im deutschsprachigen Raum. Und auch im Geschäft „Der Schuhengel" verkaufen oder reparieren nicht Engel womöglich himmlische Schuhe, sondern ganz irdisch zu strapazierende und strapazierte. Wenn die Kundschaft ihrem Schuhmachermeister in Köln den Beinamen „Schuh(macher)gott"[37] verliehen hat, dann sind sicher besonders herausragende handwerklich-künstlerische Kompetenz und ganz gewiss erstklassige Qualität Anlass für dieses „Etikett". In jedem Falle sind die Adjektive „himmlisch", „engelhaft", „göttlich" und „paradiesisch" uneingeschränkt positiv, sogar superlativisch konnotiert und mit nicht anzweifelbarer „Qualität" assoziiert und daher von der Werbung gerne aufgegriffen. Kreativ ist auch eine aktuelle Werbung, die den „Schuh-Himmel" gleichsam aufspannt. Sie offeriert sehr irdische Schuhe in den Kategorien „sportlich", „elegant", „trendy", und zwar in Rot und Pink, Blau und Weiß, gerne auch in Kombi-Farben, Modelle mit Blümchen, Glitzersteinchen, gepunktet und gestreift, in Leder, Holz und Bast. Das Attribut „wolkenweich" verheißt – im Gegensatz zu „butterweich" (!) für andere Exemplare in der Produkt-Palette desselben Herstellers – deutliche Nähe zu den himmlischen Gefilden und lässt einen schwebenden Gang erwarten. Irgendetwas Außerordentliches oder gar insgesamt Ungewöhnliches in Form und Farbe, in Material und Verarbeitung, eben im Tragekomfort unter konkurrierenden Modellen wird eine derart beworbene Fußbekleidung garantiert bieten, hoffentlich! Aber „göttliche" Schuhe – in des Wortes eigentlicher Bedeutung – bietet wohl kein Schuhmacher an.

Ein Alleinstellungsmerkmal für sein Schuhprodukt nimmt der Schuhkünstler Bertl Krecas aus München sicher in Anspruch, wenn er das Attribut „himmlisch", quasi exklusiv, für ein Paar Papstschuhe verwendet, die er am 28. Februar 2013, dem letzten Tag des Pontifikats von Benedikt XVI., dem Hauensteiner Schuhmuseum als Exponat überlassen hat. Sie sind aus einem Stück Leder (sic!) gefertigt und kardinalsrot; zwei weitere Paare gleicher Machart, eben „himmlische Schuhe", waren zum Tragen an den päpstlichen Füßen bestimmt.[38]

Solche ähnlichen Schuhe, natürlich ganz klein, hätte **Werner Bergengruen**s *Kaschubisches Weihnachtslied* dem neugeborenen Christkind auch zugedacht: „Kindchen, wie wir dich gekleidet hätten! ... / Hätten dir den eignen Gurt gegeben, / Rote Schuhchen für die kleinen Füße, / Fest und blank mit Nägelchen beschlagen ..." (Echtermeyer, S. 673f.)

Das ist wirklich gelogen, Imponiergehabe eines Weltläufigen, wenn Cipolla, der rothaarige Mönch aus **Boccacio**s *Decameron*, dreist behauptet, im Heiligen Land nicht nur eine Feder vom Engelsflügel Gabriels, sondern auch einen Schuh des heiligen Gerhard als Reliquien erworben zu haben. Der heilige Gerhard gilt immerhin als ein Schutzheiliger der Schuhmacher! Seiner naiven Zuhörerschaft imponiert er mit dieser Art von Lügengeschichten! (Sechster Tag, IX. Geschichte, S. 381f.)

Die Autorität eines anderen Schutzpatrons, nämlich des heiligen Crispin, führt Marianne von Willemer ins Feld, wenn sie August von Goethe bittet, ihr die Fußmaße seines Vaters zukommen zu lassen. Für Weihnachten 1816 hatte sie sich ausgedacht, dem Dichterfürsten ein neues Paar Pantoffeln anfertigen zu lassen und zuzuschicken. Das Geschenk „kommt gut an"! Goethe erkennt den Gebrauchswert und die immanente erotische Bedeutung. Der heilige Crispin wird sicher nicht beim Zuschneiden und Nähen Hand angelegt haben, der in Aussicht gestellte Beistand der heiligen Catharina und der heiligen Theresa wird garantiert auch nicht beansprucht worden sein![39] Heilig sind die Pantoffeln weder kraft der Herstellung noch durch den Träger!

Die Augsburger Allgemeine vom 4. April 2014 überschreibt einen Artikel *In Aichach tragen auch Engel Prada*. Die „Anleihe" bei dem Bestseller-Titel vom Teufel, der „Prada trägt", ist offenkundig. Rote Stöckelschuhe, eine erotische Reminiszenz (s. o.) im Zusammenhang mit Engeln? Die Pressenachricht nimmt Bezug auf die aktuelle Ausstellung „Malerei und Skulpturen" in einer Aichacher Galerie. Der Künstler hat eine Eichenskulptur mit roten High Heels ausgestattet, mit dem zitierten, ins Gegenteil verkehrten Titel versehen und auf diese Weise dem Betrachter (s)eine Interpretation(shilfe) angeboten.[40] Wenn, besser gesagt, weil das Vorstellungsvermögen des Menschen auch für geistige Erscheinungen nach „personhafter" Gestalt sucht, ist, außer dem Gewand, zur Komplettierung häufig auch die Fußbekleidung „notwendig".

Der spanische Dichter **Federico García Lorca** (1898-1936) stattet in seinen „Zigeunerromanzen" (übersetzt von Martin von Koppenfels, Berlin 2002, S. 51-55) den *Erzengel Gabriel*, den Verkündigungsengel aus dem Lukas-Evangelium, in einer an Metaphern reichen Sprache wie einen schönen Jüngling aus. Er ist ganz selbstverständlich in eleganten Schuhen unterwegs, gehend und schwebend zugleich, irdisch nahe, unvergleichlich schön, überirdisch entrückt, allemal bewunderungs-, wohl auch verehrungswürdig, „ein Erzengel mit einer homoerotischen Komponente"[41]: „Schön gewachsen wie ein Schilfrohr / streift ein Junge durch die Straße, / breite Schultern, schlanke Taille, / Haut wie Äpfel in der Nacht, / Trauermund und große Augen, / Sehnen aus erhitztem Silber. / Geht auf seinen Lackschuhn achtlos / durch den Dahlienwald der Luft, / und im Doppelrhythmus klingen / kurze schwarze Himmelstakte." (S. 51)

In der fiktionalen Welt von Märchen und Legenden werden Schuhe manchmal an den Füßen ihrer Träger quasi von selbst irgendwie überirdisch. Eine Muttergottesstatue wird für einen Augenblick ganz lebendig, als sie einen mittellosen, umherziehenden *Spielmann* für seine hingebungsvollen frommen Lieder und Gedanken mit einem ihrer goldenen Schuhe belohnt. Er nimmt ihn mit, freut sich an „der kleinen Gabe", weil sie funkelt, weiß den Wert aber gar nicht einzuschätzen. Der Schuster kauft ihm dieses „himmlische" Exemplar nicht ab, weil es nicht aus Leder ist; was sollte er zudem auch mit einem einzelnen Schühchen anfangen? Der Goldschmied soll bare Münze bieten. Er erkennt das kostbare Exemplar und bezichtigt den Spielmann des Diebstahls. Der Tod am Strang ist das Urteil, das den von der Gottesmutter Beschenkten erwartet. Wie konnten die Hüter des Gesetzes denn glauben, dass die Heiligenstatue in der Kapelle ausgerechnet ihm einen Schuh zugeworfen hat? So etwas kann es nicht geben! Ehe das Urteil vollstreckt wird, wird dem Todeskandidaten noch eine Bitte erfüllt: Er darf ein letztes Mal vor der Marienfigur aufspielen, und das Wunder wiederholt sich vor Augenzeugen: Das Antlitz der Muttergottes erhellt sich, „und sie warf dem Spielmann den zweiten Schuh herab." Das überzeugt die Zuschauer; ein „himmlisches" Wunder manifestiert sich in zwei kleinen, goldenen Schuhen, zweifellos „himmlischen Schuhen"! Maria bleibt an ihrem Platz barfuß, ärmer zurück. Der Musikant, reich beschenkt, muss für den Rest seines Lebens keine materielle Not mehr fürchten.[42] Diese wunderbare, großzügige Schuhgeste wird auch der barmherzigen Marienstatue im Mainzer Dom und der Hl. Cäcilie in Gmünd nachgesagt.

Ebenfalls über die Schuhe wird eine hölzerne Christkindfigur aus der „Sicht" gläubiger Nonnen im Kloster Altenhohenau lebendig. Mit einem seidenen Kleid und seidenen bestickten Schuhen statten sie das Standbild seiner göttlichen Würde entsprechend angemessen aus. Eine Sage erzählt, dass aus zunächst unerfindlichen Gründen die Sohlen der bestickten Schuhe nach einiger Zeit „zerschlissen" waren, ein **Christkind mit zerschlissenen Schuhen**, das kann so nicht bleiben! Stundenlang bis tief in die Nacht arbeitete Schwester Agnes an neuen Schuhen. Dabei konnte sie beobachten, dass die hölzerne Figur des göttlichen Kindes am späten Abend in den Schlafräumen der Klausur „unterwegs" war, um einen Blick auf die schlafenden Nonnen zu werfen und dann an den angestammten Platz auf dem Altar zurückkehrte. Dass bei diesen allabendlichen Gängen die Sohlen, zumal textile, an den himmlischen Füßen abgewetzt werden, ist aus menschlicher Sicht natürlich vollkommen verständlich; und deshalb müssen auch neue Schuhe her! (**Einmayr**, S. 181).

Eine tröstliche Gewissheit vermittelt ein Märchen aus Kärnten. Der Titel ***Der Schutzengel und der Teufel*** (S. 86-94) benennt die unversöhnlichen Kontrahenten. „Drei vermummte Gestalten" mit Hahnenfedern auf den Köpfen trachten in der Nacht nach dem Leben eines frommen Handwerksburschen. Dieser hat sich trotz des Verbotes des Bauern, aber unfähig, sich noch länger *auf den Beinen zu halten*, am Abend in einem Stall zum Schlafen gelegt (S. 91). Drei leuchtende Engelsgestalten beschützen den jungen Burschen und vertreiben die finsteren Teufel (S. 93). „Nur das Mondlicht warf einen breiten Streifen durch das Stallfenster ... und funkelte an drei Stellen so seltsam auf, als wären dort noch die silbernen Schuhe der drei wachsamen Himmelsboten sichtbar." (S. 93) So „sieht" es der Bauer, und so „sieht" es der ungebetene Übernachtungsgast im Stall. Ein Lichtschein ist für den kindlich Vertrauenden Beweis genug, dass die himmlischen Beschützer mit beschuhten Füßen tatsächlich zur Stelle waren.

Schuhe können heilig werden durch den Boden, auf den sie treten. Das begreift ein kleiner Junge in Israel. Eine ganz alltägliche Notwendigkeit, nämlich die Anschaffung eines Paares neuer Kinderschuhe für einen Fünfjährigen, an sich kein spektakuläres Vorhaben, könnte man meinen. Aber der kleine Junge lebt im Israel der Gegenwart, der Schuhkauf fällt auf einen Zeitpunkt unmittelbar nach einem Selbstmordattentat, und die Mutter meidet eine Demonstration, weil sie fürchtet, „mit Ideologie aufgefüllte Sohlen" könnten auf Navdas wunde Zehen in den zu kleinen Schuhen treten. **Mira Magén** erzählt davon in ihrem Roman ***Wodka und Brot*** (München 2. Aufl. 2013, S. 45). Am Schabbat ergibt sich die Gelegenheit für einen Spaziergang, in den neuen Schuhen natürlich, und das Kind „erfährt", dass die neuen Schuhe, staubüberzogen, eine Patina von „Heiligkeit" bekommen haben: „ ... gesegnet seien die Schuhe, die mit dieser Erde bedeckt sind" (S. 49f.). Aber neue Schuhe müssen glänzen, und deshalb wischt Navda den Staub mit einem Tuch ab und spürt in seiner kindlichen Unschuld, „eine Sünde" begangen zu haben ...

Es ist ohne jeden Abstrich ein „heiliges Ziel", das Johannes in den hohen gewienerten Soldatenstiefeln von Onkel Georg anstrebt: ein ***Ritt ins Morgenland*** auf dem Rücken eines Schimmels! Kaspar, Melchior und Balthasar will er nach Bethlehem zur Krippe mit dem neugeborenen Christkind führen. **Jo Pestum** erzählt von diesem weihnachtlichen „Tagtraum", der ihn zur Heiligen Familie führt, gefühlt tatsächlich körperlich, bewundert von Maria und Josef wegen der „feine(n) Stiefel" (S. 58). Das Erwachen ist am Weihnachtsmorgen auf dem Sofa in der elterlichen Wohnung dann sehr ernüchternd: Der Onkel ist in Uniform und Stiefeln bereits an die Front aufgebrochen. Es war sein letztes Weihnachtsfest. Stiefel hat sich der kleine Junge nie mehr gewünscht. (In: Weihnachten, S. 53-59)

Es sind keine „göttlichen" Schuhe, keine „heiligen" Füße, ganz normale Mädchenfüße, für die „das Paar hellbraune Stiefel von Großmutter" am Weihnachtsabend bestimmt ist, aber sie lösen ein gleichsam religiöses Gefühl in dem Kind aus. Stiefel, die genau den „richtigen" Farbton getroffen haben, die wie angegossen sitzen, „die feinsten und schönsten

Stiefel, die es je gegeben hatte", euphorischer, dankbarer und glücklicher kann ein Stiefel-Geschenk wohl kaum angenommen werden. Und doch ist eine Steigerung, und zwar eine absolut nicht mehr zu überbietende möglich. **Astrid Lindgren** beschreibt in ihren Lebenserinnerungen aus *Smaland* diese Weihnachts-Winterstiefel als ein „Seligkeitsding". (s. o. S. 194f.) Jedes Geschenk könnte theoretisch in diesen Rang gerückt werden wie die Stiefel zu Weihnachten 1913, wenn es dem Beschenkten das Gefühl vermittelt, dadurch „ganz selig" zu sein. (In: Weihnachten, S. 13)

… für den Weg in die Ewigkeit

Menschlich, todtraurig und märchenhaft-selig zugleich ist das Sterben des siebenjährigen schwerkranken Hansl. Am Rande des Fußballfeldes hat er sich in der Novembernässe eine Lungenentzündung zugezogen, die seine Kräfte schnell schwinden lässt. Ein „heller Engel", wie Fußballspieler und Schiedsrichter in einer Person, erscheint dem Kind im nächtlichen Dunkel. Die Ausstattung lässt keinen Zweifel: An seinen „schmalen Füße(n) staken purpurne Fußballschuhe" (S. 204), also in der Farbe von Kaisern und Königen und der hohen Geistlichkeit, mit Flügeln, die die Farben der gegnerischen Vereine von Oberhaching und Unterhaching tragen; „an silberner Sternenschnur hing um seinen Schwanenhals eine goldene Schiedsrichterpfeife und in den durchsichtigen Händen wiegte sich ein mattweißer Fußball" (S. 204). Dieser Todesengel löst kein Erschrecken aus, er nimmt das fiebernde Kind an der Hand und schwebt mit ihm in die Weiten der himmlischen Seligkeit. Die *Legende vom Fußballplatz* von **Ödön von Horváth** transferiert das Kinderglück, das der kleine Junge intensiv, aus tiefstem Herzen, mit „Leidenschaft" (S. 202) bei Wind und Wetter hinter dem Tor im Gras liegend als Zuschauer jedes noch so unbedeutenden Spieles auf dem Fußballfeld miterlebt hat, in einen Zustand von (Fußball-)Seligkeit, „unermeßliche(r) Seligkeit" (S. 206), die sich in einem stillen, nie endenden Fußballspiel mit „seligen Fußballwettspielzuschauern" (S. 205) als himmlisches Glück offenbart. Der Autor hat ein Kinderleben und ein Kindersterben und das Leben nach dem Tod in eine harmonische Einheit gebunden. Der Wiedererkennungseffekt des irdischen Lebens in der Ewigkeit entfaltet sich nicht trivial-rührselig, sondern naiv, in der denkbar größten Steigerung des kindlichen Alltags mit den bekannten Requisiten Ball, Trillerpfeife, Fußballschuhe, genau so, wie Menschen es fassen können. Vielleicht ist von Horváths Legende als Projektion auch auf andere Lebenswirklichkeiten zu übertragen.[43] (Märchen deutscher Dichter, S. 202-206)

Wenn Opa einen Anzug trägt, dann gehören die schwarzen Schuhe dazu, nicht die Schnürstiefel für den Alltag. Das ist, besser gesagt, das war immer so. Für den kleinen Bruno gibt es daher keinen Zweifel, als er die Sohlen der schwarzen Schuhe über den Sargrand herausragen sieht, dass Opa in dieser Kombination „von uns gegangen ist", wie es der große Bruder Xaver formuliert. So erzählen es **Amelie Fried** und **Jacky Gleich** in ihrem Kinderbuch *Hat Opa einen Anzug an?* (München, Wien 1997, hier erste Seite, keine Seitenzählung). „Gegangen" ist der tote Großvater zwar nicht, noch nicht, denn er liegt ja ganz ruhig im Sarg. Das, was für den kleinen Jungen zur schwer, vielleicht sogar zur unbegreiflichen Wirklichkeit werden muss, verliert über die komplette Sonntagskleidung seinen Schrecken. Bruno ist davon überzeugt, dass es wohl kaum denkbar, richtig dummes Zeug ist, wenn die Erwachsenen nicht lange nach Opas Tod durch ein Neugeborenes in der Familie die alte Volksweisheit *Einer geht, einer kommt* bestätigt finden, Mama sogar vermutet: „ ‚... Opa ist zurückgekommen' " (letzte Seite). Die Art der Fußbekleidung, ja, und die Größe beweisen das doch, das heißt widerlegen das doch! Bruno sieht nur „zwei winzige Füße in weißen Söckchen", die aus dem „Windelpaket" herausragen, und „Opa hatte einen Anzug an und die schwarzen Schuhe." (ebd.) Kindliche Logik, überzeugend schlicht!

„ ‚... barfüßig auf dem Totenbett und vor allem: am Himmelstor!' " **Stefan Andres** entfaltet diesen Gedanken, den man nicht zu Ende denken darf, einen Alptraum, eine Katastrophe in seiner Erzählung *Die Himmelsschuhe.* (In: Deutschland erzählt. S. 189-194, hier S. 193) Der Weg in den Himmel muss vorbereitet sein, und zwar in jedem Fall mit den geeigneten Schuhen! Die beiden alten weißhaarigen Schwestern Giuseppina, 84, und Sofia, 86 Jahre alt, die zeitlebens sommers wie winters barfuß unterwegs waren, kennen nur noch dieses eine „Problem": Schuhe für den Himmel! Angewiesen auf die Paketsendungen mit ausrangierter Kleidung von den nach New York emigrierten Verwandten, haben sie nie Schuhe beansprucht. „Dafür" ist beziehungsweise war bislang immer noch Zeit ... (S. 190) Das gibt dem in das ferne Positano zugezogenen Erzähler Rätsel auf, wen wundert es. Und dann wird es „höchste Zeit", die Zeit drängt, und in dem nach dem Krieg endlich wieder eingetroffenen Paket sind zwei Paar Schuhe, so dass „sie (die alten Frauen) nun ... ruhig sterben könnten" (S. 191). Diese innere Logik erschließt sich wahrlich nicht von selbst. Lackschuhe mit Schleifen, mit „Absätzen ... so lang wie Sektgläser, Schuhe für einen festlichen Anlass, zum Tanz bestimmt ...", so sieht das eine Paar aus; ein zweites, ganz ähnlich mit Schleife und hohen Absätzen, aber im Vergleich mit dem erstgenannten Modell keine „schwebenden Blumenkelche", sondern „tantenhaft, ordentlich und nur einfach fein" (S. 192). Welches Paar ist für welche

Sarg von den Füßen ziehen, falls sie, Giuseppina, als erste sterben sollte. Gehen kann sie nicht in den Schuhen, denn sie sind zu klein, aber wenigstens humpeln und dabei den Besitzstand wahren, Tag und Nacht, das ist das Gebot der Stunde – bis zum Schluss! Ein tödlicher Treppensturz in, wohl eher wegen des hochhackigen Schuhwerks beendet jäh das Leben von Giuseppina und damit auch den schwesterlichen Schuh-Zwist nur wenige Tage nach dem Erhalt des Pakets (S. 190f.)! Sofia vertraut sich dem Erzähler an, verteidigt sich auch ein klein wenig, weil die jüngere Schwester so starrköpfig, geradezu provokant wegen der Schuhe gewesen sei, und bekennt ihre mittelbare Schuld an dem tragischen Unfall. Sie hatte nämlich Giuseppina in die Küche gescheucht, um ein Glas Wasser zu holen. Dabei ist „es" dann passiert. Tränen machen das Schuh-Drama nicht rückgängig, als neues Ungemach droht. Sofia mutmaßt ganz richtig, dass der Großneffe, der mit der Familie in das Haus nach Giuseppinas Ableben eingezogen ist, ihren Besitz im Auge hat. „... ihr Haus, ... die Matratzen, die Möbel und die Töpfe", alles nur halb so schlimm. Aber – sie ist sich ganz sicher: „ ‚Der will meine Schuhe haben ... für seine Frau! ...' " (S. 193) Der Pfarrer, der Sargschreiner und die freundliche Nachbarsfamilie des Erzählers werden in das Schuh-Problem eingeweiht. Und bald darauf stirbt die

> *Wer auf die Schuhe eines Verstorbenen wartet, wird wohl barfuß gehen müssen.*
>
> DÄNISCHES SPRICHWORT

Schwester? Die Schuhgröße müsste die Entscheidung eigentlich leicht machen, eigentlich ... Aber die Attraktivität des Modells gibt den Ausschlag! Zweifellos die mit den Sektgläser-Absätzen, aber für welche Schwester? Die jüngere Giuseppina eignet sie sich sofort an und gibt sie nicht mehr her, aus Sorge, Sofia könne sie ihr womöglich noch im zweite Schwester und liegt selig lächelnd im Sarg. „Die Schuhe glänzten …" (S. 194), sie werden nie mehr drücken, und der Schreiner macht den Sargdeckel gleich zu. Kein Mensch soll oder kann die Schuhe ausziehen und zweckentfremden! Die greisen Schwestern werden nicht barfuß vor der Himmelspforte stehen. Ihr innigster letzter Wunsch und Wille ist in Erfüllung gegangen.

Konträr zu dieser Vorstellung vom beschuhten Weg in die Ewigkeit ist **Heinrich Heine**s Traumerlebnis in seiner Denkschrift ***Ludwig Börne***, in der er den Auferstehungsglauben reflektiert. „ … So … träumte mir unlängst: ich sey in der ersten Morgenfrühe nach dem Kirchhofe gegangen, und dort, zu meiner höchsten Verwunderung, sah ich, wie bey jedem Grabe ein Paar blankgewichste Stiefel stand … Das war ein wunderlicher Anblick … die müden Erdenpilger schliefen, Grab neben Grab, und die blankgewichsten Stiefel … glänzten im frischen Morgenlicht, so hoffnungsreich, so verheißungsvoll, wie ein sonnenklarer Beweis der Auferstehung."[44] Die leibhaftig auferstandenen Toten können einen neuen (Lebens)weg mit gutem Schuhwerk antreten.

Wenn die Engel im Paradies genügend viel Zeit haben, dann räumen sie auf, alles, was sich an Alltagsgegenständen dort angesammelt hat. So schlicht menschlich erklärt ein Rabbi seiner Gemeinde in einer Predigt, dass die ausgelassene Festfreude am Vorabend vor dem Simchat Tora selbstverständlich auch Spuren hinterlassen hat: zerrissene Schuhe und abgebrochene Absätze, weil die Gläubigen stundenlang mit der Tora-Rolle getanzt haben. Der Engel Matat wird aus den Schuhen eine Krone für den Allmächtigen im Paradies binden. Denn sie sind Mittel und Beweis, dass sich ihre Träger vor dem Schmutz auf allen Wegstrecken im Alltag und unmoralischen Anfechtungen geschützt und die Schuhe dann von den Füßen verloren haben. Als positive Energie, „spirituelle Realität", entfaltet sich durch ihren Tanz und die zertanzten Schuhe dinglich-konkret die Freude der Gläubigen im himmlischen Paradies.[45]

Die werktägliche Öffnungszeit in einem Schuhgeschäft ist um einige Minuten überschritten; Chef, Ladenmädchen, Verkäufer und Lehrling beeilen sich, den Feierabend zu beginnen. Normaler Alltag, nichts Außergewöhnliches, bis eine Kundin, „eine sehr große, sehr dicke Dame, in einen Nerzmantel gehüllt" (S. 252), bepackt mit Päckchen und Paketen und mit einem überdimensionierten Blumenstrauß im Arm, in der offenen Tür steht und bedient werden möchte. Um die Zeit! „Alle" Schuhe sollen es sein und ihrem Kommandoton kann sich keiner der Angestellten entziehen. Kafkaesk mutet die sich nach einiger Zeit breitmachende Stimmung an: „Betäubung", Lähmung, ein „dumpfer, halbwacher Zustand" greift um sich, Beklemmung, die nur einen Gedanken zulässt: Wie wird man „die unangenehme Kundin" los (S. 255)? Kein Schuh ist recht, kein Schuh passt auf die dicken Füße, an und gleich wieder aus. Die hochhackigen Schuhe sind die letzten im Angebot, als sich der Übergang vom Leben zum Tod vollzieht. „Sie starrte ihn (den Geschäftsführer auf dem Schemel vor ihr) glasig und maßlos erstaunt an." (S. 255) Ohne Schuhe an den Füßen, den mitgebrachten Strauß Blumen im Arm, „seltsam verloren", saß die „verspätete" Kundin, deren Lebenszeit abgelaufen ist, und „wartete geduldig" (ebd.) auf die herbeigerufene Polizei. Die unbarmherzig voranschreitende Zeit, demonstriert durch den wiederholten Blick auf die Uhr, kalte Luft, die durch die geöffnete Tür in das Geschäftslokal strömt, Unentschlossenheit, Frösteln, ein Gefühl von Versunkensein und Einsamkeit sind die erzählten Komponenten dieser Ladenschluss-Szene. Der Leser fühlt sich beinahe vorbereitet auf ein letales Ende. Aber während einer Schuhanprobe nach der regulären Geschäftszeit sterben? An Andeutungen fehlt es nicht, dennoch bleiben Ratlosigkeit und Verwirrung. Warum hat sich die Frau nicht auf irgendeinen anderen Konsumartikel, sondern ausgerechnet auf Schuhe kapriziert, die sie dann nur verächtlich, ungeduldig, gleichgültig, mechanisch wegschiebt? Spürt sie das Ende ihres Lebensweges? Hat sie Schuhe kaufen wollen, die sie vielleicht unbewusst für die „Ewigkeit" gesucht hat? **Schuhe. Eine Veränderung**, die der ergänzende Untertitel dieser Erzählung von **Michael Ende** (in: Niemandsgarten, S. 250-256) ankündigt, könnte nicht radikaler, nicht endgültiger und existenzieller gedacht werden und bedient sich unausgesprochen der Schuhe als symbolhafter Zeichen für das „Weggehen" oder das Abstreifen alles Irdischen. (Lexikon der literarischen Symbole, s. v. „Schuh", hier: S. 334)

Schuster – handwerkliches Können und philosophische Einsichten

Schuhmacher, Flickschuster[46], Stiefelschuster, der Schusterjunge und sein Meister, Schuster und Schneider, in der Märchenwelt häufig gemeinsam auf Wanderschaft, Schuhputzer, Schuhverkäufer, sogar Schuhtester, sie alle haben literarischen Rang erlangt. Ihr Handwerkszeug, Ahle, Nägel, Pechdraht, Hammer, Leder, Schere und Leisten, die glänzende Lederschürze, der dreibeinige Schemel und das Schuhregal, die Glaskugel und das Vogelbauer in der Werkstatt, das maßgefertigte oder reparierte Produkt, mit Pflegemitteln auf Hochglanz gebracht[47], sind Requisiten und Attribute dieser Zunft.

Hans Sachs, Wilhelm Voigt alias *Der Hauptmann von Köpenick*, von **Carl Zuckmayer** als komisch-tragische Figur auf die Bühne gebracht, und **Till Eulenspiegel** sind die namentlich bekannten Vertreter unter vielen, Literaten oder literarische Fiktion. Wie manch andere Märchenfigur hat auch **Wilhelm Hauff**s *Zwerg Nase* einen Flickschuster zum Vater.

Zwei profilierte Persönlichkeiten sind der „Platzschuster" und der „Flickschuster" in **Adalbert Stifter**s Erzählung *Bergkristall* (1853). Beide Vertreter ihrer Zunft prägen das Sozialkolorit in ihrem Ort (Bd. 2, S. 153). Sie haben ihre je eigenen Ansprüche an ihr Handwerk. Die „Alleinherrlichkeit des Schusters" (gemeint ist der Platzschuster) ist durch den zweiten Schuster im Dorf nicht gefährdet. „… der alte Tobias, der eigentlich kein Nebenbuhler ist, weil er nur mehr flickt, hierin viel zu tun hat, und es sich nicht im entferntesten beikommen läßt, mit dem vornehmen Schuster in einen Wettstreit einzugehen, insbesondere, da der Platzschuster ihn häufig mit Lederflecken, Sohlenabschnitten und dergleichen Dingen unentgeltlich versieht." (S. 154) Tobias ist der Lebenskünstler, der im Sommer unter dem Holunderbusch seine Arbeit verrichtet, „umringt von Schuhen und Bundschuhen" (ebd.); das Privileg, Stiefel herzustellen, die ohnehin nur Pfarrer und Lehrer in Gschaid an den Füßen haben,

überlässt er bereitwillig dem anderen. Der Platzschuster ist ehrgeizig, überzeugt, das von ihm fabrizierte Schuhwerk sei weit und breit das beste, hochspezialisiert auf Gebirgsschuhe, die außen hart, „von innen doch weich und zärtlich wie ein Handschuh" den Fuß umschließen (S. 156). Er ist auch Kaufmann, der Schuh um Schuh bilanziert, notiert, was er an Materialkosten hat, wer seine Kunden, wer seine Lieferanten sind (ebd.), und so Besitz und Ansehen mehrt. Zufrieden mit seinem Auskommen, zufrieden mit seiner Arbeit, genügsam in seinen Ansprüchen an das Leben, so lebt der Flickschuster in Gschaid. Er gehört in die „Sippe" der Schuhflicker, denen **Jean de La Fontaine** in einer Fabel ein Denkmal gesetzt hat: Ein „heitrer Schuster" ist er, der von früh bis spät singt, dem jeder gern bei der Arbeit zuschaut, der aber, wie er dem reichen Banker aus der Nachbarschaft, „der im Golde schwimmt", auf dessen Nachfrage gesteht: „…, Herr, es ist nicht meine Sache, / Also (Jahreseinkommen) zu rechnen, kaum daß ich 'nen Abschluß mache / Von Tag zu Tag; ich hab nicht Not, / Und sehe, wenn das Jahr vorüber, / Ich hatte stets mein täglich Brot.'…" Die hundert Taler, die ihm der Reiche als „Notpfennig" spendiert, sind der Anfang vom Ende, eines vorläufigen allerdings nur, des „lustigen" Schusterlebens. Wie der reiche Nachbar, den der Gesang gestört hat, ist der Schuster seines Schlafs beraubt, aus Sorge um das im Keller vergrabene Geld, ängstlich und misstrauisch, kommt kein Lied mehr über seine Lippen. Er selber findet die wohl weise zu nennende Lösung seines Problems: Er gibt das Geld zurück und stimmt bei der Arbeit aufs Neue ein „Lied" an, auch, wenn es den Banker-Nachbarn stört. Nachts fällt er wieder in den (verdienten) „Schlummer"! (***Der Schuhflicker und der Reiche***, Fabeln, S. 549)

Khalil Gibran konfrontiert in seiner Erzählung ***Der Philosoph und der Schuster*** ebenfalls zwei sehr unterschiedliche Berufsvertreter miteinander. Souverän gelassen reagiert auch dieser Schuster, der die Schuhe eines Philosophen flicken soll, und zwar sofort und auf der Stelle! Das geht nicht, andere Kunden sind zunächst an der Reihe. Als der Kunde Philosoph ein Ersatz-Paar für den Zeitraum bis zur Fertigstellung der eigenen ausschlägt, muss er sich den Kopf vom Flickschuster zurechtrücken lassen: „ ‚Du willst ein Philosoph sein und kannst nicht in die Schuhe eines anderen schlüpfen! ...' " (Bd. 3, S. 308) Hoffentlich kann der Philosoph, der ja einer ist, der „die Weisheit liebt", ein Denker, den Vorwurf des Schusters in seine Lebenswelt transferieren! Das kann doch nur heißen, auch einmal ein anderes Maß beim Gehen zu übernehmen und dabei die Perspektive zu wechseln. „Weiter denken als man geht" – eine Schusterweisheit, die in den Märchen der Gebrüder **Grimm** nachzulesen ist![48] Oder im Sinne der indianischen sprichwörtlichen Weisheit: *Urteile nie über einen anderen, bevor du nicht einen Mond lang in seinen Mokassins gegangen bist.*

Die Werkstatt eines Flickschusters „in einem armen und sogar etwas verrufenen Gäßchen" (S. 198) ist Treffpunkt von allerlei gescheiterten Existenzen, wo sich auch eine Witwe, sehr zum Befremden ihrer erwachsenen Kinder, regelmäßig einfindet. **Bertolt Brecht** erzählt vom zweiten Leben der ***Unwürdige***(n) ***Greisin***, die sich den letzten Teil ihres über siebzigjährigen Lebens in selbstbestimmter Unabhängigkeit mit Menschen, die sie sich aussucht und die sie aufsucht, „leistet"; dazu gehört eben auch der Flickschuster; er ist „ein Mann in mittleren Jahren, der in der ganzen Welt herumgekommen war, ohne es zu etwas gebracht zu haben. Es hieß auch, daß er trank." (ebd.) „Lauter lustige Leute" sind es, die beim ihm verkehren. Kein angemessenes Milieu, keine angemessenen Sozialkontakte in den Augen der Kinder, die wohl eigene Begehrlichkeiten auf das Eigentum der Mutter verspüren. Kinobesuche, billiger Rotwein, Essen im Gasthaus, Ausflüge mit der Pferdekutsche, eine Eisenbahnfahrt zu einem Pferderennen, kontrapunktisch zum bisherigen Dasein als Ehefrau und Mutter, ergänzen diese Erlebnisse und Genüsse das „neue Leben". Ganz offensichtlich, der Leser und die Kinder der Witwe können es nur schlussfolgern, waren es glückliche zwei Jahre bis zum unerwarteten Tod, für die alte Frau und den Flickschuster: Er „bringt es dann doch noch zu etwas". Er zieht in eine andere Stadt und eröffnet „ein größeres Geschäft für Maßschuhe" (S. 200), vermutlich mit Hilfe einer Hypothek, die die „unwürdige Greisin" auf ihr Haus aufgenommen hat. (in: Widerspruch. Ein Lesebuch für den Deutschunterricht. Hg. von Marianne Schmitz, Paderborn 1971, S. 197-201).

Auch, wenn man weder zum Stand der Geistlichkeit noch zur Zunft der Schuhmacher gehört, kann man dem Erzähler in **Wilhelm Raab**es Roman ***Der Hungerpastor*** (1864) nur zustimmen, wenn er schwärmt: „Es ist nicht leicht, eine gute Predigt zu machen; aber leicht ist auch nicht, einen guten Stiefel zu verfertigen. Zu beiden gehört Geschick, viel Geschick, und Pfuscher und Stümper sollten zum Besten ihrer Mitmenschen lieber ganz davonbleiben. Ich für mein Teil habe eine ungemeine Vorliebe für die Schuster ... Was für originelle Käuze hat dieses vortreffliche Handwerk hervorgebracht! – eine ganze Bibliothek könnte man über ‚merkwürdige Schuster' zusammenschreiben, ohne den Stoff im mindesten zu erschöpfen..." (S. 130) Er muss es

wissen, denn die Lebensgeschichte des späteren „Hungerpastors" Hans Unwirsch ist die Lebensgeschichte eines Schuhmachersohnes aus ärmlichen Verhältnissen in der Kröppelstraße in dem fiktiven Neustadt. Dass das spätgeborene Kind des Anton Unwirsch und seiner Frau Christine geborene Grünebaum gesund ist, anatomisch „vollständig", das fasst der Onkel Grünebaum, selber „ein wackerer Flickschuster", so zusammen. „,… Alles an die rechte Stelle? Nase, Mund, Arm und Bein? Alles in Ordnung: Strippen und Schäfte, Oberleder, Spanne, Hacken und Sohle? Alles gut verpicht, vernagelt und adrett gewichst? Alles in Ordnung?'" (S. 128) Gleichsam vom Schuhmacher-Handwerk flankiert durch den Gelderwerb von Vater und Oheim und die Namensgebung (S. 129), nämlich ‚Johannes' „‚wie der Poete in Nürnberg'" (gemeint ist Hans Sachs), ‚Jakob' „‚wie der hochgelobte Philosophus von Görlitz'" (gemeint ist Jakob Böhme, der das Schuhmacher-Handwerk gelernt hat) und Nikolaus, der Vorname des „schusternden" Patenonkels Grünebaum (S. 146), beginnt der Lebensweg dieses Neugeborenen. Die blitzende Glaskugel aus der Werkstatt des bereits nach einem Jahr verstorbenen Vaters „leuchtete weit in das Jünglingsalter" des Sohnes hinein (S. 134). Die verwitwete Mutter kann dem Kind keine Bildung geben, aber sie tut das, was jede Mutter tut: Sie „stellte ihr Kind auf die Füße" und „lehrte es das Gehen", und zwar „für das ganze Leben" (S. 135). Leitmotivisch, wie der „Hunger", der Hunger nach Bildung, nach Idealen, nach Liebe, bestimmen Stiefel und die mit ihnen übliche Fortbewegung im Konkreten und in der redensartlich bildlichen Bedeutung den ganzen Roman, und das heißt den gesamten erzählten Werdegang, die „Entwicklung" von Hans Unwirsch. Mit dem Eintritt in die Armenschule „setzte er den Fuß auf die unterste Stufe der Leiter, welche an dem fruchtreichen Baum der Erkenntnis lehnte" (S. 143). Breitbeinig, die Füße fest auf dem Boden sucht er sich von dem häuslichen weiblichen Einfluss von Mutter und Tante Schlotterbeck zu emanzipieren (S. 145), beschmiert die Sitzbänke der Mädchen mit Pech, das sicher reichlich zu Hause verfügbar war; der Oheim Grünebaum muss ihn ermahnen, sein rüpelhaftes Verhalten gegenüber dem gesundheitlich angeschlagenen Lehrer Silberlöffel zu unterlassen: „‚… Gehe in dich herein, Hannes, und bedenke, daß sich wohl ein Stiebel lange flicken, versohlen und vorschuhen läßt, daß aber noch kein Doktor 'nen schwindsüchtigen Schulmeister, welchem seine Schlingel also grausam mitspielen, wie ihr eurem, den Atem gerettet hat …'" (S. 148) Das Schusterhandwerk taugt eindrücklich praktisch und plastisch, zumal überzeugend authentisch aus dem Munde eines Flickschusters für derartige spezielle und allgemeine Lebensweisheiten! Mit dem Eintritt in die Bürgerschule besteigt Hans dann die nächsthöhere Stufe auf der „Leiter der Erkenntnis", die zweite Stufe also. Der Erzähler wertet dieses Ereignis als „einen wichtigen Schritt vorwärts", den der Oheim nicht nur mit einer „seiner schönsten und längsten Reden" (S. 157) feierlich begleitet, sondern – und das ist wichtiger für den Neffen – mit einem Paar neuer Stiefel.[49] Den „Bau" hatte der Junge von Anfang an kritisch und mit großer Aufregung beobachtet, es waren die ersten Stiefel seines jungen Lebens, „ein Meisterstück", das dem Flickschuster kaum jemand zugetraut hat (S. 157; s. a. S.136 u. S.176). Hans „schritt auf ihnen mit bedeutend erhöhtem Selbstbewußtsein durch das Leben. Ein Junge mit so vielen und dickköpfigen Nägeln unter den Füßen konnte schon seinen Standpunkt den neuen Lehrern und den neuen Schulgenossen gegenüber behaupten, und Hans behauptete ihn …" (S. 157) Der sehnliche Wunsch, das Gymnasium zu besuchen und die lateinische und griechische Sprache zu lernen, gerät später fast zu einer Familien-„Revolution". Hans will nicht „Schuster werden und `nen Pechschuster bleiben." (S. 166). Tränenreich ist sein Widerstand gegen den Oheim Grünebaum, der sicher nur das Beste will, nämlich die Fortsetzung der Familientradition in diesem „ehrbaren" Handwerk (S. 167). Voll des Lobes und des Eigenlobes versucht der Flickschuster-Onkel alle Bedenken zu zerstreuen: „Löblich" (S. 167), sogar „hochlöblich" (S.179), „nobel und ehrerbietig" (S. 178), „nachdenklich und gelehrt" (S. 175) sei die Schusterei, „ein Handwerk", das selbstverständlich „goldenen Boden" hat (ebd.), wie und was soll ein Kind dagegenhalten? Mutter und Tante unterstützen es zwar mit „hitzigen" Wortgefechten (S. 167; S. 175f.) und üblen Beschimpfungen in Richtung Oheim (S.169f.), der der Vormund ist und über die Zukunft des Neffen bestimmen darf; aber auch sie können nichts ausrichten. Grünebaums körperliches „Rückwärtsschreiten" Richtung Tür ist nur ein kurzes Intermezzo, aber kein Durchbruch für das Vorhaben von Hans. „Mit ängstlich leisem Schritt" geht dieses „winzige Bürschlein" von elf Jahren, an allen Gliedern zitternd und weinend (S. 178), schließlich alleine zu dem Gelehrten Professor Fackler und schildert ihm offenkundig so überzeugend sein Herzeleid, dass dieser durch einen Besuch bei Grünebaum noch am selben Tag für Klarheit sorgt (S. 178f.). „,... Also, was ich (!) und der Herr Professor sagen wollen: Junge, da 'nen Überstudierter am Ende doch auch ein Mensch bleibt, so sollst du unsertwegen deinen Willen haben ... Basta ...'" (S. 179) Der Flickschuster hat für seinen Neffen und in dessen Sinn das Machtwort gesprochen und ist später sogar überzeugt, mit seinem „veränderten Standpunkt" habe e r dem Neffen „Stoß und Schub auf der Laufbahn" gegeben (S. 185)! Stolz ist er auf den couragierten „Knirps", auch wenn er vor dem Horizont seines Metiers überzeugt ist, dass Hans ihm, Mutter Christine und Base Schlotterbeck „hinterrücks ein Bein gestellt hat" (ebd.). Der „Weg", den Hans beschreitet, ist neu für die Familie, dem verstorbenen Vater war er verwehrt (S. 180). Auf „dem Weg durch die Klassen" hat sein Fürsprecher Fackler „den scheuen Jüngling" nicht aus den Augen verloren (S. 183f.), sein ganzes Leben lang. Als Zweitbester besteht er nach Jahren das Abitur, und Grünebaum holt „den Jungen" (S. 191) von der Schule ab. In Festtags-

Er (Gionos Vater) konnte einen ganzen Schuh ganz allein machen ... Welche Freiheit ihm das gab! Er machte die Schuhe, die man bei ihm bestellt hatte; dann nahm er sein Geld, packte sein Bündel und ging! ... Wenn er kein Geld mehr hatte, ließ er sich auf dem Hauptplatz eines Dorfes nieder und die Leute brachten ihm ihre Schuhe zum Reparieren. So ist er in ganz Europa herumgekommen, ohne dass ihn jemand störte, ohne die geringste Sorge zu haben.

JEAN GIONO (1895-1970). ZITIERT IN: RALF NESTMAYER, PROVENCE & CÔTE D'AZUR. ERLANGEN 9. AUFL. 2012, S. 134

kleidung, nervös wegen der Bedeutung dieses Examenstages, an allen Gliedern zitternd, immer wieder durch einen „Bittern" (S. 191) gestärkt, ist ausgerechnet er, der von sich einst behauptet hat, obgleich er nur ein einfacher Schuster ist, „,nicht auf den Kopf, sondern ganz adrett auf die Füße gefallen zu sein'" (S. 179), in diesem wichtigen Augenblick „so schwach auf den Füßen, daß er fast dem Umsinken nahe ist" (S. 191); notwendigerweise muss er sich deshalb an eine Wand anlehnen. *Summa cum laude*, das ist der Start für eine kleine bescheidene

Feier zu Hause und einen österlichen Dankgottesdienst (S. 195), ehe Hans zusammen mit Moses Freudenstein, dem Nachbarsjungen des Trödlers und Mitschülers, „das neue Leben zu Fuß", weit weg von der Kröppelstraße beginnt. Der alte Grünebaum geht ein Stück des Weges durch das Stadttor bis auf das freie Feld mit und fordert die beiden „fahrenden Schüler" auf: „‚... Nun, ihr beiden jungen Gesellen, macht euch auf die Beine und greift aus ...'" (S. 207) Und für seinen Neffen hält er noch einen eindringlichen Ratschlag bereit, der die Zukunft und die Herkunftsvergangenheit in geradezu analytischer Klarheit umfasst: „‚... Halte den Kopf in die Höhe und sieh scharf nach rechts und nach links, denn jedes Ding hat zwei Seiten, die Schusterei sowohl, als im gleichen die Gelehrsamkeit ...'" (ebd.) „Schnellen Schrittes" geht der Oheim dann wieder zurück. Die Wege der beiden Studenten aus Neustadt trennen sich bald, nicht allein wegen der unterschiedlichen Fakultäten Theologie und Philosophie, sondern auch topographisch: Hans bezieht in der Universitätsstadt ein bescheidenes Stübchen bei einem Schuster, Moses findet „einen behaglicheren ... Aufenthaltsort" mit freiem Blick auf die Stadtkulisse (S. 211). Lebensart und Lebenssicht (S. 218, S. 298f. u. ö.) passen zunehmend weniger zusammen; Moses lebt „auf großem Fuße", Hans geht „ganz unangefochten"

seinen Weg (S. 215). Der Erzähler bescheinigt Hans, dass dieser beim Betreten des „heiligen Bodens" der kleinen Universitätsstadt „gern die Schuhe ausgezogen hätte" (S. 211; vgl. a. u. S. 321f.) aus Ehrfurcht vor dem, was er erwartete. Sein Freund wird ihm später gestehen: „‚... Du (Hans) lebst immer noch sozusagen außerhalb deiner Zeit, sitzest still ... Ich dagegen arbeite im Sturm, und es ist ein schwieriges Ding, sich dabei auf den Füßen zu halten ...'" (S. 299) Die Bodenhaftung wird Moses vollends in seinem ausschweifenden Leben in Paris verlieren ...

Jahre später, Hans ist längst ein studierter Theologe, ruft ein Brief des alten Schusters ihn noch einmal, wie vor dem Tod seiner Mutter, in seine Heimatstadt zurück, weil die Base Schlotterbeck im Sterben liegt. Zu Fuß, mit der Eisenbahn und der Kutsche macht Hans sich auf den Weg nach Hause. Mit schnellen Schritten, wie einst bei seinem Aufbruch der Oheim, legt er das letzte Stück unter dem Torbogen an den Ort und in die Vergangenheit seiner Kindheit und Jugend zurück (S. 370). Nur „noch einige Schritte" trennen ihn von seinem Ziel, dennoch erblickt er nur noch den verschlossenen Sarg. Und noch ehe die Tante begraben ist, ahnt Grünebaum, dass der „Deibel" ihm als Nächstem „ein Bein stellen" wird (S. 372). Lebensmüde, ein wenig verwirrt, aber erleichtert, weil Hans bei ihm und immer noch der „Alte" ist, gibt er ein letztes Mal zu bedenken: „ ,... besser wär's vielleicht doch gewesen, wenn du 'nen Schuster geworden wärst wie alle anderen Grünebäume und Unwirsche, und kein Pastore ...' " (S. 373) Er spürt, dass sein „Stiebel fertig" ist[50], und fasst es genau so unverschnörkelt in Worte (ebd.); so hatte er ebenfalls bereits im Brief an Hans eine letale Diagnose für die alte Jungfer Schlotterbeck mit seinem unverstellten Schuhmacher-Blick formuliert: „ ,... lange hält der Schuh nicht mehr, und was ein befahrener (sic!) Meister ist, weiß, daß bei jedem Stiebel der Momang (Moment) kommt, wo das Flicken nichts mehr hilft ...' " (S. 365) Er tröstet sich in der Hoffnung auf ein Wiedersehen, sicher dann auch später einmal mit dem Pastor Johannes Jakob Nikolaus Unwirsch, in der himmlischen „Herberge, wo Meister, Altgesell, Gesell und Junge die Füße unter einen Tisch stecken" (S. 372).

Viele Abschiede erlebt und durchlebt Hans Unwirsch. Solange der alte Grünebaum lebte, bestärkte er den „gelehrten" Neffen, selber zu wissen, „über welchen Leisten" er passte (S. 365) und entsprechend zu handeln und zu entscheiden. Als Hauslehrer beim Geheimrat Theodor Götz kommen Hans Zweifel an seinem Lebensweg (S. 300). Und just in dieser Situation, die maßgeblich negativ bestimmt ist vom Auftreten des früheren Freundes, kommt ein Paket aus Neustadt mit einem neuen Paar Stiefel (S. 319), das ihn bei nassem Wetter vor Erkältungen schützen soll. Die frühere Standfestigkeit auf festen Grünebaumschen Sohlen, dieses Modell sogar „mit doppelte(n) Sohlen" (S. 319), könnte er allerdings auch im Hause Götz gebrauchen. Die erste Begegnung mit dem Sprössling des Hauses, dessen Erziehung und Bildung ihm anvertraut werden sollte, zeichnete sich gleich durch einen Tritt gegen seine Schienbeine aus, „so daß er schmerzlich bewegt zurückwich und nur aus der Ferne die Hoffnung aussprach, daß Aimé und er bald vertrauter miteinander würden" (S. 285). Dieser völlig deplazierte „Körperkontakt" hatte fast Symbolgehalt, Hans konnte nicht erzieherisch auf dieses von seiner Mutter abgöttisch geliebte und verwöhnte Kind einwirken. Die tiefgreifende Verunsicherung über Personen und erste Eindrücke in diesem Haus verbildlicht der Erzähler als einen „Zustand, in welchem der Mensch wohl berechtigt war, nach der Stirn zu greifen wie jemand, der mit verbundenen Augen längere Zeit gedreht wurde und der nach abgenommener Binde sich durchaus nicht fest auf den Füßen fühlt ..." (S. 289) Eine Hirnhautentzündung mit heftigen Fieberanfällen fesselt den Hauslehrer Hans ans Bett; „... sein armer Körper war eine bewegungslose Masse" (S. 324), die sich gegen nichts und niemanden wehren kann, vor allen anderen nicht gegen den intriganten ehemaligen Freund Moses-Theophile, der auch in diesem Haus verkehrt und Hans aufsucht (S. 322ff.). Als er endlich wieder genesen ist, steigt er „hager und etwas schwindelig" (S. 325) die Treppen hinunter in den Salon. Dort erwartet ihn die Kündigung, aber – er ist „wieder auf den Füßen" (S. 326)! Nach der Abhängigkeit fühlt Hans Unwirsch sich trotz aller Erlebnisse und Verwirrung im Hause Götz als „freier Mann" (S. 360) und mietet sich in derselben Stadt in der Grinsegasse ein eigenes winziges Reich, „vierzehn Schuh lang und zehn breit" (S. 359), reflektiert sein bisheriges Leben, beschließt, das „Buch vom Hunger" zu beginnen, und bilanziert, beinahe wie ein tüchtiger Handwerksmeister, „daß er mit Gewinn aus diesem Zeitraum hervorgeschritten sei" (S. 361). *Don Quijote* kommt Hans in den Sinn, der ritterliche Held, und die in einen Turm eingesperrte Prinzessin, die verschiedenen Lebens-Wege, „Schleichwege" und gerade Wege, und er begreift, dass das Umkreisen eines Turmes kein enger Weg sein muss (S. 362). Miguel Cervantes' Roman schärft zwar seinen Blick grundsätzlich, aber die eigene Lebenssituation bleibt zunächst unklar. Der junge Theologe, der „in dem gelben, zerwühlten Boden unter seinen Füßen" (S. 374) auf dem Friedhof von Neustadt seine einzigen Verwandten begraben weiß, kann nicht ahnen, dass sein Weg ihn geographisch nach Grunzenow an der Ostsee führen und er dort endgültig seine „neue Heimat" (S. 432, S. 405) finden wird. Der Leutnant Rudolf Götz, das begreift Hans Unwirsch erst viel später, hat seit der ersten zufälligen Begegnung auf dem Weg zu seiner ersten Präzeptor-Stelle in Kohlenau und dem Verlust dieser Position (S. 439) dessen „Schritte auf einen bestimmten Weg" (S. 402; S.392f.) gelenkt, wofür er ihm viel später „auf Knien danken" müsste (S. 394). Das Haus von Rudolfs Bruder Theodor, der die elternlose Nichte Franziska aufgenommen hat, ist lediglich Zwischenstation. Der junge Geistliche wird in die Hunger-Pfarre des kargen Fischerdorfes regelrecht lanciert (S. 375f.), um die Nachfolge des alten 82-jährigen Josias Tillenius anzutreten, falls sich der „Herr Konfrater" (Hans Unwirsch) (S. 399) bewährt. Dass Hans zu Fuß „im kniehohen Schmutz" (S. 383) auf dem Wege dorthin fast versinkt, weil der Postwagen nämlich auf dem Marktplatz von Freudenstadt „in öder, unfruchtbarer Heidegegend" (ebd.) seinen letzten Halt hat, ist, wie das dichte Schneetreiben, nicht nur „äußerlich" unangenehm, hinderlich, sondern Teil der Bewährung, des Durchhaltens auf seinem Lebens w e g. Im Gasthaus „Polnischer Bock" wird die Richtung zum Meer erneut bestimmt; der Wirt bestellt ein Fuhrwerk, das wiederum wegen der widrigen Bedingungen das Ziel nicht direkt anfahren kann, sodass Hans auch von dort „zu Fuße rasch" einem Steig folgt, vom Brausen des Meeres geleitet (S. 386). In der erstbesten erleuchteten Hütte klopft er an, fragt nach dem Gutshof, bekommt einen jüngeren Mann „in hohen Schifferstiefeln" als Führer in der Nacht, aber nur für eine kurze Wegstrecke (S. 387). „Vorsichtig tastete Hans seinen Weg gegen die nächtlich schwarzen Massen …" (ebd.), ganz allein, gelangt schließlich an das richtige Hoftor und – wird willkommen geheißen! Der Leser, der zwar natürlich nur in zeitlicher Raffung, dennoch detailliert, den zurückgelegten weiten Weg des jungen Mannes „miterlebt" hat, kann zweifellos den in Worte gefassten ersten Eindruck des Gastgebers teilen: „ ,Hurra, Götz (gemeint ist Rudolf G.), wir haben ihn, er ist's wirklich, aber mager und gelb wie ein getrockneter Flunder und knielahm wie ein Gaul mit der Flußgalle! …' " (S. 389) Der greise, weißhaarige Tillenius, der alte Oberst Bullau, der von der Gicht gezeichnete Leutnant Götz, der unfähig ist, sich von seinem Sessel zu erheben, sind das Männer-„Kleeblatt" (S. 390), das den jungen Theologen sehnlich erwartet und sozusagen ferngesteuert hat und bei gutem Essen und einem guten Tropfen ins Gebet nimmt. Johannes Unwirsch spürt bald in der unbekannten Umgebung, dass er „in einer ganz andern Welt" angekommen ist, auf „hartem Boden, auf den sein Fuß trat" und der ganz anders klang „als die heilige Erde von Neustadt, als das Parkett und das Straßenpflaster der großen Stadt (gemeint ist Berlin)" (S. 397). Das Stehen zeichnet ihn an der neuen Wirkungsstätte aus, wohl zu übersetzen mit ‚Standfestigkeit' (S. 393, S. 402 u. ö.). Aber er muss sich noch einmal auf den Weg machen, den er schon zurückgelegt hat: Er darf und muss Franziska, die Nichte des alten Leutnants, nach Grunzenow holen, nachdem dieser sich ausführlich hatte erzählen lassen, was Hans im Hause seines Bruders Theodor erlebt und erlitten hat und was Franziska bei der Tante Aurelie, Aimés Mutter, ertragen musste. Die erneute Reise in dichtem Schneetreiben ist „beschwerlich genug" (S. 407). Vor Ort beschleunigt Hans seine Schritte wie ein Getriebener: „… Er rannte … mit solcher Hast vorwärts, als ob er wirklich überzeugt sei, durch möglichst rasche Beinbewegung dem Schicksal den Vorsprung abgewinnen zu können … Das Laufen half zu nichts …" (S. 407) Das Haus in der Parkstraße ist verwaist, Theodors Witwe hat sich mit Aimé zurückgezogen, das Personal ist verschwunden und Franziska „ist fortgegangen" (S. 414) und hat eine neue Bleibe gemietet. Hans findet ihre Adresse heraus: „Annenstraße Nr. 34, vier Treppen hoch" (S. 408).

Das Wiedersehen der beiden jungen Leute beschreibt der Erzähler als „ein Wunder über alle Wunder" (S. 414). Sie wissen um ihre gegenseitige Liebe und bekennen sich dazu (S. 416). Recht unumwunden charakterisiert Hans die bescheidene, vermutlich ärmliche Zukunft auf der Pfarrstelle am Ostseestrand und den Weg dorthin: „,Es ist ein weiter Weg nach Grunzenow,' sagte Hans. ,Es wird auch ein beschwerlicher Weg sein ...'" (S. 415) Sie ist als Tochter des gefallenen Soldaten Felix Götz „zu jedem Marsch bereit" (S. 418), und ihre Zimmerwirtin verabschiedet die beiden seufzend und ist genauso überzeugt wie später der alte Tillenius: „,... junges Volk will seinen Weg gehen ...'" (S. 419) und wird ihn „finden" (S. 436). Am Weihnachtstag findet die Reise mit der Ankunft in Grunzenow im winterlichen Sonnenschein ihr Ende. Die Vorfreude auf das Wiedersehen mit der Nichte, „seinem Kind", hat den alten Leutnant wieder auf die Beine gebracht, in „wohlwattierten Pelzstiefeln" und unter Zuhilfenahme eines Krückstockes (S. 425 u. ff.). Er selber, der meist in einem Rollstuhl sitzend seine alten Tage im Gutshaus zugebracht hat, sorgt am Tag der erwarteten Ankunft des jungen Paares seit dem frühen Morgen dafür, dass „das, was in dem Kastell noch auf dem Kopfe stand, auf die Füße" gestellt wurde (ebd.). Hans Unwirsch reflektiert seinen „Werdegang" als „Lebensweg" (S. 430, S. 432), als „Wanderjahre" (ebd.). „Quer über den Kirchhof ging der Weg zur Kirche" (S. 433) für den Pastor-Adjunkt Johannes Unwirsch und seinen greisen Vorgänger, nicht nur an diesem Weihnachtsabend, sondern sicherlich auch sinnbildlich von der zurückgelassenen Heimat der Kinderzeit zu seiner Position in Amt und Würden. Der allwissende Erzähler greift wieder die Metapher vom Durchwandern des Kreises auf: „Nun waren die Kreise, die er (Hans) durchwandert hatte, mit allen ihren Gestalten, ... versunken; er stand nun inmitten des Ringes, den sein Wirken ausfüllen sollte." (S. 440)

Wilhelm Raabes *Hungerpastor* ist ein „Entwicklungsroman", wie er seit der Mitte des 18. Jahrhunderts zu einer verbreiteten epischen Großform geworden war, par excellence. **Goethes *Wilhelm Meister*, Karl Philipp Moritz' *Anton Reiser*** (sic), **Gottfried Kellers Grüne(r) Heinrich** gehören in diese Reihe. Der Lebensweg, die „Entwicklung", „die Geschichte der Bildung" des Protagonisten vollzieht sich im Gehen, phasenweise ganz wörtlich als Fußgänger, der auf den Füßen steht, aber manchmal „einen Fuß dem anderen" nur mühsam und „bedrängt" nachzieht wie Hans auf dem Weg zum Sterbebett der Mutter (S. 220). Er „schreitet voran"; „vorwärts" (S.420) ist der Gruß zum Abschied aus der großen Stadt Berlin. Dass er der Sohn eines

SCHUSTER – HANDWERKLICHES KÖNNEN UND PHILOSOPHISCHE EINSICHTEN   265

Schuhmachers ist, des klugen Anton Unwirsch, der sich auf das Gehen in solidem Schuhwerk verstanden, kleine Gedichte verfasst und viel über die Welt nachgedacht hat, profiliert diesen Lebensweg besonders. Die Glaskugel aus der väterlichen Schusterwerkstatt ist das Requisit, das Hans nach dem Tod der Mutter auf den weiteren Lebensstationen mit sich führt, als Zeichen von Respekt für die Familientradition und Verbundenheit mit der Vergangenheit als Schuhmachersohn. Er gibt es an seinen eigenen Sohn weiter. Der schaut ebenso fasziniert in das Licht der Glaskugel und greift nach ihr, wie Hans es als Kind getan hat (S. 454).

Bei genauer Betrachtung hat Hans Züge eines Märchenhelden, der bittere Armut kennt, Aufgaben und Herausforderungen annimmt, den Aufbruch und das Ankommen erfährt, Unterstützung bekommt, die Polarität von Gut und Böse begreift. Die Hochzeit mit Franziska Götz schafft das glückliche Ende (S. 440). „Märchenhaft schön" (S. 415), „märchenhaft, immer märchenhafter" (S. 419), „unsäglich glücklich" (S. 416), der „Zauber des Augenblicks" (S. 418) beschreiben das beinahe unwirkliche Lebensgefühl des jungen Ehepaares. Der Erzähler bescheinigt Fränzchen „eine glückliche Hand", sodass alles „unter ihr" gedieh (S. 453). Noch bevor er das glückliche Ende hat absehen können, hatte der Hungerpastor auf einen Zettel gekritzelt: „… In Liebesweben, / Goldzauberkreise – / Ist nun mein Leben." (S. 441) Er hat die Kreise abgeschritten.

Die Überzeugung des alten Grünebaum, die Schusterei sei ein „schönes, nachdenkliches, gelehrtes Geschäft" (S. 175), mag mancher belächelt haben, zumal der Flickschuster „in seinem verwahrlosten Loch lebte" (S. 147) und zeitlebens weit entfernt von nicht einmal bescheidenem Wohlstand war, aber auch gerade nur arbeitete, „so lange, als nötig war, um sich und seine Vögel notdürftig zu erhalten und den Postkurier (Zeitung) für Stadt und Land halten zu können" (S. 146). Aber lebensklug war er![51]

Auch **Anton Reiser** ist es vergönnt, nach vielen bitteren Lebenserfahrungen mit Lehrmeistern und Schullehrern in dem „armen Schuster" Heidreich einen „Wohltäter" und in dem Schuster Schantz einen Mann zu treffen, an dessen Tisch er satt werden durfte und mit dem er Gespräche von philosophischer Tiefe führen konnte. „… die Köpfe der Menschen hätte er (vom Lehrstuhle) bilden können, denen er Schuh machte", das bescheinigt ihm der Erzähler. (**Moritz**, S. 139 u. S. 141)

Ein solches Berufsethos und das damit einhergehende Selbst-Bewusstsein sind es möglicherweise, die König Karlik dem Gutmütigen in **Ivan Binárs** modernem Märchen **Der Wolkenhirte** (Goldblatt, S. 140-150) höchsten Respekt abnötigen: „… es fiel ihm nicht im Traum ein, dem Schuster Ratschläge zu erteilen, wie dieser Schuhe zu machen hätte" (S. 142); in die Angelegenheiten von „Experten" mischt sich selbst ein König nicht ein! Schuster, Bäcker, Bauer lehnen es genau aus dieser Überzeugung ab, ihrerseits als Berater dem Herrscher zu dienen. *Schuster, bleib bei deinem Leisten* – das ist auch ihr Motto! Wenig beruhigend ist es, dass Radim, den „keiner vermisst hätte" (ebd.), diese Aufgabe übernimmt. Wen wundert es, wenn ein „Amateur" sich einmischt, dass der das Königreich fast zu Grunde richtet?

Einen Denkanstoß in dieselbe Richtung gibt **Marie von Ebner-Eschenbach** mit dem kurzen Text **Ohne Vorschule** (S. 164f.). Ein Töpfer hat zwei faule Söhne, Peter und Paul. Weder das Handwerk des Vaters noch das Schuster-, das Schneider-, das Sattlerhandwerk neben all den anderen wollen sie erlernen.

„Sie hielten es nirgends aus …" (S. 165) Berufe, für die man nichts zu lernen braucht, sind ihr Ziel! Die finden sie in der Stadt: Schriftsteller und Landtagsabgeordneter! Märchen oder vielleicht doch eher Parabel, jedenfalls ein bitterböses Fazit für „die" städtischen Berufe und ein Kompliment für das Handwerk!

Vom Schuster zum Präsidenten! Das ist ein Aufstieg! Es ist sicher kein Zufall, dass **Erich Kästner** in seiner 1956 entstandenen satirischen Komödie ***Die Schule der Diktatoren*** im Nachgang zur nationalsozialistischen Diktatur in Deutschland auch einen Schuhmacher zum Präsidenten küren lässt. Die Regieanweisung zum zweiten Bild sieht eine Werkstatt „inmitten des kostbaren Palastmobiliars" vor (S. 21); der Präsident, hemdsärmelig auf einem Schusterschemel sitzend, ist intensiv mit den bekannten Handgriffen von Hämmern und Nageln bei der Arbeit. Vom Inspektor muss er sich die Frage stellen lassen, warum er nicht „bei seinem Leisten geblieben" sei (ebd.). Jeder Präsident ist für seine politische Rolle gedrillt, sie sind alle austauschbar und werden willkürlich ersetzt, wenn es der Machtelite passt. Der Schuhmacher-Präsident wird durch eine Giftspritze des Leibarztes aus seinem Amt und seinem Leben befördert (S. 26), schneller als er den politischen Umbruch erfassen kann (S. 29f.). Das ist ein Auftrag und eine verlockende Aussicht für „einen kleinen Schuster": „Königlich bestallter Hofschuster" zu werden, dazu bis zum Lebensende „das Wappen des geflügelten goldenen Hammers mit dem Lorbeerkranz zu führen", zuzüglich des Lohns für ein Paar Lederstiefel, das versteht sich von selbst – unter einer Bedingung: Der König muss die neu gefertigten Stiefel mit „Schön" oder „Wunderbar" ausdrücklich würdigen. Sollte ein Klageruf wie zum Beispiel „Es drückt" oder gar ein unartikuliertes „Bähhh" zu hören sein, ja, dann wäre alles hinfällig, und der Schuster müsste das an sich „unbezahlbare", weil so wertvolle Leder des schwarzen Hirsches, aus eigener Tasche begleichen. Mit seinem Kopf muss er dafür „bürgen", dass alles zur Zufriedenheit des Ministers und der königlichen Majestät ausfallen wird (S. 51). Ein knallhartes Geschäft, aber der Gedanke an die Hofschusterei motiviert! In drei Tagen, so erzählt es **Gabriel Zoran** in dem modernen orientalischen Märchen ***Die Geschichte vom linken Stiefel***, entsteht ein wunderbares Stiefelpaar, „würdig … an eine königliche Fußsohle zu gelangen" (S. 49-76, hier S. 49) Im Detail vollzieht der Leser den Fertigungsprozess mit: „Zwischen den Lippen hielt er (der Schuster) die dünnen Nägel, und er hatte keinen anderen Platz zum Festhalten, denn seine beiden Händen waren beschäftigt." (ebd.) „Hämmer, hämmer, hämmer", man hört förmlich den Arbeitseinsatz dieses auserkoreren Spezialisten. Leisten und Ahle sind ohne Unterlass im Einsatz, Leim und Lack runden das Werk ab (S. 52). Und das Ergebnis kann sich natürlich sehen lassen, besser gesagt, könnte sich sehen lassen, denn über Nacht hat sich der linke Stiefel heimlich, still und leise aus dem Regal entfernt. Größer kann eine Blamage für den Schuster kaum ausfallen. Er m u s s an der Gerechtigkeit der Welt zweifeln, an einer „Weltordnung", in der alles an seinem Platz steht und so aussieht: „ ‚… ein Stiefel am Fuße des Königs, der Fuß des Königs im Stiefel und ich (der Schuster) in der königlichen Hofschusterei!' " (S. 57) Nur ein „umstürzlerisches, Unruhe stiftendes Element" kommt als potenzieller Dieb (S. 55) in Frage! Immerhin, ein l i n k e r Stiefel! Der Schuster ist gut beraten, die Katastrophe bei Hofe anzuzeigen und der Aufforderung des Ministers zu folgen, den aufmüpfigen Stiefel so lange zu suchen, bis er ihn findet. Derweil ist der „Flüchtling" entschlossen, das rechte Pendant zurücklassend, alleine „ein unabhängiges Leben" zu führen (S. 54), ein Leben ohne Fuß, „der seine Schritte lenkte" (S. 62), nur dem Prinzip folgend „immer der Stiefelspitze nach" (S. 63 u. ö.) in die Welt hinaus, also selbstbestimmt! „Links, links, links marschiert er" los auf der Landstraße (S. 54). Ein Hochgefühl erlebt der Stiefel, seine eigene Freiheit genießend, wenn er Schicksalsgenossen sieht, wie zum Beispiel die Holzfällerschuhe im Morast oder die Armeestiefel in Zweierreihen mit den Soldatenfüßen Richtung Kaserne, mit denen er ein Stück des Wegs geht (S. 56). *Auf den Fersen folgt* der unglückliche Schuster seinem Produkt, immer zu spät, erfolglos. Schneller als gedacht, verändert ein politischer Umsturz alle Pläne und alle Befürchtungen. Der König wird gestürzt und ins Exil geschickt, die Monarchie existiert nicht länger, die Republik wird außerhalb der Hauptstadt ausgerufen. Als „Umstürzler" tritt genau derjenige auf den Plan, den der Minister ohnehin im Verdacht hatte, nämlich „Holzbein", der Kapitän, der sich von der königlichen Flotte abgesetzt hatte (S. 50). Der Traum von der Hofschuster-Karriere ist endgültig geplatzt! Körperliche Anzeichen von Fassungslosigkeit wie „erbleichen" und ein „offen stehender Mund" (S. 58f.) signalisieren, dass der Schuster so schnell die neue Weltordnung nicht begreifen kann; die simple Tatsache zum Beispiel, dass auch ein König wie jeder andere Mensch – oder auch umgekehrt – nur zwei Füße hat (S. 61), wird ihm nur langsam klar. Aber, *Handwerk hat goldenen Boden*, als „gemeiner Schuster" zunächst in einem „kleinen Schusterladen am Marktplatz" (ebd.) macht er eine bürgerliche Karriere. Qualität setzt sich durch, das kann der verhinderte Hofschuster augenfällig beweisen, als der herrenlose linke Stiefel sich in all den politischen Wirren bei seinem Meister, „dem Vater seiner Entstehung", einfindet und für eine Zeit als Schaufenster-Ausstellungsstück neben dem rechten zu stehen kommt (S. 74f.). Den Job, dem neuen Herrscher Holzbein das linke, gesunde Bein zu kleiden, hatte er (der Stiefel) nicht bekommen; um seine Dienste anzubieten, musste er am Boulevard „nach rechts" (S. 71) abbiegen. Dort erfährt er als Arbeitssuchender vom bisherigen Hofmarschall und jetzigen Hausverwalter: „,... er hat ein Bein ... momentan aber, solange er zum amtierenden Herrscher ernannt ist, pflegt er sein Holzbein genauso zu beschuhen, als sei es ein richtiges Bein. Unser Herrscher steht auf beiden Beinen, und er braucht ein Paar (!) Stiefel ...'" (S. 72) Dieselbe Person, die die „beidfüßige Standfestigkeit" verkündet, hatte den Schuster, ehe er den Stiefel-Auftrag bekommen konnte, auf dessen unverbrüchliche Treue zum König eingeschworen (S. 50). Staatstragende Wichtigkeit wird in beiden Staatsformen über die Fußbekleidung demonstriert; die bildliche Sprache des Märchens vermittelt mit subtiler Ironie eine politische Message: nach links oder nach rechts stiefeln (S. 54), Schein und Sein, Anspruch und Wirklichkeit liegen manchmal dicht beieinander ...

Was soll aus einem Schuster werden, wenn er nur noch Leder für ein Paar Schuhe hat? Das ist ohne Wenn und Aber der wirtschaftliche Ruin! Geheimnisvolle Hilfe erfährt er über Nacht. Das am Vorabend zugeschnittene Leder ist am nächsten Morgen ein fertiges Paar Schuhe. Es findet schnell einen Kunden; von dem Geld kann der Schuster sich neues Leder kaufen, und am nächsten Tag hat er das gleiche Erlebnis. So geht es immer weiter, ein regelrechter Wirtschaftskreislauf, von unsichtbaren Händen gesteuert! Aus dem armen Schuster wird „bald ein wohlhabender Mann" (S. 163). Aber er wäre kein Mensch, wenn er nicht dem Geheimnis *auf die Schliche kommen* möchte. So beobachtet er zusammen mit seiner Frau die nächtliche Schuhproduktion. Winzig kleine, nackte Männchen, *Wichtelmänner*, arbeiten „unglaublich geschwind und behend". Als das Schuster-Ehepaar für die nächtlichen „Gesellen" voller Mitleid mit deren Nacktheit Hemd, Hose, Jacke und selbstverständlich Strümpfe und „kleine Schuhe" anfertigt und für die Nacht bereitlegt, ziehen sich die Helfer an und „tanzen" zur Tür hinaus – auf Nimmerwiedersehen. So hatten sich bekanntlich auch die Heinzelmännchen aus Köln aus der Schneiderwerkstatt zurückgezogen. Menschenwelt und Märchenwelt dürfen offenbar nur getrennt voneinander existieren, bestenfalls nebeneinander. So ist es bei **Grimm** nachzulesen (Kinder- und Hausmärchen, S. 163f.).

Der wandernde Jüngling in **Paulo Coelho**s Roman *Der Alchimist* erfährt von dem Kristallhändler von der Reise nach Mekka, dem Ziel jedes gläubigen Moslems. Er weiß zu berichten, dass ein einfacher Schuster die fast einjährige Wanderung durch die Wüste als weniger anstrengend empfunden hat „als durch die Stadtviertel von Tanger zu streifen, auf der Suche nach geeignetem Leder". (Aus dem Brasilianischen von Cordula Swoboda Herzog. Zürich 1996, hier S. 60)

Arm sind Schuster manchmal, wenn sie nicht gerade zum Hofschuster avancieren oder gar zum spanischen König, wie es in dem dänischen Märchen vom *Schusterjunge*(n) erzählt wird (S. 75-91), aber dumm sind sie nicht!

Das beweist der Schuster in einem tschechischen Märchen, der einen Ausweg aus seiner schlimmen Situation sucht. Handwerklich geht er es an u n d beherzt mit Köpfchen: Mit Pech, das er selbstverständlich reichlich in der Werkstatt hat, „verpicht" er in einem marklosen Knochen die *Not* (S. 158-160). So ist sie weggesperrt und kann sich nicht weiter ausbreiten. Das personifizierte Übel wird erst dann aus seinem Gefängnis entlassen, wenn es dem Schuster ein Geldversteck nennt. Ein Geschäft auf Gegenseitigkeit! Darauf muss man erst einmal kommen!

Geizig und geldgierig ist der junge *Schuster* aus Rangiers und bereit, sich dem Teufel zu verschreiben für eine schöne Summe Gold- und Silberstücke. 100 Jahre Lebenszeit, dann gehört dem Teufel die Schusterseele. Nie mehr mit Ahle und Pechdraht arbeiten, ein sattes Wohlleben, das gilt ab sofort! Das imponiert auch der Bürgermeisterstochter, die seine Frau wird. Aber das Geld ist schneller verbraucht als gedacht, er muss wieder „Sohlen klopfen, Löcher bohren, nähen und Nägel einschlagen" (S. 134) und das Angebot, die Seele seiner Frau zu verkaufen, nimmt der Teufel nicht an, bedrängt den Schuster aber weiter! Von den Honoratioren des Dorfes trickreich und handgreiflich aus dem Schornstein getrieben, werden wohl beide, Teufel und Schuster, ihre Lektion gelernt haben ... (Schweizer Volksmärchen, S. 133-135)

Dass Schuhmacher in der Märchenwelt wie zum Beispiel das Stuttgarter Hutzelmännchen oder der weitgereiste Meister Flick die höchsten Ansprüche an ihr handwerkliches Tun stellen und „wunderbare" Zauberschuhe herstellen, ist bereits ausführlich dargelegt; es sind immer Produkte mit eigener Aura. Für sie und alle anderen Schuh-„Schöpfer" m u s s es wie Hohn klingen, wenn ausgerechnet ein Schneider beim Anblick eines wandernden Schustergesellen das Spottlied anstimmt: „Nähe mir die Naht, / ziehe mir den Draht, / streich ihn rechts und links mit Pech, / schlag, schlag mir fest den Zweck." (**Grimm**, *Die beiden Wanderer*, Anm. 48) Nähen, verdrahten, verpichen und nageln – so einfach ist es eben nicht! Wenn Meister Pfriem, der Besserwisser, seinen Lehrjungen wegen eines schlechten Zuschnitts tadelt, den er allerdings selber angefertigt hat, dann erweist er sich weder als guter Handwerker noch gar als guter Lehrmeister; kein Geselle hält es deshalb lange bei ihm aus (Diederichs, S. 228).

Als „Genie" und „Künstler" in seinem Fach wird der aus Italien stammende Schuhmacher Giaconelli Mateotti in **Henning Mankell**s Roman *Die italienischen Schuhe* (2006) gerühmt. Der Meister hat das laute Treiben in Rom hinter sich gelassen und lebt und arbeitet hochbetagt in einem von den ursprünglichen Einwohnern verlassenen Dorf in der Einsamkeit der schwedischen Wälder. Seine Schuhe, „wunderbare Schuhe" (S. 151), sind Unikate (S. 159); Kardinäle, Opernstars, amerikanische Präsidenten gehören ebenso in seinen Kundenkreis (ebd.) wie Kaiser und Könige im Märchen. Aus Mittelgebirgsbuchen in Frankreich sind die hölzernen Leisten hergestellt (S. 154). Es braucht Zeit und Geduld für die Fertigung (S. 150), „zweihundert Arbeitsschritte" für einen einzigen Schuh (S. 152)! Nur zwei Paar fertigt er in einem Jahr an. Der Autor stellt diesen alten Mann in das Beziehungsgeflecht der Figuren seines Romans. Louise, die Tochter des Erzählers Fredrik Welin, hält Kontakt zu Giaconelli und bittet ihn, ein Paar für den Vater, den sie erst im fortgeschrittenen Erwachsenenalter kennen gelernt hat, zu arbeiten (S. 150). Die detaillierten anatomischen Kenntnisse über Knochen, Muskeln und deren Funktionen im Fuß (S. 155), die Genauigkeit der Vermessung der Füße mit einfachen altmodischen Skalen, das Protokoll, die Zeichnungen, die Nachfragen zum Gesundheitsstatus des Kunden (S. 155f.) und nicht zuletzt das gleichsam philosophische Fundament seiner Tätigkeit: „‚Wenn der Schuh passt, vergisst man den Fuß'" und „‚… Der Fuß und der Boden gehören zusammen'" (S.158) beeindrucken den ehemaligen Chirurgen Welin. Standfestigkeit, Bodenhaftung also! Schwarzes Leder „mit einem Zug ins Violette", für „die Oberseite ein Stück Leder, das vor zweihundert Jahren gegerbt wurde" (S.159), so sollen die neuen Schuhe ausfallen. Das Ergebnis der Arbeit erreicht den einsamen Schärenbewohner Welin gut verschnürt in einem Paket per Postschiff. Die ersten Gehversuche in den italienischen Schuhen unternimmt er in der Küche seines alten Hauses, jeden Tag aufs Neue, sie passen wie versprochen. Anschließend stellt er sie jedes Mal wieder zurück in den Karton (S. 364).

Der handwerklich-künstlerische Schaffensakt hat fast genauso lange gedauert wie Welins psychische, vielleicht erst anfängliche Verarbeitung der eigenen Vergangenheit. Die völlig unerwartete Konfrontation mit dieser Vergangenheit ist durch „eine schwarze Gestalt in all dem Weiß" eines bitterkalten Januartages (S. 30) ausgelöst worden. Mühsam schleppt sie sich, auf einen Rollator gestützt, über die Eisfläche, und der Erzähler erkennt nach einigen Minuten, nahezu fassungslos, dass es seine Jugendliebe Harriet ist (S. 31), die er ohne jede Erklärung vor mehr als dreißig Jahren verlassen hat und die die Mutter seiner Tochter ist. Sein Leben gerät „aus dem Lot" (S. 225); er *verliert*, wohl nicht nur körperlich, *den Boden unter den Füßen*, als das Eis zweimal unter seinem Gewicht im Laufe des Zusammenseins mit der sterbenskranken Harriet bricht und er dem Tode näher ist als dem Leben (S. 113, S. 196). Sie hat ihn gesucht, um ihn an das alte Versprechen zu erinnern, mit ihr an den dunklen Waldteich im hohen Norrland zu fahren (S. 51, S. 69). Es ist der Anlass, der zu einer Reise zurück in das eigene Leben wird. Vergessen, Schuld, Verdrängen, Rückzug, fehlende Verantwortung hatten es geprägt, bis er es dann nach Harriets Tod neu zu ordnen beginnt. Der alte Mateotti hatte ihm nicht zu viel versprochen, nachdem er das Maß für die neuen, die italienischen Schuhe, genommen hatte:

„,... Das (gemeint sind die Kombination des alten Leders u. die Farbe) ergibt etwas Eigenes in Farbe und Gefühl. '" (S. 159) Harriets „Lebensweisheit" ist offensichtlich widerlegt, zumindest relativiert. Sie, deren „ganzes Leben von Schuhen handelte" (S. 32, S. 42, S. 72), hatte nämlich, sehr nüchtern und realistisch abwägend, ganz gewiss auf ihren Erfahrungen im Schuhgeschäft basierend, einmal behauptet, „man könne nicht hoffen oder sich einbilden, daß sie (die Schuhe) paßten. Schuhe, die drückten, gehörten zur Wirklichkeit." (S.89) Spät, aber noch rechtzeitig wird er eines Besseren belehrt. Er hat vielleicht in den neuen Schuhen den entscheidenden Schritt in eine neue Wirklichkeit getan.

Eine Stunde einsamen Nachdenkens, kein anderes Werkzeug als ein Schnitzmesser und Material, das, wie alles andere zum Überleben, nur die unmittelbare Inselumgebung bereitstellt, sind die Voraussetzungen für die Anfertigung der dringend notwendigen neuen Schuhe. Ausbessern der alten reicht nicht mehr! Schuhe sind kein modischer Luxusartikel! Das ist die Situation und Herausforderung für einen Jungen in dem selbstorganisierten Staat der vor dem Krieg in ihrer Heimat geflüchteten und auf einer einsamen Insel im Ozean gestrandeten urbischen Kinder. Das Modell „der ***Insu-Pu-***

Sandale" kann sich dann sehen lassen: „eine dreiteilige Holzsohle, bestehend aus Zehen-, Mittelstück und Ferse mit doppelt geklebtem Kaninchenfell verbunden", das Oberteil „aus einem Gemisch von Hasenfell und Rindenbastzöpfen" (S. 225). Wer unter diesen Bedingungen von Materialbeschränkung, aber mit kreativem Geschick arbeiten muss und kann und solch ein respektables Paar Schuhe für mehrere Kinder zustande bringt, ist nicht nur der „Techniker" in dieser Gemeinschaft. Er verdient als „der geschickteste Mann im Staate" den Titel „Zauberer" und könnte in der Riege der Künstler-Schuhmacher sicher bestehen! **Mira Lobe** erzählt vom Alltagsleben dieser Kinder in ihrem 1948 entstandenen Roman **Insu-Pu. Die Insel der verlorenen Kinder** (Bearbeitet von Claudia Lobe. Wien 2006).

Eine „Schuh-Bar" in einem Kaufhaus in München ist das berufliche Betätigungsfeld von **Mister Minit**, so auch der Titel einer kurzen Erzählung von **Botho Strauß** (in: Paare, Passanten. München 1981, S. 150f.). Das Ambiente wird sich der Leser von standardisierter, funktionaler Schlichtheit vorzustellen haben, es bedarf keiner Erwähnung; Schuhreparatur ist nur eine Sparte neben dem Schilderdruck. Der Akteur ist ein „schmächtiges dunkles Männlein", kein Sympathieträger, einer „vom Rand der Gesellschaft",

ein „entlassener Strafgefangener", „der vielleicht erst im Knast das Schusterhandwerk gelernt hat". In der Begegnung mit seinen Kunden entsteht schlaglichtartig das Psychogramm eines vom Leben Gezeichneten, eines Außenseiters: Freundlich, leutselig, misstrauisch, ängstlich erschreckt – das ist ganz abhängig von seinem jeweiligen Kunden-Gegenüber vor dem Hintergrund der zu vermutenden bisherigen Lebenserfahrungen. Der analysierend beobachtende und kommentierende Erzähler bescheinigt ihm „Dünnhäutigkeit" und „einen Überwurf von Schutzmustern, ein Schuppengewand von Formeln und angepaßten Gesinnungsteilen" (S. 150), Opportunismus schlichtweg, allerdings auch „Außenseiterintelligenz". Wenn die Gelegenheit sich bietet, beispielsweise in Gestalt eines Lehrjungen, dann rechnet er den Wert seiner Schuhmacherarbeit für die Stiefelreparatur in Bierflaschen gegen. „Schuh-Bar" bekommt eine zusätzliche Konnotation, wenn der kritische Erzähler (und Leser) diesen Mister Minit als „unterernährten Trinker" bezeichnet …

Schuster und Schuhträger gehen – jedenfalls in der Fiktionalität der Literatur – häufig eine unlösbare Symbiose ein, wie es beispielsweise in dem *Rotkäppchen*-Märchen von **E. O. Somerville** aus dem Jahre 1934 nachzulesen ist. (Britische Märchen, S. 212-229, S. 213). Oder wie der Schuhmacher Edmund, der *Maries* letzte *Schuhe* maßgefertigt hat (s. u. S. 308f.).

Diese schicksalhafte Verbindung führt zu einer anrührend tragischen Konsequenz für eine junge Frau. Eine kaum furchtbarer zu denkende apokalyptische Szenerie von Zerstörung und Tod nach dem *Erdbeben in Chili* 1647, so erzählt es **Heinrich von Kleist**, wird gesteigert durch eine erbarmungslose, mörderische Hetze auf zwei junge Menschen und ihr gemeinsames Kind, die beide wegen ihrer nicht legitimierten Liebe zum Tode verurteilt, die Katastrophe wunderbarerweise überlebt und einander wiedergefunden haben. Schuhe sind nicht gegenständlich zur Hand, aber der Flickschuster Pedrillo identifiziert und verrät lautstark und ohne Not Josephe Asteron als die zum Tode verurteilte „Sünderin". Er hatte für sie gearbeitet und kannte sie „wenigstens so genau … als ihre kleinen Füße." (S. 762-774, S. 772)

Kein Profi ist Sali Manz, aber von Schuhen versteht er offensichtlich doch etwas! „ ‚Du Schuhmacher' ", das ist Vrenchens Kompliment an ihren geliebten Sali in **Gottfried Keller**s Novelle ***Romeo und Julia auf dem Dorfe***, als er wie ein Fachmann ihren zierlichen Fuß vermisst und zärtlich in den Händen hält. Vrenchens alte Schuhe sind für das geplante Tanzvergnügen nicht mehr zu gebrauchen, und so will der Junge in einem der vielen Schuhläden in Seldwyla ein Paar neue besorgen, genau nach Maß (S. 55)! Ehe er sie Vrenchen schenkt, „verbarg (er) die Schuhe unter seiner Weste …; er nahm sie sogar mit ins Bett und legte sie unters Kopfkissen." (S. 56; s. o. S. 207ff.) Die Verbindung der beiden Liebenden aus den verfeindeten, verarmten Nachbars-Familien ist, über die Schuh-Symbolik manifestiert, nicht inniger zu denken. Die neuen Schuhe „mit den roten wollenen Schleifen" (S. 58) komplettieren schließlich Vrenchens schlichtes blaues Leinenkleid mit dem weißen Tuch, sodass sie nach außen das Bild „einer Prinzeß" abgibt (S. 60). Als Brautleute lassen die beiden ihre Vergangenheit hinter sich und treten „einen weiten Weg" an (S. 62). Unterwegs besuchen sie ein Wirtshaus und den Kirchweihplatz, tanzen, sind ausgelassen und werden vom „schwarzen Geiger" unter den „Heimatlosen" in einer Trauungszeremonie verbunden, ehe sie beschließen, gemeinsam „aus der Welt zu gehen" (S. 85).

Schuhputzer und andere Schuhprofis

Über die Schuhe, genauer gesagt über die Schuhpflege, kommen sich zwei Männer so nahe, dass sich ein Identitätstausch beziehungsweise Rollentausch vollzieht zwischen einem Schuhputzer und seinem Herrn, dem **Diktator**. **Thomas Bernhard** hat diese unheimliche Parabel geschrieben. Ausgesucht, ausgewählt, vielleicht auserwählt „unter hundert Bewerbern", obliegt dem Schuhputzer nichts anderes, als dieser Tätigkeit für seinen Herrn nachzugehen. Die unmittelbare räumliche Nähe vor dem Palast und die quasi haptische Nähe über die Schuhe[52], jeder Zeit und immer zur Verfügung, dieselbe Kost generieren einen „Zwilling". Die Physiognomie, die kolossale Gestalt und das furchteinflößende Verhalten gegenüber den Ministern machen die beiden nicht mehr unterscheidbar, abgesehen von der Kleidung. Gier nach Macht und Brutalität sind zweifelsfrei die Motive: Der Schuhputzer tötet eines Nachts seinen Herrn, tauscht die Kleidung mit ihm und „ist" der Diktator! Vorgesetzter oder Unterdrücker, Täter oder Opfer – von allem etwas bis zur letzten Konsequenz. (Th. B., Ereignisse. Literarisches Colloquium, Berlin 1969, S. 35)

In seinem Leben als einfacher Soldat wird er seine Stiefel wohl immer selber gewichst und poliert haben. Das ändert sich schlagartig, als der **Andersen**sche Held auf der Landstraße angesprochen wird und von einer alten Hexe einen Auftrag bekommt: Er darf sich in einem geheimen Baum-Gang an Gold, Silber und Kupfer bedienen, wenn er **Das Feuerzeug**, so auch der Titel dieses Märchens (Die schönsten Märchen, S. 9-19), ans Tageslicht holt. Tornister, Taschen, Jacke und Stiefel füllt er mit Gold, er ist ein reicher Mann (S. 12)! Das Feuerzeug, man kann ja nie wissen, wozu es gut sein könnte, behält er, bedroht die Hexe stattdessen mit dem Tod, sodass sie kapituliert. Von allem das Beste, das gilt ab sofort und auf der

और शुद्धता का वादा

Stelle: Essen, Wohnen, Kleidung, viele Freunde, aber auch ein Herz für die Armen (S. 13). Selbstverständlich hat er einen Diener, der seine Stiefel putzt. Der ist zunächst verwundert, dass die so gar nicht zum übrigen Erscheinungsbild passen. Neue müssen her! Aber – *wie gewonnen, so zerronnen*. Der kurzen Etappe des goldenen Glücks folgt wieder ein bescheidener Alltag. Er „musste aus den schönen Zimmern ausziehen ... und in einer winzig kleinen Kammer ganz unter dem Dach hausen, selbst seine Stiefel putzen und sie mit einer Stopfnadel zusammennähen ..." (S. 13f.) Das geheimnisvolle, magische Feuerzeug der Großmutter der Hexe hilft dann aber unerwartet. Verbotenerweise nimmt er Kontakt mit der schönen Königstochter auf, wird von deren entsetzten Eltern, die eine nicht-standesgemäße Verbindung fürchten, kurzerhand deshalb mit dem Todesurteil belegt. Bereits eingekerkert, gelingt es ihm, mit Hilfe des Feuerzeugs – ein Schusterjunge (!) holt es aus dem Zimmer des Soldaten und wird so zum Helfer in der fast aussichtslosen Situation (S. 17) – freizukommen. Durch die Heirat mit der schönen Prinzessin wird er König (S. 19). Von da an musste „der kleine Soldat" (S. 18) von einst sicher nie mehr Stiefel putzen. Ein Profi auf diesem Gebiet war er ohnehin nicht.

Herrenschuhe der besten englischen Marken sind Gegenstand der eher ausgefallenen Tätigkeit, die der Ich-Erzähler in **Wilhelm Genazino**s Roman *Ein Regenschirm für diesen Tag* ausübt und die ihn seit Jahren naturgemäß veranlasst, im wörtlichen Sinne unterwegs zu sein. Braune Schuhe, schwarze Schuhe, Kalbsleder, Pferdeleder, Lochmuster im Oberleder, Sohlengeschmeidigkeit, natürlich der Tragekomfort sind die Kriterien, die der Schuh-Tester in seinen Berichten berücksichtigen muss (S. 61f.) und für die er bezahlt wird, zunächst recht fürstlich, später drastisch bescheidener (S. 79ff.). Er verkauft zwischenzeitlich seine Test-Schuhe auf dem Flohmarkt (S. 108ff.). Um das reduzierte Honorar zu kompensieren, beschließt er, „phantasierte Berichte" abzuliefern (S. 146). Reflexionen über sein Leben, Kindheit und Jugend, vergangene Beziehungen, und eine geradezu fotografische Beobachtungsgenauigkeit für die Umgebung auf seinen Wegen liefern eine existenzielle persönliche Bestandsaufnahme, die den Leser spüren lassen, dass dieser Mann immer noch nicht „endgültig auf eigenen Füßen steht" (S. 42), was variantenreich in Metaphern umschrieben ist (S. 44, S. 66, S. 131 u. ö.). Er ist eben ein Probe-Geher, ein Test-Läufer, gelegentlich auch in gelben Schuhen (S. 119).

Als Vertreter für hölzerne Fußstützen „aus feinstem Lindenholz" ist Anselm Kristlein in abgelegenen ländlichen Gegenden unterwegs. Der Hersteller dieser orthopädischen Hilfsmittel fürchtet geradezu um die „Volksgesundheit", die Trittfestigkeit von Kindern und Jugendlichen, wohlwissend, dass die Erwachsenen, nicht nur wegen der Kosten, auch aus Gewohnheit nicht kaufen würden. Tüchtig ist der Fußstützen-Vertreter: Das Label *Geh-gut*, die moralische Unterstützung durch den Lehrer auf dem Lande einfordernd, die Autorität eines gar nicht existierenden Gesundheitsministeriums vortäuschend, das Subventionen für jedes Paar beisteuert, machen das Produkt zum Verkaufsschlager, den Hersteller zum reichen Fabrikanten. Verkaufen, moralisch und juristisch mehr als zweifelhaft, aber einträglich, Strategien, die sich vermutlich auf jedes andere Produkt übertragen lassen; das reflektiert der reisende Ich-Erzähler durchaus kritisch in **Martin Walser**s Roman *Halbzeit* (München 1963, S. 32-35).

Unter den Schuh geraten

Der sprichwörtliche *Pantoffelheld* (s. o. S. 86f.) hat den aufrechten Gang wohl eingebüßt, jedenfalls in seinem häuslichen Umfeld. Er ist so klein gemacht, so unterdrückt von seiner Ehefrau, unter ihrem Regiment, eben unter ihrem Pantoffel, dass ihm die Augenhöhe zu ihr fehlt. So im bildlichen Sinn, vielfach karikiert und belächelt. Wahrlich kein beneidenswerter Alltag!

Von Pantoffel „heldinnen" hört man nicht, oder man nennt die vergleichbare eheliche Beziehung mit vertauschten Rollen nicht so. **Joseph Roth**s Romanfigur Fanny Zipper, Ehefrau des alten *Zipper*, hatte diese Rolle in ganz spezieller Weise jahrzehntelang inne. „Auf sanften Pantoffeln ging sie durchs Leben." (S. 18) Zur „Unterdrückung" sind sie nicht geeignet. Aber diese Pantoffeln bestätigen eindrucksvoll wie auch der tränenverschleierte Blick, die leise Stimme, der regungslose, ernste Gesichtsausdruck und die Farblosigkeit nicht nur der spärlichen Haare das Verhalten einer Ehefrau, die sich Unauffälligkeit, geräuschloses Auftreten als tägliche Anpassungsstrategie angeeignet hat. Das „Heldentum" wird reich an Metaphern aus der Rückschau des beobachtenden Erzählers adäquat mit Begriffen aus dem Krieg bewertet. Die Eheleute leben wie „zwei alte Feinde, die aus Mangel an Kampfmitteln einen Waffenstillstand schließen, der aussieht wie ein Bündnis." (S. 18) Der „häusliche Kampf" kennt allerdings nur einen Überlegenen, den Ehemann, der kleinlich und willkürlich seine Frau schikaniert (S. 19f., S. 28f.). Obgleich in seiner Kleidung immer auf äußere Wirkung bedacht, findet Zippers Fußbekleidung nicht die Aufmerksamkeit des Erzählers.

Liebe, alles verzehrende Liebe (S. 17, S. 21), der innige Wunsch, ihr nur „zu Füßen zu liegen" (S. 31, S. 32 u. ö.), alles zu vergessen und zu verdrängen, was den Alltag betrifft, ist die Gefühlslage des

„blutjungen Studenten", den wohlmeinend sein Freund als *unter dem Pantoffel*[53] der angebeteten Irma Weltner stehen, besser wohl liegen sieht und ihn vor dieser Beziehung warnt. Dr. med. Selten begreift sehr spät, dass ihn seine Liebe ein „Heidengeld" gekostet hat. Erst rückblickend gesteht er seinen Freunden, dass seine Gefühle nicht nur nicht gleichermaßen erwidert, sondern verraten worden sind. *Gefallen* ist der Titel dieser Erzählung (S. 11-42) von **Thomas Mann**.

Wenn umgangssprachlich die Formulierung „auf etwas"[54] oder gar „auf jemanden (sic!) stehen" positiv konnotiert ist i. S. „das/der gefällt besonders gut"[55], dann ist sicher eine Bedeutungs„verbesserung" zu verzeichnen oder die Banalisierung einer Geste, die im wörtlichen und bildlichen Verständnis das strikte Gegenteil ausdrückt. Gegenläufig Angst einflößend ist die Redewendung *Recht und Gesetz mit Füßen treten*.

Wenn bereits der Blick eines Kindes unter die Schuhsohlen eines Erwachsenen Ungemach verheißt, dann muss die Leiter aus dem Haus geschafft werden; denn sie ermöglicht solch eine bedrohliche Perspektive von unten nach oben, die das Wachstum des Kindes hemmt, das ist zumindest eine abergläubische Befürchtung, die in **Zsusa Bánk**s Roman *Die hellen Tage* erzählt wird (S. 217f.).

Wenn der Absatz physisch-materiell eingesetzt wird, sind Brutalität und Erniedrigung kaum größer zu denken, denn der Getretene liegt bereits am Boden. Eben diese Vorstellung, glücklicherweise nicht die Umsetzung, entwickelt sich in einer Auseinandersetzung zwischen dem Fußgänger Lobgott Piepsam und einem Radfahrer *Auf dem Weg zum Friedhof*. Nach heftigen verbalen Drohungen, dem Versuch, das Fahrrad zum Halten zu bringen und den jungen Mann herunterzustoßen, in jedem Falle an der Weiterfahrt zu hindern, dessen handgreifliche Gegenwehr und Schimpftiraden liefern einen Schlagabtausch von kaum vorstellbarer Aggressivität. „‚... Sie steigen ab, Sie steigen sofort ab! ... wenn du stürztest, wenn du stürzen wolltest, du windige Kanaille, ich würde dich treten, mit dem Stiefel in dein Gesicht treten, du verfluchter Bube ...'" (S. 194) **Thomas Mann** konfrontiert in dieser Erzählung den Friedhofsgänger in desolater körperlicher und seelischer Verfassung, verwitwet, dem Alkohol verfallen (S. 188f.), mit dem blondschopfigen, vor Energie sprühenden Radfahrer mit den blitzenden blauen Augen, der das „Leben" repräsentiert (S. 191). Die unbeirrte Weiterfahrt des jungen Mannes führt zu einem absoluten Verlust körperlicher Beherrschung bei Piepsam, einer öffentlichen Szene von nie dagewesenem Ausmaße. „ ... ein Mann, der mit geschwollenem Kopf brüllt, ein Mann, der vor Schimpfen tanzt, Kapriolen macht, Arme und Beine um sich wirft und sich nicht zu lassen weiß!" (ebd.) Die Zuschauer dieses „Auf-Tritts" sind auch die Augenzeugen seines Zusammenbruchs. Der herbeigerufene Sanitätswagen fährt Lobgott Piepsam, ausgestreckt auf einer Bahre, „von hinnen" (S. 196). Dass die Umsetzung seines Wunsches letale Folgen für den Radfahrer gehabt hätte und vielleicht ein finaler Tritt gegen das Leben an sich gewesen wäre, ist wohl über jeden Zweifel erhaben. (In: Erzählungen, S. 187-196)

Anschaulich und sehr eindrucksvoll verbindet **Wilhelm Schäfer** in einer kurzen Anekdote die Metapher vom mächtigen „Fußtritt"[56] in einer historischen Dimension und das Zurückziehen desselben Fußes in einer ganz konkreten, im wörtlichen Sinne „brenzligen" Situation. Das Gnadengesuch, das *Die Gräfin Hatzfeld*, so der Titel, für ihren zum Tode verurteilten Mann mit einem Kniefall „dem Advokatensohn aus Korsika", also dem französischen Kaiser Napoleon, vorträgt, scheint zunächst und überhaupt aussichtslos. Gewohnheitsgemäß steht dieser am Kaminfeuer, „mit den Händen auf dem Rücken", als ein Stück glühender Kohle abplatzt und „im Bogen auf ihn" zuspringt, „daß er den Fuß, der so viel Staaten zertreten hatte, dennoch zurückzog seiner weichen Stiefel wegen." Es ist genau der Funke, der einen Geistes„blitz" bei der Bittstellerin auslöst: Sie legt den ihren Mann belastenden Brief in die Glut und erwirkt mit dieser „tollkühnen" Aktion ganz offensichtlich die Milde des Mächtigen. (In: Die großen Meister. Bd. I, S. 300f.)

Das Größenverhältnis und die natürliche Rangordnung zwischen einem Menschen und einer gemeinen Stubenfliege ist festgelegt: Groß und klein, das ist in diesem Falle keine Ermessensfrage, zwei Beine und sechs Beinchen plus zwei fragile Flügelchen, Verstand und bloßer Instinkt usw., Jäger und Gejagte, keiner weitergehenden Überlegung wert. Aber in dem hier vorzustellenden Beispiel, einer Begegnung zwischen Mensch und Fliege, ist es eben nicht so unkompliziert. Der Ort des Zusammentreffens ist eine Gefängniszelle, der Mensch ein Gefangener, in einem diktatorischen Staat inhaftiert wegen „fauler Bemerkungen", die Stubenfliege einfach da, anwesend im selben Raum. **Wolfgang Borchert** greift in diesem kurzen Erzähltext auf autobiographische Erfahrungen am eigenen Leib zurück. Einsamkeit und fehlende Beschäftigung oder anderweitige Ablenkung schärfen den Blick des Ich-Erzählers für jede Bewegung der Fliege und im Zusehen wird sie vermenschlicht und als personales Gegenüber wahrgenommen: „Kosmetische Pflege", „Mani- und Pediküre", das Zurückstreifen des „Haupthaares", das Bürsten der Wimpern, das Nachziehen der Brauen, typisch weibliche, in jedem Falle menschliche Verrichtungen, Verrichtungen „meines kleinen Fliegenfräuleins" (S. 389), so sieht er sie. Der Vergleich mit einer „Tänzerin" im „durchsichtigen Ballettröckchen" verdeutlicht die, zunächst einseitige, „Beziehung" zwischen Häftling und Fliegenpersönchen. Trotz allem, Insekt ist Insekt, der Erzähler fühlt sich überlegen, ist dabei hinreichend selbstkritisch, dass „ein uralter, typisch männlicher Wesenszug", „Jagdtrieb" oder Flegelhaftigkeit ihn anspornen, „gottähnlich" mit der Hand das Schicksal der Fliege zu besiegeln (S. 389). Der Versuch schlägt fehl, die Fliege rettet sich ein paar Meter höher an der Wand. In seiner Wahrnehmung innerlich zum „kleinen, schwarzen Tintenklecks" degradiert (S. 390), kommt der Rachegedanke erneut und mit Wucht auf, „Schicksal" zu spielen, am eigenen Leib erfahrene Willkür walten zu lassen: „Gerade wollte ich ihr meinen Stiefel mitten in das höhnische Gesicht schleudern …" (S. 391) Wieder vermenschlicht, ermahnt sie den Gefangenen, „über seinem Schicksal zu stehen", „sich nicht in die Tiefe reißen zu lassen". Über sein Schicksal „lächeln", das ist die Kunst. **Ching Ling** nennt der Erzähler die Fliege, „glückliche Stimmung" (S. 391). Überlegenheit und Unterlegenheit, der scheinbar unausweichliche vernichtende Tritt mit dem Stiefel, all das ist offenbar kein unumstößliches Naturgesetz. Wenn man „über seinem Schicksal steht", kann man sich „erheben", jedenfalls wenn man Flügel hat. (In: Das Gesamtwerk. Hg. von Michael Töteberg … Reinbek b. Hamburg 2007; S. 388-391)

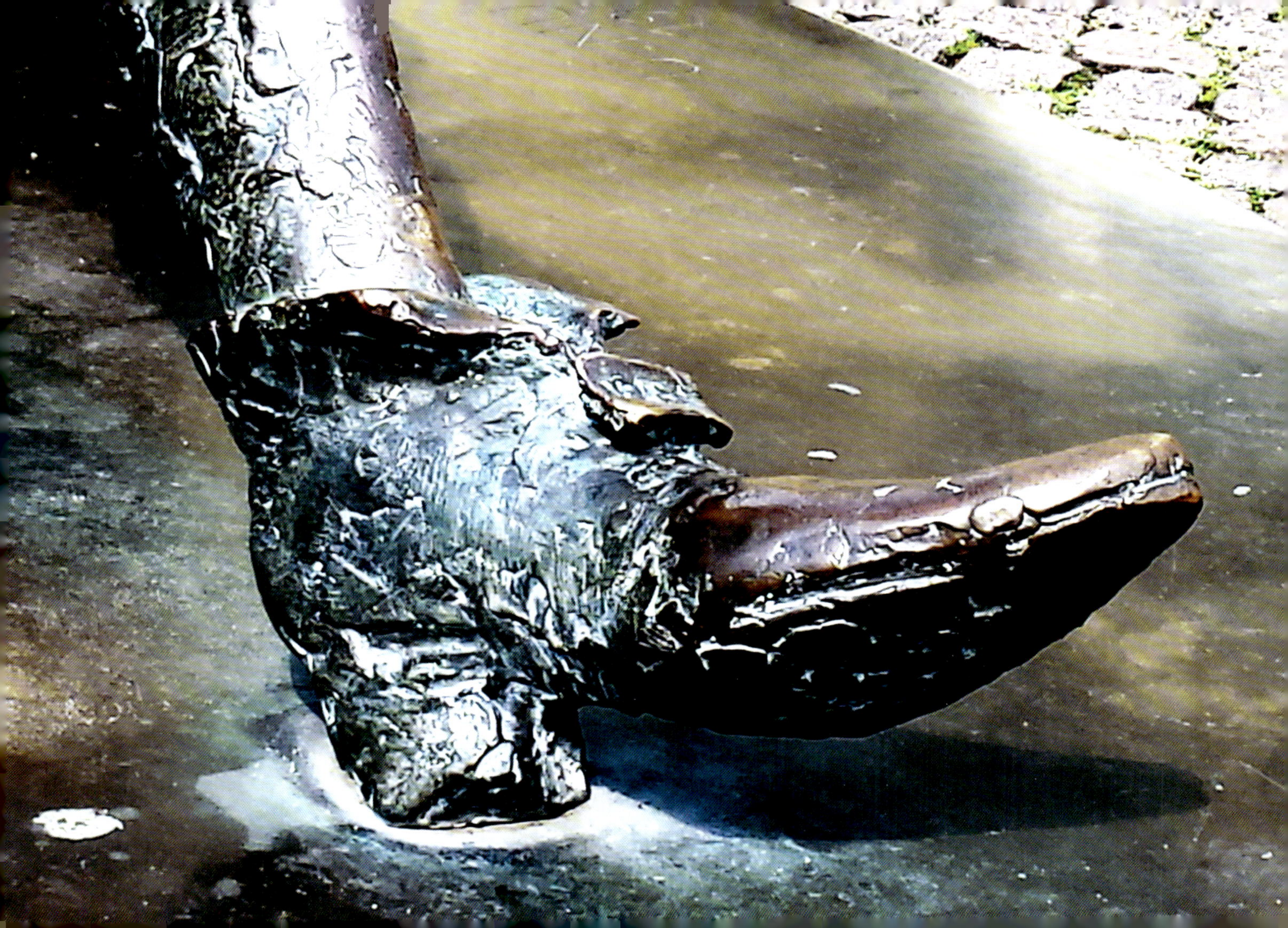

Als er aufwacht, ist der Handlungsreisende Gregor Samsa, die Hauptfigur in **Franz Kafka**s Erzählung *Die Verwandlung*, ein „ungeheures Ungeziefer". Über Nacht hat er unwiederbringlich seine menschliche Gestalt und damit verbundene „normale" Bewegungsabläufe (S. 56f., S. 59f. u. ö.), im Laufe der Zeit seinen familiären Respekt, seine beruflich soziale Glaubwürdigkeit und damit zunehmend die menschliche Würde verloren, aber nicht seine menschliche Wahrnehmung und Reflexionsfähigkeit. Kriechend, liegend, fallend ist er in seinem Zimmer eingesperrt, isoliert. Jeder, der dort „eindringt", bedeutet naturgemäß Lebensgefahr. Der Käfer Gregor nimmt aus seiner veränderten körperlichen Position der hilflosen Unterlegenheit seine Umgebung und die Familienangehörigen anders wahr, besonders den Vater. Das Bedrohungspotenzial geht naturgemäß von den Füßen aus. Er „stampft" bedrohlich, versucht das Ungeziefer mit einem Stock zu verscheuchen (S. 68f.) und signalisiert seinen Abscheu in Gesten der Abwehr. Gregor erkennt, dass der Vater nicht mehr der alte Mann ist, der lieber im Sessel saß als ging, und das nur mühsam, sondern sich „recht gut aufgerichtet" in einer blauen Uniform präsentiert, die er nicht einmal zum Schlafen ablegt (S. 83, S. 86). Kleidung und Körpersprache verraten sein Dominanzgebaren: Akkurate Scheitelfrisur, die Hände in den Hosentaschen, „mit verbissenem Gesicht" (S. 75) bewegt er sich einmal auf Gregor zu. „Er wußte wohl selbst nicht, was er vorhatte; immerhin hob er die Füße ungewöhnlich hoch, und Gregor staunte über die Riesengröße seiner Stiefelsohlen." (S. 84) Es kommt nicht, wie Leser und Protagonist gleichermaßen befürchten, zum Äußersten, zum vernichtenden Tritt mit dem Absatz (S. 83f.). Stattdessen „bombardiert" ihn der Vater mit Äpfeln aus der Obstschale und verwundet seinen Panzerrücken schwer (ebd. u. f.), sodass der Käfer noch stärker in seiner Beweglichkeit eingeschränkt ist. Die Zugehfrau, die ein anderes Mal den Stuhl in Gregors Zimmer hochhebt, und „mit groß geöffnetem Munde dastand", signalisiert, dass sie ihn erst wieder schließen wird, „wenn der Sessel in ihrer Hand auf Gregors Rücken niederschlagen würde." (S. 89) Es kommt nicht dazu, Gregor rettet sich durch eine leichte Bewegung. Weder der Stiefel des Vaters noch die Stuhlbeine vernichten ihn. Zunehmende Verwahrlosung in seinem Zimmer, die Verweigerung von Nahrungsaufnahme, die wachsende kühle Distanzierung selbst der Schwester (S. 80), die nur noch mit dem Fuß etwas Essbares in sein Zimmer stößt (S. 88), die vollständige Degradierung zum „Untier", zum versachlichten „Es" (S. 94) lassen Gregor in seiner Ungeziefer-Gestalt soweit verkümmern, dass er, zur Erleichterung der ganzen Familie, eines natürlichen Todes stirbt, also eingeht wie ein Tier (S. 96f.), und wie Unrat und mit dem übrigen Unrat auf dem Fußboden (!) aus dem Haus gefegt wird. (In: Sämtliche Erzählungen, S. 56-99)

Ein belastetes Vater-Sohn-Verhältnis ist auch bei **Peter Härtling** im Bild von dem bedrohlichen Schuh chiffriert. Ein Alptraum – klein wie eine Maus unter dem Parkett zu leben, der Vater, „riesengroß und bedrohlich, tritt auf die Öffnung des Mauselochs" und nimmt unter dem Absatz der schwarzen Lackschuhe die Luft zum Atmen. (***Nachgetragene Liebe***. Darmstadt u. Neuwied, 1980, S. 22)

Nur ein Gedankenspiel erlaubt sich der Ich-Erzähler, wenn er eine lästige Beziehung, eher eine Nicht-Beziehung (S. 158), zu **Eine**(r) **kleinen Frau** mit dem Stiefeltritt beendet sich vorstellt, sofern ein anderer als er in derselben Situation wäre. Eine sehr radikale Wunschvorstellung (S. 163), die **Franz Kafka** in seiner Erzählung (S. 157-163) entwickelt.

„Der Kleine war gut zertreten. Man sah einen ziemlich großen Fleck auf dem Estrich, schwarzen Gliederbrei und ein wenig Blutsaft von unbestimmter Farbe ..." (S. 157) „Der Kleine" ist, besser gesagt war, ein grüngoldener Käfer, der – wer weiß,

Kluge Sterne

Die Blumen erreicht der
Fuß so leicht,
Auch werden zertreten
die meisten;
(...)
Die Sterne sind klug,
Sie halten mit Fug
Von unserer Erde sich fern ...

HEINRICH HEINE, NEUE GEDICHTE. WERKE BD. 1, S. 391

wie – in die Zelle des inhaftierten Johannes Abrecht gekommen ist und diesem die Hoffnung auf das Ende der Gefangenschaft und ein neues Leben in Freiheit nährt. Als „Gruß der Freiheit", als „kleiner Wohltäter" (S. 154), als „winziger Gefährte aus Gold", als „lebendes Kleinod" (S. 155) ist der Käfer von unschätzbarer Bedeutung für Johannes. Das durchschaut der Kerkermeister. Von Beginn an zeichnete sich eine diffuse, eigentlich nicht recht erklärbare Ablehnung gegenüber dem jungen Mann ab, die dieser als Hass deuten muss. Durchaus „folgsam", bereit zur „Unterordnung" (S. 150) ist er trotzdem der Willkür des Wärters ausgeliefert, die sich in unflätigen Beschimpfungen (ebd., S. 151 u. ö.) und in strengerer Isolation in der Einzelzelle äußert, wenn er nicht abgestellt ist zum Zuschneiden von Schuhsohlen (S. 149); die Monate des Aufenthalts werden durch die Schikanen unerträglicher als nötig. Johannes nimmt immer wieder angsterfüllt die „feindseligen Schritte" des Wärters wahr (S. 153). Dessen ungebremster destruktiver Sadismus bricht sich Bahn, als er den Käfer erblickt. Schützend hebt der Häftling seine Hände und fleht um das Leben des kleinen Tieres. „Der Wärter bückte sich, hob das Tierchen auf, das erwartend an der gleichen Stelle sitzen geblieben war, sah flüchtig hin auf das krabbelnde Ding in seiner Faust, ließ es dann gleichmütig fallen und zertrat es mit einer Drehung des Fußes. Man hörte das Knirschen." (S. 156) Dieses Geräusch der Vernichtung verlässt Johannes nicht mehr, auch nicht in der bald wiedererlangten Freiheit. Sehr wohl wissend, dass „nur Geringes geschehen war" (S. 158), objektiv, dass einem wehrlosen Menschen „die eine, einzige, armselige Freude vernichtet" wurde, „ohne Sinn, nur um wehe zu tun, das ist auch kein großes Ereignis" (S. 158). Dennoch ist aber faktisch und subjektiv diese Tat der Inbegriff alles Bösen. Jener „Mannesstiefel in seiner Drehung" (S. 161) wird zum Movens für den mörderischen Rachegedanken, der Johannes nicht mehr loslässt. Er lauert dem Wärter am Feierabend auf und würgt ihn bis zur Bewusstlosigkeit. Die Abrechnung, die der wehrlose Gefängniswärter entgegengeschleudert bekommt, ist umfassend. Der kleine mit den „dreckigen Mannesstiefeln" zertretene Käfer (S. 170) wird gewissermaßen zum Corpus Delicti für diesen „teuflischen" Menschen. Die Tatsache, dass er „hilfeheischend, gnadeflehend" die Arme bewegt, bewahrt ihn und den Angreifer vor dem Äußersten. Er stirbt nicht, bleibt aber lebenslang psychisch gezeichnet; Johannes wird nicht zum Mörder. Recht und Gerechtigkeit, Rache und Gnade sind die Fixpunkte dieser 1920 erschienenen Erzählung **Der Goldene** von **Bruno Frank**. (In: Die großen Meister. Bd. II, S. 146-176)

Wenn einer Ratte der Kopf „mit einem kräftigen Fußtritt ... zerquetscht" wird, dann ist es sicherlich ein Ekel erregender Anblick, aber notwendig, um einen Angriff abzuwehren. **Timm Thaler**, der diese Nagetiere verabscheut, erlebt einen solchen brutalen Augenblick, als sein Begleiter und Beschützer Johnny blitzschnell und energisch in einem Weinkeller auf diese Weise eine Attacke auf sein Bein verhindert (**Krüss**, S. 137). Wenn ein Junge mit der

Fußspitze das Mosaik zerstört, das ein kleines Mädchen auf dem Boden vor einem Museum legt, dann ist das zwar ganz unblutig, aber nicht minder rabiat-zerstörerisch. Auch diesen Fußtritt beobachtet Timm, und zwar vom Balkon eines Athener Museums. Der reiche Baron Lefuet, in dessen Begleitung er ist, stellt diesen Vorfall in einen grundsätzlichen ökonomischen Kontext, dem man so entschieden widersprechen müsste und möchte, wie Timm dem kleinen Mädchen zu Hilfe zu kommen wollte: „ ‚... Mit derselben Barbarei wie dieser Junge zertrampeln rohe Soldatenstiefel die ... Werke eines feinen Kunstverstandes; aber wenn der Krieg vorbei ist, genehmigen die Barbaren ... Zuschüsse für die Wiederherstellung des Zerstörten. Und daran verdienen wir ...' " (S. 144)

Eine Puppe, die einem kleinen Mädchen aus dem Arm geschlagen wird, die, noch bevor das Kind sich bücken und sie aufheben kann, von einem Mann zertreten wird – das ist schlimm, unverschämt, gemein, rücksichtslos, rüpelhaft. Andererseits – es ist „nur" eine Puppe, eben ein Gegenstand. Wenn ein kleines, dunkelhäutiges Mädchen, augenscheinlich ein „Zigeunerkind" (S. 8f., S. 88 u.ö.), dieses „Schicksal" seiner Puppe miterlebt, wenn der Stiefel einem schwarz uniformierten SS-Mann gehört und das Ereignis sich auf dem Transport nach Auschwitz abspielt, dann ist es nicht nur gemein,

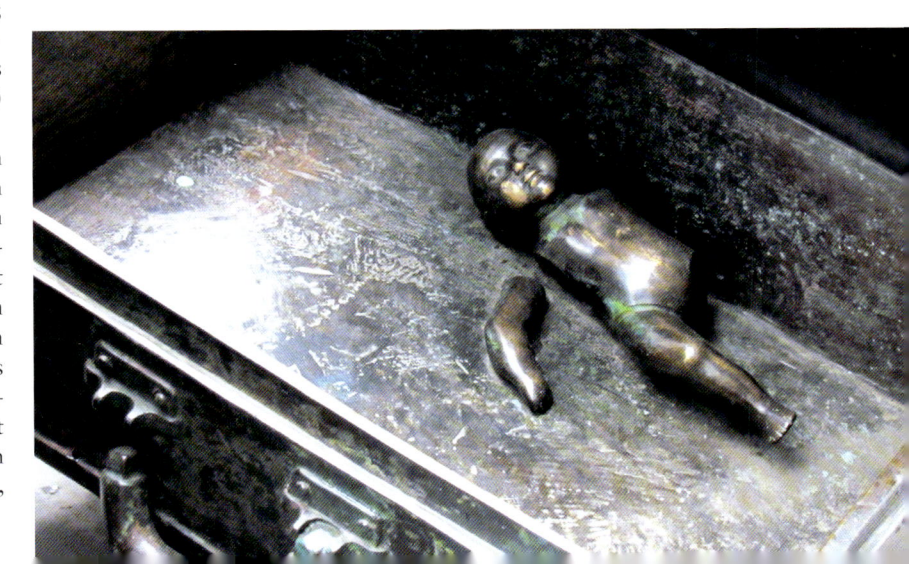

es ist eine Tragödie, niemals wiedergutzumachen, durch nichts zu entschuldigen, denn es ist bewusster Vernichtungswille. Er trifft materiell zunächst die Puppe, dann das Kind, das aus Kummer über das Erlebte stirbt, ehe es getötet wird (S. 122f.). **Erich Hackl** erzählt im *Abschied von Sidonie* diese Episode aus dem kurzen Leben des Mädchens, das wohl behütet und geliebt bei seinen Pflegeeltern (vgl. S. 22f., S. 30 u.ö.) aufwächst, durch Denunziation und mangelnde Solidarität schließlich aus seinem Alltag herausgerissen und „weggebracht" wird, zunächst angeblich zur leiblichen Mutter, dann ins Konzentrationslager. Die Puppe mit blonden Haaren und blauen Augen, weiß angezogen, Arme und Beine zum Abwinkeln, Augen, die sich beim Hinlegen schlossen (S. 77f.), hatte Sidonie als Firmgeschenk bekommen; sie hat alle körperlichen Merkmale, die Sidonie nicht hat und niemals haben wird. Sie ist nicht nur ein Spielzeug, sondern eine Gefährtin, die das Kind an sich drückt, mit der es spricht (S. 97f., S. 101), mit der es die Trennungsangst und die vielleicht auch gespürte Aussichtslosigkeit der Aufbruchsituation quasi gemeinsam erlebt. Der Stiefeltritt ist tödlich. „Die Puppe steht für das von der Gesellschaft manipulierte, in seiner freien Entfaltung behinderte und letztlich von ihr zerstörte Zigeunermädchen."[57]

Nicht getreten, nicht unterdrückt, fünf Zentimeter lang, besser vielleicht kurz, sechzig Gramm schwer, besser vielleicht leicht – das sind von Natur aus die Körpermaße von Mäxchen Pichelsteiner aus Pichelstein, wo alle Einwohner höchstens fünfzig Zentimeter groß werden! Eine Streichholzschachtel dient dem elternlosen Knirps als Bett. Er arbeitet im Zirkus bei Professor Jokus von Pokus als „Zauberlehrling", der sich, wen wundert es, sehr gut auf Schuhe und Schnürsenkel versteht (S. 82). Mäxchen ist zweifellos ein Star (S. 84f. u. ö.). Winzigkeit und Verstand schließen einander nicht aus! Dennoch – **Der kleine Mann**, ein Menschenkind, das **Erich Kästner** erdacht hat, kennt auch Alpträume. Im Blumentopf sitzend, schläft er einmal ein und „erlebt" eine „lebensgefährliche" Situation im Alltag: „… vor lauter Schuhen und Stiefeln" kann er sich kaum fortbewegen, „aus Angst vor ihren (gemeint sind die Passanten) Sohlen und Absätzen" schlägt er einen „Zickzackkurs" ein (S. 96). Erschöpft und in panischer Angst, von einem Absatz zertreten zu werden, rettet er sich in den Mantelkragen einer Frau und wird, von ihr unbemerkt, „transportiert". Vielversprechend ist aus dieser Warte die Entdeckung des Praxisschildes von „Dr. med. Konrad Wachsmuth. Facharzt für Unzufriedene. Behandlung von Riesen und Zwergen" (S. 97), jederzeit und kostenlos. Kaum vorstellbar, aber einen Versuch wert! Zwei Meter fünfzig, Mäxchen „verordnet" sich selbst diese Körperlänge, und Doktor Wachsmuth, *nomen est omen*, verschafft sie ihm über einen Löffel Medizin (S. 100f.). Der kleine Mann ist dann ganz groß und erfährt einen Perspektivwechsel, der ihm den Blick – endlich weg von Schuhen und Absätzen – auf Mützen und Hüte freigibt (S. 107). Alles nur geträumt, Mäxchen bleibt Mäxchen, klein, vermutlich gerade deshalb weltweit berühmt. Als er eines Tages entführt wird, können sich Glatzkopf Otto und dessen Kumpan nur Hoffnung auf die Lösegeldsumme machen, sofern der kleine Mann nicht vorher unter ihren „Absatz gerät" (S. 170). Das passiert glücklicherweise nicht, denn das Kerlchen kann sich befreien.

Als Gefangener im Reich Liliput macht **Gulliver** eine gegenläufige Erfahrung. Erich Kästner hat **Jonathan Swift**s Roman bearbeitet und neu erzählt. Aus der Gefangenschaft entlassen, lebt der Riese mit freundlicher Billigung des Kaisers weiterhin im Reich der kleinen Menschen, eben der Liliputaner. Mit einem Schritt könnte er ein Werk der Verwüstung anrichten, selbst wenn er sich nur behutsam auf Zehenspitzen fortbewegt. Er reflektiert: „Mir war, als stiege ich durch einen hundertfünfzig Meter langen und breiten Spielzeugladen, und bei jedem Zentimeter könne ich etwas zertreten." (S. 34) Ein Leibjäger, der das aus diesem Grund verfügte kaiserliche Ausgehverbot in der Hauptstadt Mildendo (S. 33f.) ignoriert hat, kann sich nur rennend und gerade noch *haarscharf* vor dem Schuh des Riesen in Sicherheit bringen. Unterschiedliche Absatzhöhen kennzeichnen im Liliput-Reich die Parteizugehörigkeit, gerne auch für den einen Fuß flache, für den anderen Fuß hohe Absätze; man kann ja nicht wissen, besser, man legt sich nicht fest und hält sich alle Optionen hinkend offen (S. 36f.)! Wirklich größer werden die Parteimitglieder allerdings so nicht, weder in ihrer körperlichen noch gar in ihrer politisch-moralischen Erscheinung.

Karl Zwerglein ist ein Gartenzwerg, den Paula, die neue Bewohnerin des schönen Hauses mit dem großen Garten, zum Leben erweckt. Dass er mächtig Angst hat vor den „riesengroßen Füßen" des Gärtners und vor dessen Rasenmäher, ist verständlich. Allerdings betrachtet er diese Aktivitäten aus einem Astloch in der dicken Eiche, also in gebührendem Abstand. Lebensgefährlich würde es für ihn, wenn die Eiche, wie geplant, gefällt wird (S. 26f.). Damit er nicht unter die Füße gerät und nicht vom Baumstamm erschlagen wird, versteckt ihn Paula in ihrem Kleiderschrank, in einem großen Berg von Schuhen (S. 56, S.61); dort wird ihn die strenge Tante Margret hoffentlich nicht aufspüren, denn sie hält den Winzling für Kitsch, der zum Entrümpeln weggeschafft werden muss (S. 15f., S. 50f.). Angenehm ist der Aufenthaltsort im Schuhhaufen nicht unbedingt, und deshalb befreit sich Karl auch. Damit bringt er sich gleich doppelt in Lebensgefahr: Tante Margret hätte ihn fast entdeckt (S. 72), das wäre das Ende gewesen, und Paula legt sich auf das Kopfkissen, unter das sich ihr kleiner Freund geflüchtet hat (S. 67ff., S. 73). Das hätte genauso schiefgehen können – wie ein Fußtritt.

(Ildikó von Kürthy, *K. Zw.* Eine Geschichte für Zauberinnen und Zauberer. Mit Illustrationen von Imke Sönnichsen. Reinbek bei Hamburg 2011)

Auch die folgende Begegnung hätte schiefgehen können! Das *Sams*, ein von **Paul Maar** kreiertes Mischwesen mit lebhaften „Äuglein", einem Rüssel-Mund, dem runden Trommelbauch und dem rotbehaarten Rücken wie ein Orang-Utan, mit Armen und Händen wie ein Kind und Frosch-Füßen (S. 16f.), vor allem aber mit einem wachen Verstand, lässt sich auf einen Zweikampf mit dem angeberischen Hubert ein. Von wegen „der Stärkste" (S.116)! Hubert holt nach einem knappen verbalen Schlagabtausch zu einem Fußtritt aus. Das, was dann folgt, liest sich wie eine Zeitlupen-Aufnahme: Das Sams hält den Fuß fest, zieht ihn hoch und näher zu sich heran, so dass der Angreifer auf einem Bein hüpfen muss, ehe er sich auf den Hosenboden setzt (S. 117). Wirklich dumm gelaufen für Hubert, ein Imageverlust, dazu noch in Anwesenheit von Mädchen! Das Sams ist nicht zu Fall gekommen und daher auch nicht unter die Sohle des Größeren geraten. (P. M., *Eine Woche voller Samstage.* Hamburg 2. Aufl. 2011)

Die Begegnung der kleinen, zerbrechlichen Fee mit dem Riesen Imbar ist von eindrucksvoller Mächtigkeit. An dem „schrecklichen Fuß" sieht sie fünf Zehen „so groß wie Hügel, mit Fußnägeln, so groß wie fünf Vordächer, unter denen man sich verbergen könnte" (S. 121). **Paul Biegels** *Nachtlegende* hat in ihrem Figurenpersonal diese kolossale Gestalt, die mit ihren Füßen alles „platt" tritt, „bei jedem Schritt, knack, knack, knack, Bäume, Sträucher, Tiere, Häuser, Äcker, Berge, Dörfer, alles platt und zermalmt unter seinen Füßen. Aber er merkte es nicht, er war so groß und hoch, er hörte ... nicht das Gebrüll und Geschrei, von denen, die unter seinen Fuß kamen." (ebd.) Erst ein Sturz, auf der Nase liegend, macht ihm das Ausmaß seiner Zerstörung und die Flucht von Mensch und Tier als

Reaktion deutlich. Voller Reue über seine vernichtenden Schritte, wagt er sich nicht mehr vom Fleck; auf einem Bein stehend, versucht er an einer Stelle zu bleiben, bis er nach sieben Jahren ins Schwanken gerät und wieder beide Füße zum Einsatz bringt. „Sieben mal sieben mal sieben Jahre" steht er still, setzt sich dann ganz vorsichtig hin, nachdem er Häuser, Pferde, Schafe und Bäume verschoben hat, und fällt in einen hundertjährigen Schlaf (S. 123). Wieder erwacht, stampft er los und sucht, wie ihm die kleine Fee erklärt hat, jetzt den Tod, der am Ende des irdischen Lebens wartet. Vielleicht verbirgt der sich unter seinen gigantischen Riesenfüßen.[58]

Als zwei *Pygmäen* in der Parabel von **Marie von Ebner-Eschenbach** nach einer Reise in ihre Heimat zurückkehren, werden sie bestürmt, wie denn der Riese ausgesehen habe, der ihnen begegnet sei. „ ‚Wie soll er sein? – Staubig ist er.' Sie hatten nur den Rand seiner Stiefelsohlen gesehen." (S. 181)

Ein Kern, der unter den Fuß eines schönen Mädchens zu liegen kommt, lässt den zu einem Granatapfel verwandelten Burschen überleben.[59] Der Teufel, dem er die Verwandlungskunst abgeschaut hat, verfolgt ihn gnadenlos und trachtet ihm nach dem Leben. Als das Mädchen den Granatapfel auf Bitten eines feinen Herrn, eben des Teufels, halbiert hat, verwandelt sich dieser in eine Henne, pickt die auf den Boden gefallenen Kerne auf, bis auf den einen, sicher verwahrten. Unter den Absatz geraten, ein Fußtritt, der segensreich ist: Rettung für den jungen Mann, der sich blitzschnell in einen Marder verwandelt und das Huhn frisst. ***Es gibt keinen Teufel mehr***, das ist die verheißungsvolle Botschaft dieses italienischen Märchens (S. 18-22).

Das ist gerade noch einmal gutgegangen! Ein winziger Wicht weckt durch ein Lichtlein aus seiner winzigen Pfeife die Aufmerksamkeit eines Jägers. Fast wäre dieser auf das kleine ***Dukatenmännchen*** getreten, das war aber flink auf und davon „und schlüpfte schließlich hastig auf allen vieren in ein Maulwurfsloch", ehe der Jäger es zertreten oder mit der Hand greifen konnte. (Märchen aus Kärnten, S. 66-74, S. 67)

Es kommt immer auf die Perspektive an! Lange Beine und große Füße und kurze Beine und kleine Füße, „normal" – das ist alles relativ und eine Frage der selbstkritischen Wahrnehmung oder der beschränkten, naiven Selbstzufriedenheit; aber beide Haltungen können nicht den Schutz vor dem womöglich lebensgefährlichen Tritt mit dem Absatz garantieren!

Beine und Füße als Pars pro toto

Die redensartliche Formel *Von Kopf bis Fuß* beschreibt den Menschen in seiner anatomischen „Erstreckung" von oben nach unten.[60] **Thomas Mann** nimmt es noch genauer, um „Korrektheit und Intaktheit" des jungen Konsuls *Buddenbrook* bildlich zu fassen: „vom Kopf bis zur Zehe" (S. 383) Die häufig synonym, als Variante gebrauchte andere Redensart *Vom Scheitel bis zur Sohle* hat die frisierte und angekleidete, beschuhte Person vor Augen, ebenfalls von oben nach unten, dazwischen wird ein Anzug oder ein Kleid vorauszusetzen sein. **Wilhelm Busch** variiert auf seine Art, dieses Mal gegenläufig von unten nach oben: (…) „Von den Stiefeln bis zur Mütze / Spür ich eine Gänsehaut", um Verliebtheit auszudrücken. Ob da wirklich etwas zu spüren ist? (In: Gedichte. *Metaphern der Liebe*, S. 34)

Wenn **Shel Silverstein**, der schon erwähnte Wortkünstler, seinen Lesern *Andreas Andersrum* mit dem Hut auf den Zehen und mit dem Stiefel auf dem Kopf entwirft (S. 42f.), dann ist die Welt nicht in „ihrer" Ordnung, irgendwie schief. Steht er auf den Händen oder balanciert er liegend auf den Unterarmen, liegt er auf dem Rücken? Aufrecht steht Andreas nicht, wenigstens nicht für diesen einen imaginierten Augenblick.

Auch Diederich Heßling, *Der Untertan*, *verliert* für einige Augenblicke *den Boden unter den Füßen*. In einem Gefühlsrausch, des vorbeireitenden Kaisers persönlich ansichtig zu werden, stürzt er los, „glitt … aus und setzte sich mit Wucht in einen Tümpel, die Beine in die Luft, umspritzt von Schmutzwasser." (S. 47) Den Kaiser amüsiert der Anblick, „er schlug sich auf den Schenkel und lachte" (ebd.). Der Leser kann das gut nachempfinden. Wie ein Käfer ergeben auf dem Rücken liegend, die Beine nach oben gestreckt, willenlose Unterwerfung und „tiefstmögliches" Aufschauen zur Macht, das Heßlingsche Weltbild, vom Autor

Heinrich Mann in eine Pfütze verlegt! Gelegentlich „fehlt" der Torso mit den Armen. Dann bleiben lediglich die Beine übrig …

Weil man nur seine Beine „in geflickten Samthosen" (S. 62) am Fenster sieht, macht der „dazugehörige" alte Mann ganz offensichtlich Kopf-Stand, e r s t e h t auf dem Kopf; allerdings auch die Welt der Frau, die dieses „Ereignis" aus ihrem Fenster von der gegenüberliegenden Straßenseite aus beobachtet. Selbst die Tatsache, dass sie Augenblicke vorher, zwar nicht als Adressatin, denn das ist ein kleiner Junge, aber immerhin als Augenzeugin „miterlebt" hat, wie er einen Turban um seinen Kopf gewickelt, auch seine Mimik lebhafte Kommunikation mit einem Gegenüber signalisiert hat, also auch einen Kopf an der „richtigen" Stelle hat, kann sie nicht davon abhalten, überstürzt die Polizei zu rufen. Das ist nicht normal, das kann nicht sein, das darf es nicht geben – die Welt aus den Fugen! So muss es sich „angefühlt" haben für die sensationsbesessene Hausbewohnerin von gegenüber. Professionell schnell und gezielt dringen die Polizisten zusammen mit der Frau in die Wohnung des alten Mannes ein und begreifen vielleicht, dass sie ein Theater(stück) am Fenster jäh unterbrochen haben, nämlich ***Das Fenster-Theater*** von **Ilse Aichinger** … (In: Der Gefesselte. Erzählungen. Frankfurt/M. 1958, S. 61-63)

Auf „vierundvierzig Beine" reduziert **Heinz Erhardt** zweiundzwanzig Männer, „ganze" Männer, richtige Kerle, Fußballspieler, also zweimal elf Männer, zwei komplette Fußball-Mannschaften auf dem Rasenplatz. Der Leser dieses witzigen Gedichtes mit dem Titel *Fußball* ist fast geneigt anzunehmen, dass „Kopflose" einem Ball nachjagen, der mit aller Macht in eines der „Gestelle" getreten oder geschoben werden soll. Genau genommen, wenn man es recht bedenkt, ein groteskes Schauspiel – und eine unüberhörbare Kritik an der vermeintlichen „Kunst" dieses Spieles „ohne Köpfchen"! Ein wenig versöhnlich sind die letzten Verse: „… Mit dem Kopf, obwohl's erlaubt ist, / spielt man ihn ganz selten nur." Gottlob sind zweiundzwanzig Köpfe mit von der Partie, nicht nur vierundvierzig freilaufende Beine (und Füße, sicherlich in Fußballschuhen)! (Das Grosse Heinz Erhardt Buch. Berlin 17. Aufl. 1988, S. 204f.)

Umgangssprachlich-redensartlich können Menschen sogar auf einen Fuß, offenbar einen überdimensionierten, reduziert werden, wenn sie als *Bruder Leichtfuß, Hasenfuß, Hinkefuß, Plattfuß, Kratzfuß* bezeichnet werden. Wenn Heranwachsende erst mit der Volljährigkeit *auf eigenen Füßen stehen*, muss die Frage erlaubt sein, auf welchen Füßen haben sie bis dahin gestanden?

Das muss sich gut „angefühlt" haben, modern, liberal, eigenständig, vielleicht sogar weltläufig, wenn der Erzähler dem Respekt einflößenden Kaufmann Hermann Hagenström aus dem **Buddenbrook**schen Lübeck bescheinigt, er stehe „auf seinen eigenen Füßen", denn er ist „frei von den hemmenden Fesseln der Tradition und der Pietät" (S. 375). Offensichtlich hat dieser Mann also, sogar nach außen sichtbar, keine *Hemmschuhe* an den Füßen!

Wenn einer einem anderen *auf den Fersen* ist, zum Beispiel der Fußballclub Kaiserslautern dem Gegner Darmstadt, kann er ihn dann trotzdem noch nicht greifen und festhalten? Und wenn ein Mensch schon *mit einem Fuß im Grab steht*, wie soll er dann mit dem anderen noch im Leben zurechtkommen? In jedem Fall – der Fuß als Pars pro toto, ein einziges Körperteil „steht" für die ganze Person oder auch eine ganze Gruppe.

Wie muss man es sich vorstellen, wenn ein junger Schuhmacher, also einer, der sich auf Schuhe und Füße versteht, so in Panik vor einem Löwen flüchtet, dass er „die Beine auf den Buckel" nahm? Wie läuft er dann? Hebt er vom Boden ab? *Über die eigenen Füße* kann er jedenfalls nicht *stolpern*! Das bestätigt das französische Märchen von den *Gaben der drei Tiere* (S. 51-57, hier: S. 52). Kann man überhaupt laufen, wenn man *die Beine in die Hand nimmt*? Fliegt man dann? Was tut derjenige, der einem anderen *Beine macht*? Hatte der bis dahin keine Beine? Wer auf dem Rücken oder dem Bauch liegt, kann *wieder auf die Beine gestellt* werden. Aber ein Geschäft, eine Firma wieder *auf die Beine stellen …*? Wenn eine halbe Stadt *auf den Beinen ist*, dann muss wirklich ein Großereignis zu bestaunen sein. Hoffentlich hat jeder auch seinen Kopf dabei! Der *Freigänger* ist im Bewegungsablauf seiner Beine, eben im Gehen, wahrgenommen, er hat ja vorher meist lange *gesessen*. Wie kann denn überhaupt ein Mensch arbeiten, wenn er *sich* (dabei) *ein Bein ausreißt*? „Geläufige" idiomatische Metaphern, die durch die extreme anatomische Beschränkung auf e i n Körperteil beim Wort genommen bizarre Vorstellungen evozieren. (S. a. o. S. 80f.)

Lähmende Angst vor der Trennung von der vertrauten Umgebung und ohnmächtiges Entsetzen sind die Gefühle einer Fünfzehnjährigen, als sie erfährt, dass sie mit ihrer verwitweten Mutter von Wien nach Innsbruck ziehen muss. Diese extreme körperliche Reaktion rührt her von der Liebe zu einem erwachsenen Mann, der auf derselben Etage lebt, das Mädchen bis dahin aber nie, bestenfalls flüchtig wahrgenommen hat. Aus der Rückschau einer erwachsenen Frau entfaltet sie in dem *Brief einer Unbekannten* an ihn ihre durchlebte Sehnsucht auf der Suche nach seiner Nähe, die sie bis zu ihrem selbstgewählten Lebensende nicht verlieren wird. Die Hoffnung, für immer bei ihm zu bleiben, wenn auch nur „als Magd, als Sklavin" (S. 111), „führt" sie in der Situation des aufgezwungenen Abschiednehmens auf den Flur zur Wohnungstür, hinter der sie den Geliebten vermutet. Nach Jahren noch weiß sie im Detail die Passivität ihres Bewegungsablaufes, die Verselbständigung ihrer Gliedmaßen zu vergegenwärtigen. Nicht sie, „es stieß (sie) mit steifen Beinen, mit zitternden Gelenken magnetisch fort"; den Arm, gleichermaßen zitternd, „reißt" sie sich quasi vom Leibe, um den Finger zum Klingelkopf zu bewegen (ebd.). Vergeblich! Der Mann, dem sie verfallen ist und bleibt, ist nicht in seiner Wohnung. (**Stefan Zweig**, Meisternovellen. Gütersloh o. J., S. 93-177)

Von seinem „Weltkummer" durch Berlin getrieben, erlebt und erleidet Friedrich Schedel grotesk verzerrte Selbst- und Fremdwahrnehmungen visueller und akustischer Art. Als Kinder sein Verhalten beobachten und ihn auf einen Koffer ansprechen, dessen Inhalt er allein zu kennen meint, verabredet er sich mit ihnen für den nächsten Tag. „Während er dies im geflüsterten Befehlston sagte, fingen seine Füße schon an, ungeduldig davonzugehen …

Was war mit ihm?" (S. 132) Die expressionistische Erzählung *Die Puppe* von **Oskar Loerke** thematisiert die Rastlosigkeit, Isoliertheit, Verwirrung und Weltflucht des Protagonisten. Die Kinder verstärken seine panische Lebensangst, Ohren, Arme, Beine, Rumpf, selbst die Augenlider übernehmen gleichsam jeweils ein Eigenleben, das ihn dennoch zusammenhält; dann „eilte er auf den Zehenspitzen, hastig wie gestern …, davon, floh …" (S. 136) Sein Gang nimmt Fahrt auf: Schedel „stürmte" vor einen Straßenbahnwagen, steht eine Sekunde lang, „fegte dann mit breiten Schritten zwischen den Gleisen vor dem Wagen her." Mit einem „Satz" rettet er sich für den Augenblick, will aber „die Vollstreckung seines Schicksals" (ebd.) nicht aufgeben, marschiert, läuft, weicht noch einmal aus, „das Quietschen und Rollen (einer zweiten Tram) kniff in seine Fersen … Er galoppierte." (ebd.) Am Ende seiner Kräfte dreht er sich seitlich, „sprang in die Luft wie ein getroffener Hase, stolperte und brach im Rinnstein zusammen." (S. 137) Seine Fortbewegung degradiert ihn beinahe zu einem gehetzten Tier, das ein Entrinnen aus der Welt sucht, die ihm Angst einflößt. Er ist nicht tot, er ist gleichsam zum willenlosen Objekt geworden: Passanten „richteten ihn auf und führten ihn eine kleine Strecke" (ebd.), das Ende bleibt offen. (In: Arbeitstexte für den Unterricht. Prosa des Expressionismus … Hg. von Manfred Braunroth. Stuttgart 1996, S. 128-137)

Über 1000 Kilometer legt Harold Fry zurück, und zwar von Süd- nach Nord-England, eine Strecke, die zunächst und, wie immer, mit dem ersten Schritt vor der eigenen Haustür beginnt. **Rachel Joyce** erzählt ***Die unwahrscheinliche Pilgerreise des Harold Fry***. Ein rosafarbener Umschlag (S. 9) mit dem Brief einer sterbenskranken ehemaligen Kollegin reißt ihn aus dem gewohnten, starren, „grauen" Alltag und veranlasst ihn, dass er sich schrittweise auf den Weg zu ihr macht. Er beginnt ungeplant mit dem ersten und kürzesten „Teilstück", dem Weg zum Briefkasten. Der Leser vollzieht die Wegstrecke, die Harold dann körperlich und mental als Lebens w e g erinnerter Stationen und Reflexionen erlebt und erleidet, mit, 87 Tage auf 378 Seiten komprimiert. Er ist zu Fuß unterwegs, ausschließlich in seinen, für eine solche Unternehmung eigentlich ungeeigneten, Segelschuhen (vgl. Cover), mit wunden Füßen und schmerzenden Beinen. Die Autorin vergegenwärtigt das Vorankommen, indem sie den Blick immer wieder auf Harolds Füße richtet; er „trieb seine Füße zu mehr Eile an" (S. 63, S. 88), er „jagte seine Füße mit einer solchen Rage über die Gehwegplatten, dass er mit dem Atmen nicht mehr nachkam" (S. 157 u. ö.). Die Füße sind die „Werkzeuge", besser gesagt das „Vehikel", das ihn zu der todkranken Queenie im Hospiz an der schottischen Grenze „transportiert". Nach seiner Rückkehr ordnet er mit seiner Ehefrau Maureen sein Leben vor dem Hintergrund dieser Erfahrungen neu.

Achim von Arnim lässt in seinem Roman *Die Kronenwächter* (1817) ein Zwiegespräch zwischen der schönen Anna und dem Maler Anton sich entfalten, und zwar über den Anblick von zwei Beinen (Drittes Buch. Zweite Geschichte). Vor ihrem Fenster bemerkt die junge Frau im gleißenden Morgen-Sonnenschein einen „Gebeinten", dessen Anlitz ihr zunächst verborgen bleibt. Die Neugier ist größer als das Schamgefühl, beim Verlassen des Bettes beobachtet zu werden; also kommt sie unter der Decke hervor, vermutet ganz keck, die Beine müssten eigentlich dem Maler Sixt gehören oder auch umgekehrt. Die Beine schaut sie sich dann ganz genau an. „So riesenhafte Beine mit breiten Waden, knorrigen Knocheln und wohl gepolsterten Zehen, welche durch die zerrissenen Schuhe blickten, konnten dem dürren, kleinen Sixt nicht passen." Zudem stört die schäbige Kleidung das Bild. Nein, es ist nur der Lehrling des großen Meisters! Aber Anna kokettiert, indem sie auf seine Beine und Füße anspielt. „‚Wenn ihr auch noch nicht Meister seid …, so steht Ihr doch auf Eurem Platz fest und geht auf einem großem Fuße einher, in jedem Eurer Beine hat ein Meister Sixt Platz und wenn Eure Kunst Euer Maß hält, so könnt Ihr einer der größten Meister werden.'" Eine großartige, geradezu visionäre Prophezeiung, wenn die Schuhgröße und der Umfang der Waden auf „Großes" in Kunst und Können vorausdeuten![61]

Kopfschmerzen, „unerträgliche Kopfschmerzen", und Beine, die eigentlich nicht dahin wollen, wohin sie müssen, das ist die polare, situative Disposition zwischen zwei Figuren, einer Frau und einem Jungen, der Klavierlehrerin und ihrem Schüler, in **Gabriele Wohmann**s Kurzgeschichte *Die Klavierstunde*. Der Junge verspürt Widerwillen gegen die nachmittägliche Klavierstunde: „hingehen" oder „wegbleiben", „Unfreiheit" oder „Freiheit" – für einen Nachmittag, wenigstens für diesen sonnigen Nachmittag! Er unterdrückt das Gefühl, aktiv, persönlich zu seinem Ziel unterwegs zu sein. „Die Beine trugen ihn fort … " Er geht „mit hartnäckigen kleinen Schritten", bleibt unterwegs stehen, stellt die Mappe mit den Noten zwischen die Beine und hält sie mit den Schuhen fest. Die Beine tragen ihn „langsam, mechanisch" zum Ort seiner Bestimmung. Er ist gleichsam ferngesteuert. Dem bohrenden Gedanken an das potenzielle „Wegbleiben" korrespondiert der

Gedanke an das potenzielle „Wegschicken" auf der Seite der Klavierlehrerin. Synchron empfindet sie körperliches Unwohlsein, tränende Augen, „unerträgliche" Kopfschmerzen bei dem Gedanken an ihren zu erwartenden Klavierschüler. Sie richtet sich mühsam von der Chaiselongue auf, sieht vor ihrem inneren Auge bereits „seine nackten Beine", die schon ganz bald auf den Klavierschemel gepresst werden. „Widerlicher kleiner Kerl", „widerliche alte Tante", sie bleiben einander – zumindest in Gedanken – nichts schuldig, ehe das Metronom zu ticken beginnt. (Erzählungen, Ebenhausen 1966, S. 67-70)

Er ist immer sorgfältig gekleidet, an diesem Nachmittag allerdings ganz besonders sorgfältig; selbstredend im Frack, darunter ein „blendend weißes Hemd", die „schmalen und schön geformten Füße" stecken in Lackschuhen, die rotseidenen Socken sind „dann und wann" zu sehen (S. 101). So stellt **Thomas Mann** Johannes Friedemann an dem besonderen Abend vor. Er ist zum wiederholten Male zu Gast im Hause von Oberstleutnant von Rinnlingen, der die Bezirkskommandatur (S. 83) erst kürzlich übernommen hat, und von dessen Gemahlin Gerda. Vom ersten Augenblick an fühlt sich Johannes von der Vierundzwanzigjährigen mit dem üppigen rotblonden Nackenknoten angezogen

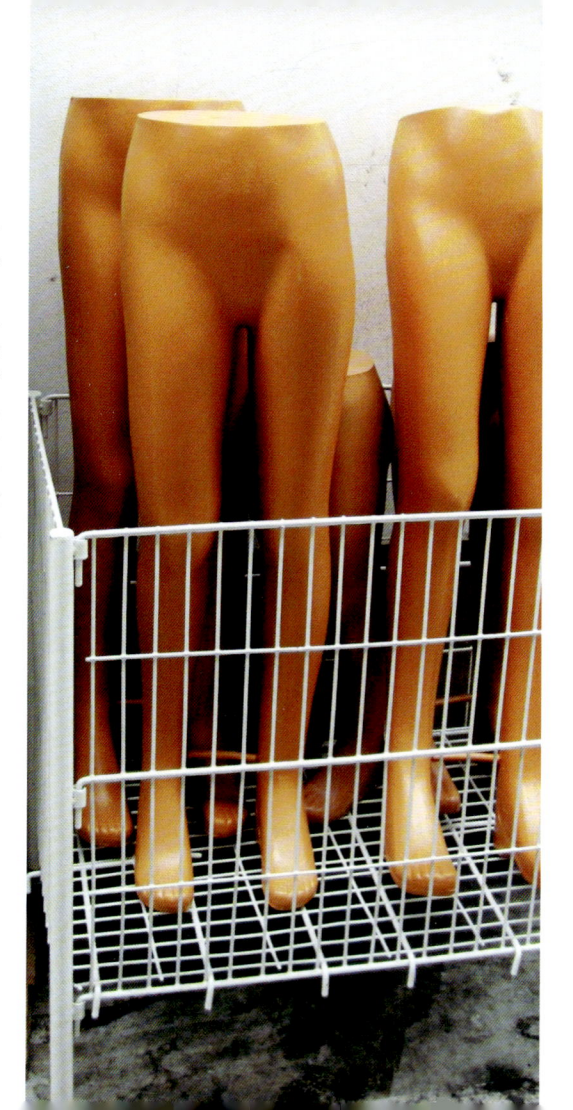

(S. 99). Die Damen aus den ersten Kreisen vor Ort bescheinigen ihr allerdings fehlende „natürliche anmutige Anziehungskraft" (S. 84), meinen sogar beobachtet zu haben, dass sie ihren Ehemann „eisig ansehe" (S. 85), kurz, offenbar ist sie in der weiblich-öffentlichen Wahrnehmung keine Sympathieträgerin. Dennoch sieht sich Johannes einer Gefühlsverwirrung ausgeliefert (S. 98); zum ersten Male in seinem dreißigjährigen Leben empfindet er aufkeimende Leidenschaft zu einer Frau, die ihn schon bei der ersten Begegnung gnadenlos mit ihren Blicken mustert, „von unten herauf" (S. 95; S. 105), ihn bei der letzten von ihr initiierten in trauter Zweisamkeit (S. 103f.) auf sein offenkundiges „Gebrechen", nämlich seine Kleinwüchsigkeit mit dem schiefen Rumpf, anspricht, seine Gefühlslage „abfragt" und ihn in einen emotionalen Ausnahmezustand versetzt. Dieser kleine Mann lässt sich hinreißen, ihre Hände zu ergreifen, vor ihr auf die Knie zu fallen, „seinen Kopf in ihren Schoß" zu legen und herauszustoßen: „‚… Ich kann nicht mehr …'" (S. 104) Nach wenigen Augenblicken bekommt er ihren Hass und ihre Verachtung zu spüren. Sie streift ihn ab wie einen lästigen Gegenstand, „schleudert" ihn „seitwärts zu Boden", springt von der Bank am Ufer auf und „verschwindet" (S. 104). Taumelnd richtet er sich kurz wieder auf, stürzt wieder, schiebt sich bäuchlings mit dem Oberkörper zum Wasser, bleibt mit dem Gesicht im Wasser liegen und realisiert den Todesgedanken, der ihm schon nach dem ersten Besuch gekommen war: das Wasser als Befreiung von den Beschwernissen jedweder Art (S. 100). Das Ende des **Kleine**(n) **Herr**(n) **Friedemann** ist einsam, man könnte es als erbarmungswürdig, in jedem Falle als mitleiderregend bezeichnen. Wenig bleibt von seiner körperlichen Erscheinung sichtbar, nur „… die Beine, die am Ufer lagen, …", er bewegte sie nicht mehr (S. 105). (In: Erzählungen, S. 77-105)

„… (der) Oberkörper unter Gras und Binsen versteckt, aber die Füße quer über das Fahrgeleise", Lebensgefahr: „‚Awer Tuxen, …? Wenn keen Moonschien wiehr, wiehrst du nu all kaput!'" „Ohne Besinnung" nach reichlich Alkoholgenuss entdeckt **Stechlin**s umsichtiger Kutscher Martin in diesem **Fontane**-Roman auf der spätabendlichen Heimfahrt nach der Wahl in Rheinsberg den Arbeiter Tuxen, eigentlich nur dessen Beine und Füße. Selbstständig kann er weder stehen noch gehen oder in die Kutsche steigen, aber Martin und der alte Stechlin „verladen" ihn und setzen ihn in seinem Dorf ab. (S. 216)

Der Titel der Ballade *Die Füße im Feuer* von **C. F. Meyer** fokussiert den Blick unmittelbar – anders als die erste Fassung *Der Hugenot* – auf die grausame Foltermethode des königlichen Kuriers, die er anwendet, um der Ehefrau des Junkers dessen Versteck zu entlocken. Drei Jahre nach dem tödlichen Martyrium nimmt der Täter in einer Gewitternacht, zunächst ahnungslos, Quartier in diesem Schloss und wird von eben diesem Junker gastfreundlich aufgenommen. Die Kinder entdecken dem Vater entsetzt, wer da ins Haus und zu Tisch gekommen ist. Aus seiner alptraumartigen Erinnerung kehren dem Folterer die Bilder aus der Todesnacht, völlig präsent, zurück: „… Die nackten Füße pack ich ihr und strecke sie / Tief mitten in die Glut …" Die Gemarterte verriet nicht ihren Mann, sie blieb stumm, bis sie starb. Das Bild der *Füße im Feuer* hat sich dem Täter, der vor Ort Angst vor Rache verspürt, den kindlichen Augenzeugen und dem Leser der Ballade unauslöschlich „eingebrannt". (Echtermeyer, S. 517-519)

Ein ungewöhnlich heißer Septembertag im Brederholz, kein schattenspendender Baum in der Nähe – außer der *Judenbuche*, deren Umgebung eigentlich kein unbelasteter Aufenthaltsort ist. Der junge Förster Brandis sucht ihn trotz des üblen Geruchs, den er Pilzen zuschreibt, auf, um ein wenig auszuruhen. Grenzenloses Entsetzen packt ihn, als er auf dem Rücken liegend, „Beine, gerade über seinem Gesichte" (S. 57) entdeckt, Beine mit Schuhen an den Füßen. Verwesungsgeruch, keine pflanzliche Ausdünstung hatte seinen Hund so sehr in Unruhe versetzt, dass er bellend und schließlich „seine kalte Schnauze ans Gesicht" drängend, Brandis diese grausige Entdeckung machen lässt. Der herbeigerufene Gutsherr „erkannte seine eigenen abgetragenen Schuhe" (ebd.) an dem herunterbaumelnden Leichnam und ist sich sicher, dass der nach 28 Jahren heimgekehrte und seit geraumer Zeit wieder vermisste Johannes, der frühere „Schatten" von Friedrich Mergel, endlich gefunden ist. Aber Schuhe, zumal fremde „abgetragene" Schuhe, sind eben nur „äußerlich", beim genauen Hinsehen wird am Hals des Toten eine Narbe sichtbar, die beweist, dass der Selbstmörder im Baum in Wahrheit der Mörder des Juden Aaron, nämlich Friedrich Mergel, ist, der sich nach Jahren an dem einstigen Tatort selbst gerichtet hat (ebd.). (**Annette von Droste-Hülshoff**, Ditzingen 2002)

Lahme Füße und kranke Beine

Die kleine *Sidonie* aus **Hackl**s Erzählung, von der oben schon die Rede war, ist „schön ... trotz der krummen Beine" (S. 31). Die Überbeine an beiden Füßen konnten schon früh kuriert werden (S. 29f.), aber die rachitischen Beine bleiben, wie sie sind; das Laufen lernt sie mühsamer als andere Kinder. Ihre geliebte Puppe mit den blonden Haaren und den beweglichen Gliedmaßen (s.o. S. 287f.) ist unbewusst ihr Gegenbild.

Was für Sidonie die Puppe, ist für Ingeborg, die kleine Schwester von Buster Mortensen, eine „kostbare Spieldose" mit einer Tänzerin, die sich auf einem Bein stehend in einem Ballettröckchen und in Ballettschuhen zu einer Melodie dreht. Dieses bewunderte Püppchen kann das, wovon das kleine Mädchen nur träumt. Ingeborg hat nämlich ein kürzeres Bein, sechs Zentimeter kürzer als das andere, und muss sich als „Hinkefuß" auf dem Schulweg beschimpfen lassen (S. 18). Ihr Bruder, der kleine Lebenskünstler, tröstet sie mit ausgedachten Geschichten von Mädchen, die auch ein Handicap haben, nur einen Arm (S. 27) oder ein steifes Bein (S. 89), und trotzdem, vielleicht, glücklich sind. **Bjarne Reuter** entwirft in dem Kinderroman *So einen wie mich kann man nicht von den Bäumen pflücken, sagt Buster* (Aus dem Dänischen von Sigrid Daub. Hamburg 2003, S. 86f.) den schwierigen Alltag der beiden Geschwister.

Die Brüder Löwenherz, der eine, Jonathan, „wie ein Märchenprinz" mit goldglänzendem Haar, leuchtenden Augen „und ganz gerade(n) Beinen" (S. 10), dazu klug, verständnisvoll, fürsorglich im Umgang mit dem zehnjährigen Karl. Der ist sterbenskrank und fühlt sich als das Gegenbild, „hässlich und dumm", „mit krummen Beinen" (S. 7). **Astrid Lindgren** erzählt in diesem Kinderroman (Hamburg 2007) vom Sterben und dem Hoffnung stiftenden Trost, im Land „Nangijala" (S. 6), wo die Verstorbenen ein märchenhaftes, abenteuerliches neues Leben führen können, anzukommen. Jonathan verunglückt, während er seinen Bruder bei einem Hausbrand retten kann, und stirbt noch vor Karl. Beide Brüder treffen sich in dem Sehnsuchtsland wieder. Karl hustet nicht mehr, er ist gesund und hat „kerzengerade" Beine wie Jonathan (S. 24, S. 25f.) und ist glücklich, weil er so dem großen Bruder endlich ebenbürtig ist, für immer.

Die Beine in eine Decke gehüllt, eine Baskenmütze auf dem Kopf, so sitzt der kleine Veitel in einem Lehnstuhl auf der Terrasse, irgendwie reisefertig, und schaut dem Lampionumzug zu, der seine Geburtstagsfeier beendet. „Seine Eltern standen hinter ihm …" (S. 49), situativ und sicherlich überhaupt immer. Sie hatten dieses Fest für ihn mit den Gleichaltrigen arrangiert, die ihm bislang ausgewichen waren. Veitel ist ein kränkliches Kind, blass, klein, mit dünnen Beinen „wie Häkelnadeln", „die komisch trippelnden Schritte, die Füße sehr weit nach außen gestellt" (S. 44f.), das alles betont seine vermeintliche Andersartigkeit, die ihm als „Itzig", also als Jude, ohnehin anhaftet (S. 44) und ihn als Außenseiter stigmatisiert. Die Beine sind gelähmt, unheilbar, das erklärt der Vater des Erzählers seinen Söhnen und versucht, Verständnis, eventuell sogar Sympathie zu wecken für diesen Jungen. Der kindliche Ich-Erzähler in dieser Kurzgeschichte von **Wolfdietrich Schnurre** nimmt als Teilnehmer des fröhlichen Umzugs unbefangen die räumliche Trennung zwischen Veitel und den anderen Kindern wahr. Der Eindruck, Veitel wolle verreisen, mag in einer viel weiterreichenden Dimension als es der Erzähler überhaupt ahnen kann, schreckliche Wirklichkeit geworden sein (S. 49). (*Die Falle*; in: Erzählungen der Gegenwart II. Frankfurt/M. 2. Aufl. 1975, S. 44-49)

Der kleine Hanno, Sohn von Thomas **Buddenbrook**, ist ein kränkliches Kind, in seiner altersgemäßen Entwicklung retardiert, er kann lange nicht sicher laufen (S. 391 u.ö.); Schlittschuh fahren und schwimmen sind nicht seine Sache (S. 575), Dichtung und Musik gefallen ihm. Sein Onkel Christian mit den „nach außen gekrümmten Beinen" (S. 247 u.ö.), der zu kurze Nerven in seiner linken Seite verspürt (S.370), von Gelenkrheumatismus gequält ist (S. 392f., S. 612, S. 632), ist genauso wenig für das nüchterne Kaufmannsleben geschaffen. Thomas ist für Sohn und Bruder gewissermaßen der Konterpart, der Kaufmann mit dem aufrechten Gang und dem klaren Standpunkt, den aber im Laufe der Zeit, als es schlechter geht mit den Geschäften, selbstkritisch der Gedanke quält, ob er noch mit „beiden Beinen fest wie seine Väter in diesem harten und praktischen Leben stand." (S. 430)

„Lahmfuß" nennt sich Anna, die Tochter des tödlich verunglückten Oberstleutnant von Tümmler und seiner Gattin Rosalie, einmal selber (S. 923), ihren Vater einen „Leichtfuß" (S. 928). Von Geburt an hat sie einen Klumpfuß (S. 879), der sie an der Teilhabe von altersgemäßen Freuden ausschließt. Künstlerische Begabung zeichnet sie aus. Ganz im Gegensatz zu ihrem jüngeren Bruder, einem hochgeschossenen „Rotkopf" (S. 883), ist ihr Intellekt ungewöhnlich scharf (S. 892 u. a.); sie ist die beste und unbestechlich kritische Freundin ihrer Mutter. Dennoch reduziert sie sich oder wird reduziert auf „die Lahme", „das lahme Mädchen", ihren hinkenden Gang (S. 880, S. 883, S. 886 u.ö.). Das Urteil, ob Anna *Die Betrogene*, so der Titel dieser Erzählung (S. 877-949), ist, weil die Natur sie benachteiligt hat, oder ihre verwitwete Mutter, die sich in einen jungen Engländer völlig hoffnungslos verliebt und bald stirbt, überläßt **Thomas Mann** seinen Leserinnen und Lesern.

Eine nächtliche Kesselexplosion, ein Betriebsunfall, löst eine persönliche Tragödie für den davon betroffenen Nachtwächter aus. Die Behandlung der Beinverletzung im Krankenhaus deckt nämlich auf, dass eine Frau in Männerkleidung jahrelang den Arbeitsplatz ausgefüllt hat, zur Zufriedenheit aller. Der ihrem Mann unmittelbar vor dessen Tod in

Aussicht gestellte Posten war in der Zeit der Massenarbeitslosigkeit die einzige Chance, für sich und die Kinder das Überleben durch ehrliche Arbeit zu sichern.[62] Die „Enttarnung" bedeutet den Verlust des Arbeitsplatzes mit allen Konsequenzen. **Bertolt Brecht** demaskiert diese Ungleichbehandlung von Männern und Frauen in seiner Erzählung ***Der Arbeitsplatz oder Im Schweiße deines Angesichts sollst du kein Brot essen.*** (Gesammelte Werke. Frankfurt/M. 1967, Bd. 11, S. 224ff.)

„Krummbeinige" kleine Männchen, Zwerge mit „spindeldürren Beinen", häufig barfuß oder in Holzschuhen unterwegs, existieren in der Welt der Märchen. Lahmende Alte sind ebenso häufig Akteure und meist Hinweise auf Hexen, zumindest sonderbare Personen in der fiktionalen Literatur. Sie unterstreichen die Abweichung von einer vorausgesetzten Norm und damit den Kontrast zu den Menschen.[63]

Dass ein Prinz aus dem Zwergenreich „ganz braun im Gesicht und die Füße nach hinten gekehrt" auf seiner Reise durch das Wallis das Herz der Müllerstochter Eva nicht gewinnen kann, ist menschlich vielleicht verständlich, zumal sie einen Jägerburschen im Auge hat. Wie sehr sich der Knirps mit seinem Gefolge auch bemüht, sie mit Geschenken zu beglücken und alle Aufgaben zu erfüllen, die die von Eva zu Rate gezogene Hexe ihm auferlegt, er verfehlt sie immer haarscharf, denn das schöne Mädchen will ja gar nicht umgestimmt werden. Als Honorar für ihre Bemühungen hatte sich die Hexe in echter „Märchenwährung" von Eva „drei Haare" von ihrem „Haupt" und einen „abgetragenen Schuh" vom linken Fuß (S. 53) ausbedungen. Die Hexe spielt auf Zeit, und ***das Zwergenprinzchen*** wird immer trauriger. Ein Wolf zerreißt schließlich den Jägerburschen, Eva stirbt an Herzeleid, der kleine Prinz wird nicht erhört und verlässt für immer das Wallis. Ein trauriges Märchenende! Wie mag er sich wohl mit der anatomischen Besonderheit fortbewegt und den Weg aus dem Wallis bewältigt haben? (Schweizer Volksmärchen, S. 52-55)

Ein vom König engagierter Narr, der ihn unterhalten und ihm bei Bedarf auch das zu sagen wagt, was sonst niemand wagt, ist eine auffällige Erscheinung bei Hofe, einer, der nicht zum Standard passt; er genießt die sprichwörtliche *Narrenfreiheit* so lange, bis der Herrscher seiner überdrüssig ist und ihn fortschaffen lässt. **Peter Bichsel** erzählt in seinen ***Kindergeschichten*** (S. 28-43), wie schnell die königliche Sympathie verloren gehen kann. Hänschen ist in kurzer Abfolge bereits der dritte nach dem Wörterverdreher und nach Pepe (S. 30f.). Und er wäre fast am Galgen geendet! Er fällt durch seine körperliche Erscheinung auf; von allem etwas, was ganz gegensätzlich in sich ist: „… dick und dünn zugleich, lang und klein zugleich, und sein linkes Bein war ein O-Bein." Gut nachvollziehbar, dass der Erzähler ihn schlicht „häßlich" nennt. Aber nicht (allein) sein Anblick, sondern sein entsetzliches Lachen macht Hänschen über kurz oder lang für seine Umgebung unerträglich. Er lacht über alles, was der König sagt. Dabei ist sein ganzer Körper im Einsatz, wenn er sein Lachen aus den tiefsten Tonlagen im Inneren bis zur Explosion entwickelt, dann „stampfte er dazu und tanzte …" (S. 32) Ein wahrlich kaum vorstellbarer, dauerhafter optisch-akustischer Eindruck, der die königliche Belastbarkeit an die Grenze des Verkraftbaren bringt.

„ ‚Ich sterbe und bitte dich, nimm nach meinem Tode kein blauäugiges, grindköpfiges Weib mit rissigen Fersen zur Frau.' " (S. 172) Diesen Wunsch äußert eine Ehefrau und Mutter in dem kaukasischen Märchen *Das eigensinnige krumme Mädchen Kaskatina* (S. 172-183). Der Witwer akzeptiert diese Bitte, fraglos, und macht sich nach einiger Zeit auf den Weg, eine neue Frau zu suchen; das haben die Töchter ihm nahegelegt. Tatsächlich begegnet ihm eine Frau, ihrerseits auf der Suche nach dem „Richtigen"; sie hat aber eben diese Ausschlusskriterien am Leibe, die der Witwer auch ganz bereitwillig und zur Erklärung preisgibt und dann natürlich Abstand nimmt (S. 173). Weibliche Schläue und Berechnung und natürlich die Verfügbarkeit entsprechender Farbingredienzien machen eine Kompensation der unerwünschten Merkmale möglich: Die Augen werden braun, die Haare schwarz gefärbt und die Risse in den Fersen „verfüllt"! Die zweite Begegnung mit dem Witwer ist dann natürlich erfolgreich, die Eheschließung kommt zu Stande. Aber das Glück steht *auf tönernen Füßen* und währt nur ein paar Tage. Die Stiefmutter wäscht sich nicht, das fällt den drei Mädchen unangenehm auf. Auf die Dauer gibt es jedoch keine Möglichkeit, den künstlichen Zustand zu konservieren. „… da zeigte es sich, daß sie blauäugig und grindköpfig war und rissige Fersen hatte." (ebd.) Das an diese Merkmalkombination gebundene und von der verstorbenen leiblichen Mutter befürchtete Unheil nimmt seinen Lauf. „Die Stiefmutter aber begann, den Vater gegen seine Töchter aufzuhetzen." (ebd.) Mit Erfolg, sie sind bald aus dem Hause vertrieben.

Es geht noch schlimmer! Im Pentamerone des **Giambattista Basile** ist das Märchen *Die geschundene Alte* enthalten. Zwei alte Weiber, jede die Inkarnation abstoßender Hässlichkeit, kein Körperteil ansehnlich und gesund: Haare, Stirn, Augenbrauen, Augenlider, Augen, Gesicht, Mund, wort- und bildreich beschreibt Jacova, die Erzählerin, diese Frauen und resümiert: „‚… kurzum, sie glichen einem bärtigen Ziegenbock mit pelziger Brust und hatten zudem rundbucklige Schultern, verrenkte Arme, krumme und verdrehte Beine und hakenförmige Füße.'" (S. 97) Dennoch ziehen sie die Aufmerksamkeit des Königs auf sich, denn sie haben sich lichtscheu in das Parterre „unterhalb der Fenster (des Königs)" zurückgezogen, sie bleiben unsichtbar. Sie demonstrieren wiederholt übermäßige Empfindlichkeit und Zerbrechlichkeit, wenn sie ihn zum Beispiel wissen lassen, ein Papierfetzen, aus seinem Fenster geflogen, habe ihnen „ein Schultergelenk ausgekugelt" (ebd.). Das und ein aus dem Schlüsselloch gesteckter Finger wecken erotisches Interesse: „‚… da stieg ihm aus den Fußknöchelchen ein Heißhunger hoch … und ein Gelüst …'" (S. 97) Das Treffen im Bett des Königs darf aus verständlichen Gründen nur im Schutz der Nacht und ohne Kerzenlicht stattfinden (S. 100), das ist die Bedingung der ersten Schwester. Das Entsetzen, als er mit einem Feuerzeug Licht unter die Laken wirft, ist grenzenlos: Statt einer „Nymphe" entdeckt er eine „Harpyie, eine Furie statt einer Grazie". (S. 101) So blumig die Liebessehnsucht des Königs geschildert wurde, so grob und unerbittlich ist seine Reaktion nach der Demaskierung: Er lässt „diesen abscheulichen Kotzbrocken" von seinen Dienern kurz entschlossen aus dem Fenster werfen (S. 102). Ihr Haar verfängt sich in einem Feigenbaum, der Todessturz bleibt ihr so erspart. Feen, die noch nie geredet oder gelacht haben, brechen bei diesem Anblick in ein Gelächter aus. Den „Mordsspaß" (ebd.) lohnen sie der Alten mit Zaubergaben. Sie wird jung und so schön, „daß alle anderen Schönheiten einem vorgekommen wären wie ausgelatschte Galoschen im Vergleich zu einem geschniegelten Schühchen, das wie angegossen paßt" (S. 103). Das ist Märchenwirklichkeit! Das ist erotische Märchen-Metaphorik und Schuh-Symbolik! Der König wirbt mit überschwänglichen Lobpreisungen erneut um sie, bei Tageslicht. Alles ist vergessen, die Gründe für die Verwandlung sind nicht der Rede wert. Und sein Antrag gipfelt in den Worten: „‚… gewähre mir das freie Geleit eines Versprechens und die Anwartschaft auf gute Hoffnungen, denn sonst schnüre ich meine Schuhe, und du bleibst auf dem Leisten sitzen.'" (S. 104) Das Bild von den Schuhen kommt an, es lässt an Dringlichkeit nichts zu wünschen übrig, es ist quasi eine Drohung. Die Hochzeit findet standesgemäß statt, die Schwester, die zweite hässliche Alte, kommt dazu, und, von Eifersucht gequält, ist sie wild entschlossen, ihrerseits sich einer solchen Verschönerung und Verjüngung zu unterziehen. „Schinden lassen", das war die lakonische Begründung der glücklichen Braut für ihre Verwandlung. Der Bader soll Hand anlegen, *von Kopf bis Fuß* die scheußliche Haut abziehen und erneuern. Seine Warnungen schlägt die hässliche zweite Schwester in den Wind und überlebt den Eingriff nicht (S. 105f.).

Schlimmer geht immer! Eine Schicksalsgefährtin der verstorbenen Schwester, ebenfalls in **Basiles** Sammlung zu finden, ist Grannizia, die in ihrem gnomenhaften Wuchs „mit Beine(n) krumm wie zwei Haken und die Fersen dick wie Kohlköpfe" die Hässlichkeit noch steigert. Das Gegenbild ist ihre Stiefschwester Cicella. „Scheuerlappen" versus „feinstseidigem Samtkissen", so schätzt es Caradonia, Grannizias leibliche Mutter, ein (S. 282) und versucht, die schöne Stieftochter, die zudem mit guten Charaktereigenschaften ausgestattet ist, aus dem Weg zu räumen. Das gelingt nicht, der Gang der Dinge entwickelt sich märchentypisch: Die Gute und Schöne findet Helfer in Gestalt von Feen, ein Prinz deckt die Manipulationen der Mutter auf und befreit die Schöne und steckt die Hässliche in den Topf, der für Cicella bestimmt war. Ihre destruktive Hoffnung, das schöne Mädchen im großen Siedefass gekocht zu haben und „mit ausgestreckten Füßen", also tot, vor sich zu sehen, erweist sich als Irrtum. Die hässliche Grannizia ist auf diese Weise schließlich von der eigenen Mutter „versehentlich" getötet. (***Die drei Feen***, S. 281-290, S. 283)

Der Kinderroman **Hexen hexen** des englischen Autors **Roald Dahl** vermittelt ein anschauliches Bild davon, „wie man eine Hexe erkennt" (S. 24-33). Besonders eindrucksvoll ist es, weil diese Frauen im wirklichen Leben auftauchen und äußerst gefährlich für Kinder sind. Ihre Kahlköpfigkeit verdecken sie mit Perücken, die Krallen an ihren Fingern mit Handschuhen; die Pupillen sind vielfarbig, ein ausgefallener Geruchssinn und – Füße ohne Zehen vervollständigen die Liste der anatomischen Fehlbildungen. Diese Füße quetschen sie in schmale Frauenschuhe mit Absätzen, vermutlich wohl Stöckelschuhe. „‚Grauenhaft unbequem …'", da ist sich die Großmutter sicher, die ihren Enkel vor diesen Wesen warnt, die ganz unvermittelt auf der Straße, im Hotel oder sonst wo auftauchen. Alles an deren Erscheinung und Auftreten ist nur Tarnung, Heuchelei! Allein das genaue Hinschauen hilft, sie zu entdecken und ihnen – mit viel Glück und der Lebenserfahrung einer klugen Großmutter – zu entwischen.

Fehlende Zehen sind der Grund dafür, dass Eva Dembrock Tag und Nacht, mit dem T-Shirt oder Sommerkleid, sogar mit dem Nachthemd bekleidet, ihre roten Gummistiefel an den Füßen trägt. Sie sind nicht zu übersehen und geben ihr sicheren Halt beim Gehen und Stehen, verdecken ihr Geheimnis, geben jedem Außenstehenden Rätsel auf, weil beziehungsweise wenn er nichts von der anatomischen Anomalität weiß, wenn er nichts über und von Eva weiß. Dieses Mädchen ist die Schlüsselfigur in dem Roman **Das Mädchen, das den Himmel nicht mochte** von **Laabs Kowalski**. Eva wächst *von Kindesbeinen an* in einer Wirklichkeit von kaum vorstellbarer präsenter und den grausamen körperlichen und seelischen Folgen verborgener Gewalt als Jugendliche auf. Ihr extraordinäres Verhalten wird aus einem komplizierten Alltag nach und nach verständlich, sogar erklärbar. Das Cover des Buches präsentiert die roten Stiefel, der erste Satz des Romans greift diese auf. Der Leser wird förmlich in eine Handlung gezogen, die nur ein Jahr erinnerte Vergangenheit des Ich-Erzählers umfasst. Mit zwölf Jahren gerät dessen bürgerliche Welt in einem Reihenhaus mit älterem Bruder, Vater und Mutter vollkommen aus den Fugen, ohne Aussicht darauf, dass sie je wieder wird wie vordem. Das Auftauchen von Eva, die mit ihrer Familie in das Nachbarhaus zieht, und der Unfalltod des Bruders, darauf folgende Alkoholexzesse der Mutter, die Konfrontation mit düsteren Familiengeheimnissen der Dembrocks und gemeinsame Erlebnisse mit Eva verwickeln den Jungen in tödliche Verstrickungen, von denen er sich lebenslang wird nicht mehr lösen können und die ihn begreifen lassen, dass es verschiedene Wirklichkeiten gibt. Einmal beerdigt er die roten Stiefel (S. 117), einmal malt sich Eva mit rotem Nagellack Zehennägel auf ihre Fußstümpfe (S. 110), dann werden die Stiefel wieder ausgegraben, angezogen, und ganz am Ende eines verwirrenden Jahres stehen sie auf dem Rand des Brunnens, in dem viel später die Leiche eines Mädchens ohne Zehen entdeckt wird (S. 167ff.).[64]

Zwei Füße mit Makeln, links „gekrümmt und verkümmert erscheinende Zehen", rechts vier Zehen, „der kleinste gekrümmt", der fünfte fehlt (S. 23). Der Schuhmacher Edmund, in dessen Werkstatt die junge Frau mit den roten Haaren und dem „festen Gang" erscheint (S. 21), ist vom ersten Augenblick an von ihrem Auftreten fasziniert. Aus lindgrünem Nappaleder soll ein neues Paar Schuhe maßgefertigt werden, für „den letzten Sommer", wie ihm die Kundin gleich zu Beginn sagt (S. 23). Der Leser dieser Erzählung von **Julia Franck** spürt nach wenigen Sätzen, dass sich eine einseitige personal-erotische Beziehung zu dieser selbstbewussten Frau entwickelt. Noch ehe er Maß nehmen kann, beugt er sich nicht herab, er setzt sich nicht auf einen niedrigen Schemel, „Edmund kniete vor ihr nieder" (S. 21, S. 22). Er nimmt Maß, widerstrebend zieht sie zunächst reflexartig den beschuhten Fuß zurück, „gibt" ihn erst dann „frei", als sie das Leder für den neuen Schuh ausgesucht hat (S. 21f.). Edmund zieht der jungen Frau zunächst die Plastikschuhe aus, streift die Strümpfe ab, nimmt einen, dann den anderen Fuß in seine „kräftigen Hände", tastet die Fersen ab, nimmt die Fußverformung in Augenschein (S. 22f.), fühlt ihre junge, geschmeidige Haut und kommt, als Marie den Laden verlassen hat, in Gedanken nicht mehr von ihr los. Kryptisch war ihr Hinweis auf „ihren letzten Sommer", brauchte sie Schuhe zum Sterben? Die Anprobe des Musters führt sie noch einmal in das Geschäft (S. 23f.), ohne dass Edmund ahnt, dass er sie nie wiedersehen wird. Er fertigt das Paar sehr schnell, separiert es von allen anderen und – wie der Prinz in der *Aschenputtel*-Tradition (s. o.) – geht er „zärtlich" mit den Schuhen um, küsst sie, fährt mit seiner Hand in das weiche Leder (S. 24) und sinniert über den „letzten Sommer", arbeitet weitere Paare in unterschiedlichen Farben nach ihrem Leisten (S. 25)[65], führt Selbstgespräche mit der jungen Frau und weiß am Ende des Sommers, dass er vergeblich auf sie gewartet hat (S. 26f.). **Maries Schuhe** bleiben ihm. (In: Wieder vereinigt. Neue deutsche Liebesgeschichten. Hg. von Margit Knapp. Berlin 2005, S. 21-27)

„Gicht, Herzschwäche", diese Diagnose des Arztes macht seine Einschätzung „als ernsten Fall" und die Überweisung in ein Krankenhaus für **Peter Camenzind**, den Freund des Kranken, dringlich (S. 136). Der lebensbedrohliche Zustand betrifft Boppi, einen von Geburt an schwer Körperbehinderten. Sein Leiden hat ihn zu einem „Mensch(en) voll Verständnis" reifen lassen (S. 127), und den Erzähler „die Kunst der Menschenkenntnis, nach der (er sich) so lang umsonst die Sohlen abgelaufen" hat (S. 133), gelehrt. Peter, der Protagonist in **Hermann Hesse**s Erzählung (Berlin 5. Aufl. 1977), nimmt den Kranken in seine Wohnung auf, als dieser bei Schwager und Schwester nicht mehr wohl gelitten ist, widmet ihm Zeit bei Ausfahrten im Rollstuhl und intensiven Gespräche. Gelassen und abgeklärt sieht Boppi dem Sterben entgegen und wägt ab: „‚Wenn die Quälerei überstanden ist, kann ich schon lachen. Bei mir lohnt sich das Sterben doch, ich werde einen Schnitzbuckel, einen kurzen Fuß und eine lahme Hüfte los. Bei dir wird's einmal schad sein, mit deinen breiten Schultern und schönen gesunden Beinen.' " (S. 138) Ein kleiner Sarg reicht am Ende für den „kleinen, verwachsenen Körper" des toten Boppi (S. 140).

Subtil sind die Ehestreitigkeiten in **Gabriel Wohmann**s Erzählung ***Der Hebelfuß***. Kann der Orthopäde irren, wenn er der Frau eine andere Diagnose stellt als der Ehemann, der kein Arzt ist? „Rechts Spreizfuß, und links keinen Knickfuß, basta" (S. 173). War die Untersuchung genau genug? Darüber lässt sich wie über die vielen anderen wissenschaftlich belegten Themen vortrefflich streiten. „Hebelfuß", eine wunderbare Diagnose für eine faktisch nicht vorhandene Fußdeformation, aber ein versöhnliches „Angebot" für den rechthaberischen Ehemann (S. 184f) … (In: Wann kommt die Liebe. Erzählungen. Berlin 2010, S. 173-185)

Das Leiden, das *Jonathan*, die titelgebende Figur in der Erzählung von **Georg Heym**, ertragen muss, hat apokalyptische Dimensionen und ist selbst beim Lesen kaum zu ertragen. Mit gebrochenen, geschienten Beinen liegt der Patient nach einem Unglück auf einer Schiffstreppe nahezu unbeweglich in seinem Krankenzimmer (S. 183f.) Das physische Leiden wird durch die ihn umgebende Einsamkeit und die atmosphärische Kälte, den mürrischen Ton der Krankenschwestern und des Arztes im Umgang mit ihm und seinen Schmerzen zu einem auch psychisch unerträglichen Zustand gesteigert (S. 188). Das Gespräch durch die offene Tür mit einer jungen Mitpatientin aus dem Nachbarzimmer verschafft ihm nur kurze Zeit Erleichterung, weckt Gefühle von Liebe und Hoffnung auf eine Zukunft nach dem Krankenhausaufenthalt. Seine Phantasie entführt ihn gewissermaßen in „einen langsamen Sommertag, einen seligen Mittag, wo sie beide Hand in Hand durch das Korn gingen" (S.189). Der Arzt stellt Augenblicke später die niederschmetternde Prognose: „ ‚Sie müssen sich beizeiten an den Gedanken gewöhnen, ein Krüppel zu bleiben …' " (S. 190) Die Tür zum Nachbarzimmer sollte fortan geschlossen bleiben, ein „Satan" von einer Krankenschwester musste ihn bewachen. Verzweiflung und Schmerzen, Todesvisionen im Fieberraum überwältigen ihn (S. 191); die Beine schwellen an „wie zwei große Leichname". „Seine Knie schwollen … zu Kindskopfgröße, seine Füße wurden schwarz und hart wie Stein." (S. 193) Beide Unterschenkel werden amputiert, „… der kleine Jonathan (lag), bleich, mit aufgerissenen Augen, um die Hälfte kürzer gemacht" in blutigen Tüchern (ebd.) auf seinem Bett. Selbst der Anblick des jungen Mädchens kann ihn nicht mehr retten, er überlebt seine Beinverletzungen und die sich anschließenden Amputationen nicht. Der Patient wird förmlich fortgezogen von dem in Lumpen gehüllten Knochenmann, dem Tod, und muss ihm folgen und sich in eine andere Welt schleppen (S. 195). (In: Lesebuch. Gedichte, Prosa, Träume, Tagebücher. Hg. von Heinz Rölleke. München 1984, S. 183-195)

Die grauenhafte Zerstörung der Hauptfigur Winston Smith, physisch und psychisch, schildert **George Orwell** in seinem 1948 erschienenen Roman *1984*. Der Versuch, dem Totalitarismus einen Funken Gedankenfreiheit abzuringen und in einem Tagebuch festzuhalten, endet durch Verrat in der Folterkammer, gefesselt auf dem Streckbrett (S. 243 u. ö.) und mit Gehirnwäsche und Essensentzug. Im Spiegel muss er schließlich seinen Anblick ertragen und erträgt ihn nur mit größter Mühe. Am ganzen Körper Schmutz, der Krampfaderknoten an seinem Knöchel, ein individuelles Merkmal (S. 5, S. 31, u. ö.), hat sich zu einem offenen Geschwür entwickelt, dicke Knie, die Schenkel knochig, der Brustkorb eingefallen, die Haare in Büscheln ausgefallen, nur noch wenige Zähne im Mund (S. 248ff.). Es ist das Schreckensbild eines Mannes, abschreckend für jeden, der sich der inneren Parteilinie nicht komplett verschreibt. Der Folterknecht O'Brien deckt ihm auf, was mit ihm geschehen ist: „…‚Wir haben Sie kleingemacht. Sie haben gesehen (im Spiegel), wie Ihr Körper aussieht. Ihr Geist befindet sich in demselben Zustand … Sie wurden mit Füßen getreten, geprügelt und beschimpft …'" (S. 250) „Heilung" ist Winston in Aussicht gestellt, früher oder später, das heißt totale „Einpassung" in das System von Überwachung, selbst im häuslich-privaten Bereich, Bespitzelung *auf Schritt und Tritt*.

Zunächst wird ihm Körperpflege zugestanden, warmes Wasser und die Reinigung seines Krampfadergeschwürs (S. 251). Er gewinnt, mit regelmäßigen Mahlzeiten versorgt, wieder Gewicht und beginnt seine Beine und Füße zu erproben, sodass er dem horizontalen Ausgestrecktsein auf der Liege im wörtlichen Sinne zu „ent-gehen" vermag (S. 252f.); langsam, ganz langsam und zunächst kaum in der Lage, auf einem Bein zu stehen, ohne umzufallen, trainiert er Fersen, Unterschenkel, Oberschenkel, Schultergürtel, Arme und Hände und wird wieder belastbar. Der körperlichen Regenerierung musste er die geistige folgen lassen. „Von jetzt an mußte er nicht nur richtig denken; er mußte richtig fühlen, richtig träumen …" (S. 257) Wieder aufgerichtet, auf zwei Beinen stehend und mit zwei Füßen gehend, sitzend oder wahlweise liegend, das ist das äußerliche Erscheinungsbild, die innere totale Unterwerfung, die ununterbrochen beobachtet wird, „komplettiert" erst den Menschen in diesem Staatsgebilde, dann denkt und fühlt er nämlich „richtig".

Der griechische Held Achilleus, Sohn eines Menschenvaters und der Göttermutter Thetis, ist nur an einer Stelle seines Körpers verwundbar – der Ferse. Allgemeinsprachlich ist sie übertragbar auf jede andere körperliche Schwachstelle eines Menschen, eben „seine (persönliche) Achillesferse". Die

Ferse ist so empfindlich, dass der Mensch seine Standfestigkeit verliert, wenn er an dieser Stelle verletzt wird.

In einem nordamerikanischen Indianermärchen wird tradiert, dass **Ishanihura**, die einzige Schwester von neun Brüdern, von dem ältesten, einzig überlebenden Bruder der Familientragödie, die das Mädchen herbeigeführt hat, mit einer Pfeilspitze „zwischen Fußknöchel und Ferse" getroffen wird und „vornüber ins Wasser" stürzt (S. 138). Mit dieser Fußverletzung und deren tödlichen Folgen beendet Makikirèn die Nachstellungen seiner Schwester, die ihm in blinder Leidenschaft verfallen war und den Untergang der Familie verursacht hat. (Märchen von starken Frauen, S. 120-139)

Dass eine absichtlich herbeigeführte Beinverletzung auch lebensspendenden Segen bringen kann, ist in dem Märchen **Kleider machen Leute** von **Vuk St. Karadzic** (1787-1864), einem serbischen Märchensammler, nachzulesen. Nur der Jüngling, der dem königlichen Vater die Stelle und die Form des Muttermals der Prinzessin nennt, darf sie heiraten. Ein goldener Stern am rechten Knie – das ist das Geheimnis, das der Heiratskandidat entdeckt, als er der Auserwählten Hemd, Schleier und Schuhe aus purem Gold, wunderbar geeignet für die Hochzeit, zur Anprobe bringt und dabei das besondere Kennzeichen entdeckt. Sie selber ahnt (noch) nichts von seinem eigentlichen Anliegen. Die vielen Kandidaten, die dem Geheimnis an dieser pikanten Körperstelle nicht auf die Spur gekommen sind, waren allesamt zu Lämmern verwandelt worden. „ ‚Stich mich unter dem Stern ins Knie und reibe alle die Unglücklichen mit meinem Blut ein. Sie werden dann zu dem, was sie früher waren.' " Und genau so geschieht es, ehe das Hochzeitsfest mit großem Prunk gefeiert wird. (Zauberreich der Märchen, S. 632f.)

Dass ein Jüngling mit goldenen Haaren, die er allerdings unter einem Hütchen verbirgt, kein normaler Sterblicher sein kann, sondern von königlichem Geblüt sein muss, versteht sich selbstredend. Der Leser weiß es, der König und seine Tochter brauchen aber dafür Beweise: Drei goldene Äpfel, die die Prinzessin in eine Festgesellschaft geworfen hat, präsentiert er; eine Wunde an seinem Bein ist ein weiteres Indiz für seine Identität. Denn, ehe ihm die Prinzessin das Hütchen vom Kopf zieht, hat sich der Heiratskandidat im Kampf bewähren müssen, unterstützt vom **Eisenhans**, und ist dabei von den königlichen Soldaten am Bein verletzt worden.

Pressewirksame Bewunderung für die patriotische Bereitschaft, in den Krieg zu ziehen, ist dem **braven Soldaten Schwejk** sicher, als er sich in einem beim Zuckerbäcker ausgeliehenen Rollstuhl, in jeder Hand eine Krücke, auf dem Kopf ein Militärkäppi, von Frau Müller, seiner Hausbediensteten, durch die Straßen Prags zur „Assentierungskommission" schieben lässt. Rheumatismus ist sein (vorgetäuschtes) Bein-Leiden, das ihn vor dem Soldateneinsatz schützen könnte. Aber der unerbittliche Militäroberarzt Bautze durchschaut die vielen Simulanten, auch den „beinkranken" Schwejk. (**Jaroslav Hašek**, ***Die Abenteuer des braven Soldaten Schwejk.*** Illustriert von Josef Lada. Bd. 1, Reinbek b. Hamburg 1960, S. 58-61)

Da hat Diederich Heßling, **Heinrich Mann**s ***Untertan***, mehr Glück! Als „Einjähriger" in der harten Geländeausbildung körperlich überfordert, strenge Disziplin von anderen fordernd, Selbstdisziplin nur bescheiden und eher theoretisch entwickelt, sucht er durch vorgetäuschte Schmerzen am Fuß dem militärischen Drill zu entgehen. Der Oberstabsarzt, ein Korps-Bruder, befreit ihn wider besseres Wissen per Attest „vom schweren Dienst"; in der Kaserne erfüllt er anschließend formal seine militärische „Grundausbildung" (S. 38f.). In Gedanken könnte sich dieser Opportunist nach seiner Rückkehr ins bürgerliche Leben gut vorstellen, „korporativ im Leben Fuß zu fassen" (S. 41). Bei dem Fuß! Aber mit korporativen Beziehungen …

Kranke und verletzte Füße und lahme Beine schaffen Probleme im wirklichen Leben und beeinträchtigen es in erheblichem Maße; auch in der fiktionalen Welt der Literatur sind sie ein Thema, wie an einigen Figuren aufgezeigt werden konnte. Die Beispiele ließen sich vermehren.[66]

Selbstironisch, *auf den Punkt gebracht*, meint der von Gicht geplagte alte Leutnant Rudolf Götz in **Raabe**s ***Hungerpastor***, der den „Rollsessel" für kurze Zeit noch einmal verlassen kann, den „Sitzpunkt" – im Gegensatz zum „Standpunkt" – aufgegeben zu haben (S. 427).

Fehlende Beine und Füße

„ ‚Ich seh, ich seh!' ", das ist quasi der Schlachtruf, mit dem der kleine **Christian** unter dem Tisch hockend, seine aufregende Beobachtung lautstark zum Besten gibt: „Vier Tantchen und nur sieben Beine" (mit sieben Füßen), das ist eine Entdeckung (S. 80)! Die Kusine „Lehnken Ehnebeen", eine kleine ältliche, verwachsene Jungfer in **Theodor Storm**s Novellen-Personal mit den „grauen Pfropfenzieherlöckchen" auf dem Kopf, findet das gar nicht lustig, denn sie hat die Angewohnheit, sich beim Pochspiel am Tisch auf einen Fuß, wohl samt Unterschenkel, zu setzen, um größer zu sein. Die drei Mitspielerinnen kennen diese Art zu sitzen, aber der kleine Junge hat sie trotzdem noch einmal laut und deutlich in Worte gefasst. (In: Meer und Heide, S. 73-96)

Märchensammlungen liefern aber genügend viele Beispiele dafür, dass Beine und Füße nicht nur „versteckt" oder lahm sein, sondern wie Hände ganz fehlen können. Die Extremitäten werden „abgefressen", abgeschnitten oder abgeschlagen, wie auch in manchen Fällen der Kopf. Das Motiv dafür kann Rache, Abschreckung oder eine noch anders motivierte drastische Strafe sein. Ein fingerlanger Wicht zum Beispiel, „sieben Werst Schnurrbart im Gesicht", frisst einem „Recken" die Gliedmaßen ab, weil dieser das Brot vom Tisch gegessen hat; so ist es in dem russischen Märchen *Iwan Bauernsohn und das Männlein fingerlang* nachzulesen (**Afanasjew**, S. 229-235, hier S. 234).

In dem baltischen Märchen *Die kämpfenden Brüder* schneidet die Stiefmutter des Königssohns dem ersten Enkel einen Fuß, dem zweiten eine Hand ab, um diese scheußliche Tat der Mutter der Kinder anzulasten (Märchen aus dem Baltikum, S. 317-321, S. 320).[67]

Es ist die Aufgabe eines Scharfrichters, das Todesurteil zu vollstrecken, und zwar dadurch, dass er den Delinquenten enthauptet. Dass ein junges Mädchen ihn aufsucht mit der verzweifelten Bitte, ihm die Füße mit den Schuhen abzuschlagen, hat der Scharfrichter in **Andersens** Märchen *Die roten Schuhe*[68] noch nie erlebt. Ein Profi wie er spürt allerdings, dass ein sündhaftes Vergehen Karen belastet und die radikale Kasteiung angemessen zu sein scheint (S. 3). Die roten Schuhe, ein Modell, wie sie es auch an den Füßen einer Prinzessin gesehen hat, unterliegen einem Fluch, seitdem sie sie wider alle Konvention zur Einsegnung in der Kirche getragen hat (S. 1). Ohne Rast und Ruh, bei Tag und bei Nacht, an jedem Ort ist sie getrieben (S. 3), sie kann an nichts anderes denken als an ihre roten Schuhe. Krankheit, Tod und Begräbnis der Pflegemutter halten sie nicht auf. Immer wieder taucht der rotbärtige Soldat als schadenfroher Verführer[69] auf und animiert sie zum Tanzen. Schuhe und Strümpfe sind untrennbar mit dem Fuß verwachsen, die Radikallösung scheint die einzig mögliche Befreiung. Die hölzernen Prothesen und Krücken arbeitet ihr der Scharfrichter, „aber die Schuhe tanzten mit den kleinen Füßchen über das Feld in den tiefen Wald hinein" (S. 3). Immer wieder begegnen sie Karen, um sie an ihr sündiges, selbstgefälliges Verhalten zu erinnern. Die Buße, die sie mit verstümmelten Beinen, nur auf Krücken sich mühsam fortbewegend, zu leisten bereit ist, lässt sie göttliche Gnade und Vergebung finden (S. 4).[70]

Während Karen ihre Tanzsucht als sündig empfindet und sich eigeninitiativ von ihr befreien lässt, wird ihre Schicksalsgenossin in dem polnischen Märchen **Die Prinzessin und die zertanzten Schuhe** durch einen treuen Diener ihres Ehemannes und durch priesterlichen Einsatz von ihrer Besessenheit, der Tanzsucht, befreit. Die Männer halten sie fest, als der Teufel sie zum mitternächtlichen „Höllentanz" (S. 47) abholen lässt; Nacht für Nacht hat sie fünfzehn Paar Schuhe verbraucht.[71]

Beide Füße zu verlieren – das ist ein hoher Preis, den der Lehrling zahlen muss, weil er die Heirat mit der Schlangenkönigin, der Tochter seines Meisters, schlichtweg ablehnt. „Er (der Meister) sägte langsam, ganz langsam, den linken Fuß des Lehrlings ab und verbrannte ihn in der Esse." (S. 13) Trotz der Folter beantwortet dieser auch die nochmalige Nachfrage abschlägig. Und das ist Märchenkonsequenz – der rechte Fuß wird auf dieselbe grausame Weise vom Bein getrennt. Dem Schmied in Pont-de-Pîle, einem hünenhaften Kraftprotz und Meister im Umgang mit Blasebalg und Amboss, ist sein Lehrling zu einem ebenbürtigen Konkurrenten herangereift. Fachkundig, stark und geschickt bearbeitet er jedwedes Metall zur größten Zufriedenheit von Meister und adligen Kunden (S. 9, S. 12). Die eheliche Verbindung mit der Tochter kommt allerdings für ihn nicht in Frage! In einen Turm eingesperrt, muss er deshalb sieben Jahre das Material für den Meister bearbeiten, das „die Adler vom Berge" ihm bringen; die Freiheit winkt nur, wenn er in die Ehe einwilligt. Fußamputiert und in abgelegener Gefangenschaft, eine nach Menschenmaß hoffnungslose Situation, die den Märchenhelden keineswegs verzweifeln, geschweige denn seine Meinung ändern lässt. Er, der sich so meisterlich auf sein Handwerk versteht, schmiedet sich Prothesen, „ein Paar goldene Füße ... so gut angepasst wie seine eigenen Füße" (S. 15). Wunderbare Märchenwelt – die Flucht aus dem Kerkerturm gelingt, die Schlangenkönigin, die ihn nicht in seine goldenen Fersen beißen kann (S. 16), und der Meisterschmied, ein tagsüber in eine Menschenhaut gezwängter Fischotter, werden für immer verbannt. Aber dieses französische Märchen vom **Goldfuß** (S. 5-20) hält ein doppeltes Happyend bereit: Der Schmiedelehrling heiratet die jüngste Tochter des Marquis von Fimarcon und bekommt im Laufe der Jahre zwölf Söhne (S. 19f.)!

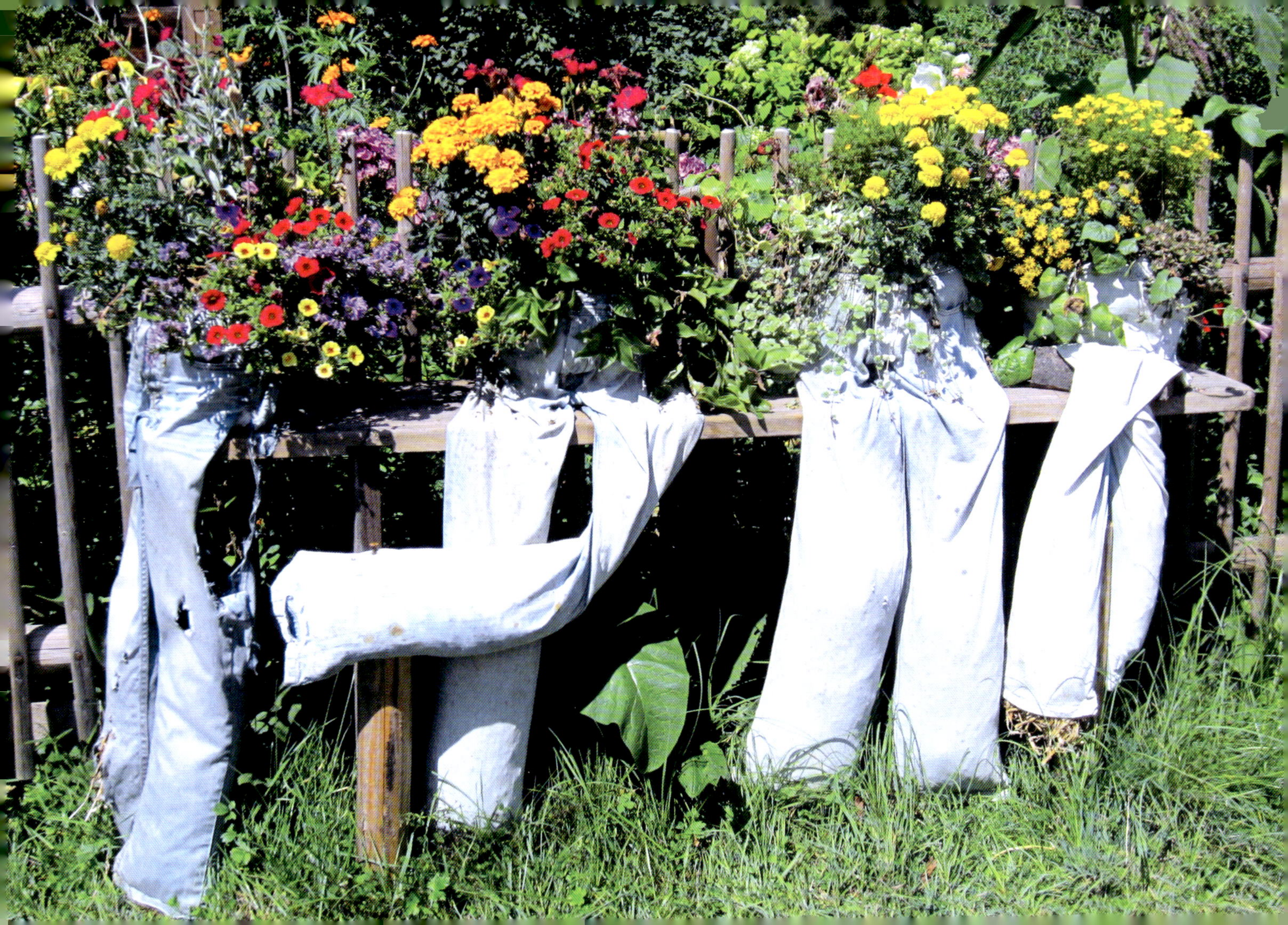

Selber kann sich der hölzerne **Pinocchio** nicht helfen, als er eines Morgens beim Aufwachen feststellen muss, dass beide Beine verkohlt sind, „zu Asche zerfallen". An einem Kohlenbecken hatte er sie trocknen und wärmen wollen, als er darüber eingeschlafen ist. Sein „Vater" Geppetto, der sich diesen kleinen Kerl geschnitzt hat, legt noch ein zweites Mal Hand an und erteilt dann deutlichere Verhaltensregeln (S. 24ff.). Das ist noch einmal gutgegangen! Zum richtigen Jungen aus Fleisch und Blut herangereift, wohl erzogen, passen schließlich nach vielen Abenteuererfahrungen „ein Paar Lederstiefelchen", die „wie angegossen" sitzen (S. 217). So hat es **Carlo Collodi** in seinem Roman **Pinocchios Abenteuer** ausgedacht.

Eine Lokomotive hat *Viktor Halbnarr* beide Beine abgerissen. **Thomas Bernhard** erzählt in dem „Wintermärchen nicht nur für Kinder" von diesem Mann. Die Wette – 800 Schilling für neue Juchtenstiefel – gewinnt er, wenn er, auf seinen Holzbeinen, bis Mitternacht eine Wegstrecke durch den Wald nach Föding zurücklegt. Unmöglich, Selbstüberschätzung, verzweifelter Siegeswille, wie soll das „gehen"? Es „geht", weil ihn ein zufällig vorbeikommender Arzt samt den angefrorenen Holzbeinen auf dem Rücken zum Ziel schleppt. Viktor, der Sieger, und nur ein „halber Narr", kann zur großen Verwunderung des Wettpartners das Geld einstreichen – Stiefel braucht er allerdings für seine Holzstümpfe nicht, für neue Holzbeine benötigt er aber 2 500 Schilling ... Tragisch und komisch zugleich, aber auch tröstlich, was alles gelingen kann, wenn man Hilfe erfährt! (Zauberreich, S. 557-561)

Sarkastisch ist die Rechnung, die ein Kriegsversehrter „beim Amt" für den Verlust seines rechten Beines aufmacht: Nicht die Tätigkeit als „Schuhputzer in einer Bedürfnisanstalt auf dem Platz der Republik" (S. 538), eine höhere Rente stehe ihm zu, weil er auf dem Wachposten im Feld angeschossen, „die anderen" warnen konnte, die dann die Flucht ergriffen haben. Andernfalls „wären sie alle tot, der General, der Oberst, der Major" (S. 540), erhebliche Rentenzahlungen würden also wegfallen; insofern argumentiert der Betroffene doppeldeutig in Bezug auf den erlittenen Verlust und die daraus resultierenden staatlichen Zahlungsverpflichtungen. ***Mein teures Bein***, Heinrich Böll hat diese Erzählung 1948 geschrieben, und bitter ist seine Schlussfolgerung, die beim Amt nicht begriffen wird. (H.B., Werke. Kölner Ausgabe Bd. 3, 1947-1948. Hg. von Frank Finlay und Jochen Schubert, Köln 2003, S. 538-540)

Schwer gezeichnet kommt Cäsar, der ältere der beiden Zipper-Söhne, schon bald nach dem Beginn des Ersten Weltkrieges nach Hause zurück: „Er verlor sein linkes Bein." Ohne Umschweife teilt Cäsars Vater dem jüngeren Arnold mit: „‚Er bekommt eine tadellose Prothese.'" (S. 39) **Joseph Roth** erzählt in seinem Roman *Zipper und sein Vater* ohne Pathos von den Leiden und der Hilflosigkeit dieses Kriegsteilnehmers. „Er bekam eine Prothese, die nicht paßte, er warf sie weg. Er zerbrach eine Krücke nach der anderen." (S.40) „Spital", „Irrenhaus", „Tobsuchtszelle", zu Hause „der rote Sessel" aus dem Salon sind die Stationen, die aufeinander folgen, der gierige Verzehr von Zeitungspapier statt Nahrungsmitteln, wieder ein heftiger Wutausbruch, wenige Tage im Delirium, körperlich und seelisch zerbrochen, dann der Tod – ein kurzes „Nachspiel" für den beinamputierten Sohn.

Ein Opfer desselben Krieges wie Cäsar ist auch Otto Trsnjek, der *Trafikant*, in dem 2013 erschienenen Roman von **Robert Seethaler**. Ein „Hopser" macht Franz Huchel bei der ersten Begegnung mit seinem zukünftigen Chef augenfällig deutlich, was dieser „hinter sich hat": Zwei Krücken unter den Armen kompensieren den Verlust des linken Beines bis zur Hälfte des Oberschenkels (S. 23f.). Eher schweigsam als redselig, gesteht er sich und seinem Lehrjungen Franz nüchtern-rational, aber auch mit Bitterkeit: „‚... Mit dem Bein ist auch meine Jugend im Schützengraben geblieben. So ist das und nicht anders ...'" (S. 69) Seitdem sind Jahre vergangen, es ist das Jahr 1937 in Wien. Sein Lehrling Franz wird nach Ottos gewaltsamem Tod unter der Nazi-Herrschaft in Österreich ein Jahr später als demonstratives Zeichen des Widerstandes vor dem Hotel Metropol in Wien, dem Gestapo-Hauptquartier, eine der drei Hakenkreuz-Fahnen herunterreißen und die „eineinhalbbeinige" Hose stattdessen hissen (S. 240ff.). Auch Franz Huchel wird seine Zivilcourage mit dem Leben bezahlen.[72]

Barfuß unterwegs

„Please remove shoes here" – diese Aufforderung vor indischen Tempeln ist unbedingt und uneingeschränkt von jedermann zu beherzigen. Die Leser von **Jule Verne**s Roman *Die Reise um die Erde in 80 Tagen* erinnern sich sicher, vielleicht sogar nachdrücklich, dass Passepartout, der französische Diener und Begleiter des englischen Gentleman Phileas Fogg, Anstoß erregt, als er in Bombay einen Tempel mit Schuhen betritt. Barfüßig flüchtet er dann und erreicht einen Zug Richtung Kalkutta (Der große Romanführer. 500 Hauptwerke der Weltliteratur. Hg. von Bernd Gräf, Stuttgart 1996, S. 283). Was sich als Andersartigkeit, wahrscheinlich als befremdlich andersartig und konträr zu den „heiligen Schuhen" in Legenden und Sagen und der geübten Praxis in Kirchen und Synagogen darstellt, ist nicht fiktive Romanwirklichkeit, sondern in der konkreten Lebenswirklichkeit verankert und vom Autor als erlebnishaftes Ereignis in die „Weltreise" aufgenommen. (S. a. o. S. 42f.)

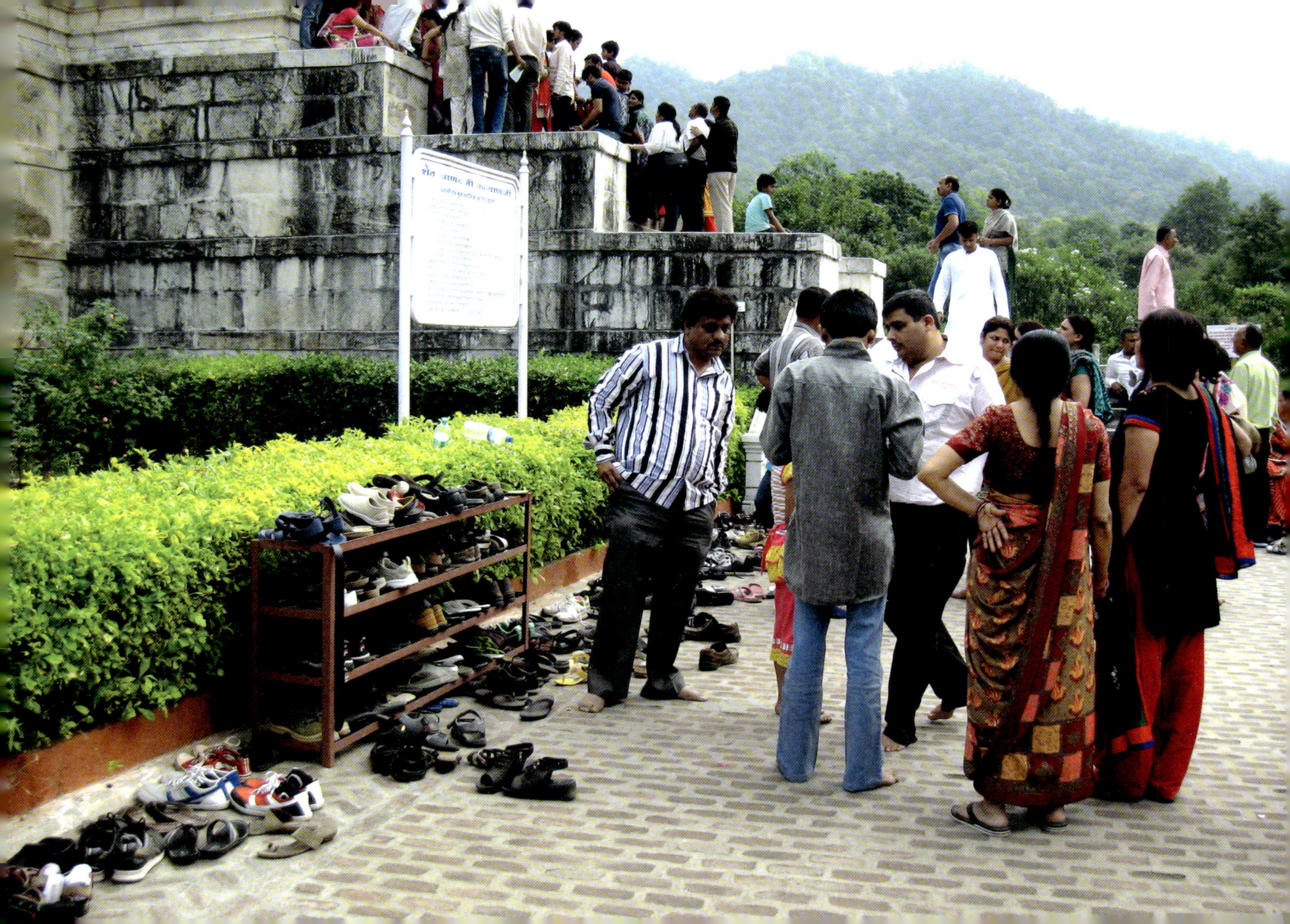

Die Heiligkeit hinduistischer Tempel und islamischer Moscheen verbietet es, mit den Schuhen an den Füßen Staub und Schmutz in diese Räumlichkeiten zu tragen. Ganz ebenmäßige Fußabdrücke, in weißen Marmor gemeißelt, auf dem Grabmal für die königlichen Frauen der Herrscherfamilie von Bikaner (Indien) verewigen gewissermaßen das Gebot der Barfüßigkeit im heiligen Bezirk.

Das Drohen mit dem Schuh und das Werfen gilt in der hinduistisch geprägten (ebd.) wie auch in der arabisch-muslimischen Welt, aber auch in der abendländischen deswegen als Zeichen der Erniedrigung.[73]

In die Märchenliteratur hat diese Schuh-Gebärde Eingang gefunden, nicht immer so emanzipiert-kritisch begleitet wie von der **Prinzessin Mäusehaut**. Sie gehört in die große Sippe derer, die Affinität zu den grauen Nagern haben (s. o. S. 188f.). Das kindliche Liebesbekenntnis der jüngsten Tochter ist dem königlichen Vater zu gering, sodass er befiehlt, sie im Wald zu töten. Gerettet von einem treuen Diener, erbittet sie sich ein Mäusefell und tritt als Mann bei dem benachbarten König in Dienst. Ob die mausgraue Prinzessin Stiefel oder Schuhe trägt, Pelzfüße hat oder barfuß unterwegs ist, erfahren die Märchenhörer nicht; aber dass der König ihr „allemal" seine Stiefel an den Kopf wirft, wenn sie ihm beim Auskleiden behilflich ist, lässt auf ziemlich rüde Sitten bei Hofe schließen. Die Frage nach ihrer Herkunft beantwortet sie ihrem Herrn überlegen schlagfertig und wahrheitsgemäß: „ ‚Aus dem Lande, wo man den Leuten die Stiefel nicht um den Kopf wirft.' " (Kinder- und Hausmärchen, S. 250) Die Antwort sitzt! Der missgelaunte Prinz, dem die schöne Tanzpartnerin des vorherigen Abends immer wieder entwischt, wirft dem vermeintlichen Küchenjungen, ohne nur im Geringsten zu ahnen, wer ihm tatsächlich zu Diensten ist, einen Stiefel an den Kopf. Die Frage nach dem Ort ihrer Herkunft am nächsten Abend beantwortet sie dann sehr direkt: „Aus Stiefelschmeiß". Am Ende steht die standesgemäße Hochzeit einer Braut, ohne Mausefell, mit „goldgelben Haaren", so schön, dass der König ihr seine Krone auf den Kopf setzt.

Diese Art von Umgang mit dem Stiefel und dem „Personal" dürfte sich damit wohl hoffentlich für immer erledigt haben! Auch die Aschenputtel-Variante von **Aschenprüster mit der Wünschelgerte** bei **Bechstein** (S. 48-55) gibt in dieser Hinsicht lesenswerte Einsichten …

Ähnlich ungehobelt und erniedrigend ist selbstverständlich auch das Drohen und Werfen mit dem Pantoffel. Zu dieser „unhöflichen" Handgreiflich-

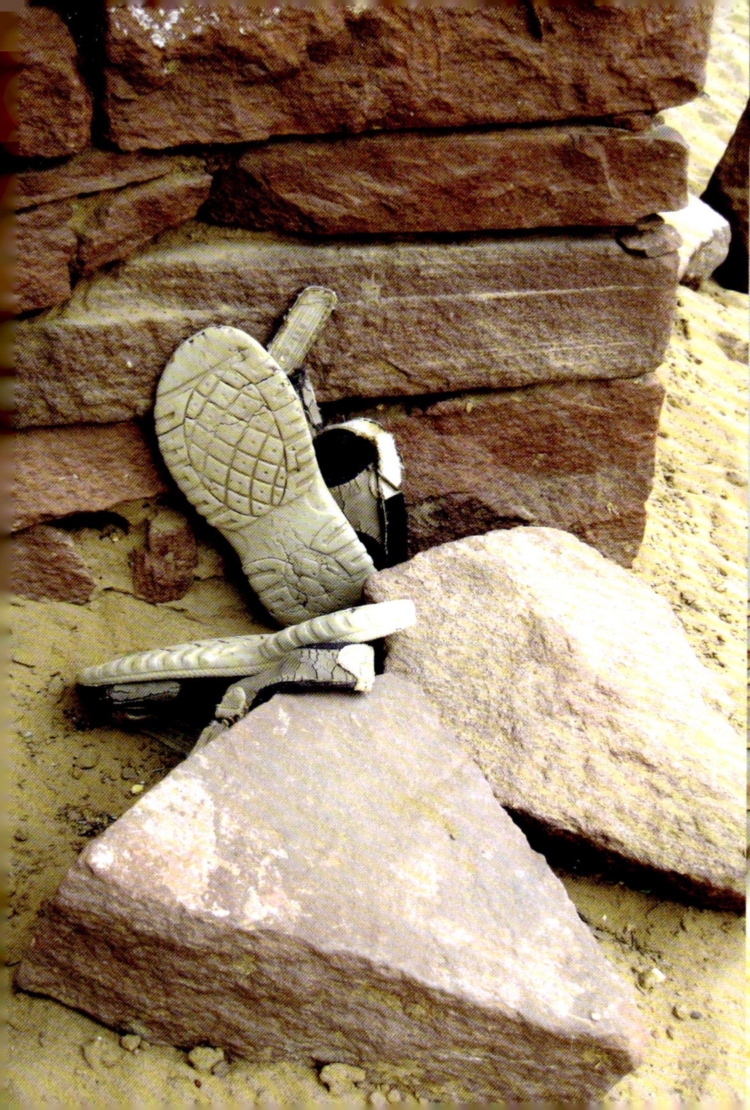

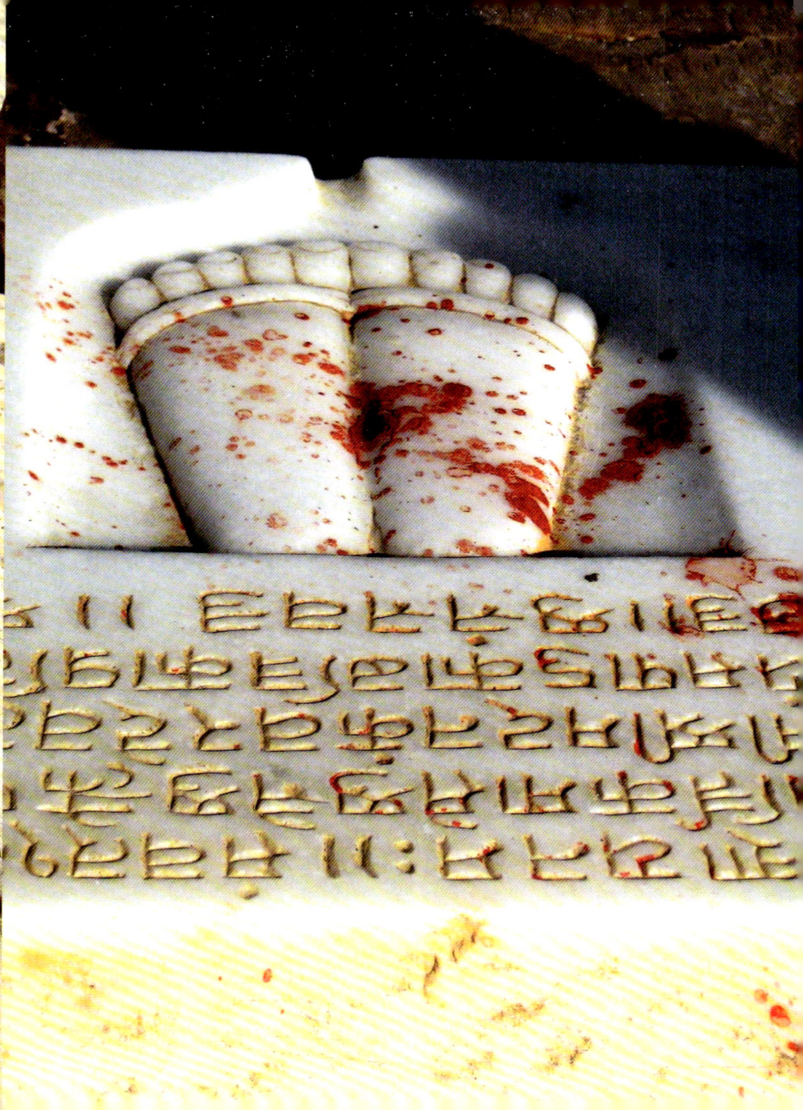

keit versteigt sich der Kaiser höchstpersönlich, als der Schweinehirt und die Prinzessin sich zum sechsundachtzigsten Male küssen. Er hat ebenfalls nicht geahnt, dass **Der Schweinehirt** in Wahrheit ein wunderschöner Prinz ist. In diesem Märchen hat **Andersen** kein Happyend präsentiert (S. 138).

Auch das Alte Testament enthält, wie bereits dargestellt, Hinweise auf das Abstreifen der Schuhe. Moses wird von der Stimme Gottes aus dem brennenden Dornbusch aufgefordert, seine Schuhe auszuziehen (Ex 3, 5); sein Nachfolger Josua (Jos 5, 15) erhält die gleiche Weisung. Das Verhaftetsein im Irdischen, Sterblichen, Unreinen darf die göttliche Sphäre nicht berühren.[74]

Mörike greift im *Stuttgarter Hutzelmännchen* (s. o.) das Motiv von den aus Ehrfurcht abgelegten Schuhen in der eingebetteten Erzählung vom Doktor Veylland auf, die ihren Niederschlag in einem Puppenspiel gefunden hat. Der Narr reimt eindrucksvoll und nennt auch die Zahl der abgelegten Schuhe: Nach dem Durchzug durch das Rote Meer und dem Untergang des Pharao, „‚… Frohlockt' das Volk (Israeliten) auf diesen Strauß, / Zog weinend Schuh' und Stiefel aus, / Am Stecken sie zu tragen heim, / Ins Land, wo Milch und Honigseim, / In ihren Häusern sie aufzuhenken / Zu solches Wunders Angedenken …'" Sechshunderttausend Paar sollen es gewesen sein, dreißig Paar in einer Kiste aufgehoben, die der Narr finden möchte. (S. 59 u. S. 55ff.)

Almustafa, *Der Prophet*, in dem so betitelten 1923 erschienenen Roman von **Khalil Gibran**, gibt neben vielen Antworten auf lebenspraktische und moralisch-religiöse Fragen nach dem richtigen Verhalten einem Weber einen Ratschlag zu der richtigen Kleidung; und das heißt selbstverständlich auch zum Schuhwerk: Unbeschuht und dadurch unmittelbar, erdverbunden, in kosmischer Offenheit und Geborgenheit soll die Begegnung des Menschen mit der Natur sein. Sein freundlicher Appell lautet: „… Könntet ihr der Sonne und dem Wind mit mehr Haut und weniger Kleidung begegnen! … Und vergeßt nicht, daß es die Erde freut, eure nackten Füße zu spüren und daß die Winde sich danach sehnen, mit eurem Haar zu spielen." (S. 29)

Ein literarisch berühmter Abdruck eines nackten Fußes von der Ferse bis zu den Zehen ist der, den **Daniel Defoes** *Robinson Crusoe* nach Jahren der Insel-Einsamkeit eines Tages entdeckt. Eine Spur, die ihm untrügliches, beunruhigendes Zeugnis für die Anwesenheit eines anderen Menschen ist.

Über die Erde
sollst du barfuß gehen.
Zieh die Schuhe aus.
Schuhe machen dich blind.
Du kannst doch den Weg
mit deinen Zehen sehen.
Auch das Wasser und
den Wind.
(...)

MARTIN AUER, ÜBER DIE ERDE.
IN: ÜBERALL UND NEBEN DIR. GEDICHTE FÜR KINDER.
HG. V. H.-J. GELBERG. WEINHEIM, BASEL 2001, S. 286

Ehrfurcht und Demut können sich, wie oben erwähnt, in Barfüßigkeit ausdrücken. Barfüßigkeit kann auf langen Reisewegen sogar bequemer sein als das Gehen in schwerem Schuhwerk.[75] Dutzendfach in Märchenerzählungen zu belegen sind aber nackte Füße als augenfälliger Beweis für Armut, dem wirklichen Leben auf dem Land abgeschaut (s. o. S.17). **Andersens** Kleines ***Mädchen mit den Schwefelhölzern*** (Die schönsten Märchen, S. 168-171) kann man nachvollziehbar als „das Urbild kindlicher Armut"[76] begreifen.

Eine Halbwaise, „barhäuptig" und „barfüßig", den einen der zu großen Pantoffeln der verstorbenen Mutter hatte sie verloren, den anderen hatte ein Junge an sich genommen, um ihn schon vorsorglich als Wiege für seine Kinder bereit zu halten, ist allein unterwegs auf der Straße in einer eiskalten Silvesternacht, um Schwefelhölzer zu verkaufen (S. 168). Mitleiderregend, aber niemand nimmt das Kind wahr! Mit der Streichholzflamme versucht die Kleine vergeblich, Hände und Füße zu wärmen. Der Lichtschein aber weckt in der kindlichen Phantasie Hoffnungsbilder von weihnachtlichem Wohlleben mit Gänsebraten, Kerzenschein und Ofenwärme und die himmlische Aussicht, von der geliebten verstorbenen Großmutter in die Ewigkeit geholt zu werden. Das Kind stirbt – „erfroren am letzten Abend im Jahr" (S. 171).

Auch der zwölfjährige Waisenjunge **Menasse**, der in einer zerschlissenen Jacke das Haus von Onkel und Tante verlässt, ist barfuß im Wald unterwegs, bis er vor Müdigkeit und Hunger einschläft; er wird von einem Mädchen mit nackten Füßen und einer geflickten Schürze entdeckt, die den blassen Jungen schon für tot gehalten hat. (In: **Singer**, S. 346-354, hier: S. 346 u. S. 353)

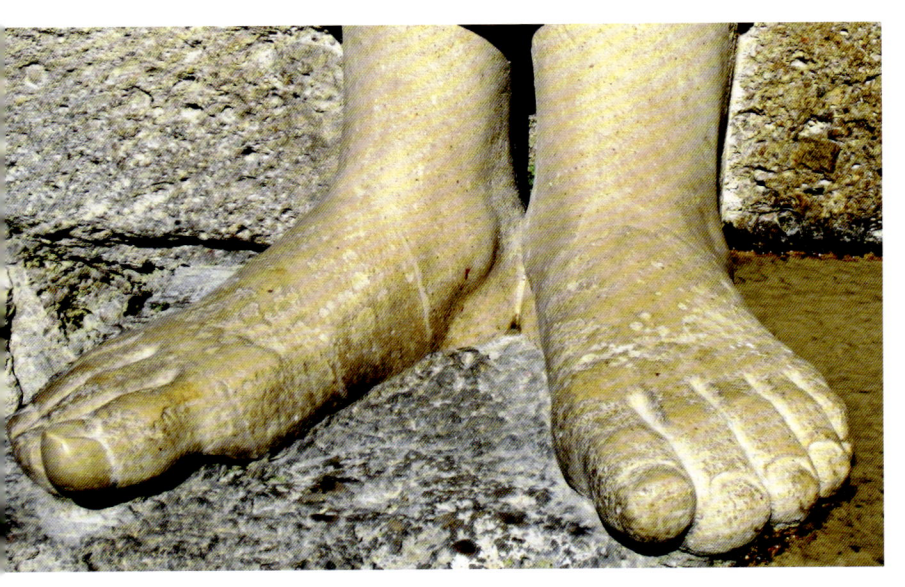

Eine schwere Prüfung muss Elisa bestehen, um ihre von der bösen Stiefmutter verwunschenen elf Brüder zu erlösen. Zum Schweigen über ihr Tun verurteilt, mit nackten Füßen betritt sie die Felder und sammelt mit bloßen Händen Nesseln, die wie Feuer brennen, und strickt daraus Hemden für die elf zu Schwänen verwandelten Brüder. **Hans Christian Andersen** erzählt dieses Märchen mit dem Titel *Die wilden Schwäne* (Die schönsten Märchen, S. 101-123). Ihre Geschwisterliebe ist unantastbar, ihr persönliches Glück als neuvermählte Königin stellt sie hintan; als stumme Hexe diffamiert und den Scheiterhaufen vor Augen, vollendet sie ihre Aufgabe und achtet nicht auf die Verletzungen, die sie sich zuzieht, ehe sie das Geheimnis preisgeben darf.

Wie ein Gegenentwurf zu diesen Märchen-Kindern kommt Giuseppe, ein kleiner Ziegenhirte in **Adalbert Stifter**s Studien *Zwei Schwestern*, daher: Ein verwilderter Haarschopf, braune Augen und sonnengebräunte Haut, ein Ziegenfell als Überwurf, zerrissene Beinkleider und sozusagen natürlicherweise barfuß, einen Stab in der Hand; so „hüpft" er an den Ufersteinen des Gardasees umher, eben ein „Hüpfmännchen", Inbegriff von Lebensfreude wie Heidi und Peter, **Johanna Spyri**s bekannte Figuren aus der Schweizer Alpenwelt. Giuseppe ist ortskundig und kann dem Ich-Erzähler Otto Falkhaus verlässlich den Weg zu dessen Freund Franz Rikar weisen. (Bd. 1, S. 873-1000, S. 898f.)

In deren Welt würde sich auch *Plascha*, die Hauptfigur in dem schon erwähnten gleichnamigen Kinderroman von **Inge Meyer-Dietrich**, zu Hause fühlen. Sie entwirft für ihren kleinen Bruder Felix und für sich selbst eine Traumwelt, eine Gegenwelt zu der

Wer barfuß geht, den drücken keine Schuhe.
ANONYM

eigenen, die durch Armut, schlechte Ernährung, einen kalten Winter in den Jahren des Ersten Weltkriegs gekennzeichnet ist; dieses „Sommerland", das „schönste Land der Welt", weist alle Merkmale des himmlischen Paradieses auf: Wärme, Obst in Hülle und Fülle, keine Armut, keine Krankheiten, keine sozialen Unterschiede unter den Menschen. „‚Man braucht keine Schuhe und keine Mäntel …'" (S. 70f.)

Wenn ein barfüßiges Mädchen, ehe es wieder zu seiner Stiefmutter zurückkehrt, in die gut bestückte Kleiderkammer der Katzenmutter geführt wird, um für seine fleißige Arbeit im Haushalt belohnt zu werden, dann hat es die freie Auswahl. Aber es ist bescheiden und wünscht sich nur „ein Paar grobe Holzpantoffeln"; darin könnte sie gut alle anfallenden Arbeiten verrichten. Das schlägt die Katzenmutter allerdings schlichtweg aus. Bescheidenheit hin oder her – es soll etwas Ausgefallenes sein: zum seidenen Kleid seidene Strümpfe und „ein Paar hübsche Schuhe aus Atlas", dazu goldene Ringe. So erzählt es das italienische **Märchen von den Katzen** (S. 113-117, S. 115, s. a. o. S. 10).

Unter den zahlreichen Erzählungen von **Wolfdietrich Schnurre** findet sich eine sehr kurze mit dem Titel *Das Geschöpf*. Der Erzähler umreißt nur mit groben Konturen – „Haare wie Stroh", ein Hemd, barfüßig – einen stummen Außenseiter *von Kopf bis Fuß*. Seine nackten Füße sind nicht Ausdruck von materieller Bedürftigkeit, sondern eines von verschiedenen Merkmalen von auffälliger, aber geduldeter Andersartigkeit in dem dörflichen Sozialgefüge. Die nackten Füße verhelfen ihm sicherlich zu den „lautlosen Wildkatzensprüngen", mit denen es Straßen und Plätze überquert. (Rapport des Verschonten. Zürich 1968, S. 21-25)

Die kleinen, wilden Wesen mit der bräunlichen Haut und den spitzen Eichhörnchen-Ohren sind unsterblich, aber sie haben keine Seele. Der irische Autor

Lord Dunsany erzählt in dem Märchen *Die Sippe des Elfenvolkes* (Britische Märchen, S. 185-211) von ihnen, die tanzend über den Spiegelbildern der Sterne im feuchten Marschland leben. Orgelklänge aus der Kathedrale wecken in einem dieser kleinen Wesen den unstillbaren Wunsch, eine sterbliche Seele zu bekommen. Trotz der Warnungen des Ältesten bricht dieser Elfen-Spross, ausgestattet mit einer von den Artgenossen gewebten Seele, in die Welt der Menschen auf, lebt wie diese – angekleidet und mit Arbeit in einer Fabrik und mit einem Engagement als Sängerin in London – und macht traurige Erfahrungen, die die Sehnsucht nach dem heimatlichen Wasserland wieder wachrufen. Die Seele wird verschenkt, das kleine Wesen tritt den Rückweg an und ist erst dann glücklich in der Heimat angekommen, als es „den heimeligen Schlick zwischen den Zehen hochkommen fühlte" (S. 202). Gut nachzuempfinden für uns Leser, ein „natürliches" Gefühl unter den Füßen, dort, wo zwei Welten an einem Tümpel aneinander grenzen, aber nur ganz kleine, luftig-leichte Wesen *den Boden unter den Füßen nicht verlieren.*

Der Ich-Erzähler spürt in der morgendlichen Frühe die Erde, die unter dem Schnee hervorkommt, unter seinen nackten Füßen, als er von einer geträumten weiten Reise zurückkehrt. „Kühl", „leicht" und „locker" ist sie (S. 123); und diese Beschaffenheit und der Geruch sind gleichsam der Beweis, dass auch Radi, der in Russland gefallene ehemalige Mitschüler, in solcher Erde begraben ist, nicht in der „steinharten", fremden russischen. Dieser war ihm im Traum zur Selbstvergewisserung seiner personalen Zerrissenheit zwischen dem lebendigen Früher als belächelter Schüler und dem toten Jetzt als gefallener Soldat begegnet. Nur für einen kurzen Augenblick nimmt Radi den Erzähler in die fremde, kalte Welt nach Russland mit. „Er griff nach meiner Hand. Er fühlte sich an wie Schnee. Ganz kühl. Ganz lose. Ganz leicht." (S. 122) Grotesk ist die Vorstellung, dass Radi dem Freund den Stahlhelm und sein eigenes Skelett zeigt und die Erde, die es bedeckt, in die Hand nimmt: „Ganz kühl. Ganz lose. Ganz leicht." (ebd.) Dieselbe Erde, die den Toten bedeckt und die der Lebende unter seinen Füßen spürt, als er „auf Zehenspitzen" (S. 123) nach Hause zurückkehrt, ist wohl auch Trost für den Träumer. **Wolfgang Borchert** hat dieses Traumerlebnis mit dem Titel **Radi** verfasst (in: Traumreisen, S. 120-124).

Das erschütterndste Erlebnis seiner Kindheit, vermutlich mit allen daraus resultierenden Konsequenzen für sein ganzes Leben, reicht in das Jahr 1942 zurück. Jonathan Noel war nach einem Juli-

Gewitter und heftigem Regen auf dem Nachhausewege vom Angeln „mit nackten Füßen auf dem warmen, nassen Asphalt gegangen und durch die Pfützen gepatscht, ein unbeschreibliches Vergnügen" (S. 5f.). Seine Mutter, die er in der Küche anzutreffen angenommen hatte, war „nicht mehr vorhanden" (S. 6) bei seiner Rückkehr, deportiert ins Vélodrome d'Hiver, dann „nach Osten". Der Junge ist „vollkommen verwirrt", begreift, verständlicherweise, nichts. Dem Vater widerfährt wenige Tage später das gleiche Schicksal wie der Mutter (S. 6). So emotionslos und konstatierend resümiert der Erzähler in **Patrick Süskind**s Erzählung *Die Taube* diese Verlust-Erfahrung. Noch einmal durchlebt der erwachsene Jonathan eine „Krise", ein subjektiv als Lebensbedrohung empfundenes Ereignis, das „seinen ganzen fein ausgetüftelten Lebensplan erschütterte und ihn irremachte und verwirrt …" (S. 60), datiert auf einen Freitagmorgen im August 1984 (S. 13): eine Taube auf dem Flur vor seiner Wohnungstür! Die Taube als „Inbegriff des Chaos und der Anarchie" (S. 18) löst in dem erwachsenen Mann Grauen, Entsetzen, Selbstzweifel, Versagensangst, Hass und Aggression aus, die sich auch in körperlichen Krankheitssymptomen ausdrücken. Jonathans Angst steigert sich seit dem Anblick des „verfluchten Vogels" (S. 20) sehr schnell zu einem bedrohlichen „Ganzkörpererlebnis" (S. 28f., S. 46), das ihn Herzinfarkt und Schlaganfall (S. 16f.) ins Kalkül ziehen lässt. Der pflichtbewusste Monsieur Noel, der akribisch seinen unantastbaren Tagesablauf vom Aufstehen bis zum Schlafengehen taktet, einschließlich der Dienststunden als Wachmann einer Bank in Paris, der seine Kleidung penibel in Ordnung hält (S. 25), Hygienemängel fürchtet und seine sozialen Kontakte auf die Vorgesetzten und die Concierge beschränkt, der nichts mehr liebt als „monotone … Ereignislosigkeit" (S. 7), macht bis zum nächsten Morgen einen kaum für denkbar gehaltenen Selbsterfahrungsprozess durch. Dieser wird in seinem Bewegungsablauf, in Beinen und Füßen, nachvollziehbar. Mit Pantoffeln an den Füßen und im Bademantel öffnet Jonathan Noel wie jeden Morgen die Wohnungstür, um die Toilette auf der Etage zu benutzen. Den linken Fuß erhoben, im Ausschreiten begriffen, bleibt er „wie angefroren auf der Schwelle seiner Türe stehen" (S. 16), kann nicht vor und nicht zurück, als er der Taube ansichtig wird. Mit protokollarischer Genauigkeit laufen die nächsten Minuten bis zum Dienstantritt um 8 Uhr 15 (S. 22) ab. Monsieur Noel löst sich aus seiner Starre und plant seine Flucht. In den alten Pappkoffer aus seiner Kindheit packt er die jahreszeitlich angebrachten Halbschuhe, frische Wäsche, das Scheckheft, zieht sich gefütterte Winterstiefel an die Füße, um sich vor den Tauben-Exkrementen zu schützen, schließt den Wintermantel bis oben, bindet einen Schal um, verbirgt die Hände in gefütterten Handschuhen, „umgeht" die grünlichen Taubenkleckse auf dem Flur und „stürzte" schließlich, bewaffnet mit einem Regenschirm, davon (S. 25f.). In der zweiten Etage tauscht er seine „winterliche Vermummung" (S. 31) gegen den Inhalt des Koffers und geht in den leichten Halbschuhen zunächst „stockend", dann „mit bewußt forschem Schritt" (ebd.) an der Concierge vorbei, bleibt stehen, geht zurück, um die „Sache mit der Taube" (S. 13) zu reklamieren. Seine Tätigkeit vor der Bank, seit Jahrzehnten – stundenlanges Stehen, manchmal ein paar Schritte auf den Stufen nach links und nach rechts, ritualisiert (S. 42), einer Sphinx gleich, „fest gemauert" (S. 44f.) – nimmt er pünktlich auf, aber sein Körper lastet an diesem außergewöhnlichen Tag schmerzhaft auf den Fußsohlen, sodass Jonathan „das Gewicht von einem Fuß auf den anderen und wieder zurück" verlagert, um die Balance zu wahren (S. 45f.). Ganz offensichtlich hat er, trotz der Marmorstufen, nach dem morgendlichen Schrecken *keinen festen Boden unter den Füßen*. Ein Riss im Hosenbein, nur notdürftig geklebt, beeinträchtigt im Laufe des Nachmittags das korrekte Erscheinungsbild und Auf-Treten des Wachmanns, nötigt ihm den „verhassten Spreizschritt" ab (S. 74). Seine Ordnung ist gestört! Gedanken der Selbstzerstörung martern ihn, bis er vom Motorengeräusch der Limousine des Chefs quasi aufgeweckt, die Gelenke seiner Gliedmaßen sich richten spürt, Schritt um Schritt wie von selbst, „wie er wahrhaftig ging, ja lief, die drei Stufen hinuntersprang, federnden Schritts die Mauer entlang zur Einfahrt eilte …. Haltung annahm … und die Limousine (durch das geöffnete Tor) passieren ließ" (S. 83). Monsieur Noel muss noch verschiedene Grade der Selbsterniedrigung und -zweifel durchstehen, ehe er die vom Erzähler prognostizierte „heilsame Kraft" des Gehens erfährt (S. 86). Nach Dienstschluss unternimmt er einen auf dem Stadtplan nachvollziehbaren Weg von seiner Arbeitsstelle bis zu dem Hotel, in das er sich aus panischer Angst vor der Taube einquartiert hat. Ein Gewitter verschlimmert zunächst die seelische Bedrängnis, er fürchtet den Weltuntergang, spürt seine Verlassenheit und ist orientierungslos. Zurückversetzt in die Kindheit und den Krieg, glaubt er sich im Keller des Elternhauses zu befinden, „gefangen, verschüttet, vergessen" (S. 95). Er hört Regentropfen, die sich bald zu heftigen Güssen entwickeln, und kommt durch dieses Geräusch wieder in die Gegenwart seines winzigen Hotelzimmers zurück. Das Wettergeschehen in der Realität vertreibt Jonathans erdrückenden Suizid-Gedanken. Er steht auf und schleicht „auf Zehenspitzen" (S. 96) aus dem Hotel. Auf den regennassen Straßen geht er „nach Hause". Wie als Kind „patschten seine nassen Sohlen gegen den nassen Asphalt. Es ist wie barfußgehen ... Er bekam große Lust, Schuhe und Strümpfe auszuziehen und barfuß weiterzugehen ..." (S. 97) Er tut es nicht, und zwar aus Bequemlichkeit, nicht wegen der möglichen öffentlichen Wirkung! Er sucht die größten Pfützen und platscht hindurch, dass es nach allen Seiten spritzt. Monsieur Noel „genoß diese kleine Sauerei wie eine große, wiedergewonnene Freiheit." (S. 98) Nicht ganz genauso wie der Heimweg im Juli 1942 als Kind, aber beinahe so, eben nicht „ganz" barfuß, nur gefühlt barfuß in Halbschuhen: Der Pflichtmensch Jonathan Noel, 53 Jahre alt, lässt wieder positive Gefühle zu! Barfuß unterwegs – die reinigende Wirkung des Regenwassers vermittelt ihm akustisch und taktil ein Wohlempfinden, ein „Vergnügen", ein verschüttetes Lebensgefühl aus der Kindheit, sodass er „auf einmal keine Angst mehr hatte" (S. 99).

Satirisch zeichnet **Heinrich Böll** in seiner Kurzgeschichte *Es wird etwas geschehen* die moderne Arbeitswelt. Sie wird repräsentiert durch den Fabrikbesitzer Alfred Wunsiedel, dessen Ansprüche an den Arbeitseinsatz seiner Mitarbeiter und seinen eigenen schier unersättlich sind. Der Kollege Broschek karikiert, ohne es zu ahnen, das Getriebensein von Arbeitsaufträgen als Aktionismus: Am Schreibtisch sitzend, in jeder Hand einen Telefonhörer, den Kugelschreiber im Mund, „mit dem er Notizen auf einen Block schrieb, während er mit den bloßen Füßen eine Strickmaschine bediente, die unter dem Schreibtisch stand" (S. 843), nimmt er die Nachricht vom Tod seines Chefs zur Kenntnis. Ungläubig, was den Inhalt dieser Mitteilung angeht, erhebt er sich immerhin und schlüpft in die bereitstehenden Pantoffeln (S. 844). Der simultane Einsatz von Händen und nackten Füßen hindert hoffentlich nicht am Gebrauch des Kopfes, der nicht nur den Mund als mechanische Stütze für den Stift zur Verfügung stellt ... (Die schönsten Kurzgeschichten, Bd. 2, S. 840-845)

Der *Brief aus Amerika*, so der Titel einer Kurzgeschichte von **Johannes Bobrowski**, lässt keinen Zweifel mehr: Der Sohn wird den Besuch bei der alten Mutter im fernen Europa nicht, nie mehr unternehmen! Sie hat es begriffen und vollzieht ein Abschiedsritual von der eigenen Vergangenheit in einem geradezu kindlich anmutenden Befreiungsakt, mit nackten Füßen und nackten Armen: Sie „schleudert" ihre Holzpantinen weg, „schwenkt die bloßen Arme" und dreht sich immer schneller im Kreis unter dem „Apfelbäumchen". Dabei klingt ihr Singsang „Brenn mich, brenn mich, brenn mich" wie eine Beschwörungsformel an die Sonne gerichtet, der sie ihre einst begehrenswerten weißen Arme hinstreckt. Sie selber verbrennt im Herdfeuer dann den Brief und das Foto von Sohn und Schwiegertochter. (In: *Boehlendorff* und andere. Stuttgart 1965, S. 70-72).

Ganz ausgefeilt ist die Idee der jungen Frau des reichen Kaufmanns Ariguccio Berlinghieri, ihr Liebesverhältnis zu Ruberto aufrechtzuhalten. Auch in der Zeit, in der ihr Ehemann nicht auf Reisen ist, stellt Sismonda die nächtliche Kontaktaufnahme sicher, selbstverständlich unbemerkt vom Gatten: An ihren (nackten) großen Zeh bindet sie einen Faden, der aus dem Fenster bis auf die Straße hängt. Der Liebhaber braucht nur am Faden zu ziehen, um sein mitternächtliches Erscheinen zu signalisieren. Wenn der Gatte schläft, kommt sie, wenn er noch nicht schläft, zieht sie den Faden nach oben, unter ihre Bettdecke. Die jeweils aktuelle Kontaktaufnahme wird zugleich in der „Verlängerung" des Fußes durch den Faden und der Reduzierung auf den großen Zeh mittelbar, die erotische Andeutung unmittelbar realisiert. Die Nachrichtenübermittlung läuft prächtig, bis, ja, bis sie auffliegt und der getäuschte Ehemann sich einmal den Faden an seinen Zeh bindet ... Diese Geschichte wird im *Decameron* von **Giovanni Boccaccio** erzählt. (Siebter Tag, VIII. Geschichte. S. 417-424, S. 417f.)

„Stark und stolz wie die Sonne", dunkler Teint, ein eng anliegendes rosafarbenes Seidenkleid, Ohrgehänge und eine üppige blauschwarze Haarpracht – nackte Füße, obgleich sie eine Freie ist;[77] so beschreibt **Charles Baudelaire** *Die schöne Dorothea*, „kokett", lasziv. Der wehende Rock gibt den Blick auf ein „glänzendes Bein" frei, die Füße sind schön wie die der Marmorgöttinnen in Museen. Sie verzichtet auf Schuhe als Statussymbol und setzt sich gerade so erst als „Freie" in Szene.

Barfuß oder beschuht? Nur ein Minimum an Fußbekleidung trägt Emma, wenn sie in einer der Kernszenen in **Flaubert**s *Madame Bovary* den zierlichen Schuh an den nackten Zehen baumeln lässt.[78]

Abschließend soll der Blick auf eine Liebesbegegnung gerichtet sein, die Verhüllen und Enthüllen, Berühren und Loslassen der Füße naiv und innig inszeniert. Die schöne *Susanna*, Titelfigur einer Erzählung von **Gertrud Kolmar**, ist „ein erwachsenes freundliches Kind" (S. 371), 20 Jahre alt, phantasiebegabt, hochsensibel, Tagträumerin und Schlafwandlerin, von einer „Wärterin" beschützt. Dennoch macht sie die Bekanntschaft mit dem zehn Jahre älteren Herrn Rubin, ihrem „Rubin", Susannas blutrotem Edelstein (S. 383f.). Eines Nachts schleicht sie, zunächst unbemerkt, aus ihrem Zimmer. Ihre Wärterin nimmt einen kalten Luftzug wahr, das Fenster im unteren Flur ist aufgerissen, an dessen Gitter das Mädchen sich klammert: „Sie stand in dem langen Seidenhemd, das perlweiß schimmerte unter dem eisig silbernen Monde. Mit nackten Füßen stand sie und bebte und lachte leise und lockte." (S. 374)[79] Der Mann, im Garten vor dem Gitter stehend, ist besorgt, sie könne krank werden wegen der leichten Bekleidung, aber Susanna weicht nicht zurück; sie gestehen sich und einander ihre Liebe. Das Mädchen löst das dicke Halstuch des Mannes, öffnet seinen Kragen und liebkost ihn, ihren „Rubin". Er kann sich nicht aus ihrer Umschlingung lösen: „ ‚Gib deinen Fuß ... ich will ihn wärmen ... ihn mit meinen Händen bedecken und mit meinen Lippen ... was hast du für reizende Füße, Susanna ... so weiß ... Ich möchte dich nehmen ... nicht nur deine Füße ...' " (S. 376) Sie versprechen einander Briefe. Susanna erkrankt, wünscht sich in der langen Genesungsphase „Goldkäferschuhe", aus denen sie herausspringen könnte, die aber von alleine weitertanzen würden; auch ihre gefütterten Pelzstiefel streift sie in ihrer Phantasie ab; sie möchte sie in den Wald schicken, damit sie „ ‚da herumstapfen als kleine schwarze Bären' " (S. 383). Die Liebesbegegnung am Gitterfenster bleibt die letzte für beide. Herr Rubin geht nach Berlin, Susanna erfährt davon und folgt ihm heimlich in ihrem eingeschränkten Auffassungsvermögen ganz wörtlich auf den Bahngleisen und verunglückt tödlich. Ein rotes Köfferchen, ein grüner Wollmantel, ein Hut – das sind die persönlichen Ausstattungsgegenstände, die in ihrem Kleiderschrank fehlen (S. 394). Ob sie sich womöglich barfuß oder beschuht auf den Weg gemacht hat, erfährt der Leser nicht. (Die großen Meister, S. 361-396)

Anmerkungen

1 Haglund, in: Z.B. Schuhe, S. 21; auch Heyer, ebd. S. 46
2 Vgl. Spitzing, in: Z.B. Schuhe, S. 48ff., s. o. S. 20
3 Vgl. a. König, speziell S. 15ff.; zum Zusammenhang von Gehen und Denken S. 17f.
4 Noch zweimal strauchelt er, S. 78, S. 92, ehe er endgültig am Ziel seiner Wanderschaft angekommen ist.
5 Beide Redensarten bei Haubl S. 176,l., in: Z. B. Schuhe.
6 Vgl. Hartmann / Maurmann, S. 177-196
7 Vgl. z. B. in Th. Mann, *Buddenbrooks*, Bendix Grünlich; er geht mit „ziemlich kurzen Schritten" (S. 84), „mit einem letzten sehr langen Schritt" (S. 88), „mit raschen Schritten" (S. 96), er tut „zwei große Schritte rückwärts" (S. 99), geht „gemessenen Schrittes" (S. 138); entscheidend vorausdeutend ist die zunächst ganz wörtlich physisch zu verstehende Feststellung, er stehe Tony Buddenbrook, seiner späteren Frau, im Wege (S. 98. S. a. o. S. 166).
8 Vgl. a. Th. Mann, *Unordnung und frühes Leid*; in: Erzählungen, S. 618-657, S. 649 zum Aspekt „drückende Schuhe".
9 Braune Beine in weißen Turnschuhen sind eine „Sommer-Erinnerung" des alten Helmer an das „hübscheste Mädchen" im Ort, das ihn nicht geheiratet hat. Als Hilde zunehmend stärker dement wird und ihre Kinder zu einem Familientreffen anreisen, nimmt er auch weiße Turnschuhe an Caroline, der aus Amerika angereisten Tochter, wahr; Katharina Hacker, *Die Erdbeeren von Antons Mutter*, Frankfurt/M. 2010, S. 139f.
10 Vgl. a. Korte, in: Z. B. Schuhe, S. 34, zur Inszenierung des Brechtschen Theaterstücks *Im Dickicht der Städte* sowie zur Totenehrung in der amerikanischen Armee S. 35
11 S. a. o. S. 11 zu B. Brecht, *Der Schuh des Empedokles*. Wer sich rührt und solange er sich rührt, braucht und verbraucht Schuhe, Zeitaufwand ist „Raum-Erfahrung".
12 Zit. bei Richter, in: schuh*tick*, S. 199
13 Vgl. ebd. Anm. S. 320 zu Märchen Nr. 17
14 Diederichs, S. 60f. u. S. 272f.
15 „Kleiner Muck" und „Däumling" sind auch Markenbezeichnungen für Kinderschuhe.
16 Kästner, *Der kleine Mann*, S. 89 sowie Haglund, in: Z. B. Schuhe, S. 22, l.
17 http://gutenberg.spiegel.de/buch/2469/6; Carl Hauptmann, *Rübezahl*-Buch. Kap. 6, 4. Abenteuer. Zugriff am 23. 05. 2014
18 Im alten China galten kleine Frauenfüße als absolutes Schönheitsideal; zu dem Zweck wurden die Zehen jahrelang unter die Fußsohlen der Mädchen gebunden; große Füße waren Zeichen von Plumpheit und für bäurisches Benehmen; dazu Kerner, in: Z. B. Schuhe, S. 213ff.; Bergstein, S. 69ff.
19 Vgl. a. *Sechse kommen durch die Welt* bei Grimm.
20 In der Schillerschen Ballade *Die Bürgschaft* ist das Bild auch aufgegriffen „… die Angst beflügelt den eilenden Fuß …"; Echtermeyer, S. 294-298, hier S. 297. Ein namhafter Hersteller von Sportschuhen und sportlichen Schuhen bietet Sneaker mit Flügeln an, wohl eine Anleihe bei dem geflügelten Götterboten Hermes; ähnlich die englische Marke ‚Red wing shoes'.
21 Korte, in: Z. B. Schuhe, S. 36-40
22 Ausführlich Haubl, in: Z.B. Schuhe, S. 176-185. Auch Nenno, in: schuh*tick*, S. 105-115
23 Die französische *Catarina* teilt das Schicksal mit *Aschenputtel*. In einer Nuss bekommt sie von einer Tante ein seidenes Kleid, in einer Mandel Goldpantöffelchen. „Entdeckt" wird sie vom Königssohn in der Sonntagsmesse. In der Kirche verliert sie einen Pantoffel, der dann zu ihrer raschen, für ihre Stiefschwestern unblutigen, Identifizierung führt. Französische Märchen, S.108-112.
24 88 % aller Frauen kaufen (angeblich) ihre Schuhe eine Nummer zu klein. Chic zählt, nicht Passgenauigkeit; vgl. O'Keeffe, S. 16
25 Ähnlich mit dem Ring, der nur der Tochter der verstorbenen Mutter passt, in dem ital. Märchen *Die hölzerne Maria*, S. 63-70.
26 Vgl. a. Haubl, in: Z.B. Schuhe, S. 181, u. Literaturverweise in Anm. 17 ebd.
27 Vgl. O'Keeffe – Entstehung, modischer Effekt, psychologische Wirkung – S. 72-130, sowie Gall, in: Z. B. Schuhe, S. 58ff.; Haubl, ebd. S. 176-185, hier bes. Anm. 7, S. 183 mit Auflistung von Sekundärliteratur.
28 Vgl. Richter, in: schuh*tick*, S. 198
29 Richter, ebd. S. 196f.
30 Stiefel von genau dieser Reichweite und einer Schuhgröße, die sich jedem Fuß anpassen, zieht *Der kleine Däumling* dem schlafenden Menschenfresser-Riesen aus und flüchtet dann mit seinen sechs Brüdern; ebenfalls bei Bechstein, S. 177- 183, hier S. 182.

[31] Dagmar Walach, A. v. Chamisso: *Peter Schlemihls wundersame Reise*; in: Interpretationen. Erzählungen und Novellen des 19. Jahrhunderts. Bd. 1, Stuttgart 1988, S. 221-251, hier S. 243. Es ist „die … eigentümliche Ambivalenz von Phantastischem und Wahrscheinlichem", die diese „Märchennovelle bzw. ein Novellenmärchen" auszeichnet, S. 225. Walach stellt auch die Bezüge zu den autobiographischen Aspekten der Erzählung und der literarischen Epoche der Romantik dar; die Siebenmeilenstiefel werden als Elemente des Märchenkontextes erwähnt wie die Tarnkappe, das Geldsäckel und das unsichtbare Vogelnest, S. 229.

[32] Ein Medizinmann der australischen Aborigines trägt Feder-Mokassins, die seine Spuren im Wüstensand vollständig verwischen, nicht einmal von Spuren-Lesern entdeckt werden. Sie heißen deshalb „unsichtbare Schuhe"; vgl. Joscha Remus, Gebrauchsanweisung für Australien. München, Zürich 2014, S. 103f.

[33] Vgl. Diederichs, S. 294-298

[34] http://de. wikipedia.org/wiki/; *Die Prinzessin und der fliegende Schuster*, Zugriff am 3. 9. 2014; Film nach dem Märchen von Jan Drda, *Von der Prinzessin Lichtholde und dem Schuster, der fliegen konnte*. In: Tschechische Märchen, illustriert von Josef Lada, übersetzt von Walter Kraus. Prag 1985, S. 128-165

[35] Aus kunsthistorischer Sicht betrachtet Carmen Roll im Diözesanmuseum in Freising die beschuhten Engel in der bildenden Kunst; sie sind häufig, allerdings nie die Cherubim und Seraphim, mit Römerstiefeln ausgestattet. Sie deutet es so, dass z. B. der Erzengel Michael als Begleiter des Menschen auf dem Weg gesehen wird. Freisinger Tageblatt vom 24. Februar 2011; http://www.merkur-online.de/lokales/freising/roemerstiefel-ueber-wolken-1136902.html, Zugriff am 26. 08. 2014

[36] Die griechische Liebesgöttin Athene wird meist nackt dargestellt, aber an den Füßen trägt sie Sandalen; O'Keeffe, S. 43.

[37] www.erleben-magazin.de/1423_251kundenseite.html, Zugriff am 1.12. 2014

[38] http://www.museum-hauenstein.de/schuh_museum/Aktuelles/Archiv/Papstschuhe, Zugriff am 30.10.2014

[39] Vgl. Weber, in: Z.B. Schuhe, S.101

[40] http://www.augsburger-allgemeine.de/, Zugriff am 26.08. 2014

[41] Mirjam Schneider, Federico García Lorca und der islamische Orient. Die literarische Gestaltung einer kulturellen Fernbeziehung. o. O. 2005, hier S. 75; zur Kontextualisierung der verschiedenen Bildspender in diesem Gedicht S. 74ff.

[42] *Der arme Spielmann und die goldenen Schuhe*. http://maerchenbasar.de. 7654. html, Zugriff am 15. 10. 2014

[43] Vgl. a. Péter Esterházys Roman *Keine Kunst*. Aus dem Ungarischen von Terézia Mora. Berlin 2. Aufl. 2009; er enthält eine Hommage an die verstorbene Mutter des Erzählers, deren Leben vom Fußballspiel bestimmt war.

[44] H. H., 5. Buch; in: Sämtliche Werke. Düsseldorfer Ausgabe, hg. von Manfred Windfuhr, Hamburg 1978, Bd.11, S. 118

[45] Rabbiner Yehuda Teichal. www.juedische-allgemeine.de. 10. 06. 2010; Zugriff am 30.10.2014

[46] Heyer erkennt einen Zusammenhang zwischen dem niedrigen Sozialrang der Sklaven, der (unterstellten) „niedrigen" Gesinnung und der Tätigkeit als Schuster, die das Verb „rhaptein" für „zusammenflicken" ausdrückt (in: Z.B. Schuhe, S. 43, l.).

[47] „Schmer", also rohes tierisches Bauchfett, empfiehlt der freundliche Pechschwitzer in Mörikes o. behandeltem Märchen als das beste Ingredienz für die Schuhwichse; S. 51f.

[48] *Die beiden Wanderer*, http:// www.textlog.de/ Zugriff am 27.06.2013. Vgl. a. Maria Jacques, *Mein weißer Fuß. Ein Indianermädchen zwischen zwei Welten*. Aus dem Niederländischen von Silke Schmidt. Berlin, München 1995; Poli aus dem Hopi-Volk entdeckt an sich einen weißen Fuß, nachdem sie eine Zeit bei den Weißen gelebt hat und deshalb Kenntnis von zwei Welten hat.

[49] Der schöne Jüngling Karl will in die Welt aufbrechen, um die geheimnisvolle *Rosenstadt* zu suchen. Er bittet deshalb seinen Ziehvater um ein Paar neue Stiefel; in: Französische Märchen. Volksmärchen des 19. und 20. Jahrhunderts. München 1989, S. 64-72.

[50] Das Hausmädchen Line entdeckt den alten Konsul tot in seinem Sessel sitzend gerade in dem Augenblick, als sie ihm die Stiefel bringen will; Th. Mann, *Buddenbrooks*, S. 225. Vgl. a. Korte, in: Z.B. Schuhe, S. 31, zum Abstreifen der Schuhe im Tod. S. o. S.167.

[51] Ein charismatischer Flickschuster ist auch der alte Kulla; in: Meyer-Dietrich, S. 34ff.

[52] „Stiefellecker" oder „Schuhputzer" – vgl. Karikatur „Abrechnung folgt!" 57 politische Zeichnungen (Berlin 1923) von George Grosz.

⁵³ Vgl. dazu a. die Ausführungen aus Eduard Fuchs, Illustrierte Sittengeschichte, Bd. 2, München 1910; in Z. B. Schuhe, S. 209; die hohen Absätze an Damenschuhen werden als Zeichen der Herrschaft der Frauen verstanden; ebd. Abb. einer Illustration von Dennis Noble im Toronto Life Magazine; dargestellt ist eine vornübergebeugte Männergestalt, die in dieser Haltung als Absatz unter einer Damen-Sandalette fungiert; S. 207 das Foto von Wolfgang Kotter: Der spitze Absatz eines Damenschuhs „zertritt" das Bild mit einem auf dem Rücken liegenden Mannes; der Schmerz ist an seiner Körpersprache abzulesen. Vgl. a. O'Keefe, S. 93, die Abb. mit Dornfortsatz unter den Absätzen; Kreation von Roger Vivier; sowie S. 402 mit Abb. eines Stöckelschuhs mit rotem Absatz.

⁵⁴ Der lateinische Begriff „possessio" ist abzuleiten von „pedis sessio", d. h. „Aufsetzen des Fußes"; Kretschmer, S. 153f. S. a. o. S. 73

⁵⁵ Vgl. Beyer, in: schuh*tick*, S. 98

⁵⁶ Vgl. a. H. v. Kleist, *Michael Kohlhaas*: Ein Hut wird mit Schuhen zertreten, „die Bedeckung des obersten Körperteils mit der Bekleidung des niedrigsten zerstört"; Hinweis: Lexikon literarischer Symbole, S. 335, l. Sp. Zugespitzt ist diese Situation dadurch, dass der Kämmerer von hinten dem Pferdeknecht den Hut herunterreißt und ihn dann mit Füßen tritt; in: Sämtliche Werke, S. 645-727, S. 691. Vgl. a. Heinrich Heine, *Aus den Memoiren des Herren von Schnabelewopski*, in: Werke. Bd. 2, S. 3–66, Kap. XIV, S. 62. Der kleine Simson phantasiert in Fieberträumen mit biblischem Bezug: „‚... O die Philister! sie hatten uns unterjocht und verspottet ... und haben mich zum Tanzsaal hinausgeschmissen, auf dem Roß ... und zu Bockenheim mit Füßen getreten ...'"

⁵⁷ Herbert Domanski, Analysehilfen. Stuttgart, Düsseldorf, Leipzig 1999, S. 57; der Autor wertet die Puppe in der Konzeption der Erzählung als „Dingsymbol", S. 56. Ein „mißhandeltes Spielzeug" ist auch die einbeinige Puppe von Vreni in Kellers Novelle *Romeo und Julia auf dem Dorfe*. Sali beschädigt willkürlich die Puppe „am Knie ihres einzigen Beines", sodass Vreni laut weint. Schließlich zerstören die Kinder den Puppenkörper gemeinsam (S. 8ff.); auch diese Tat steht stellvertretend für den Akt der (Selbst)zerstörung der beiden Väter.

⁵⁸ Zum Einsatz von Fuß bzw. Schuh vgl. a. Andersens Märchen *Das hässliche Entlein*; es wird geärgert, verscheucht von seinen hübschen Enten-Geschwistern und sogar von der Mutter; das Mädchen, das die Tiere füttert, „stieß es mit den Füßen." (S. 159); ein Bauer aber „schlug mit seinem Holzschuh das Eis ein", um es aus dem gefrorenen Teich zu befreien (S. 164).

⁵⁹ Vgl. a. Tieck, *Die Elfen* (in: Märchenerzählungen, S. 51-74, S. 56): Zerina, ein Elfenkind, stampft heftig mit dem Fuß Pinienkörner in den Boden; daraus wachsen augenblicklich zwei grüne Sträucher; ähnlich S. 69.

⁶⁰ Schuhe und Hut sind die Hauptrequisiten in Becketts Drama *Warten auf Godot* (Uraufführung 1953); dazu Korte, in: Z.B. Schuhe, S. 34 (l.).

⁶¹ http://www.pinselpark.de/literatur/a/arnima/kronen/kron3_2.html. Zugriff am 07.02.2015, S.1

⁶² Mit einem Orden als „Tapfere Mutter" ist aktuell die Ägypterin ausgezeichnet worden, die über vierzig Jahre ihr Einkommen gesichert hat, indem sie als Mann angezogen, mit kurz geschnittenen Haaren unter dem Turban „Männerarbeiten" ausgeführt hat, auf dem Feld, als Schuhputzer und auf dem Bau. So konnte sie als Witwe für sich und ihre Tochter den Lebensunterhalt bestreiten.

⁶³ Vgl. die dunkelhäutigen Orks mit krummen Beinen und langen Armen; Friedhelm Schneidewind, Das große Tolkien-Lexikon. Imprint, o. O. u. J., S. 505 (r. Spalte). Funke, *Potilla*, S. 58, S. 111. *Der gelbe Zwerg*, in: Johann Andreas Christian Löhr, Das Buch der Mährchen. Zweiter Band ... für Kindheit und Jugend, nebst etzlichen Schnaken und Schnurren ... Leipzig 1819/20, S. 430-446; Internet-Zugriff am 28.05. 2014. Orco hat dünne Beine und krumme Füße; vgl. *Die drei Feen*; in: Basile, S. 281-290, S. 283.

⁶⁴ In dem Roman *Die meerblauen Schuhe meines Onkels Cash Daddy* von Adaobi Tricia Nwaubani. Aus dem Englischen übersetzt von Karen Nölle. München 2011, wird erzählt, dass Dorfbewohner in Nigeria dachten, dass der weiße Mann keine Zehen habe, weil sie seine Schuhe für die Füße hielten (S. 9).

⁶⁵ „Die volksnahe Phantasie" sah im Schuster „einen in besonders naheliegender Weise der erotischen Magie des Frauenfußes ausgesetzten Mann", der nicht nur Eingang gefunden hat in die Literatur, sondern auch in das Musiktheater und die Graphik; Korte, in: Z.B. Schuhe, S. 36 (Mitte). S. a. Haubl, in: Z.B. Schuhe, S. 176 (l.).

⁶⁶ www.textlog.de/40182.html; Zugriff am 27.02.2014. Vgl. a. Wolfdietrich Schnurre, *Die Rückkehr*, in: Klassische und moderne Kurzgeschichten. Berlin 3. Aufl. 1992, S. 26-35. Andere Beispiele sind die von Gicht geplagten alten Männer und hinkenden Frauen in den Romanen u. Erzählungen von Fontane. Eine ganz profilierte Figur ist auch in dieser Hinsicht Dubslav *Stechlin*.

⁶⁷ Vgl. *Das Mädchen ohne Hände*, die ihm vom eigenen Vater abgeschnitten worden sind, durch silberne Prothesen vom Königssohn, durch die Hilfe eines Engels später wieder durch lebendige ersetzt werden. Diederichs, S. 215ff. Das bereits angeführte kaukasische Märchen von *Kaskatina* enthält auch den Akt des Kopfabschlagens für eine Nachricht, die der Khan für falsch hält; S. 175f.

⁶⁸ http://www.Maerchen.net/ classic / a-roteschuhe.htm, Zugriff am 26.06. 2013

⁶⁹ Vgl. Hartmann / Maurmann, S. 147ff.

⁷⁰ Vgl. dazu a. Korte, in: Z.B. Schuhe, S. 39.

⁷¹ Vgl. a. Enzyklopädie des Märchens Bd. 12, s. v. „Schuh", Sp. 214

⁷² Valerie Fritsch hat bei der Verleihung des Ingeborg-Bachmann-Preises im Juli 2015 ihre Erzählung *Das Bein* vorgestellt: Der Verlust eines Beines durch einen umstürzenden Baum wird zum alles bestimmenden Ereignis bei Tag und bei Nacht für einen ehemaligen Tänzer, der schließlich nach Jahren des Leidens im Selbstmord seinem Leben ein Ende setzt.

⁷³ Vgl. a. Marion Zerbst / Werner Kafka, in: Lexikon der Symbole, s. v. Füße, Fuß u. Fußspur, Fußabdruck, S. 191 r. Als Zeichen des Respekts gilt es auch im privaten Bereich, selbst wenn es „nur" eine Kochstelle auf freiem Feld ist, und im kleinsten Ladenlokal, bei Open-Air-Verkaufsstellen, die Schuhe abzustreifen und abseits zu stellen. Religiös bedingte Hygienevorschriften und -vorstellungen – das Gerben von Leder, das heißt der Umgang mit toten Tieren, Schuhherstellung und Reparatur wie auch der Schuhputz sind traditionell ausschließlich Aufgabe der untersten Kaste – disqualifizieren Schuhe als das „Unterste", das Schmutzige, ja eigentlich das „Letzte", im Wortsinn und im übertragenen Sinn, in der sprichwörtlich körperlichen Gesamterscheinung *von Kopf bis Fuß*. Vgl. Rainer Krack, Kulturschock Indien, Reise Know-How, 13. Aufl. 2013, S. 144f. Geringes Ansehen genossen auch die Schuster in der Antike; dazu o. zu „Schuster und ihr Handwerk". In diesem kulturhistorischen Kontext ist auch die Drohgebärde mit dem Schuh einzuordnen: Das antike Charilafest der Delfier ist nach der Überlieferung auf eine handgreifliche Drohgebärde mit einem Schuh zurückzuführen. Als auch Charila, ein armes Mädchen, während einer Hungersnot den König um Lebensmittel bittet, schlägt dieser, überdrüssig der vielen Bittsteller, sie mit seinem Schuh auf die Wange und wirft ihr den Schuh dann ins Gesicht. Diese Beleidigung ist Anlass für den Selbstmord des Mädchens. Nur durch ein jährliches Sühnefest konnten die Manen Charilas versöhnt werden; Schuhgeschichten, in: Z. B. Schuhe, S.24. Vgl. a. Otfried Preussler, *Krabat*. Roman. München 9. Aufl. 2013, S. 115f. sowie die Redensart *Den Pantoffel schwingen*. Duden. Redewendungen, S. 535 l.

⁷⁴ Korte, in: Z.B. Schuhe, S. 30-41, führt auch die zit. Bibelstelle an und trägt kontextuelle Bezüge für die Bedeutung der Schuhe in literarischen Quellen zusammen. „Unbeschuhte Demut" nennt Richter, in: schuh*tick*, S. 194, den freiwilligen Verzicht auf die Fußbekleidung, wenn er auf die christlichen Orden der „Barfüßermönche" und der „Unbeschuhten Karmeliterinnen" sowie die unter solchen erschwerten Bedingungen bei Wind und Wetter, Hitze und Schneekälte durchgeführten Pilgerreisen hinweist. Vgl. a. Kretschmer, s. v. Fuß, Fußbekleidung S. 146f.

⁷⁵ König, S. 82f., S. 119. Zu den unterschiedlichen Gründen für Barfüßigkeit s. a. Kretschmer, s. v. Schuh S. 379f.

⁷⁶ Richter, in: schuh*tick*, S. 193. Raabe, *Hungerpastor*, S. 312, Kinder der armen Leute „mit nackten Füßen", „Kinder der besseren Stände mit nackten Beinen".

⁷⁷ Vgl. Nenno, in: schuh*tick*, 112; Haglund, in: Z. B. Schuhe, S. 22. – Ch. B., Gedichte in Prosa. Kap. 10. Projekt Gutenberg-DE, Internet-Zugriff am 14.6. 2015.

⁷⁸ Zit. bei O'Keeffe, S. 170f.

⁷⁹ Die Rosenjungfrau in der Erzählung *Hinzelmeier* von Theodor Storm trägt auch ein weißes Kleid und geht barfuß; die gewöhnlichen Blumenmädchen „trugen plumpe Schnallenschuhe"; in: Gedichte und Märchen, S. 77-99, S. 92 u. ö. Von fragiler Schönheit ist ebenso Ophelia mit dem gelösten Haar in einem weißen, langen Hemd, das ihre makellosen Füße freilegt; Ilse Aichinger, *Mondgeschichte*; in: Märchen deutscher Dichter, S. 237-244, S. 241f.

Literaturverzeichnis

Sofern die vollständige Quellenangabe nicht im Text vermerkt ist, beziehen sich die Seitenzahlen auf die hier folgenden Ausgaben.

A. N. Afanasjew, Russische Volksmärchen. In neuer Übertragung von Swetlana Geier. O. O. 1985, Nachdruck 2014

Hans Christian Andersen, Die schönsten Märchen. Aus dem Dänischen von Mathilde Mann und mit einem Nachwort versehen von Ulrich Sonnenberg. Frankfurt/M., Leipzig 2000

Ders., Die Galoschen des Glücks. Märchen und Geschichten. Deutsch von Eva-Maria Blüm. Berlin, Weimar 1988, S. 90-119

Aramäische Märchen. Gesammelt, übersetzt und hg. von Werner Arnold. München 1994

Zsuzsa Bánk, Die hellen Tage. Roman. Frankfurt/M. 10. Aufl. 2013

Giambattista Basile, Das Märchen der Märchen. Pentamerone. Hg. von Rudolf Schenda (1634/36). München 2000

Lyman Frank Baum, Der Zauberer von Oz. Aus dem Amerikanischen von Freya Stephan-Kühn. Würzburg 2001

Ludwig Bechstein, Kinder- und Zaubermärchen. München 1984

Rachelle Bergstein, Women from the ankle down. The story of shoes and how they define us. New York 2012

Peter Bichsel, Kindergeschichten. Darmstadt, Neuwied, 1974

Paul Biegel, Nachtlegende. Aus dem Niederländischen von Verena Kiefer. Stuttgart 2013

Giovanni Boccaccio, Decameron. Neubearbeitete Ausgabe von Johannes von Guenther, Gütersloh o. J.

Britische Märchen. Hg. von Jack Zipes. Aus dem Englischen übertragen von Karen Jürs-Munby. Frankfurt/M., Leipzig 1995

Wilhelm Busch, Es ist mal so, dass ich so bin. Gedichte. Wiesbaden 3. Aufl. 2011

Adelbert von Chamisso, Peter Schlemihls wundersame Geschichte. Stuttgart 1961

Carlo Collodi, Pinocchios Abenteuer. Roman. Mit 37 Holzstichen von Werner Klemke. Aus dem Italienischen übertragen und mit einem Nachwort versehen von Heinz Riedt. München 1982

Roald Dahl, Hexen hexen. Deutsch von Sybil Gräfin Schönfeldt. Reinbek b. Hamburg 19. Aufl. 2006

Dänische Märchen. Hg. und übersetzt von Heinz Brüske. Frankfurt/M., Leipzig 1993

Das große Lexikon der Symbole. Hg. v. Rainer Dierkesmann, E. A. Seemann. Leizig 2003

Das italienische Volksmärchen. Hg. und übersetzt von Felix Karlinger. Düsseldorf, Köln 1973

Der Strom. Deutsche Gedichte. Hg. von Felix Arends u. a. Düsseldorf 8. Aufl. 1963

Deutschland erzählt. Sechsundvierzig Erzählungen. Hg. von Benno von Wiese. Frankfurt/M., Hamburg 1963

Ulf Diederichs, Who's who im Märchen. München 1995

Die großen Meister. Deutsche Erzähler des 20. Jahrhunderts. Ausgewählt von R. Hochhuth. 2 Bände. O. O. u. J.

Die schönsten Kurzgeschichten aus aller Welt. 2 Bände. Stuttgart, Zürich, Wien 1974

Duden. Redewendungen und sprichwörtliche Redensarten. Wörterbuch der deutschen Idiomatik. Bearbeitet von Günther Drosdowski u. Werner Scholze-Stubenrecht. Bd. 11, Mannheim, Leipzig, Wien, Zürich 1992

Marie von Ebner-Eschenbach, Eine Auswahl aus ihren Werken ... Königstein i. T. 1953

Echtermeyer, Deutsche Gedichte. Von den Anfängen bis zur Gegenwart. Neugestaltet von Benno von Wiese. Düsseldorf 1963

Joseph von Eichendorff, Aus dem Leben eines Taugenichts. Novelle. Hg. von Hartwig Schultz. Stuttgart 2001

Max Einmayr, Inntaler Sagen. Sagen und Geschichten aus dem Inntal zwischen Kaisergebirge und Wasserburg. Oberaudorf 1998

Michael Ende, Der Niemandsgarten. Aus dem Nachlass ausgewählt und hg. von Roman Hocke. O.O. u. J.

Englische Märchen. Übertragen und hg. von Manfred Heller. München, Berlin 1978

Enzyklopädie des Märchens. Bd. 12. Hg. v. Rolf Wilh. Brednich u. a. Berlin, New York 2007

Feste feiern. Gedichte und Geschichten. Hg. von Tilmann Kleinau, Stuttgart 1995

Jean de la Fontaine, Sämtliche Fabeln. Französisch und deutsch. Illustriert von Grandville. München 1978

Theodor Fontane, Der Stechlin. Roman. Frankfurt/M. 2008

Französische Märchen. Märchen vor 1800. Hg. von Ulf Diederichs. Aus dem Französischen übersetzt von Felix Karlinger, Ernst Tegethoff u. a. München 1989

Cornelia Funke, Potilla. München 2005

Wilhelm Genazino, Ein Regenschirm für diesen Tag. Roman. München 10. Aufl. 2007

Khalil Gibran, Der Prophet. Neue Übersetzung aus dem Englischen von Karin Graf. Olten, Freiburg/Br. 21. Aufl. 1987

Ders., Sämtliche Werke in 5 Bänden. Übersetzt und hg. von Ursula und Yussuf Assaf. Ostfildern 2012

Goldblatt und Silberwurzel. Alte und neue Baummärchen aus aller Welt. Zürich 1998

Granatapfel und Flügelpferd. Märchen aus Afghanistan. In Kabul gesammelt und herausgegeben von Gisela Borcherding. Kassel 1975

Gullivers Reisen, erzählt von Erich Kästner. Illustrationen von Horst Lemke. Zürich 2002

Katharina Hacker, Der Bademeister. Roman. Frankfurt/M. 2012

Erich Hackl, Abschied von Sidonie. Erzählung. Zürich 1991

Reinildis Hartmann / Barbara Maurmann, Schnittmenge. Namen deutscher Friseursalons. Haare und Frisuren in der Literatur. Essen 2012

Hauffs Märchen. Düsseldorf 1953

Heinrich Heine, Werke. Sonderausgabe in zwei Bänden. Hg. von Paul Stapf. Wiesbaden o. J.

Victor Hugo, Der Glöckner von Notre-Dame. Roman. Aus dem Französischen übersetzt und bearbeitet von Walter Keiler. Wiesbaden o. J.

Indische Märchen und Götterlegenden. Vorgestellt von Ulf Diederichs. München 2006

Janosch, Schimanzki. Die Kraft der inneren Maus. Zürich 1989

Janosch erzählt Grimm's Märchen. Weinheim, Basel 1996.

Jonas Jonasson, Der Hundertjährige, der aus dem Fenster stieg und verschwand. Roman. Deutschsprachige Ausgabe. München 19. Aufl. 2011

Rachel Joyce, Die unwahrscheinliche Pilgerreise des Harold Fry. Aus dem Englischen übersetzt von Maria Andreas. Frankfurt/M. 6. Aufl. 2013

Erich Kästner, Der kleine Mann. Sonderausgabe. Hamburg, Zürich 2012

Ders., Die Schule der Diktatoren. Eine Komödie in neun Bildern. Zürich o. J.

Franz Kafka, Sämtliche Erzählungen. Hg. von Paul Raabe. Frankfurt/M. 1970

Gottfried Keller, Romeo und Julia auf dem Dorfe. Novelle. Mit einem Nachwort versehen von Konrad Nussbächer. Ditzingen 1987

Kinder- und Hausmärchen der Brüder Grimm. Urfassung. Hg. von Friedrich Panzer, Wiesbaden o. J.

Heinrich von Kleist, Sämtliche Werke. Hg. von Hans Jürgen Meinerts. Gütersloh o. J.

Johann-Günther König, Zu Fuß. Eine Geschichte des Gehens. Stuttgart 2013

Alexander Kostinsky, Der Hut des Krämers Ephraim. Märchen für große und kleine Leute. Aus dem Russischen von Rosemarie Kunisch. Berlin 1997

Laabs Kowalski, Das Mädchen, das den Himmel nicht mochte. Roman. München 2013

Hildegard Kretschmer, Lexikon der Symbole und Attribute in der Kunst. Stuttgart 2011

James Krüss, Timm Thaler oder Das verkaufte Lachen. Hamburg 2013

Lexikon der literarischen Symbole. Hg. von Günter Butzer und Joachim Jacob. Stuttgart, Weimar 2008

Märchen aus dem Kaukasus. Hg. von Isidor Levin, übersetzt von Gisela Schenkowitz. Düsseldorf, Köln 1978

Märchen aus dem Baltikum. Hg. von Hans-Jörg Uther. München 1992

Märchen aus Kärnten. Klagenfurt 1982

Märchen der vier Jahreszeiten. Hg. von Sigrid Früh und mit Scherenschnitten versehen von Elisabeth Emmler. Frankfurt/M. 1988

Märchen von starken Frauen. Zusammengestellt von Monika Kühn. München 2. Aufl. 1992

Märchen deutscher Dichter. Ausgewählt von Elisabeth Borchers. Frankfurt/M. 1973

Henning Mankell, Die italienischen Schuhe. Roman. Aus dem Schwedischen von Verena Reichel. München 4. Aufl. 2009

Heinrich Mann, Der Untertan. Roman. München 12. Aufl. 1974

Thomas Mann, Buddenbrooks. Verfall einer Familie. Frankfurt/M. o. J.

Ders., Erzählungen. Stockholmer Gesamtausgabe. Oldenburg 1960

Ders., Königliche Hoheit. Frankfurt/M., Hamburg 1967

Inge Meyer-Dietrich, Plascha oder: Von kleinen Leuten und großen Träumen, Kevelaer 1988

Eduard Mörike, Stuttgarter Hutzelmännlein. Märchen. Stuttgart 1970

Karl Philipp Moritz, Anton Reiser. Ein psychologischer Roman. Lausanne o. J.

Österreichische Märchen. Nacherzählt und herausgegeben von Roderich Menzel. München, Berlin 1978

Linda O'Keeffe, Schuhe. Eine Hommage an Sandalen, Slipper, Stöckelschuhe. Deutsche Ausgabe Potsdam 2013

Isolde Ohlbaum, Aus Licht und Schatten. Engelbilder. O. O u. J.

George Orwell, 1984. Ein utopischer Roman. Ins Deutsche übertragen von Kurt Wagenseil. Stuttgart 11. Aufl. 1962

Charles Perrault, Der gestiefelte Kater und die anderen Märchen. Deutsche Fassung. München 1983

Polnische Märchen. Hg. von Helena Kapeluś u. Julian Krzyzanowski. Kassel 1987, Leipzig, Weimar 1987 für die deutsche Ausgabe

Wilhelm Raabe, Der Hungerpastor. Werke in zwei Bänden, Bd. I, S. 125-454, München o. J.

Joseph Roth, Zipper und sein Vater. Roman. München 2. Aufl. 1980

Louis Sachar, Löcher. Die Geheimnisse von Green Lake. Aus dem amerikanischen Englisch von Birgitt Kollmann. Weinheim 2002

José Saramago, Die Stadt der Blinden. Roman. Deutsch von Ray-Güde Mertin. Reinbek bei Hamburg 1997

schuh*tick*. Von kalten Füßen und heißen Sohlen. Hg. von Helmut Roder. Mainz 2008; darin: Nike Beyer, Erstlingsschuhe – Zwischen Magie und Gebrauch, S. 97-100; Rosita Nenno, Affen im Tütü und der Schuh als Fetisch, S. 105-115; Dieter Richter, Das Volk und die Schuhe – Von nackten und beschuhten Füßen in Märchen und Populärkultur, S. 193-200

Schweizer Volksmärchen. Hg. von Robert Wildhaber und Leza Uffer. München 1991

Robert Seethaler, Der Trafikant. Roman. Zürich, Berlin 10. Aufl. 2015

Shel Silverstein, Ein Licht unterm Dach. Deutsch von Harry Rowohlt. Zürich 2010

Isaac Bashevis Singer, Massel & Schlamassel und andere Kindergeschichten. Aus dem Amerikanischen übersetzt von Gertrud Baruch, Irene Rumler, Rolf Inhauser und Hildegart Krahé. München, Wien 1988

Spanische Hunger- und Zaubermärchen. Hg. von Hans Magnus Enzensberger. Aus dem Spanischen von Susanne Lang. Frankfurt/M. 2000

Adalbert Stifter, Sämtliche Werke in 3 Bänden. Sonderausgabe, hg. von Hannsludwig Geiger. Wiesbaden o. J.

Theodor Storm, Von Meer und Heide. Die zehn schönsten Novellen. München, Zürich o. J.

Ders., Gedichte und Märchen. Augsburg 1964

Patrick Süskind, Die Taube. Zürich 1987

Ludwig Tieck, Märchen und Novellen. Ausgewählt u. mit einem Nachwort versehen von Hermann Hesse. Stuttgart 1988

Traumreisen. Gedichte, Erzählungen, Betrachtungen. Hg. von Evelyne Polt-Heinzl u. Christine Schmidjell. Leipzig 2004

Tschechische Volksmärchen. Hg. von Oldřich Sirovátka. Übertragen von Gertrud Oberdorffer. Düsseldorf, Köln 1969

Unter dem Märchenmond – Lieblingsmärchen aus aller Welt. Hg. von Ulf Diederichs, München 1996

Weihnachten, als ich klein war. Hamburg 2009

Zauberreich der Phantasie. Die Märchen der Dichter. Hg. von Hans-Joachim Simm. Frankfurt/M., Leipzig 2003

Z. B. Schuhe. Vom bloßen Fuß zum Stöckelschuh. Eine Kulturgeschichte der Fußbekleidung. Hg. von Michael Andritzky, Günter Kemp, Vilma Link. Gießen 1988; darin: Günter Gall, Der Absatz im Wechselspiel der Mode, S. 58ff.; Karin Haglund, Die Schuhe an unseren Füßen, S. 21-23; Rolf Haubl, „Wem der Schuh paßt, der zieht ihn sich an", S. 176-183; Klaus Heyer, Von Homer bis Caligula, S. 42-46; Charlotte Kerner, Lilienfüße oder: Sind wir Hyperchinesen? S. 210-212; Claus Korte, Literarische Schuh-Symbole, S. 30-40; Tamara Spitzing, Auf Schusters Rappen durch die Geschichte, S. 47-57; Paul Weber, Behagliche Pantoffeln – Ein Weihnachtsgeschenk für Johann Wolfgang von Goethe, S. 101

Zigeunermärchen aus Ungarn. Die Volkserzählungen des Lajos Ami. Hg. und übersetzt von Sandór Erdész und Ruth Futaky. München 1996

Gabriel Zoran, Apfel, Birne und Zimt. Neue Märchen aus dem Vorderen Orient. Aus dem Hebräischen von Barbara Linner. Zürich 1998

DIE AUTORINNEN

Man sieht sehr häufig unrecht tun,
doch selten öfter als den Schuhn.

Man weiß, daß sie nach ewgen Normen
die Form der Füße treu umformen.

Die Sohlen scheinen auszuschweifen,
bis sie am Ballen sich begreifen.

Ein jeder merkt: es ist ein Paar.
Nur Mägden wird dies niemals klar.

Sie setzen Stiefel (wo auch immer)
einander abgekehrt vors Zimmer.

Was müssen solche Schuhe leiden!
Sie sind so fleißig, so bescheiden;

sie wollen nichts auf dieser Welt,
als daß man sie zusammenstellt,

nicht auseinanderstrebend wie
das unvernünftig blöde Vieh! ...

CHRISTIAN MORGENSTERN, DIE SCHUHE (GEKÜRZT).
IN: DIE STILLEN DINGE. BERN, MÜNCHEN, WIEN O. J., S. 46F.

Sie haben die Schuhe ordnungsgemäß sortiert und die Füße sowieso: Reinildis Hartmann und Barbara Maurmann, seit dem Studium befreundet, promovierte Germanistinnen, über dreißig Jahre im gymnasialen Schuldienst tätig. Zuerst waren es die haarigen Angelegenheiten („Schnittmenge", ebenfalls im Verlag hellblau.), jetzt richten sich die Blicke fußwärts, den literarischen Barfüßern und Schuhträgern zugewandt: *So geht es von Kopf bis Fuß!*

Abbildungsnachweis

Reinildis Hartmann, Barbara Maurmann	
Margarete Hartmann	S. 31, 33, 34
Anna Andlauer / United Nations Archives and Records Center, New York	S. 151
Deutsches Ledermuseum / Schuhmuseum *Offenbach*	S. 17, 21, 26, 50, 91, 100, 107, 255
Jan-Philip Kopka	S. 139
Gerd Kuhlke	S. 132
Dorothee Maurmann	S. 220, 276, 277, 320, 321, 323, 342
Wilhelm Weber	Titel (re.)
Zeichnungen: Reinildis Hartmann	

Impressum

Die Deutsche Bibliothek

Detaillierte bibliografische Daten sind im Internet unter http://dnb.ddb.de abrufbar.

Das Werk und seine Teile sind urheberrechtlich geschützt. Jede Verwertung außerhalb der engen Grenzen des Urheberrechtsgesetzes ist ohne Zustimmung des Verlages unzulässig und strafbar. Das gilt insbesondere für Vervielfältigungen, Übersetzungen, Mikroverfilmungen und die Einspeicherung und Verarbeitung in elektronischen Systemen.

1. Auflage 2015

ISBN 978-3-937787-38-1

Autorinnen
Reinildis Hartmann, Barbara Maurmann

Grafikdesign
Stefanie Kordus

Copyright
Verlag hellblau. GmbH & Co. KG, Essen
www.verlag-hellblau.de